身心障礙者生涯輔導
與轉銜服務

（第二版）

林幸台　著

作者簡介

林幸台

學歷： 國立台灣師範大學教育學系學士、碩士

美國威斯康辛大學河瀑校區教育碩士

美國喬治亞大學教育博士

經歷： 國立彰化師範大學輔導學系講師、副教授、輔導研究所教授
（1973-1990）

國立彰化師範大學輔導研究所所長（1987-1990）

國立台灣師範大學特殊教育學系教授（1990-2013）

國立台灣師範大學特殊教育學系系主任（1993-1996）

國立台灣師範大學復健諮商研究所所長（2004-2007）

國立台灣師範大學特殊教育學系名譽教授（2013-）

專長： 生涯輔導與諮商、測驗與統計、特殊教育

專著： 學校輔導工作的理論與實施（與宋湘玲、鄭熙彥合著，復文，
1985）

生計輔導的理論與實施（五南，1987）

生涯輔導（與田秀蘭、張小鳳、張德聰合著，心理，2011）

第二版序

　　隔了十一年之久這本書才得以再版，我也常深深自省，這十一年，身心障礙相關的法令、觀念或服務，都有著重大的改變，也因此更顯得舊版諸多論點有需要重新省思修訂的必要。

　　感謝心理出版社敬堯總編輯兄的催促，從去年十月即開始著手修訂的工作，年底時已將前七章作了初步的修正，但相伴十八年的毛小孩莉莉病況轉劇，這項工作幾乎停滯，莉莉年後離世，更陷入低潮，無心於此，百日後才開始再鼓起心志，繼續完成陸續撰寫的第八章及前七章的定稿。

　　舊版第八章討論高中轉銜及職業輔導評量兩項主題，乃針對當時的狀況有所論述。十餘年來情況已有轉變，故重寫整個第八章，以近年持續接觸的能力取向為基調，將之引入生涯輔導與職業重建服務中，期為全書做一結論式的總結。

　　能力取向（capability approach）所謂之能力（capability），並非一般心理學或教育學中所談的能力（ability），後者多指完成某一活動／任務的本領或行為表現，其中包括認知、記憶、思考、想像等的運用。以智力測驗為例，受試者針對測驗題目做出反應，以之評估其能力之高低。這種行為近似於能力取向所稱之功能（functionings），然而這些功能或上述之能力無法確定是否已充分反映個人的所有可能，因此在評量上有動態評量的作法，企圖引發出個人可能的能力。

　　能力取向所稱之能力近乎一般人所稱的潛能（potentials）——潛在的功能（potential functioning），如果功能是具體的成就，capability 就是達成該等成就的能力與機會。個人如何達成其成就、有否自由去發展，這是能力取向關注的重點：個人的發展是在自由的基礎上所做的選擇決定，而

不是在他人指示下（爾後可能內化為自己的信念）被迫去學習、去展現的發展。

　　長久以來，一般人對發展的印象泰半侷限於經濟發展，國家的發展以此為指標（GNP），個人的發展似亦依此為準則（財富）。即便若干正義論者已將目標擴大為人權（國家）、幸福（個人），但 A. Sen 並不以狹義的觀點詮釋這個概念，他宣稱發展即自由（Development as Freedom），這是他在獲得諾貝爾經濟學獎後第一本書的書名，他陳述這個概念：「發展是指擴展人們享有實質自由的一個過程」（Development can be seen, it is argued here, as a process of expanding the real freedoms that people enioy.）（1999: 1）。人們經由實質自由的擴展，可獲享更大的選擇權，也比較可能過著自認為有價值、有意義的生活。

　　生涯由生活的累聚展現其樣貌，生涯發展的目的即在追尋有價值、有意義的生活。個人是否真正有機會、擁有選擇的自由，是能力取向最基本的訴求；自由是發展的主要目的，也是發展的主要方法（Freedom is both the primary end and the principal means of development）。Sen 認為自由有兩種層面：一是自由的機會層面（opportunity aspect of freedom），指的是個人真正自由地追求自己認定有價值的生活的機會；另一則是自由的程序層面（process aspect of freedom），指的是免於被強制、不受奴役的機制，譬如行動、言論、集會、結社等自由。

　　身心障礙者接受特殊教育與職業重建服務，即與前者（資源與機會）有關，但更重要的是後者——如何確保在特殊教育或職業重建中，身心障礙者是一個依自覺意識推動的主體，而不是受外界因素推動的客體。個人中心、客製化服務都必須在這樣的條件下檢驗其成效，始可能由自己作主「成為什麼樣的人」、「做什麼樣的事」。

　　我的學生、好友，也是長期著力於生涯輔導研究與實務工作的夥伴陳清平博士在建國中學服務時，為高一學生選組撰寫〈歸向原鄉，活像自己〉一文，文中陳老師寫到：「一朵是玫瑰的玫瑰才是玫瑰，萬物都有一

個天生的使命，一一完成原本的自己。玫瑰不會用天堂鳥的模樣完成自己，即使天堂鳥是七彩奪目的。當一個人能夠以自身原本的面目去生活的時候，生命自身的完成就是一種至高的樂趣與圓滿，並由此彰顯蘊藏於內在的生命目的與價值。」這樣的生涯觀，正是能力取向所期盼的「讓每個人選擇做自己真正想做的事，能夠去過自己想要的生活」願景，也是身心障礙者的訴求。期盼所有的身心障礙者都能自己作主「成為什麼樣的人」、「做什麼樣的事」。

林幸台 謹誌

2018 年 9 月 3 日

初版序

　　輔導活動中常用一條生命線來比喻一個人的生涯，讓團體成員描繪自己的生命歷程。結果可看到一條條各不相同的生命線，有的線平平坦坦，直直畫到終點；有的線曲折迂迴，時高時低；有的線像環狀圈，東繞西繞，最後還是繞回基點。有的人用細細的筆畫描繪他的生命史，有的人塗上粗線條黑白分明地勾勒他的人生，也有人的生命線五顏六色多彩多姿。

　　事實上，每一個人從出生開始，在日常生活中，都會經歷一連串的事件，這些大大小小的事件連接起來，就是人生。每一個人都有專屬於自己的生命線，然而怎麼去畫這條線，卻是人生一大挑戰。有些人可能不會覺察生涯究竟是怎麼過的，但無論意識到或未意識到，這一條生涯路每個人都要走，身心障礙者也不例外。社會上不時報導不少殘疾重症者，無論外境如何艱困，說什麼也要拚活下去的生命勁道。換言之，生命究是有限或無限，完全在於我們怎麼去看待自己的生命、實踐自己的人生。

　　每一個人都希望生活在社區，有工作、有朋友，享有社區資源。工作讓人有機會參與社會、增進人際關係、肯定自己；工作，讓生命有尊嚴，生活有意義，身心障礙者也同樣有這樣的願望與權利。十多年來，教育、醫療、就業、社會福利工作夥伴，已努力規劃、提供身心障礙者高品質生活的各項服務，然而台灣身心障礙者人口接近百萬，一項調查報告顯示，他們的健康照顧權與教育權逐年進步，但生存權與工作權卻仍然排名在後。這也顯示身心障礙者教育與職業重建工作還有很大的努力空間。

　　本書主要從理論基礎的剖析，進一步探討協助身心障礙者生涯發展的方式／管道，包括可供參考的運作模式、評量方式的使用、教學、就業服務、輔導與諮商，以至整個輔導與轉銜制度的建立。顯然地，身心障礙者

生涯輔導與轉銜服務不是靠一本書就可以完成任務，這項工作尚有賴主管機關的規劃與督導，以及第一線實務工作人員的落實，因此除從制度面協助改善學習與工作環境外，整個社會對身心障礙者的態度，乃至學生畢業後進入社區／職場的適應與發展機會，更需要全體國民共同營造無障礙的生活與學習環境，惟有如此，特殊教育始有開花結果的前景，職業重建的成果始可能落實，而身心障礙者的生涯亦得以真正獲得展現的契機。

筆者自 1973 年任教台灣省立教育學院（彰化師大前身）輔導學系以來，即接觸職業／生涯輔導相關工作，由教學、研究、服務中，深覺有編寫專書之必要，乃於 1987 年完成《生計輔導的理論與實施》一書。1990年轉任國立台灣師範大學特殊教育學系，仍以生涯課題為重心，接觸範圍擴及身心障礙者。十餘年教學、研究、服務的經驗，思及身心障礙者的生涯發展不容忽視，乃仿當年方式，將授課資料分章編撰，並先於課堂上提供學生閱讀、討論。數年來陸續獲得多位學生積極的回應，尤以易芬、燕玲、麗華、文慧、筑君等，逐章逐字提出意見與建議，彌足珍貴，在此特誌謝意。

本書於前書二十年後完成，盼已逐漸開花結果的生涯輔導工作，亦能以另一種生命的視野，化不可能為可能，在身心障礙者身上展現豐碩的果實。

林幸台

2007 年元旦於台灣師大博愛樓研究室

目次

1
CHAPTER

緒 論

 第一節 生涯發展與身心障礙

★ 一、生涯與生涯發展

　　人生就像是個舞台，在築夢的過程中，隨著歲月的流逝，累積出一篇篇生涯劇本。劇本中劇情有起有落，總會呈現許多縱橫交錯的事件，每個人就在其中扮演著形形色色的角色，生涯就是這個從出生到老死、整個生命歷程的連續劇照。一個人無論是男是女、是醜是美、是貧是富，都會走著這麼一條人生道路，這條路可能是「食罷一覺睡，起來兩碗茶；舉頭看日影，已復西南斜。樂人惜日促，憂人厭年賒；無憂無樂者，長短任生涯」（白居易〈食後〉）憂樂自得的生活，也可能是「憶年十五心尚孩，健如黃犢走復來。庭前八月梨棗熟，一日上樹能千回。即今倏忽已五十，坐臥只多少行立。強將笑語供主人，悲見生涯百憂集」（杜甫〈百憂集行〉）對蒼茫人生的自解，或指稱生活方式的「正是番家無產業，弓矢是生涯」（元曲〈漢宮秋〉）、「杜門成白首，湖上寄生涯」（劉長卿〈過湖南羊處士別業〉），亦有如秦觀的〈滿庭芳〉：「時時，橫短笛，清風

皓月，相與忘形。任人笑生涯，泛梗飄萍。」藉著大自然的恬靜解脫自己的苦悶。

　　中國古籍中有許多有關生計、生涯的詞句，反映人生諸多樣態，其狹義的用法是指生活之計、謀生之業，與現代人所稱之工作或職業意義相近；但就廣義而言，則又隱含著對生活的態度、對生命的追尋與期許。不過目前一般所談生計或生涯的概念，其理論根據主要源自歐美人文主義心理學的思潮，在英文裡，career 原有「路徑、通路」（road, course）的意思，引申為人或事物所經過的途徑，或個人一生的進展路途，它強調的是長程的、整體的概念，因此就個人的情況而言，是生活中各種事件的演進方向與歷程，統合了個人一生中各種職業與生活的角色，從而反映其生活型態（lifestyle），由此表現出個人獨特的自我發展組型。

　　生涯所指的就是個人數十年的生命中，如何成長、如何經歷、如何發展的過程，而在生活、生計、生業層面中，反映了個人的生命樣態。金樹人（2011）即指出生涯概念的多樣特性：（1）方向性：它是生活中各種事態的連續演進方向；（2）時間性：生涯的發展是一生當中連續不斷的過程；（3）空間性：生涯係以事業的角色為主軸，也包括了其他與工作有關的角色；（4）獨特性：每個人的生涯發展是獨一無二的；（5）現象性：只有在個人尋求它的時候，它才存在；（6）主動性：人是生涯的主動塑造者。也因著這些特性，眾生乃成就了世間的百態。

　　個人一生當中所發生的許多大大小小事件，都來自個人所扮演的角色，這些角色與事件縱橫交錯構成一個人的生涯，其時間跨越一生，所謂的「蓋棺論定」，也就代表著個人生涯的具體結論；換言之，生涯是累積個人一生所經歷的大小事件匯聚而成的生命之路。個人一生扮演著無數的角色，透過角色的扮演，在人生的舞台上展現出個人的生命力，角色行為也就是生命的具體實踐。個人的一生在成長、經歷、發展中鋪陳其生涯路，在這個發展過程中，需要做出無數抉擇，以因應生活中預期或偶發的事件，同時亦由此展現其多樣性。這是一個終身學習的過程，成長與學習

並行，因此有「活到老、學到老」這樣的說法。

　　古籍中最常被引用的應是莊子在〈養生篇〉所云：「**吾生也有涯而知也無涯，以有涯追無涯，殆矣！**」許多人從負面的角度解釋這個說法，認為以有限的生命去追求無限的知識是一件危險的事，尤其已明知其危險，還執意追求，似乎已被慣性制約、業識套牢、積重難返，將陷於更危殆的局面。然而從時間的觀點言，壽命有長短，這是每個人的限制，但在有限的生命時光中，仍有著無限的揮灑空間。曾昭旭（2008）從正向角度解讀莊子的原意：「我是我生活的主人，故我是自由的。而在我每一當下生活中所用到藉以連繫外物的知識，其實很有限。以一自由不受牽絆之人去隨緣活用知識，則豈有不足的呢？」將有限的生命以正向的理念看待，且能悠遊其中，這樣將生命的限制視為激發個人創造生命意義的動力，對任何人都有激勵的意義與啟示，包括身心障礙者在內。

　　總之，生涯是自我抉擇的產物，它反應的是個人對自我存在的責任，有別於傳統社會的命定論！傳統社會缺乏選擇的自由，芸芸眾生在生活困境中可能「聽天由命」或「怨天尤人」，凡事交由上天或他人安排，生命的無力感只有以無奈面對。因此傳統社會人世間事務一切既定，人生數十寒暑，絕大多數民眾的生活並無太多變動可言，即使有「寒窗十年」後的飛黃騰達，但在整個人口比例中，這種事例亦僅九牛一毛。然而，隨著時代的進步，民主思潮蓬勃發展，加上全球化經濟規模與跨國企業的興起，傳統僱傭關係已不再被視為定制，社會流動現象愈趨普遍，個人擁有更多掌握自我的機會，所謂的生涯，自然可以由個人自主地賦予更積極的意義，而不僅是消極的等待他人的安排或機會的來臨。這種可以自己選擇生涯路徑的自由，是人人皆有的權利，然而享受權利的同時，也必須付出代價。現代人如果仍然「聽天由命」或「怨天尤人」，或多或少反應著逃避伴隨自由而來的責任，在主觀意識上不承認自己的存在，而放棄或忽略自己所擁有的權利！

二、身心障礙者的生涯發展

　　以積極的角度思考生涯的意義應是近世紀的事，尤其對身心障礙者生涯發展的重視，更是近十數年才受到廣泛的注意。對身心障礙者而言，生活本來就帶著艱辛晦澀的色彩，在現代社會愈趨複雜、變化愈趨急遽的情勢下，身心障礙者的生涯發展可能更為艱難，其所受到的限制更大，但並不意味他／她不存在。因此，如何以有限的生命（力），創造無限的機會與發展空間，這是生涯發展的基本意義，也是探討身心障礙者生涯發展的基礎。雖然目前社會已逐漸注意到身心障礙者的困境，亦有若干輔導的措施提供協助，但似乎尚未完全發揮實質的效益。探究其因，可能在於一般人對身心障礙者的認識不足，甚至有人認為身心障礙者沒有生涯發展可言，尤其是重度障礙者，連就業都有困難，遑論生涯發展，若再因經濟景氣低迷，更可能引起社會各界的疑慮。有些人或即以此為由，認為一般人就業都有困難，更何況身心障礙者？

　　然而身心障礙者亦為社會的一份子，我國《憲法》第 15 條明示基本人權的保障：「人民之生存權、工作權及財產權，應予保障。」第 152 條指出：「人民具有工作能力者，國家應予以適當之工作機會。」這兩個條文均清楚指出國家對於全體公民工作權利保障的責任。《憲法增修條文》第 10 條又規定：「國家對於身心障礙者之保險與就醫、無障礙環境之建構、教育訓練與就業輔導及生活維護與救助，應予保障，並扶助其自立與發展。」更明確指出對處於社會弱勢的身心障礙者的保障與照顧。此外，《身心障礙者權益保障法》第 1 條開宗明義宣示：「為維護身心障礙者之權益，保障其平等參與社會、政治、經濟、文化等之機會，促進其自立及發展。」第 16 條又規定：「身心障礙者之人格及合法權益，應受尊重及保障，對其接受教育、應考、進用、就業、居住、遷徙、醫療等權益，不得有歧視之對待。」而 2014 年通過的《身心障礙者權利公約施行法》，更宣示落實《聯合國身心障礙者權益公約》（Convention on the Rights of

Persons with Disabilities, CRPD），以全面保障身心障礙者平等參與社會、政治、經濟、文化等之機會，促進其自立及發展。

總之，從《憲法》保障生存權、工作權，及《身心障礙者權益保障法》、《身心障礙者權利公約》，以及《特殊教育法》、《就業服務法》等有關維護身心障礙者權益的規定，均明白宣示身心障礙者有無勝任能力，不是某些人的主張就能判定，何況大部分的能力是培養而來，在未盡力提供各種可能的發展機會之前，即不應直接認定其身心障礙狀況無法就學、應考或進用；即便能力未逮而無法勝任，也不能抹殺其為社會一份子的事實，仍應保障其公平參與社會的機會，如同其他人一樣，可以參與社區的活動，享受公民的權利。換言之，無論何時何地，政府都有義務採取必要的措施、推動各項服務方案，以協助身心障礙者解決生活、教育與就業上的問題，同時尊重個人固有尊嚴和個人的自主，包括個人的自立、自由作出自己的選擇。

法律反應社會正義，雖然其規範可能僅止於條文所列項目或內涵，但這種尊重身心障礙者的立法精神應擴及所有有關其生存、生活、生涯發展的課題。目前有關身心障礙者的服務，比較受到重視的是就學與就業方面的問題，但事實上，學業或職業僅是整體生活中的一部分，雖然就業可以謀得生活所需，但更重要的是在職場及日常生活中，透過人際間的往來與活動的參與，獲得融入社會發揮才能的機會，進而培養健全的生涯態度與能力，建構成為獨立存在的個體，這才是生涯發展的真義。

★ 三、身心障礙者的生涯困境

生涯是一個發展的歷程，因此任何一個階段的經歷都可能影響後一階段的發展。根據生涯發展論的觀點，幼年時期對生涯課題的覺察與接觸是奠定其興趣與能力發展的基礎，而青少年期對周遭環境與自我興趣的探索，更是日後能力發展與生涯定向的關鍵。對身心障礙者而言，這些關

鍵可能都形成發展上的重大限制（Curnow, 1989; Hershenson & Szymanski, 1992）：身心障礙者早年的教育常未能符應其需要，而其生活接觸層面又較為狹窄，普遍缺乏角色學習機會，生涯覺察與探索的機會無法如常人般充裕，加上關鍵時期學習經驗不足，以致其能力多明顯偏低，在生活中經常無法表現適當的角色行為；更甚者，在周遭社會環境中的負向評價態度下所形成的負面自我概念，對其生涯發展更構成不利的影響，這些困境都是教育與社會工作者必須關注的課題。

就身心障礙者的狀況而言，其生涯發展與其障礙類型及致障時間有密切關係，障礙類型有感官肢體與心智功能之別，致障時間有先天或後天之分。肢體或感官障礙者在行動（動作）或溝通上受到諸多限制，影響其接觸與接收訊息的機會與管道，因此在探索或思考生涯發展的課題時，不免受到侷限。然而這些障礙者的心智功能並未異於常人，若配合復健與相關輔具的協助，應能獲得更多學習與探索生涯的發展機會。對於後天致障者而言，其生涯本是充滿遠景，如何應用其既存的心智功能，在肢體或感官受損的情況下，體驗（創造）人生的意義、重建其生涯目標，是其生涯發展歷程中重要的課題與挑戰。

至於心智障礙者，其心智功能雖較偏低（或幾無任何智能），但並不能否定其生（存在）而為人的事實，況且功能強弱不一，其認知能力或許不及常人，但其他功能或特質仍可能具有優勢，故如何增進（或維持）功能並發揮其優勢，是其生涯發展的基本前提，即使無法如常人般具備完全的心智功能，仍有緩慢發展或維持既有能力的可能。其發展階段或許不是生涯發展論者 Super（1990）所言的五個階段，可能更像在某一階段中的小循環狀態，但如依 Super 所描繪的特質發展路徑，協助其逐步拓展接觸範圍與空間，從而培養適當的興趣以發揮其優勢，應是輔導身心障礙者生涯發展的可行方向。

生涯發展論依發展重點與發展任務，將生涯發展歷程劃分若干階段，而階段與階段間的銜接往往是能否順利進展的關鍵。這個轉銜階段也是許

多人在生涯發展歷程中最常出現困境的時刻，譬如因著個人需要或其他外在原因，必須離開原先熟悉的環境（如學校或職場），進入另一個陌生的場域時，就常會出現不安、焦慮，乃至不適應的狀況。人們往往習於所處的舊環境與接觸的人、事、物，而新環境卻有許多未知的部分，若缺乏準備，難免產生適應的問題。但一般人或有較多管道能較快適應新環境，身心障礙者卻可能需要較多的協助，尤其是從學校到社區／職場的過程；他們以往只扮演子女或學生的角色，受保護的性質居多，然而離開學校進入成人生活世界，所要學習扮演的角色愈趨多樣，在職場與社區參與中，競爭性社會所要求的角色行為與任務截然不同於學校經驗。生活空間的擴大固然帶來更多機會，但亦產生更多不同且複雜的人際關係。這種角色上的轉變，必然觸及甚至顛覆個人原先的自我認定，乃至其生活方式與生活型態，常非涉世不深的年輕人所能即時適應，而身心障礙者能否順利地完成這一段轉銜任務，實與其個人的發展與需求、準備程度與選擇機會、個人與家庭的能力與資源，以及環境的支持有密切關聯；且從融合的理念言，轉銜服務的最終目的即在協助身心障礙者及早順利地跨進下一階段、融入社會，因此身心障礙者生涯發展更需考慮轉銜服務的課題。

除個人的障礙限制外，身心障礙者的生涯發展更受到外在社會環境因素的影響，在社會變遷愈趨劇烈、知識日新月異的狀況下，使得身心障礙者社會生活的適應愈形困難，尤其在經濟衰退、就業不易、社會福利緊縮的時候，更顯出其無奈與無助。前述轉銜的課題之所以特別重要，亦可能因為一般環境多係為常人設計，並未考慮身心障礙者的需求，以致其進入新環境需要更多的適應及努力。再從終身學習的觀點言之，社會日益進步，學校教育畢竟有其限制，一般成人都還要不斷學習，身心障礙者同樣有此需求，除應正視身心障礙者接受完整教育的權益外，更需要在進入社會之後，不斷再進修、成長，以因應社會變遷的事實。總而言之，為增進身心障礙者生涯發展的機會與空間，這些都是特殊教育或生涯輔導、轉銜服務工作者必須積極面對的課題。

四、協助身心障礙者的生涯發展與轉銜

　　身心障礙者的生涯發展固然有其內外在的困境，但並非不可能的任務，猶如一般人士的生涯發展亦非事事順遂，在發展歷程中多多少少都會出現必須解決的問題或關鍵的抉擇，生涯輔導或諮商專業即因此應運而生。協助身心障礙者的生涯發展更具重大意義，可分別從下述數方面論之。

　　對身心障礙者而言，有效的生涯輔導不僅可以提高其自信心、增進人際技巧與他人互動關係，從而在生活上獲得獨立自主能力與成功經驗，真正成為社會成員之一，參與社會活動，扮演適當的生產者角色，提升生活品質。在家庭方面，更能減輕身心障礙者家屬的負擔，化解因家中有障礙者而衍生的家庭生活問題，甚至可能因有效的協助與支持，促使家人更重視與他人的溝通，提供社會人士建立和諧互動關係的機會。也因這種互動關係，使身心障礙者的師長及同儕在這個協助過程中，學習與他人（包括障礙者及各式各樣的人士）相處、接納與互動，也更有可能達成「鰥寡孤獨廢疾者皆有所養」的大同世界，因此有識者普遍認為特殊教育的成功是國家品質的指標！

　　再從實際面而言，若未能在個人生涯發展歷程中及早獲得協助，讓每個人都能在學習、就業、生活上發揮自主的能力、參與社會活動，不僅扮演消費者，也扮演生產者的角色，使身心障礙者成為貢獻社會者而非社會依賴者，則社會勢必要付出龐大醫療、生活福利費用，其所衍生的社會成本可能非任何國家所能負擔。協助身心障礙者融入社會，成為有用的一份子，已構成現代社會的共識。

　　對於身心障礙者而言，其選擇的權利受到法律的保障，也是當今社會的共識，但卻常受到人為制度的限制。由於早期生理、醫學的觀點僅注意到身心障礙者的缺陷，因此無論教育或社會福利的重點，多僅只強調如何實施補救教學或提供救助；爾後雖已能考慮障礙者的需要，從功能性的角

度提供必要的協助，但即使如此，在求學、就業或其他生活層面上仍然存在諸多障礙，根本原因很可能仍有一大部分是社會制度所造成。因此要讓身心障礙者（及其家長）不怨天、不尤人，不僅障礙者本人不能放棄或忽略其權利，反而應更積極地爭取應有的權益，要求各種人為的制度做好完善的規劃與配合措施，提供身心障礙者更大的生涯發展機會。

總之，身心障礙者的生涯輔導工作較一般生涯輔導更具意義，雖然其困難度可能遠超過一般人士，對實務工作者亦更具挑戰性，然而從國內外諸多文獻可知，有效的輔導方案可以獲得具體的成果。不過就國內的現況言，仍有極大的努力空間，有必要改善、甚至改變既有的制度設施，並積極構思推展適切的輔導方案，以確實協助身心障礙者生涯發展。

第二節　美國身心障礙者生涯輔導與轉銜服務的發展

★ 一、時代背景與淵源

近代美國對身心障礙者的服務，自二十世紀五○、六○年代以後，受到民權運動、家長團體等的影響，而出現重大變革。根據 Cone（1998）的分析，近半世紀以來，影響美國政府與社會對身心障礙者的重視，主要原因有三方面（Brolin & Loyd, 2004）：

（一）社會運動

1. 家長的倡導：1950 年美國智能障礙者家長首先創設的全國障礙兒童協會（National Association for Retarded Children, NARC），其目標即在為其智障子女尋求更好的機會與待遇，並企圖為智障公民的權益刺激整個社會與政治的改革（Rhoades, 1986; Segal, n.d.）。隨後有各類

障礙者家長團體的成立，而在彼等強烈的主導下，乃促成各地方、州政府以及國會通過許多法案。

2. 民權運動的鼓動：1950 至 1960 年間民權運動蓬勃發展，在種族問題之外，更喚起眾多受歧視者為爭取自身權益而參與各項民權運動。在這樣的社會風潮鼓動下，身心障礙者加入非裔美人行列，學習集體行動策略，開始要求完全融入生活的主流，堅持平等的待遇，呼籲各界在對待身心障礙者上作必要的調整（Scotch, 1984）。因而有障礙者權益與獨立生活運動等主張，並積極參與 1973 年復健法案的立法工作（Rhoades, 1986）。

3. 消費者意識的興起：六十年代消費者權益開始受到重視，「消費者永遠都是對的」觀念影響接受各類社會服務（包括教育）的身心障礙者，Meenaghan 與 Mascari（1971）即呼籲身心障礙者擁有在競爭的市場上選擇服務方式與服務人員的自由。此一主張雖未發揮即時的效果，卻已逐漸受到專業人員的注意，乃有爾後「個人中心計畫」（person-centered planning）的興起，以消費者的角度，強調由當事人主導為其權益與未來發展規劃所接受的服務（Steere, Gregory, Heiny, & Butterworth, 1995），這種觀念為個別化服務提供另一更具實質意義的基礎。

由於基本理念的調整，將處於社會弱勢的邊緣人行為問題視為政治問題來考量，從以往企圖改變個人（身心障礙者）的作法轉而設法在制度上產生變革，因此而有更多人士與專業人員，以批判思考的角度，積極參與社會福利工作，倡導有效的專業服務措施，並監督政府執行服務方案的成效。總之，社會運動應是促成近年美國身心障礙者教育及相關服務的重要關鍵。

（二）立法

二十世紀五〇、六〇年代各種社會運動對身心障礙者權益的維護產生重大影響，並具體落實於諸多法案的通過，包括 1954 年《修正職業復健法案》（Vocational Rehabilitation Act, PL 67-236）、《社會安全法修正案》（Social Security Act Amendments of 1956, PL 84-880）等，對於相關人員訓練、貧者醫療照顧、幼兒家庭補助、障礙成人協助、加強智障青年診斷與諮商服務、革新並擴大職業復健方案等方面，均有重要影響。

1970 年代最重要的法案之一即《復健法》（Rehabilitation Act of 1973, PL 93-112，以及其後數次之修訂，包括 1974 年 PL 93-661、1986 年 PL 95-506、1992 年 PL 102-569、1993 年 PL 103-73 等，1998 年納入 Workforce Investment Act 第四章中，WIA 於 2014 年修正為 Workforce Innovation and Opportunity Act, WIOA），該法案在職業復健與獨立生活服務方面，均有具體明確的規定，其中 504 條款更明定接受聯邦補助的公立學校不得歧視障礙學生受教權。此外，1975 年的《協助發展障礙者與權益法案》（Developmentally Disabled Assistance and Bill of Rights Act, PL 94-103）及其後的修正案（包括 1976 年 PL 94-278、1978 年 PL 95-602、1987 年 PL 100-146、1990 年 PL 101-496、1994 年 PL 103-230 等）、1988 年的《身心障礙者科技輔助法案》（Technology-Related Assistance for Individuals with Disabilities Act 1990, PL 100-407；1994 年修正案 PL 103-218；2004 年修正為 Assistive Technology Act, PL 108-364），乃至補充《復健法》對公部門的規定而特別考慮私部門對障礙者權益維護的《美國障礙者法》（Americans with Disability Act, PL101-336）等諸多相關法案，數十年來，已交織構成服務身心障礙者的法網。

在身心障礙者教育方面，美國特殊教育的推展受聯邦法律影響極大，其淵源可溯自 1917 年因 Smith-Hughes 職業教育法案而設之職業教育局（Board of Vocational Education），該法亦成為後來職業復健的基

礎。1958 年所訂之《障礙兒童教育補助法》（Grants for Teaching in the Education of Handicapped Children, PL 96-926），規定聯邦政府每年撥款一百萬進行智能障礙兒童教育工作者的專業訓練（在 1963 年 88-164 法案中則再將師資訓練對象擴大至聽障、語障、嚴重情緒困擾、肢障及病弱等）。1968 年則有《協助障礙兒童早期教育法案》（Handicapped Children's Early Education Assistance Act, PL 90-538），提供障礙幼兒教育實驗計畫經費之補助。此外，1963 年訂定之《母子健康與智能障礙計畫修正案》（Maternal and Child Health and Mental Retardation Planning Amendments of 1963, PL 88-156）以及考慮建置研究機構經費的《智能障礙與社區心理衛生中心設置法案》（Mental Retardation Facilities and Community Mental Health Centers Construction Act, PL 88-164），都間接成為服務身心障礙者的重要法案。

直接與特殊教育有關的教育法案，則可溯自 1965 年《小學與中學教育法》及其後數項修正案（Elementary and Secondary Education Act, ESEA, PL 89-105, PL 89-313, PL 89-750），該法案首度提供障礙學生教育聯邦經費的補助，並依法設置障礙者教育局（Bureau of Education for the Handicapped, BEH），而 1970 年的修正案更將前述數項聯邦補助法案合為「障礙者教育法」（Education of the Handicapped Act, PL 91-230），明白宣示為障礙學生提供最少限制環境、免費而適切的教育，聯邦政府則提供經費補助各州推展特殊教育。此法 1983 年修正案（PL 98-199）將補助範圍擴及學前教育與轉銜計畫，所有該法所涉及的事項均由改名為特殊教育司（Office of Special Education Programs, OSEP）單位負全責。原法案實乃最引人注意的 1975 年《障礙兒童教育法案》（Education for All Handicapped Children Act, PL 94-142）的前身，其後的修正案（1983 年 PL 98-199、1986 年 PL 99-457、1990 年改名為《身心障礙者教育法案》（Individuals with Disabilities Education Act, PL 101-476、1997 年 PL 105-17、及 2004 年 PL108-446），成為目前美國特殊教育的基礎。

此外，1976 年的《職業教育法》（Vocational Education Act Amendment, PL 94-482）及 1984 年的《柏金斯職業教育法》（Carl D. Perkins Vocational Education Act, PL 98-524、1990 PL 101-392、1998 PL 105-332）則為障礙學生提供職業教育機會的重要法案。至於 2008 年《高等教育機會法》（Higher Education Opportunity Act, HEOA, PL 110-315），則透過《轉銜與中學後綜合方案》（Comprehensive Transition and Postsecondary Programs, CTP）與《智能障礙學生轉銜方案》（Transition Programs for Students with Intellectual Disabilities, TPSID）為心智障礙學生開啟就讀大專校院的機會（Madaus, Kowitt, & Lalor, 2012）。

上述各項法案均係國會立法、由聯邦政府執行的重要政策依據。聯邦政府透過經費的補助，將政策落實於地方，雖然各州享有獨立的職權，但大部分仍以聯邦法案為依歸，通過平行的法案，提供相對等的經費支援地方所需（Meyen, 1995）。近年因更加強調教育績效（accountability）而對所有中小學學生進行標準化成就測驗，身心障礙學生亦在評量範圍內，2002 年修訂之《小學與中學教育法》（No Child Left Behind Act, PL 107-110）即再次強調此一要求，然而與「身心障礙者教育法案」所訂定個別化教育的觀點存在相當差距，已引起眾多特教界人士的關心（Bacon, 2015; Eckes & Swando, 2009; Kochhar-Bryant & Greene, 2009; Smyth, 2008），成為另一值得探討的課題。

（三）法院判例

1954 年有關黑白種族隔離糾紛的 Brown vs. Board of Education 案，宣示所有兒童皆有接受公立教育的機會，不因其種族或其他因素而有別，即使學校有相同的設施，亦不得施以隔離式的教育。此一判例產生示範作用，對美國特殊教育具有重大影響，而 1968 年 Hobson vs. Hansen 的判例對身心障礙教育更具影響力，承審法官判定若學校無法確定學生分類受教後仍可獲得同等教育結果，則為違憲，此例直接迫使特殊教育工作者檢

視有否將特殊教育學生不當分類受教的問題（Brolin & Loyd, 2004）。此外，1970 年代期間數項有關身心障礙學童教育的判例，都是逐步塑造美國特殊教育風貌的重要關鍵：

1. 1971-1972 年，Pennsylvania Association for Retarded Children（PARC）vs. Commonwealth of Pennsylvania：裁定障礙兒童亦能從教育得到幫助；若未經適當的申訴管道，不得拒絕障礙兒童於學校之外；學校有責任為有個別差異的兒童提供適當的教育。

2. 1972 年，Mills vs. D.C. Board of Education：不得以缺乏經費作為藉口而未能提供特殊兒童教育服務；如經費確有不足，所有的計畫（包括普通教育）均應停止。

3. 1972 年，Wyatt vs. Stickney：應為拘留於州矯治機構之障礙兒童提供有意義的教育，否則其拘留屬非法監禁。

4. 1976 年，Hairston vs. Drosick：無合法的教育理由（事前未通知、亦未經合理的申訴程序）而拒絕輕度障礙學生進入公立學校，乃違反聯邦法的行為。

5. 1979 年，Larry D. vs. Riles：未經適當的診斷、未考慮文化與語言背景因素，則不應將兒童標記為障礙者或安置於特殊教育中。

此外，尚有如 1991 年有關因學齡期間被公立教育體制拒絕而未受適當教育者，在二十一歲之後仍可獲得補償教育機會（Theado vs. Strongsville City School District、Coroes vs. Portsmouth School District）等判例。總之，由於法案的執行可能有其落差，法官的裁定對解決具有爭議性的課題有指標作用（Underwood & Mead, 1995），不過因為法院的裁定常缺乏行動計畫或未與執行人員協商，某些州的立法機關亦不給予經費支援，以致落實裁定結果的機會大為減低（Osborne, 1996; Yell, Drasgow, Bradley, & Justesen, 2004）。雖然如此，在數十年奮鬥努力之下，學術界、實務工作者與家長團體已結合成龐大力量，透過多種管道遊說立法機關與政府機構，積極

爭取更合宜的教育方式。美國最主要的特殊教育團體——特殊兒童協會
（Council for Exceptional Children, CEC）之下所設之生涯發展與轉銜分會
（Division on Career Development and Transition, DCDT），即在推動身心
障礙者生涯發展的課題上發揮強力主導的功能，該協會積極與其他相關專
業團體共同協助規劃擬定有助於身心障礙者發展的宣言，多能反映於相關
法案中。

★ 二、生涯教育與轉銜服務之發展

美國特殊教育界對身心障礙青少年提供的生涯轉銜服務，可追溯
至 1930 年代特殊學校與職業復健人員合作的聾生轉銜計畫（Szymanski,
Hanley-Maxwell, & Asselin, 1992）。1940 至 1950 年代，即有不少特殊教
育專家，如 Herbert Goldstein、Samuel Kirk 等人，在美國各地推動針對輕
度智能障礙學生的功能性、職業及社會技巧訓練課程（Neubert, 1997）。
1960 年代，工讀計畫（work study program）成為美國身心障礙學生職業
教育的主要模式。工讀計畫包括職前技巧（prevocational skill，包括人際
與社會技巧）訓練、校內或校外工作經驗、建教合作課程等，提供身心障
礙學生社區工作實習機會，縮小教室和職場間的隔閡，使能順利適應成人
生活（Clark & Kolstoe, 1995; Neubert, 1997）。

1970 年代，美國教育界警覺中學生高輟學率所帶來的社會問題，
為使學校教育更符合學生未來生涯規劃的目標，遂展開生涯教育運動
（Career Education Movement）（Hoyt, 1982; Neubert, 1997）。1974 年，
依據《中小學教育法修正案》（Elementary & Secondary Education Act of
Amendments, PL 93-380）第 406 節之規定，美國聯邦政府教育署成立生
涯教育司（Office of Career Education）；1975 年，障礙者教育局（Bureau
of Education for the Handicapped, BEH）召開全國性的研討會，探討障礙
學生的生涯教育問題，訂定優先補助辦法；次年特殊兒童協會即成立生涯

發展分會（Division on Career Development, DCD，1993 年更名為 Division on Career Development and Transition, DCDT）。1977 年通過的《生涯教育實施激勵法案》（Career Education Implementation Incentive Act, PL 95-207），則進一步確立公立學校實施生涯教育的政策，將生涯教育融入學校課程中，成為教學的一部分，而非僅職業教育而已。此一法案雖未再重新獲得授權，生涯教育司亦未持續存在，但生涯的課題已成為教育界所關注的重點，無論民間的組織、學術界的研究、專門刊物的發行，乃至教育工作者均能覺察教育與生涯（生活）之關聯，從而重視學生未來生涯的準備。隨後逐漸發展出來的轉銜概念，乃至 1994 年《學校至工作機會法案》（School-to-Work Opportunities Act, PL 103-239），皆與此有密切關聯。總之，生涯教育運動對中學階段特殊教育的影響，在於促使特教人員思考如何將一般學科教學、職業和生活技能訓練做進一步整合，以發展符合學生需求的教學模式。

　　1980 年代為美國提供身心障礙學生轉銜服務的重要時期，主要係因聯邦立法逐漸完備，以及社會大眾對特殊教育成效的反省（Neubert, 1997; Wehman, 1996）。1983 年，美國《障礙者教育法案修正案》（Education of the Handicapped Act Amendment, PL 98-199）授權教育部特殊教育暨復健司（Office of Special Education and Rehabilitation Services, OSERS）提撥一定比例經費，推動特殊教育學生學校至工作轉銜方案並進行相關研究。1984 年通過的《柏金斯職業教育法案》（Perkins Vocational Education Act, PL 98-524），使身心障礙學生接受職業教育的機會更為公平：該法案除明定各州職業教育經費須至少有 10% 用於身心障礙學生外，地方學區也應提供身心障礙學生職業相關服務，包括職業評量、特殊職業技能教學、職業諮商與生涯發展等活動（Clark & Kolstoe, 1995）。

　　爾後身心障礙青少年的轉銜議題受到特殊教育界再度重視的原因，來自於這些青少年學校畢業後就業及社會適應不良引起的種種困擾、社會對教育改革的期待，以及 1990 年以來特殊教育立法逐漸完備的影響。特

殊教育本身的教學設計可能具有良好教學效果，然而教育成果與學生往後的發展如何銜接，卻更值得重視（Cashman, 1994; Wehman, 1996）。身心障礙青年踏入社會後高失業率與就業不穩定性，乃至多半處於經濟依賴的情況，一直為特殊教育工作者所擔憂（Blalock & Patton, 1996; National Council on Disability, 2000; Stodden, 2001）。身心障礙者就業情況不盡理想，正顯示推動多時的特殊教育成效並未完全落實。Afflect、Edgar、Lavine 與 Kottering（1990）指出：身心障礙青少年在畢業後無法順利扮演社會公民與生產者的角色，是由於他們在中學階段的特教課程中，並未習得適應社會生活所需的生存技巧（survival skills）。另一方面，特殊教育工作過於重視學科教學，疏於和社區內身心障礙服務資源（如養護機構與就業服務單位）建立良好的聯繫，以致學生離校後缺乏後送的支持體系，也是身心障礙學生在社區與工作轉銜上發生困難的原因之一（Blalock & Patton, 1996）。

上述問題充分顯示教育與復健、就業單位間的連結不足，因此 1998 年《勞動力投資法案》（Workforce Investment Act）整合職業教育、職業訓練及職業復健三者的功能（該法案第四章即《復健法修正案》），在行政體制上以單一窗口（one-stop center/one-stop career center）的設置，充分結合相關資源，提供求職者最便利的就業服務。此項措施自 2000 年 7 月開始執行，對身心障礙者的職業訓練與就業或有相當助益，然就特殊教育本身而言，仍存在許多根本問題，由美國布希總統特別命令設置的特殊教育卓越委員會（Commission on Excellence in Special Education）於 2002 年 7 月所提出的報告，即針對身心障礙學生中學後教育及生涯轉銜問題，要求統整聯邦各相關（尤其是教育與復健）單位，以改進身心障礙學生進入競爭性就業市場的成果，並增加其進入高等教育的管道。而 2014 年《勞動力創新與機會法案》（The Workforce Innovation and Opportunity Act, WIOA, PL 113-128），即在 WIA 基礎上，強化身心障礙者職業復健工作，更規定州復健單位必須運用其預算經費之 15%，結合學校及地方

相關勞動力發展方案，共同提供身心障礙學生職前轉銜服務（Schroeder, 2014）。

總之，經歷數十年的倡導、試驗、立法，美國身心障礙者的生涯輔導與轉銜服務已成為各級特殊教育服務的重要內涵，其間重要的轉折可列述如下（Kochhar-Bryant & Greene, 2009）：

1900-1960：生涯發展概念開始萌芽，主要重點在職業準備。

1960-1970：生涯發展概念擴及職業之外，包括各種生活角色。

1970 年代早期：引入轉銜概念，涉及由學校至就業、社區、先進科技世界之進路。

1970 年代：訂定就業與訓練法案，協助青年從學校到職場。

1980 年代早期：各州推動身心障礙青年轉銜服務實驗計畫。

1983 年：制定《障礙者教育法》修正案，透過研究與實驗，設置學校至職場之轉銜服務；轉銜定義受到廣泛討論。

1990 年：《身心障礙者教育法》將轉銜納入個別化教育計畫。

1990 年代：建立全州性轉銜系統並探究轉銜之影響作用。

2000 年代：統整教育、復健、就業準備系統及中學後機構，以因應新世紀高科技工作環境。

2010 年代：強化以個人為中心的個別化轉銜計畫，增進身心障礙者自我決策能力，提升生活品質。

此一過程實是數十年經驗的累積，付出眾多反覆的試驗、評鑑、修正的代價而有此成果，然而身心障礙學生的生涯輔導與轉銜服務工作並非就此定論，其中仍隱藏諸多困難與限制，多年前所揭櫫的免費而適切教育（free and appropriate education）的理想仍未完全落實（Aron & Loprest, 2012; Harvey, 2001; Morningstar, 1997; National Center for Secondary Education & Transition, 2004），而身心障礙者的就業／升學乃至自立生活、獨立自主的成果亦尚難稱完善（Baer, Daviso, Flexer, Queen, & Meindl,

2011; Haber et al., 2016），因此仍有甚多發展的空間。

第三節　我國身心障礙者生涯輔導與轉銜服務的發展

 一、歷史背景

　　我國身心障礙者權益運動的推廣與美國頗為相似，主要始自家長團體的倡導。依謝宗學（1997）之分析，1980 年代之前，身心障礙者一直被視為社會中的依賴者，大多依賴家庭、家族的收容與救濟，國家並未積極地介入照顧。在主觀上，身心障礙者的權益被認為是少數人的、個人的問題，而在客觀上，並不被政府官僚認為是值得重視的政策議題，因此未能獲得充分的重視，甚且沾染迷信的色彩（所謂「天譴論」），身心障礙者受到社會的歧視排擠，而更形隔離化、孤立化，遑論予以保障與促進。當時已有若干啟智服務機構，如「育仁啟智中心」、「第一兒童發展中心」、「雙溪啟智中心」等，以及由智障者的家長組成的家長協會，加上美國「權利論述」的觀點經由專業人員引介至國內，埋藏了日後國內身心障礙者權利運動的種子。

　　1983 年的楓橋事件是社區居民以暴力抵制發展遲緩兒童日間照護中心的一連串抗議行動，顯示了當時台灣社會對身心障礙者與其社區居住的歧視與排斥。七位日照中心家長代表帶著超過五百人聯署的請願書向當時的蔣經國總統請願，要求政府保障他們孩子的權利。家長的請願書成為第一個為障礙者爭取權利的政治行動（張恆豪、顏詩耕，2011），而曾經受過特殊教育訓練、也是智障者家屬的甘惠宏神父，基於專業知識與服務品質的提升，乃倡導集合公私立智障者教養機構及相關協會，於 1983 年成立「中華民國啟智協會」。透過這個協會的運作，各地的啟智機構以及智

障者的家屬們有了初步的聯繫機會，也為日後障礙者權利運動提供了某種程度組織化的基礎。

由於《國民教育法》（1979 年）與《強迫入學條例》（1982 年）相繼施行，但智障者的教育權仍受輕忽而未予重視，在民間特殊教育人員的倡導下，家長們起而為智障子女爭取教育權。1984 年 5 月，五百多位智障、肢障兒童家長連署陳情，希望促成研議中的《特殊教育法》盡早三讀通過。該法雖於當年 12 月完成立法，卻仍將重度智障兒童排拒在校門之外（《特殊教育法施行細則》第 20 條第 3 項），因此家長們再次向教育部請願。1987 年 3 月 2 日，臺北市智障者家長百餘位代表赴市政府陳情，呼籲政府重視智障兒童的教育權，並關心智障者成人的生活權。家長們持續以具體行動實踐為其子女爭取權利，也為我國的「殘障權利運動」揭開序幕。

在之前的權利運動，主要是個別的殘障團體，如中華民國殘障協會、伊甸殘障福利基金會、陽光社會福利基金會等團體，各自針對特定議題向立法院或政府部門陳情、請願、抗議或辦理宣導活動，如臺北市肢體傷殘重建協會舉辦之「請重視我們的權利——大眾捷運系統應設置殘障設施」座談會，伊甸殘障福利基金會舉辦之「礙的路上你和我」活動。但是，在愛國獎券驟然停辦、大學聯考病殘限制，以及劉俠女士以十大傑出女青年及國家文藝獎得主之頭銜，卻因未具有正式的學歷資格而無法登記為 1989 年立法委員選舉的候選人等議題上，他們覺察到共同的問題——身心障礙者的權利受到漠視與任意的限制，而這是全體身心障礙者所面對的共同「障礙」，因此必須合力加以剷除。

這些事件經媒體報導而成為「權利論述」的讀本，一則對於身心障礙者所面臨的問題予以重新定義；一則作為殘障團體進入殘障政策網絡核心的推力，成為網絡內部的一個活躍的參與者，進而「重建新的系統原則」。此外，障礙者亦再次警覺到 1980 年訂定的《殘障福利法》，徒具宣示性意義而已，並未給予身心障礙者的權利實質的保障，而各界亦迭有

修正之議。因此，乃以《殘障福利法》的修正為當務之急，集結各個團體的力量，於 1989 年 3 月 14 日組成「促進殘障福利法修正行動委員會」，以充分反映不同團體的意見；旋又於 5 月 28 日發起籌組聯盟，而在 1990年 6 月 30 日內政部核可後正式成立「中華民國殘障聯盟」。立法委員趙少康在殘障團體提供意見下，擬定《殘障福利法》修正案並獲得三十九位立法委員連署，正式向立法院提案，促成 1990 年《殘障福利法》的修正。

　　身心障礙者是社會中的弱勢族群，其教育程度低、工作機會少、生存與發展條件遜於一般人，是處於潛在人力資源「低度開發」的層次（吳武典、蔡崇建、黃淑芬、王華沛、廖永堃，1994）。在 1980 年《殘障福利法》頒布實施之前，雖有社會福利措施見諸於政府的施政綱領中，但均因缺乏經費與人員，故僅有零星的局部工作（陳榮華，1983）。而《殘障福利法》第 17 條規定「公民營事業機構僱用殘障者人數超過總人數百分之三以上者應予獎勵」，雖已注意身心障礙者的就業謀生問題，但所採取的策略仍屬消極的措施。至於所謂之獎勵法，在其施行細則第 25 條僅有「由各級主管依有關法令規定辦理」之詞，缺乏實惠，故乃有訂定強制僱用的建議（吳武典，1990）。

　　1990 年修訂的《殘障福利法》博采眾議，訂定定額進用的制度，第17 條規定「各級政府機關、公立學校及公營事業機構員工總人數在五十人以上者，進用具工作能力之殘障者人數，不得低於員工總人數百分之二。私立學校、團體及民營事業機構員工總人數在一百人以上者，進用具工作能力之殘障者人數，不得低於員工總人數百分之一。」此一規定同樣載於 1997 年公布的《身心障礙者保護法》第 31 條，其用意在強制要求各機關、學校、團體及事業機構之員工達一定數額時，需僱用固定比例之身心障礙者，以保障殘障人士的工作權益。然而該法自 1990 年執行以來，雖增加身心障礙者的就業機會，但仍有許多機關或廠商寧願繳納罰金，甚至公立機構以編列預算抵繳差額補助費，因此即使使用最強制的執行方

式，對障礙者工作機會的保障仍相當有限（王國羽，1994）。

　　而自 2004 年之後，法定義務單位可進用之容量已趨飽和狀態，實際進用人數成長趨於緩和。因此在 2007 年修訂之《身心障礙者權益保障法》中，提高法定公私立機關（構）進用身心障礙者標準與比例，公立單位員工總人數 34 至 66 人者將納入法定義務單位，需至少進用 1 名身心障礙員工，員工總人數 67 至 99 人者，需再增加至少 1 名身心障礙者員工，員工總人數 100 人以上者需增加至少 1% 的身心障礙員工；私立單位員工總人數 67 至 99 人者將納入法定義務單位，需至少進用 1 名身心障礙員工，員工總人數 100 人以上之單位則維持原訂標準。依據 2017 年底之統計，法定應進用身心障礙者義務機關（構）為 1 萬 7,180 家，未達法定進用機關（構）數 1,577 家，占義務機關（構）數 9.2%，其中公立 33 家（0.8%），私立 1,544 家（12.1%），而應進用人數僅不足 1 人者（僅需再進用 1 人即符合規定）有 1,220 家，占 82%，顯示大部分義務機關（構）已接近足額進用（勞動部，2017c）。

　　近年來在相關單位追蹤督導定額僱用的實施情況下，身心障礙者受僱的情況已漸有改善，主管單位亦多以超額進用若干比例引為績效，但迄今仍有近一成法定義務單位未足額進用，且法令的規定亦可能被曲解為只要僱用該等比例的身心障礙者即可，反而限制僱用更多障礙者的可能。換言之，定額僱用制度對身心障礙者的生涯發展而言，僅是治標而非治本的方法，畢竟就業並非生涯的全部，根本之道乃在於如何因應身心障礙者各階段的發展需求，設計適切的生涯輔導方案，提供具體的協助措施，擴大其探索與選擇的機會，促使其得以發揮自主的權利，在人生舞台上開拓個人獨特的生涯路。而在這一重要目標中，教育即扮演極其重要的角色，若能在其發展過程中，提供生涯覺察、生涯探索、生涯準備的協助，奠定紮實的生涯發展基礎，自然有助於其生涯抉擇能力的發展，在面對生涯旅程中各個關鍵時刻，能順利找到適當的生涯方向。

二、生涯教育與輔導

我國自 1968 年實施九年國民教育以來，即將職業輔導列為學校輔導工作中的一個重要環節。初期，學校對普通學生進行輔導的主要著眼點仍在職業輔導，包括職業陶冶課程的安排、職業輔導方案的推展、職業訓練工作的進行等，然而仍缺乏完整具體的規劃，尤其是與普通學科教學間的配合並無積極的對策。事實上，國中職業輔導工作並未發揮具體成效（楊朝祥，1984）。有鑑於此，1982 年公布《國民教育法施行細則》規定：「國民中學為適應升學與就業學生之需要，採彈性選科制度。」1983 年公布之「國民中學課程標準」更明確規定國中選修科目分職業科目、應用科目、升學預備科目與藝能科目四類，其中職業選修科目均安排於國中二年級與三年級實施，主要在提供「有就業傾向」學生選修。此外，教育當局亦在此一時期推動「群集式技藝教育班」，為不升學學生開闢另一種型態的國民教育。然而原先以生計教育理念出發的職業選修課程或群集式技藝教育班，卻在升學主義的壓力下淪為點綴（王澤玲，1989），而以升學為導向的高中更不重視這類的輔導工作，認為學生不必面對就業問題，所以可以不實施職業輔導。

但在「生涯」一詞重新定義、不再以狹義的職業選擇與安置限定全人的發展後，1990 年代起，許多高中已開始重視生涯輔導工作，無論在學生選組、填寫志願乃至未來的生涯發展方向上，輔導教師可以透過多樣的活動設計，給予學生極大幫助。高職在 89 學年實施之課程標準中，將生涯規劃列為選修科目，而自 95 學年實施之高中暫行課程綱要亦將之列為選修，更展現對高中職學生生涯發展的重視。目前所實施的多元入學方案，各種入學管道與填選志願方式的多樣性與複雜程度，在在都需要生涯輔導人員的協助。而在國民教育階段九年一貫課程中，生涯發展更成為國民教育的一項重要目標，其所期待的自然不僅是職業選擇與安置，而是奠定個人一生發展的基礎。

在一般成人的輔導方面，近年亦已逐漸接納廣義的生涯概念，雖然早期就業輔導、職業輔導的體制仍持續至今，但也考慮到個人生涯的發展，而在就業服務體系中引入生涯諮商的服務（張本聖，2002）。這是一個對舊名詞賦予新定義的實例，但在身心障礙學生的輔導方面，對身心障礙學生的輔導似乎仍以就業為主要目標，不僅與上述趨勢有明顯落差，且所遭遇的問題與當年國、高中推展職業輔導的狀況如出一轍！

我國身心障礙教育的推展已有四十餘年的歷史，自 1970 年於國中設置啟智班以來，智能障礙學生亦能與一般正常學生一樣接受九年國民教育，1984 年公布《特殊教育法》，更成為我國有史以來第一部為特殊教育學生提供適性教育的法令。然而早期有關身心障礙學生生涯教育或轉銜服務的法令規章闕如，僅有一般職業教育、職業輔導措施，但身心障礙學生的功能受到諸多限制，其在校適應情況、畢業後動向如何等，均為家長與有識者關切的問題。從早期各項調查結果可知：身心障礙學生（主要為輕度障礙者）在國中畢業後就業率約為六成，但大多從事非技術性或半技術性的工作，另約有三成賦閒在家，其中有部分曾經就業，但卻因種種因素而失去工作機會（吳武典，1990；陳榮華，1983）。雖然勞委會職業訓練局（現改制為勞動部勞動力發展署）自 1994 年開始策劃支持性就業服務方案（後易名為社區化就業服務方案），經數年實驗與評估，再加入與就業服務密切相關的職業輔導評量工作，以及職業重建個案管理制度，已建立一套頗有系統的服務體系，然其實施成效尚有待進一步探究。

身心障礙者職業適應能力的提升並非始於求職或就業之時，各種能力的培養亦非一朝一夕可完成，何況能力必須配合其習慣、態度、行為，始能充分展現於工作與日常生活中。此與身心障礙教育的設計、執行乃至學生畢業後的轉銜服務，均有密切關係。目前特殊教育學校與高職特教班之課程設計，在三年的職業教育中，強調職業基本能力的培養與職場的實習適應，其目的即在透過更實務的接觸，熟稔就業市場的實際狀況，以便日後順利融入社區環境。事實上，D. Brolin 在美國推廣生涯教育時期所發展

的「生活中心生涯教育模式」（LCCE），早在 1980 年代即已由彰化師範大學許天威教授與周台傑教授等人引入台灣，在台灣省教育廳支助下，修訂相關材料，並進行多項相關研究。該模式迄今在美國仍頗受重視，但國內似乎未見其廣泛應用，其原因究係該模式不適合國人、或材料仍不夠本土化、或內容未能與部頒課程綱要相融，甚或其根本的生涯理念未能為國人所認識與接納，均值得深入省思。

自 83 學年度起，教育部考量身心障礙學生國中畢業後，尚未具備足夠能力即離開學校教育系統，相較於一般學生有多種升學管道，可持續接受三年高中階段、乃至大學教育，似非十分妥適，乃規劃「第十年技藝教育」方案，提供身心障礙學生增加一年技藝教育的機會（該方案同時亦為一般未升學未就業國中畢業生而設），高職特教班成為智能障礙學生接受特殊教育的一個重要管道（林幸台，1998）。高職教育原負有培育基層技術人員的使命，其辦學績效頗受地方人士所肯定，數十年來已為國家培育無數基層技術人力。教育部在一般高職為智能障礙學生設置特殊教育實驗班，推其用意應在避免將之隔離於特殊學校，至少可使輕度智障者能與一般學生相融於同一學習環境，而高職本身擁有較佳的職業教育設施，亦可為這些學生提供接近實際工作職場的機會。然而可能因高職方面初次接觸身心障礙學生，仍有頗多疑慮（陳丹桂，1997），故初期多係在教育行政單位多方溝通與請託下，以公立學校為主開班。但各校師資普遍缺乏特教背景，開創初期亦無固定教師編制，多賴熱心的教師與行政人員勉力支撐。86 學年度後，家長的期望日益殷切，遂大量擴充，將受教年限延長為三年，然仍因區域分布未能平衡，至後期乃有多所私立高職加入。

目前身心障礙學生接受高職教育的人數日增，教育部更於 90 學年度開始實施身心障礙學生十二年就學安置計畫，亦即所有身心障礙學生均將獲得國民教育後三年高級中等教育的機會，其對象擴及所有身心障礙學生：106 學年度高中職共有 25,829 名身心障礙學生（占該教育階段學生總數之 3.25%），其中以學習障礙學生最多（8,636 人，33.44%），次為智

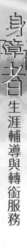

表 1-1 ▪ 近十年高中職及大專身心障礙學生人數

學年度	高中職學生	身心障礙學生	%	大專學生	身心障礙學生	%
96	931,369	17,633	1.89	1,192,139	8,827	0.74
97	950,123	18,946	1.99	1,223,404	9,489	0.78
98	953,895	20,184	2.16	1,228,037	10,274	0.84
99	955,981	21,358	2.23	1,240,814	10,853	0.87
100	954,176	22,415	2.35	1,205,784	11,521	0.96
101	947,632	23,281	2.46	1,253,866	12,288	0.98
102	917,122	23,529	2.57	1,244,314	12,190	0.98
103	873,162	23,577	2.70	1,240,579	12,376	1.00
104	846,051	23,728	2.80	1,332,445	12,678	0.95
105	818,444	25,626	3.13	1,309,441	13,083	1.00
106	795,460	25,829	3.25	1,273,894	13,561	1.06

資料來源：中華民國教育統計、教育部特殊教育統計年報

能障礙學生（7,752 人，30.01%），自閉症學生有 3,600 人（13.94%）；在一般高中職者有 21,580 人，其中 43.78% 學生在資源班，33.24% 在普通班接受特教服務，而集中式特教班（綜合職能科／班）則有 401 班、4,748 名學生。此項措施有其必要性，但更重要的應是如何協助高中職階段身心障礙學生順利完成三年中等教育，以至持續進入大專校院接受高等教育，擴展個人生涯發展的空間，此乃身心障礙教育工作者必須審慎思考的課題。

在高中階段教育之後，身心障礙學生就讀大專校院方面，亦在教育部門努力下有逐年增加的趨勢，自 85 學年之 750 人迄今，二十年來已增達十數倍之多。106 學年度有 13,561 人，其中以學障居多（3,615 人，26.66%），次為自閉症（2,196 人，16.19%）及肢障（1,545 人，11.39%），智障學生亦達 1,267 人（9.34%）。雖然在所有大專學生中所

占比例仍極為微小（1.06%），但重要的是能否順利畢業，至於大學生活帶來的效應是否有助其生涯發展，更值得深入探究。

根據 Babbitt 與 White（2002）的分析，美國高中畢業繼續升學的身心障礙學生，一年後僅有 6.5% 仍在學；Milson 與 Hartley（2005）對學障學生所做的調查，能順利完成學業或仍在學者僅 53%；一般學生 58% 可獲得學位，身心障礙者卻僅 21% 至 34% 能完成學業（Barnard-Brak, Davis, Tate, & Sulak, 2009; Newman, Wagner, Cameto, & Knokey, 2009）。然而，Herbert、Hong、Byun、Welsh、Kurz 與 Atkinson（2014）則發現曾尋求學校障礙服務辦公室（Office for Disability Services）協助者，其畢業率達 65%，顯示該服務可能具有增能的效果。

我國教育部亦陸續頒布《補助大專校院招收及輔導身心障礙學生實施要點》，補助各大專校院設置資源教室，提供身心障礙學生學業、生活、轉銜及諮商輔導服務。然而資源教室的功能並未充分發揮，鄭聖敏（2014）彙整近年相關研究，發現大專身心障礙學生生活機能大致良好、學習適應有待協助、生涯輔導需要加強、心理與社會發展較偏向負面，凸顯「大專校院所提供之身心障礙學生特殊教育服務，較從『限制』的觀點出發，著眼學生障礙、不利的一面，強調弱勢能力的補救或協助」（頁11）。而學生尋求協助的主動性不足，多為被動等待服務之提供，徒增資源教室輔導人員工作壓力（吳嘉惠、王欣宜、吳沛錞，2016），工作效能不免事倍功半，殊為可惜。

★ 三、就業與轉銜服務

我國有關身心障礙者的就業服務工作，在早期的《殘障福利法》第 12 條中即規定「直轄市及縣（市）主管機關對殘障者，予以下列輔導或安置：……四、需要就業者，由就業服務機構轉介，或轉介職業重建機構……」，針對該條第二項所訂之輔導與安置措施，更特別規定「政府應

建立殘障者職能評估制度，使殘障者獲得合理輔導與安置；其辦法由中央主管機關會同有關機關定之。」《殘障福利法施行細則》第14條進一步規定：「直轄市及縣（市）主管機關依本法第十二條第一項第四款輔導或安置殘障者就業，得依左列方式辦理：一、由就業服務機構輔助殘障者就業。二、安置於職業訓練機構或委託公民營企業予以技能培訓。三、協助殘障者創業貸款。四、邀集工商企業舉行殘障者就業協調會，增加其就業機會。五、建立殘障者就業供需檔案，以便協調殘障者就業。前項第三款創業貸款辦法，由直轄市及縣（市）主管機關定之。」

1997年《殘障福利法》修訂更名為《身心障礙者保護法》，其中第四章「促進就業」為有關身心障礙者就業的專章，為建置身心障礙者職業重建服務制度的開端。2003年辦理身心障礙者職業輔導評量，2007年《身心障礙者保護法》修正並更名為《身心障礙者權益保障法》，障礙類別採ICF系統，並以「就業權益」專章，明確規定「由職業重建個案管理員評估其能力與需求，訂定適切之個別化職業重建服務計畫，並結合相關資源，提供職業重建服務」（第33條），至此乃具體建立職業重建個案管理服務制度。

法令已趨完備，負責此項業務的勞委會職業訓練局亦配合規劃多項服務措施，除職業訓練外，1993年更引進支持性就業服務的模式，在全國試行後推廣至各縣市，隨後並依《身心障礙者保護法》之修訂通過，訂頒多項法規，積極推動職業訓練、職業輔導評量、就業服務等措施。2002年職訓局成立身心障礙者就業訓練組專責部門，主導並推動全國身心障礙者就業相關事務，對促進身心障礙者就業有更多著力之處，如研訂促進身心障礙者就業中程計畫；辦理多元職業訓練專班增加身心障礙者本身能力；嘗試開辦數位學習課程，創造無障礙的學習環境；推動支持性、庇護性、居家就業等各種就業模式，開拓身心障礙者就業管道。爾後更有2009年設置之「身心障礙者職業重建服務窗口」，2014年勞工委員會改組為勞動部後，是項業務由勞動力發展署身心障礙者及特定對象就業組持

續推動，並完成職業重建系統之建置，期能有效整合支持性就業、庇護性就業、職業輔導評量、職業訓練、就業媒合與輔導、職務再設計、穩定就業支持等各項資源，並全面推動職業重建個案管理服務新制，提供身心障礙者更有效的職業重建服務。

就辦理經費而言，近年每年支出均達十數億以上（見表 1-2），可見政府對促進身心障礙者就業的用心。各項業務中，歷年雖有若干差異，但均以庇護性就業所占費用最高，可能與庇護工場成本較高所致；次為支持性就業與職管業務，以及人員遴用等。惟經費來源仍以身心障礙者就業基金及勞動部就業安定基金為主，政府本身編列公務預算僅占 2.04% 至 2.86%（見表 1-3）。雖然目前兩基金仍屬充裕，卻未能凸顯政府對此一項重要公務的重視程度，實有再加斟酌的餘地。

再就身心障礙者的就業情況言，依據 2016 年最新調查，全國身心障礙者 15 歲以上有 1,126,560 人，15 歲以上身心障礙者勞動力人數為 229,876 人，身心障礙者勞動力參與率為 20.41%、失業率為 9.17%。雖然此一數字已較前期數次調查有所改善（見表 1-4），然相較於當年度一般人的勞參率（58.75%）、失業率（3.92%），差距分別達 2.9 倍、2.3 倍，顯示職業重建工作尚有再努力的空間。

此外，《身心障礙者保護法》第 42 條明文規定「制定生涯轉銜計畫，以提供身心障礙者整體性及持續性之服務」，2007 年修訂之《身心障礙者權益保障法》除規定建立職業重建系統外，亦有同樣文字強調轉銜的重要。依新法第 48 條訂定之《身心障礙者生涯轉銜計畫實施辦法》，進一步規定「應於身心障礙者生涯階段轉銜前一個月邀請轉銜後生涯階段之機關（構）、學校或其他場所（以下簡稱轉入單位）、身心障礙者本人、其家人及相關人員，召開轉銜會議確定轉銜服務計畫，並填具轉銜通報表通報所屬轉銜窗口」（第 4 條），轉銜計畫內容則包括基本資料、轉銜原因、各階段專業服務資料、家庭輔導計畫、個案身心狀況及需求評估、個案能力分析、未來服務建議方案、轉銜服務準備事項等。

表 1-2 ▪ 各年度辦理身心障礙者促進就業業務概況　　　　　單位：千元

項目	103 年	104 年	105 年	106 年
1.核發私立義務機構超額進用獎勵金	108,251	93,332	79,094	69,388
2.核發私立非義務機構超額進用獎勵金	24,382	30,228	27,247	24,226
3.獎勵或表揚熱心推展身心障礙者就業促進人員／單位	3,008	3,582	3,624	7,390
4.辦理職業輔導評量相關事宜	24,321	22,262	23,933	24,888
5.辦理職務再設計	27,214	29,418	31,009	34,151
6.辦理身心障礙者職業重建服務窗口（就業轉銜）事項	99,441	159,494	129,413	130,961
7.辦理身心障礙者職業訓練	124,859	120,276	119,891	127,045
8.辦理身心障礙者支持性就業相關事項	168,303	134,096	139,941	141,829
9.辦理身心障礙者庇護性就業相關事項	288,289	291,325	295,884	318,971
10.辦理身心障礙者創業輔導相關服務	29,200	38,877	32,300	30,878
11.辦理視障者相關服務	66,245	53,949	55,591	63,005
12.辦理身心障礙者就業調查、成效評估、政策研擬等	3,588	5,203	2,668	2,287
13.遴用人員辦理身心障礙者就業促進相關事宜	62,013	62,530	130,877	129,617
14.辦理有關身心障礙者就業促進宣導、研討、觀摩等	20,837	22,510	19,218	30,036
15.行政費及管理會運作費用	37,371	43,915	33,463	40,394
16.其他補助或就業促進事項	229,053	93,363	137,868	138,677
年度總支出	1,316,375	1,204,361	1,262,025	1,313,742

資料來源：勞動部（2017a）

表 1-3 ▪ 各年度辦理身心障礙者促進就業業務經費來源　　　（單位：元）

年度	公務預算	身心障礙者就業基金	勞動部就業安定基金	其他	合計
103	31,623,719	742,070,958	493,745,377	48,935,404	1,316,375,458
104	24,519,278	638,765,184	497,361,666	43,714,663	1,204,360,791
105	36,084,840	676,031,114	504,408,713	45,500,308	1,262,024,975
106	37,592,541	731,680,395	506,339,917	38,128,696	1,313,741,549

表 1-4 ▪ 身心障礙者就業概況

年度	15 歲以上身心障礙人口	勞動力	勞動參與率 %	就業人數	失業人數	失業率 %	非勞動力中有能力且有意願工作者 %
2016 年	1,126,560	229,876	20.41	208,786	21,089	9.17	3.21
2011 年	1,036,442	198,277	19.13	173,785	24,492	12.35	5.82
2006 年	897,777	222,990	24.84	187,602	35,388	15.87	7.52

* 2011 年勞動參與率較 2006 年下降 5.71%，與中高齡（45 至 65 歲）失能者申領身心障礙手冊之人口數增加有關。其中 45 至未滿 65 歲者非勞動力增加約 4.7 萬人、65 歲以上者非勞動力增加約 7.6 萬人。

　　上述法令內涵尚稱完善，然而此項規定迄今仍未見完全落實，各部會雖亦分別規劃推動轉銜服務措施，但彼此間缺乏橫向的協調，以致轉銜窗口專責單位人員不明確、專業人員互信不足、資料與服務經驗未能傳承、轉銜後援供給資源不足、缺乏轉銜共同表單、未建立轉銜服務流程及資料傳送追蹤時間機制等（林昭文、朱貽莊，2002），以致所提供的服務時有中斷或資源錯置的情況。雖然內政部／衛福部已籌劃全國性個案資料管理系統，預期透過電腦進行資料的管理與整合，惜尚未能有效運作；而更重要的是在銜接個案資料之外，如何切實掌握個案需求、落實專業服務品質，提供身心障礙者所需之生涯與轉銜服務，則尚有待相關單位與專業人

士共同的努力。

　　國內的職業重建體系已具雛形，身心障礙者的就業率亦略有提升，然而就業後是否適應職場生活、能否獨立自主、能否參與社區各項活動等，這些課題可能會被認為非職重系統的任務，但身保法、身權法所揭示的「提供身心障礙者整體性及持續性之服務」的意旨，可能仍在各級政府教育、衛政、社政及勞政等行政系統缺乏橫向連繫、跨局處的整合工作缺乏長期有效的執行下，僅存有形式上的轉銜。在實務執行上尚有各自為政的現象，雖依規定召開轉銜聯繫會報，但似多屬行政業務報告，雖亦有各單位資源的宣導，卻仍可能僅係現行服務部門在障礙者生涯轉換過程中的服務交接，著重資料轉交，甚少凸顯實際的轉銜服務。然而轉銜的終極目的與身心障礙者的生涯發展密切相關，轉銜服務必須結合生涯的概念始可能發揮實質效益，因此姚奮志（2016）即主張轉銜服務是跨生涯階段與跨生活領域的服務，應將整體障礙者服務視為全生涯服務，也是全人的服務，此等理念實值得多加思量。

2
CHAPTER

生涯理論

第一節　生涯理論取向

★ 一、理論與實務

　　理論是專業的指標，更是實務工作的基礎。生涯輔導與諮商人員如何看待服務對象（學生、當事人、消費者）、如何解讀其所面對的問題或需要協助的事項、以何種角度構思可以提供的服務內容與方式等，都會影響所設計的教育方案與所採行的輔導策略。實務工作者除透過臨床的觀察與經驗的累積，形成執行任務的具體方法與步驟外，相關的理論是最重要的參考依據。缺乏理論依據的方案可能無法達成預期的效果，縱使一時之間似有所成，但能否再引用於其他案例，或形成普遍可行的法則，卻難判定。

　　事實上，理論亦非憑空而來，心理學中許多理論即常源自創始者的實務經驗。在實務工作中累積的經驗，予以組織化、抽象化，即可形成一套非正式理論的雛型，作為個人處理問題的基礎。而該非正式理論經哲學的思辨與長期廣泛的驗證，就可能逐漸修正構成一套正式的理論。此時這套

理論已不僅是個人經驗的累積，而是公諸於世、接受各方考驗，成為具廣泛性、可供更多實務工作者參照認同吸納。

總之，理論引導實務，實務工作亦可增益、修正理論，二者之間具有互動循環的關聯性，此即所謂「實務工作者亦科學家」（practitioner-scientist）的要義。然而每一個人對事務的觀察有不同的重點，隨之產生不同的非正式理論或正式理論，因此心理學上任何一個課題都有著許多理論，從不同面向詮釋此一課題。但這並不妨害專業的成長，卻更因不同理論的提出，而使原先「瞎子摸象」的片段知識，因著各個角度的理論而有逐漸浮現全貌的可能。

以生涯輔導而言，最初並無任何理論可循，其之興起乃因二十世紀初期美國工業的發展，需要大量人力，而一般民眾大多缺乏專業技能，造成人力供需嚴重失調的現象，於是產生就業問題、貧窮問題、教育問題，甚至擴大形成為社會問題（林幸台，1987）。由於實際情勢上的需要，部分有識之士乃挺而出面推動社會改革運動，新澤西人士 F. Parsons 所推動的職業輔導，企圖協助眾多離鄉背井的求職者就業，遂成為輔導工作的濫觴，但其基礎仍屬經驗法則。

職業輔導真正的理論基礎建立於兩次世界大戰期間，引用差異心理學的觀點所發展的諸多心理測驗，成為實務工作者的重要依據，也是特質因素論（trait-factor theory）的基礎。二十世紀中葉之後，由於人文主義、自我心理學的興起，關注個人生涯發展的理念受到廣泛重視，遂有眾多異於特質論的觀點產生，強化生涯輔導的理論基礎，使得生涯輔導的內涵更為豐富堅實，再經後現代主義思潮的融入，迄今已卓然成為心理學界一個重要的學術領域，生涯輔導與諮商亦成為具有相當專業性質的工作。

★ 二、生涯理論與身心障礙者

以往有關生涯的理論尚未臻完善，許多學者即評論其立論基礎多以

男性、白人、中產階級或學生為主,因此並不適用於女性或少數種族者(Bowman, 1993; Fitzgerald & Betz, 1994; Fouad, 1993; Rojewski, 1997),就身心障礙者而言,更缺乏適當的理論基礎(Curnow, 1989; Hershenson & Szymanski, 1992; Roessler, 1987; Thomas & Parker, 1992)。Conte(1983)認為造成此種現象的原因可能有:

1. 認為障礙者的發展模式及成長經驗如同無障礙者,因此無需給予特別的考慮或額外的理論概念。
2. 身心障礙者的經驗與障礙的本質使得障礙者迥異於他人,以致生涯發展理論不能亦不該用於障礙者。
3. 理論過於理論化或正處於形成階段,尚無法應用於各類障礙者的生涯發展課題。
4. 不熟悉障礙者的生活與經驗。

Osipow(1976)也認為生涯理論之所以忽略身心障礙者,主要因為依男性中產階級白人所發展出來的生涯理論,其基本假定與身心障礙者的狀況有相當大的差距。事實上,近數十年已逐漸注意到婦女或少數種族的生涯發展有特別值得探討的主題(如有關婦女雙生涯的現象、少數種族文化與生涯的抉擇等課題),甚至因而另有不同的理論或詮釋模式。可惜的是,這種突破傳統窠臼的情況尚未出現在身心障礙者方面,雖然如此,復健諮商工作早已採用傳統的生涯理論,以描述或預測身心障礙者職業選擇與職業成功的可能性,但其重點較偏於工作上的適應,在生涯發展與選擇方面仍有待進一步的研究(Hershenson & Szymanski, 1992; Rubin & Roessler, 2001)。至於 D. B. Hershenson 從復健諮商實務工作所發展之工作適應論,兼具特質論與發展論的色彩,或有可能發展成為適合身心障礙者所需的生涯理論。

然而身心障礙者並非完全異於常人,Ettinger(1995)即認為在生涯發展的課題中,百分之九十是所有人都可能遇到的問題,但每個人都有其

特別的需求，即使未被鑑定為障礙者亦如此。換言之，身心障礙者的生涯問題並非截然異於常人，就如同每一個人都有異於他人之處，畢竟障礙類別內的差異可能遠大於類別間的差異（Cramer, Herr, & Niles, 2004）。因此，目前雖無完全適用於身心障礙者的生涯理論，但不應亦不必等待理論出現始提供生涯服務，況且理論之發展並非憑空而來，理論與實務乃相輔相成，因此並不妨礙將既有理論與技術用之於身心障礙者，關鍵在於如何從眾多理論中做適當的選擇，以之為實務工作的基礎，再透過實務上的驗證，始有可能建構更適切的理論。

★ 三、生涯理論取向

　　生涯課題經數十年的探討與研究，專家學者所建構的生涯理論繁多，因此有數種不同的分類方式。就個人生涯行為而言，可能涉及職業或學業的選擇、發展及適應三個層面；就相關理論所採的研究取向而言，則有強調個人所擁有的特質因素、注重發展的歷程，以及以個人對生涯的認知為主軸等三種取向。此二向度交錯可構成如表 2-1 之分類系統，然而各個理論仍可能跨越不同向度，因此無法將某一理論完全歸屬於其中一類，惟大致而言，仍可稍加區分，見表 2-1。

表 2-1 ▪ 生涯理論取向

生涯行為	研　究　取　向		
	特質取向	發展取向	認知取向
選擇	特質論、類型論		社會學習論
發展		發展論	個人建構、自我效能、社會建構
適應	明尼蘇達理論	工作適應論	

　　本章即將與身心障礙者生涯發展較有相關的理論歸為三大類，分別從特質論與適配論、發展論及認知論三方面說明其要義，以及在協助身心障

礙者生涯發展與適應上的適用性。惟晚近受後現代思潮的影響，在既有理論之外，尚有不同方向的思考，一併陳述之。

第二節　特質論與適配論

　　特質因素論（簡稱特質論）為生涯／職業輔導最早期發展出來的理論，其淵源可溯自二十世紀初年輔導之父 Parsons（1909/1989）所揭示的職業輔導三大原則：個人分析、工作分析及二者之適配，當時的職業輔導工作即依據此一方向，藉粗略的分析與媒合，協助求職者找尋就業機會。爾後，因差異心理學的研究、測驗工具的發展及職業資料系統的建立，始發展出完整的理論，成為生涯輔導最根本的依據。數十年來，特質論亦因應時代思潮的變遷而逐漸調整其基本論點，人境適配論即為調整後的產物。

一、人境適配論（person-environment interaction theory, PE theory）

　　適配論源自特質因素論，特質論的基本概念假定每個人均有穩定的特質，工作亦有一組特定的條件，將個人與工作相配，即為其最佳的抉擇；若個人特質與工作條件愈接近，發展成功的可能性即愈大。同時特質論亦假定職業選擇為一種認知的歷程，個人可藉由推理的方式做出適當的決定（Brown, 1990），惟此一假定未能考慮個人面對實際情境時的心理與情緒反應，故受到相當多的批評（Gelatt, 1989）。

　　關於個人特質方面，特質論者認為個人所擁有的特質有極大的個別差異，但都可經由測驗工具有效地加以評量。基於此一假定，加上心理計量學數十年來長足的發展，實務工作者大量使用性向、興趣、性格以及價值

觀等測驗工具,評量受試者所擁有的特質,成為職業輔導工作的標準程序。但測驗工具本身是否具有信度與效度,已頗受質疑,且以靜態的方式使用測驗工具,未能深入了解個人真正的優點與長處,以致所謂的輔導可能僅止於表面的協助,對案主未來的發展能否帶來長遠的效益,更值得商榷(Crites, 1981)。至於個人特質與工作條件之間如何尋求匹配(媒合)的問題,亦有相當的爭議,以致 Crites(1981)以「三次晤談,一團霧水」來形容心理測驗誤用的結果(林幸台,1987)。因此近年來若干學者已將其過於僵化的假定加以調整,提出所謂人境適配的觀念,認為個人擁有積極找尋、甚至創造有利於其展現特質的環境,而非被動地遷就工作條件的要求。在此一過程中,個人會影響環境,整個環境情勢也會影響個人,人境之間形成一種互動的關係(Rounds & Tracy, 1990),這種觀點與當前重視生態的觀點頗為契合。

以適配論的觀點探討身心障礙者的生涯抉擇,有其可取之處,因此長久以來一直是職業復健工作的重要基礎(Rubin & Roessler, 2001),特別是近年強調人與環境間互動的觀點,已較傳統特質論的說法更具彈性,但測驗工具的使用仍必須特別注意:目前常用的生涯輔導評量工具多無法適用於身心障礙者,無論在測驗內容、施測方式或結果解釋(常模對照)方面,都有極大的限制,因此除須特別考慮身心障礙者接受評量時的限制外,應強調生態評量的觀念,在客觀化測驗之外,採用檔案評量、實作評量,甚至動態評量的概念,輔以質性晤談、工作樣本、現場試作、情境評量等方法,並將周遭影響個人發展的因素一併納入評估範圍,從整體的角度了解個人的狀況,以免因其身心的障礙限制而產生評量上偏差。此外,由於個人生涯的發展不僅止於職業,因此若能將生活中其他方面所需要的能力、態度乃至於行為模式等,均納入評量範圍,更可彰顯評量的效能,以作為生涯輔導與轉銜服務的參考。

在環境或工作條件方面,以往因較偏重以人配事的觀念,忽略個人積極主動的可能性,因此個人特質與工作條件之間的媒合,往往是人遷就

事、受僱者遷就僱用者,「合則來、不合則去」的作法,使得身心障礙者受僱的機會少之又少。但人境適配論的觀點已能注意人境之間存在著互動的關係,加上近年所強調的職務再設計(job accommodation)與支持性就業(supported employment)的觀念,若身心障礙者所擁有的特質與環境條件之間有所差距(discrepancies),即可透過此等措施,將職場環境、工作任務或流程做物理上或功能上的調整,或在就業現場提供必要的教導或支持,強化其既有的能力或修正不甚妥適的行為態度,應可大幅增加身心障礙者就業成功的機會。

特質論另一受人詬病之處,是其未能觸及個人的特質如何發展而來、如何協助其發展等問題。身心障礙者無論與生俱來的障礙(congenital disability)或後天致障(acquired disability),都會影響其所擁有的特質,因此僅談論其特質如何與環境適配,似乎仍止於「因應」現況所做的努力,事實上在其做出任何抉擇之前,仍有相當大的空間,可增加其潛能發展的機會,但因特質論或適配論的重點在「選擇」,缺乏「發展」的觀點是特質論本身的弱點。

總之,特質論或適配論在身心障礙者的生涯輔導上仍有其適用性,事實上,生涯大師 D. E. Super 在建構其生涯發展論時,亦未揚棄適配論,而是以之擴展實務工作者對職業選擇與生涯發展的理解空間(Savickas,1997),因此若能注意其障礙在評量以及環境條件上的限制,而做適當的調整,仍不失為生涯輔導實務工作的良好指引。

★ 二、類型論(Holland's typology)

Holland(1997)根據其多年臨床經驗與研究,認為大多數人皆以其對職業的刻板印象作為選擇職業的基礎,這種選擇其實就是其人格特質的反映。換言之,職業興趣即人格於學業、工作、嗜好、休閒活動上的實作表現,可以反應出個人的自我概念、生活目標甚至創造力等特質。個人基

於過去經驗的累積，加上人格特質的影響，形成其職業抉擇。同一種職業就吸引具有相同經驗與人格特質的人，彼此對許多情境會有相同的反應模式，進而形成一種獨特的類型。個人即依其人格類型，尋求足以發揮其能力、符合其態度與價值觀，以及可解決問題並適當扮演其角色的職業環境，而工作上的適應、滿足與成就，即決定於其人格與環境間的諧和程度（congruence）。

這種觀點實際上即簡化的特質論，不過 Holland 以職業興趣代表人格特質，並將人分為實用、研究、藝術、社會、企業、事務六種類型，外在環境亦可歸納為上述六種型態。六個類型之間存在程度不同的相互關係，可在二度空間上，依其相似程度構成一正六角形（如圖 2-1）。各類型在此六角形上距離愈近者，其興趣及人格特質相似度愈高，反之則愈低（見表 2-2）；個人經評量後所得之何倫碼（Holland code），最主要的兩碼之相似性即可反映其內在人格特質一致或不一致的情況（consistency）。

不同類型的人需要不同的生活或工作環境，例如：實用型的人需要實用型的環境，因為此等環境才能給與其所需的機會與獎勵，這種情況即稱為諧和或適配。類型與環境不諧和，則該環境無法配合個人的能力與興趣提供其所需的機會與獎勵，例如：實用型的人具有順從、坦率、謙虛、堅毅的特質，在較強調社交、圓融、說服他人的社會型環境中即可能不太諧和。

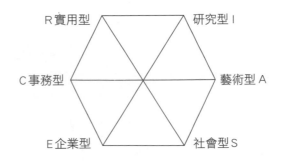

圖 2-1 ■ 類型論六角形模式

資料來源：Holland（1997: 35）

表 2-2 ■ 類型論：人格特質及職業環境

類型	典型人格傾向	典型職業
實用型 R	此類型的人具有順從、坦率、謙虛、自然、堅毅、實際、有禮、害羞、穩健、節儉等特質。其行為表現傾向： （1）喜愛實際操作性質的職業或情境，以從事其所喜好的活動，避免社會性的職業或情境。 （2）以具體實用的能力解決工作及其他方面的問題。 （3）擁有機械和操作能力，而較缺乏人際關係方面的能力。 （4）重視具體的事物或明確的個人特質。	農林漁牧相關職業、機械操作人員、技師、一般技術人員等
研究型 I	此類型的人具有分析、謹慎、批判、好奇、獨立、條理、謙遜、精確、理性、保守、自信等特質。其行為表現傾向： （1）喜愛研究性質的職業或情境，避免企業型職業或情境的活動。 （2）以研究方面的能力解決工作及其他方面的問題。 （3）擁有數學和科學方面的能力，但缺乏領導的才能。 （4）重視科學。	數學家、科學家、研究人員等
藝術型 A	此類型的人具有複雜、想像、衝動、獨立、直覺、無秩序、情緒化、理想化、不順從、有創意、富有表情、不重實際等特質。其行為表現傾向： （1）喜愛藝術性質的職業或情境，避免事務性質的職業或情境。 （2）以藝術方面的能力解決工作及其他方面的問題。 （3）擁有藝術、音樂方面的能力（包括表演、寫作、語言等）。 （4）重視審美的特質。	音樂家、詩人、小說家、導演、戲劇演員等

類型	典型人格傾向	典型職業
社會型 S	此類型的人具有合作、友善、助人、慷慨、負責、圓融、善社交、善解人意、說服他人、理想主義、富洞察力等特質。其行為表現傾向： （1）喜愛社會性質的職業或情境，避免實用性質的職業或情境。 （2）以社交方面的能力解決工作及其他方面的問題。 （3）擁有了解別人、教導別人的能力，但缺乏機械及科學能力。 （4）重視社會倫理的活動與問題。	教師、傳教士、輔導人員、社工師等
企業型 E	此類型的人具有冒險、野心、獨斷、衝動、樂觀、自信、追求享樂、精力充沛、善於社交、獲取注意、知名度高等特質。其行為表現傾向： （1）喜愛企業性質的職業或情境，避免研究性質的職業或情境。 （2）以企業方面的能力解決工作及其他方面的問題。 （3）擁有領導與語言的能力，但缺乏科學能力。 （4）重視政治、經濟上的成就。	政治家、企業經理、行銷人員、公關人員、律師、媒體製作人等
事務型 C	此類型的人具有順從、謹慎、保守、自抑、規律、堅毅、穩重、有效率等特質。其行為表現傾向： （1）喜愛事務性質的職業或情境，避免藝術性質的職業或情境。 （2）以傳統的方式解決工作及其他方面的問題。 （3）擁有數字計算與文書處理的能力。 （4）重視商業與經濟上的成就。	會計師、銀行行員、出納、行政助理等

資料來源：Holland (1997: 21-28)

　　至於個人在六個類型上的得分高低，則可視為興趣（人格）分化與否的指標（即區分性，differentiation），在生涯輔導與諮商上具有重要的臨床意義：六項分數若有較大差距，代表個人人格特質發展或其所偏好之職業環境愈清晰，亦愈能明確指出其興趣所在；若六個類型得分十分接近，代表其分化性較低，顯示人格特質發展或對職業環境的偏好並不十分明

確，較難釐清其興趣方向。若個人在目標、興趣以及能力各方面均具清楚穩定的程度，即具統整性（identity）。

　　Holland 的理論架構完整、清晰易懂，其所編製的工具及相關資料，如自我探索量表（Self-Directed Search）、大學科系指引（College Majors Finder）等，具有相當實用的價值，已廣為生涯輔導工作者使用。然而因其仍具有特質論的色彩，故仍不免同樣受到前述有關特質論的批評，尤其在人格特質的發展方面，Holland（1997）雖曾簡略提及早期成長環境（父母或照顧者）對個人日後職業選擇的影響，但並未以之為其理論主軸，且亦較少著墨於障礙的社會因素、機會因素以及環境變項等之影響，對後天致障的身心障礙者有其適用上的限制。而對先天障礙者，也可能因其普遍缺乏足夠的生活經驗與發展空間，所評量的題目以及興趣類型恐難完全反應真實的面貌。因此即使已有簡版的量表適用於教育程度較低的受試者（Maddux & Cummings, 1986）或學習障礙及輕度障礙者（Mattie, 2000），或由他人協助於電腦生涯輔助系統 DISCOVER 上填答（Turner, Unkefer, Cichy, Peper, & Juang, 2011），但由於身心障礙者缺乏探索經驗，對於各種職業活動的陌生，仍可能減縮其興趣範圍，再加上體能或心智功能的限制，認為自己無法勝任該項任務，卻未考慮使用輔助性器具或職務再設計的可能性，以致將之排除於可供考慮的範圍之外，影響其填答，也使測驗工具所呈現的結果失去輔導上的價值。此種情況在視障者方面尤其明顯，若干研究（Jones, 1995; Winer, White, & Smith, 1987）即發現視障者的反應型態迥異於常人，過度採用此測驗結果，可能反而限制視障者的發展空間。

　　總之，類型論簡單明瞭，其理論架構相當具有參考價值，以這個理論為基礎的研究也相當多，但用於身心障礙者方面可能仍有許多限制，若能特別注意測驗工具的限制以及身心障礙者受限於早期經驗的問題，避免過早囿於障礙所帶來的負面影響，則對心智功能正常的障礙者仍有其適用的空間（Kortering & Braziel, 2008）。

三、明尼蘇達工作適應論

　　Lofquist 與 Dawis（1969）等人早在 1960 年代即在特質論的重鎮——明尼蘇達大學，整理當時有關就業問題所做之文獻，進行「工作適應專案研究」。其後數十年，不斷修訂其立論基礎，形成目前強調人境符應的適應論（person-environment correspondence, PEC）的理論（Dawis, 1996），近年則再加入不同調適／因應策略的概念，使其理念更符合現代職場情勢（Dawis, 2005）。

　　明尼蘇達工作適應論（the Minnesota theory of work adjustment, TWA）認為選擇職業或生涯發展固然重要，但就業後的適應問題更值得注意，尤其對障礙者而言，在工作上能否持續穩定，對其生活、信心與未來發展都是重要的課題。基於此種考慮，Dawis 等人乃從工作適應的角度，分析適應良好與否的相關因素。他們認為每個人都會努力尋求個人與環境之間的符合性，當工作環境的增強系統符合個人需要，即能滿足個人的需求達到內在滿意（satisfaction）；另一方面，其工作能力能順利完成工作上的要求，即達到雇主的要求（外在滿意, satisfactoriness），則獲得留任、升遷的機會亦愈大，否則可能招致調職或解僱（見圖 2-2）。不過個人與工作之間存在互動的關係，雙方符應與否乃是互動過程的產物，個人的需求會變，工作的要求也會隨時間或經濟情勢而調整，如個人能努力維持其與工作環境間符合一致的關係，則個人工作滿意度愈高，亦愈能在同一工作領域持久任職。

　　事實上，工作適應論仍屬於特質論的範疇，不過已將其重點擴及個人在工作情境中的適應問題，強調就業後個人需要的滿足，同時亦考慮能否達成工作環境的要求。前者主要涉及個人工作人格的問題，包括其價值觀、需求、能力、技巧等，能力與性向可由一般的性向測驗加以評量，需求與價值觀則可藉由「明尼蘇達重要性問卷」（Minnesota Importance Questionnaire），了解個人在安全、舒適、進展、利他、成就、自主性等

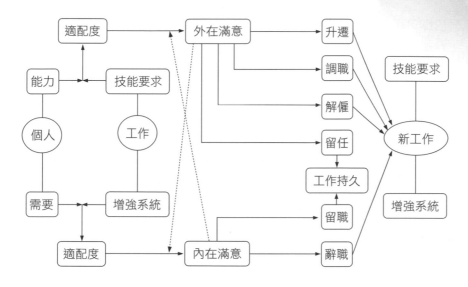

圖 2-2 ■ 明尼蘇達工作適應預測模式

資料來源：Dawis & Lofquist (1984: 62)

方面的心理需求。至於工作的任務與環境的要求有關，涉及工作任務與條件的分析，以及環境所提供的增強系統，因此需要對工作環境進行生態評量，「職業性向組型」（Occupational Aptitude Patterns）即用以了解個人能力與工作所要求能力之間的關係，而「職業增強組型」（Occupational Reinforcer Patterns）則用以比較個人需求與工作所提供的增強系統之間的關係。工作性格與工作環境的適配程度即反應個人的工作適應情形，輔導人員藉上述工具可增進當事人對自我及環境的探索，協助個人確實掌握其個人的需求與工作的條件，進而增進其適應效果。

在個人（P）與環境（E）間的適配並非絕對，雙方仍有調適的空間。個人有可能採取下述調適方法：（1）彈性，指個人的容忍度，是否較易對環境有不滿意的傾向；（2）堅持，個人在選擇離開職場前，持續調適試圖解決問題；（3）主動，指個人有否主動改變的傾向，或對環境採取行動以降低其不滿意的情況；（4）回應，指個人對自我做調適（如降低期待）。環境（雇主）亦可能採取相對應的調適策略，而生涯選擇與

發展即可視為因內外在滿意問題引發的持續調適過程（Dawis, 2005）。

工作適應論在適配的概念上不同於前述 Parsons 及 Holland 的觀點，強調就業後的行為與適應，擴展了特質論的空間，為工作滿意度的研究領域提供了一個完整的架構，也提供實務工作者實用的評量工具，評量結果可作為輔導的切入點。而對身心障礙者而言，由於其生涯發展與選擇受到諸多限制，若能就業，就業後的工作調適乃顯得更為重要。惟工作適應論忽略在就業之前的生涯發展問題，是與其他特質論者相同的弱點，至於上述各種量表亦可能僅適用於感官肢體障礙者，對於心智功能障礙者則需要藉助其他替代的評量方式，以確實了解其工作人格與心理需求，如 Melchiori 與 Church（1997）、Chiocchio 與 Frigon（2006）即將明尼蘇達重要性問卷改以卡片方式供智障者使用。不過此一理論重視人與環境間的互動，卻值得重視，若能以職務再設計的觀點考慮工作任務的要求，配合生態評量的結果，對身心障礙者的工作適應會更有助益。此外，工作適應論是在美國聯邦政府資助下以失業者為主要對象所研究發展出來的理論，但在如何協助身心障礙者開創可能的生涯之路方面，除提供諮商過程具體的討論架構外，尚未能提供具體明確的方法，是其另一限制。

第三節　生涯發展論

以生涯發展為取向的生涯理論，主要以人生各個不同發展階段的特徵與發展任務來描述生涯發展的情形，早期有 E. Ginzberg 等人從心理學、社會學、經濟學及心理治療等角度探討生涯發展的階段，惟最主要的理論仍係 D. Super 於六〇年代創始的生涯發展論。

一、生涯發展論

（一）生活廣度

生涯發展的觀點已普遍為人所接受，但迄今最受重視者仍屬 Super 的生活廣度與生活空間理論（life-span, life-space theory）。所謂生活廣度是指橫跨一生的發展歷程，人從出生至死亡會經歷成長、探索、建立、維續及衰退五個階段（見圖 2-3、表 2-3），以完成一個人生循環（Super, 1990）。成長階段大約是由出生至十四歲左右，主要的特徵是個人能力、

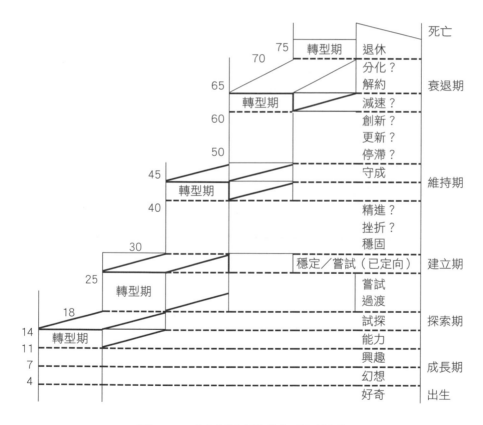

圖 2-3 ■ 生涯發展階段與發展任務

資料來源：Super (1990: 215)

態度、興趣及需求的發展。其次為探索階段，大約從十五歲至二十四歲，在這個階段裡，個人嘗試其有興趣的職業活動，而其職業偏好也逐漸趨向於特定的某些領域，但這些特定的領域不見得是個人最終的抉擇。第三個階段是建立階段，大約從二十五歲一直到中年，在這個階段裡，個人由於工作經驗的增加以及不斷的努力嘗試，在自己的領域裡逐漸穩定精進。維續階段則從四十五歲至六十四歲退休前，在這個階段裡，個人在工作職位上不斷地調適、進展，並逐漸能在自己的領域裡占有一席之地。最後一個階段是衰退或褪離階段，在這個階段裡，個人可能欣賞自己在工作上的成果，職業角色分量漸漸減少，同時也思考退休之後的一些生活問題。

除五個大階段外，各階段內亦可劃分出此五個小階段，亦即所謂的小循環（見表 2-3），例如：階段之間的轉銜時期，或面臨環境變遷（如經濟衰退、人力供需情況改變），或個人生活發生變化（疾病、受傷）時，便會產生一個小循環，形成新的成長、探索及建立階段。

表 2-3 ▪ 發展階段的大循環與小循環

生涯階段	青年期 14-24 歲	成年初期 25-45 歲	中年期 45-65 歲	老年期 65 歲 +
成長期	發展適切的自我概念	學習與他人建立關係	接受自身的限制	發展非職業性的角色
探索期	從許多機會中學習	尋找心儀的工作機會	辨識新問題設法解決	尋找合適的退隱處所
建立期	在選定的領域中起步	投入所選定的工作	發展新的因應技能	從事未完成的夢想
維續期	確定目前所作的選擇	致力維持工作的穩定	鞏固自我防備競爭	維持生活樂趣
衰退期	減少休閒活動時間	減少體能活動時間	專注於必要的活動	減少工作時間

資料來源：Super, Savickas, & Super (1996: 136)

（二）生活空間與角色

生涯的另一向度是生活空間，是指在發展歷程中各個階段個人的活動空間／舞台，其活動主要係透過各種角色的扮演，如子女、學生、休閒者、公民、配偶、父母、工作者、退休者等，透過這些角色的互動匯集而構成生涯的全貌，扮演角色的舞台主要在家庭、學校、社區與工作場所（Super, 1990; Super et al., 1996）。工作是生活中的一個角色，但其重要性乃在於與其他角色的互動、藉此參與社會與他人連結，由此凸顯生命的意義（Richardson, 1993; Savickas, 1993）。

個人一生扮演著許多角色，每個角色的重要性隨著個人生命的發展階段而有所不同。不同階段有不同的角色，其消長除與年齡及社會期望有關外，與個人涉入的時間與情緒投入均有關聯，因此每個階段都會有所謂顯著角色（salient role）的出現。角色重要性是由個人對該角色的認定（commitment）、參與（participation）、知識（knowledge）三者所組成：認定是對該角色及其活動的情緒投入，包括個人對未來生涯的好奇與計畫，屬於情感部分；參與是實際用於扮演該角色的時間與精力，屬於行為部分；知識則是認知的部分，是對角色行為及活動的了解，包括了解生涯決策的相關知識及應用能力、了解生涯和職業本身、了解個人偏好的工作（Super & Nevill, 1984）。

Super 認為，任何生涯階段能否成功的回應個體的需求，有賴於個體在認定、參與、知識三方面的準備程度而定，而生涯覺察可以幫助個體在這三方面有充足的準備。若某一角色受若干因素的影響而不凸顯時，其他角色可能特別突出，以重新調整並實現個人的能力、興趣與價值觀。各個角色又彼此相互有關，在一種角色上扮演得成功，會促使另一角色也成功；在一種角色上失敗，則可能導致另一角色的困境。

Super 認為，個人一生所扮演的角色事實上都是自我概念的具體表現，換言之，自我概念是個人生涯發展歷程的核心。自我概念乃個人對

自己的興趣、能力、價值觀念、人格特質等方面的認識與認定,它是稟賦的性向、生理組織、觀察與扮演各種角色的機會,以及長輩與同儕對其角色扮演所給予的評價等因素交互作用下的產物;工作滿意與生活滿意的程度,即有賴個人能否在工作上、職場中及生活型態上找到展現自我的機會。

生活廣度(發展階段)是從時間的向度思考,生活空間(角色扮演)則屬空間的向度,Super 將發展階段與角色扮演二者交織繪成生涯彩虹圖(見圖 2-4):將人生視同彩虹一般,個人可以在每一道虹上彩繪不同的色相與色調,代表著個人在不同時期扮演該角色的比重與對其之認同、投入與重視程度,這一部分代表生涯的深度。生命就是由時間、空間、深度三個向度構成它的意義。不同角色交錯發展,各角色之間達到最佳平衡狀態,生涯廣度與生涯空間亦逐步擴展,而能充分達到自我的實現,由此建構出個人特有的生涯組型,生涯彩虹圖即為個人獨特的生涯組型之寫照。

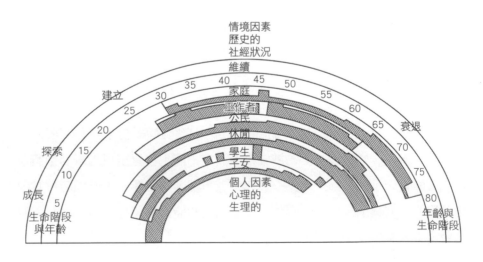

圖 2-4 ▪ 生涯彩虹圖

資料來源:Super (1990: 212)

（三）生涯探索與生涯成熟

Super（1990）指出在不同發展階段裡，有不同的發展任務，也是社會所期待於個人的表現，而生涯成熟（career maturity）即指個人面對及完成發展任務的準備程度，這種準備程度包括認知及情意兩方面：在認知方面，包括個人對職業本身的認知態度、對工作世界的認識、對自己所偏好工作領域的認識，以及在職業決定技巧方面的認知及應用情形。在情意方面，則包括個人在生涯探索及生涯計畫兩方面所持的動機與態度。

生涯成熟非憑空而來，發展論重視各個生涯發展階段的歷程，而在發展的歷程中，探索活動占著極為重要的地位：透過相關活動的參與，可以促進個人對於自我以及環境的了解與認知，有助於個人生涯的發展。Super（1990）認為，兒童的好奇心是引發探索行為的重要基礎（見圖 2-5），探索可以滿足兒童的好奇心，並且產生覺察。在探索活動的過程中會幫助兒童得到更多的訊息知識，並從模仿典範中覺察到自己對職業的興趣。Super 將家庭視為一個工作場所，當兒童逐漸成熟，會有愈來愈多的機會及要求去從事家務；而在這些活動中得以發現工作的本質，以及自己對不同工作的喜好程度。Super 稱這些在家中所進行的活動為「自我探索」（self-exploration），或「職前探索」（pre-occupational exploration）。

如果這些探索行為能獲得內在或外在的增強，則將擁有更多資訊，並且願意再進一步探索，但如未能得到增強，可能導致衝突與退縮（例如：小學高年級時可能因學校課業逐漸加重，對各方面活動的好奇無法獲得滿足，以致逐漸失去對生涯的興趣，而中斷其生涯探索行為）。多方的探索可使其獲得豐富的資訊、培養適當的興趣，形成適切的時間（因果）概念，而滿意的探索更可使其接觸到重要他人（良師、典範），成功的經驗可培養其自主、內控的性格，發展健全的自我概念以及對未來的掌握，從而形成具有前瞻性的時間概念，並擁有抉擇的能力，對未來有所規劃。

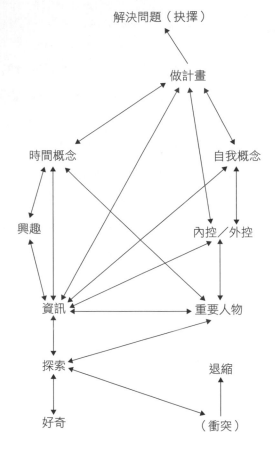

解決問題（抉擇）

做計畫

時間概念　　　　　　自我概念

興趣　　　　　　　　內控／外控

資訊　　　　　　重要人物

探索　　　　　　退縮

好奇　　　　　　（衝突）

圖 2-5 ▪ 生涯成熟人境互動模式

資料來源：Super (1990: 232)

　　探索可能發生在人生的任何階段，但在進入或正在進行一個新的人生階段時，特別重要。每一個階段的轉換，並不完全決定於生物的成熟，也受到心理與社會因素的影響。保持一種探索的態度，可以協助個人不斷隨著所處環境與社會的變化，更新對自己與環境的認識，從而做出較佳的選擇。這種探索的態度與精神，無論對常人或身心障礙者，都是生涯發展歷程必要的條件。由於個人面對日趨複雜、多變的生涯情境，因此 Blustein（1997）強調情境豐富觀的生涯探索（context-rich perspective of career exploration），亦即生涯探索時，必須同時探索所處情境、背景或脈絡中的相關因素，而非僅止於單純探索職業角色，這樣才能使生涯探索具有在生涯發展上的正向意義。

對先天障礙者而言，探索活動更具有重要性，身心障礙者多較缺乏經驗，身心障礙兒童普遍缺少諸如遊戲、工作角色的幻想，或生涯角色的扮演等一般兒童常有的活動經驗，早期經驗的不足勢將影響後期的發展，因此生涯教育與輔導必須從小開始。對於中途致障者，則可以 Super 所強調之發展階段中的小循環概念，協助其重新成長、探索，進而建立新的自我，成功與否即涉及個人的調適與彈性程度。

Super（1957）也注意到身心障礙狀況對生涯發展的影響，在其早期著作《生涯心理學》（*The Psychology of Careers*）中，即提及障礙的內在（個人稟賦的狀態）與外在（社會負面的態度、價值觀、刻板印象）因素，同時亦將生涯前（precareer）與生涯中（midcareer）兩種障礙狀態加以區隔。Super 認為身心的障礙對大部分職業而言，會形成阻隔現象，至於發展階段亦可能有所延宕（Goldberg, 1989; Rojewski, 2002），但自我概念是生涯發展的重心，因此協助障礙者在多方面的探索中，發展確切的自我概念並能自我接納，應是生涯輔導的一大要務。

總之，Super 的理論統整發展心理學、差異心理學、人格心理學、現象學，以及有關職業行為與發展的長期研究結果，匯聚成為系統完整的生涯理論架構，晚年仍不斷引進新的觀念，甚至修改其早期的主張（如以生涯調適替代生涯成熟），將傳統的職業輔導引入時代的主流，乃至開展新世紀生涯建構的新頁（Savickas 2001），對生涯輔導專業的貢獻眾所推崇。其所編製的評量工具，包括生涯發展量表、價值觀量表等，受到全世界生涯輔導實務工作者的重視，成為跨國研究的重要工具，且其全方位發展的論點，在規劃轉銜服務上尤具意義。Super 自稱其理論為分段的理論（segmental theory），然其晚年所提的拱門模式（archway model）（Super, 1990），以自我為頂、兩旁各自為代表個人（心理特質）與社會

（經濟資源／社會制度）的基柱，個人即在兩者動態交互作用下，透過各個發展階段及生活角色的學習，逐漸形成其自我概念，此一模式與生涯彩虹圖同樣為 Super 試圖整合各個概念所提出的完整圖像。然世紀的遞嬗使得任何一個理論均不免有可再精進者，如 Herr（1997）、Phillips（1997）、Savickas（1997）等人於 *The Career Development Quarterly* 專刊中，所提多項意見／建議，將使 Super 的理論更臻完善。

★二、Hershenson 工作適應論

Hershenson（1981, 1996a）從復健諮商的角度，採用特質論的觀點，提出工作適應論（theory of work adjustment）的兩個主軸：個人與環境，不過在個人特質方面，Hershenson 特別強調發展的概念，這些特質包含三個依序發展的領域，而分別與環境相對應：

1. 工作人格（work personality, P）：包含自我概念、工作動機、需求與價值觀等，係學前階段發展的重點，與家庭環境有密切關係。
2. 工作能力（work competencies, C）：包含工作習慣、體能、工作相關能力及工作情境中的人際技巧等，主要係學校教育中學習經驗的成果。
3. 工作目標（work goal, G）：主要受同儕或參照團體的影響。

上述三大領域先後依序發展，但三者之間具有動態關係，譬如學校生活經驗成功與否將影響其先前所發展的自我概念，成功的經驗可能改善其原有負面的自我概念，失敗的經驗可能修正其早期無所不能的自我觀，修正後的自我概念狀態又對其能力的發展產生助益或構成某種障礙。同樣地，發展工作目標時，與之無關的自我概念亦可能隨之逐漸消退。總之，三個領域以動態平衡關係持續發展，某一方面有所改變，另一方面亦隨之改變以保持平衡。

　　個人的三個領域除彼此間的互動外，亦與環境有互動關係，工作適應與否即與互動結果有密切關係（見表2-4）。工作環境亦可分三個對應的向度：預期行為（behavioral expectations）、能力要求（skill requirements）、報酬與機會（rewards and opportunities），個人與環境間的互動即構成工作適應的三個向度：（1）工作表現（work performance），指工作產品的質與量，與其工作能力及工作人格有關；（2）工作角色行為（work-role behavior），指在工作情境中適當的行為，如穿著、負責、遵從指示、同事相處融洽等，為其工作人格的反應，亦與工作能力中的工作習慣有關；（3）工作滿足（work satisfaction），指個人從工作中獲得滿足感，主要涉及其工作目標與期待。

　　Hershenson 的理論源自身心障礙者的復健工作，身心障礙首先影響其工作能力的發展，同時亦對工作人格與工作目標造成衝擊。對於後天致障者的工作適應，則與工作能力受到的影響程度、特定的工作任務，以及職務再設計的可能性有密切關係，例如：風濕性關節炎對成衣廠工人的影響，就遠超過對律師的影響，因此後天障礙者需要加強工作能力或以新工作能力替代、重建其工作人格、重塑其工作目標，而工作情境亦可能需要重組或再設計（Hershenson, 1981; Hershenson & Szymanski, 1992）。

　　對於先天障礙者而言，情況可能有所不同，由於工作人格發展在先，因此身心障礙兒童特別容易在學校生活中，感受到學前階段所形成的人格

表 2-4 ■ Hershenson 個人與工作情境互動模式

	個人次系統	工作情境要件	工作適應向度
人格（P）	工作人格	預期行為	工作角色行為
能力（C）	工作能力	能力要求	任務表現
目標（G）	工作目標	報酬與機會	工作滿意

人格：自我形象、動機系統、需求／興趣／價值觀、生命哲學、對障礙的反應
能力：生活自理、人際技巧、工作相關技能、社會行為（包含工作習慣）、學習能力
目標：個人目標、工作目標、生活目標、依歸目標、學習目標

特質與學校能力表現之間的衝突，從家庭到學校的轉銜容易產生斷層現象，連帶也對從學校到職場的轉銜產生負面的影響，例如：學障兒童在入學前可能養成積極正向的人格，但學校的學習經驗所帶來的挫折，可能使其自我觀脫序，進而形成不切實際或過度貶抑的工作目標（Hershenson, 1984）。因此，除了採取前述對後天致障者的輔導策略外，也必須重建個人所處的環境，使其不致因社會因素的負向作用，造成無法突破的困境。圖 2-6 即其所建構之復健諮商系統。

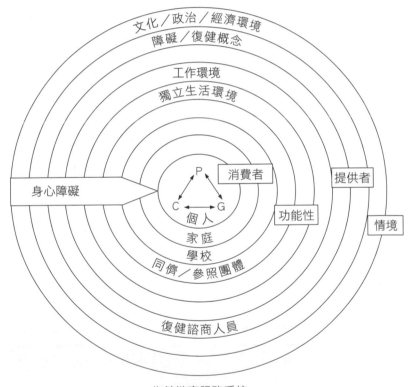

圖 2-6 ▪ 復健諮商系統生態模式

資料來源：Hershenson (1998: 41)

此生態模式包含四個系統，並形成一個同心圓，由內向外依次為：
（1）消費者，包括個案、家庭、學校、同儕，而個案本身則由人格特質、能力、目標三項因素循環建構之；（2）功能性，包括獨立生活環境與工作環境；（3）提供者，指復健服務相關人員；（4）情境脈絡，指廣義的社經環境。四個系統間是互為關聯，形成一個復健諮商的巨視系統，且向內的影響力大於向外的影響力，因此單純尋找與個人能力適配的工作，並不足以解決身心障礙者的工作適應問題，復健諮商師應以批判、客觀的態度，在不同系統中適切地扮演五種角色：諮商、協調、諮詢、個案管理、評論，以全面協助身心障礙者。

Hershenson 的理論特別適用於身心障礙者，可協助復健諮商人員從個人的特質與弱勢中，找出可介入的焦點（Hershenson, 1996b），如Strauser、Ketz 與 Keim（2002）發現身心障礙者的工作人格若較負向，其職業準備、自我效能、內控行為可能較需要協助，諮商人員即可依此規劃適切的輔導措施。

第四節　認知論

認知心理學為當前心理學中極受重視的一個領域，前述特質論、發展論並未否定認知因素在生涯選擇或生涯發展上的重要性（Guichard & Lenz, 2005; Savickas, 1997），但直接將心理學上的認知理論應用於生涯課題則是近年的事，其中最受重視的即為 Bandura（1977）的社會學習理論，許多生涯輔導研究者將此理論引入生涯課題中，主要重點在探討個人如何認知生涯，以及此種認知作用又會如何影響其生涯發展與選擇。

★一、社會學習論

社會學習理論（social learning theory）為 A. Bandura 所創，Krumboltz（1979）將之引入生涯輔導領域，認為影響個人生涯抉擇的相關因素有四：遺傳與特殊能力、環境及重要事件、學習經驗、任務取向的技能。在個人發展歷程中，四種因素交互作用，形成個人對自我與世界的信念（self-observation generalization/world-view generalization）；前者是個人對自己的看法及評估，後者指個人對所處環境之觀察，以及未來可能進入之職業世界的預測，這種推論即影響個人的生涯信念，終而影響其生涯歷程中的學習、期望與行動（Krumboltz & Nichols, 1990）。

信念影響著一個人的行為，行為的結果會產生不同的情緒，生涯信念就是上述四種因素交互作用的產物。個人可能因學習經驗的不足或不當，以致形成錯誤的推論、以單一標準作自我比較、誇大結果的災難情緒、錯誤的因果推論、擇善固執、因小失大或自欺欺人（Krumboltz, 1983）等。

1. 過度誇大、災難性思考：將事情的嚴重性加以誇大，例如：「考試考不好一生的前途就完蛋了」、「我竟然沒有注意到這個缺失，這下子一定會被炒魷魚的」、「在公眾場合說錯話是非常丟臉的事情」等。

2. 極端化：比誇大更甚的就是極端化，即以非黑即白的方式來對事情做不合理的區分，例如：「一個人不是喜歡你就是討厭你」、「人生不是非常的成功就是非常的失敗」、「我要不就是坐上那個位子，要不就是離職」等。

3. 過度概化：概化（類化）可以學得許多經驗，過度概化可能將之無限制的擴張，如遇到一個缺德的醫師，就會認為「所有的醫師都不是好東西」，甚至開始覺得「社會現實、人心險惡」，或只不過是遭遇一點挫折，就開始產生「我永遠也不可能成功」這樣的想法等。

4. 具有強制性：對自己或他人有絕對性的要求或期望，在話語中經常出

現「應該」、「必須」、「一定要」等字眼，如「我必須通過這項考試」、「別人應該要完全按照我的話來做」、「我的表現一定要獲得別人的讚賞」等。

5. 自我設限、自我貶抑：基於上述強制性的想法，可能會因而遭遇到許多挫折而出現貶抑自己、不信任自己的狀況，例如：「我不可能通過這場考試的」、「人根本不可能有所改變」、「我再怎麼努力也沒有用」等。

上述種種不適切的生涯信念，極可能產生下述的問題（Mitchell & Krumboltz, 1996）：

1. 未能覺察問題的存在而失去補救機會。
2. 未能運用所需的能力作決定或解決問題。
3. 因不當的理由排除可能是有利的選擇途徑。
4. 因不當的理由選擇拙劣的途徑。
5. 自覺能力不足而感到悲傷或焦慮，以致無法達成目標。

生涯信念雖不一定有好壞之別，但如產生上述的問題，即可能有礙生涯的發展，因此 Krumboltz 特別強調學習的重要。以一般人所重視的興趣而言，Krumboltz 認為興趣也是學習的結果，因此職業選擇的關鍵在學習，而非興趣本身。職此之故，生涯輔導的重點在於提供多樣的學習經驗，參與各種不同性質的活動，學習寫作、樂器、玩電動玩具、與朋友交往等，所學到的技能都可能在日後派上用場；融合於普通教育的生涯教育方案、職業資訊的提供、有關生涯抉擇的模擬活動、角色模範的學習經驗乃至職場實習或社區實作等，也都有助於其建立正確的生涯信念。

個人的生涯信念是學習的產物，經年累月後，將堅如磐石，難以打破，若以往已有不當的學習結果，造成當前生涯的困境，就需以認知行為改變技術，先行確定其不當的信念，促其以不同的方式關照潛在的問題，

進而鼓勵其採取與不當信念不相容的行動，以新的經驗取代舊信念，提供正向的學習經驗，培養適切的自我觀與世界觀（Krumboltz, 1992; Mitchell, Jones, & Krumboltz, 1979）。

總之，社會學習論強調學習的重要，其意與 Super 重視探索有相近之處，不過社會學習論所強調的學習範圍更廣，不限於狹隘的生涯課題而已。身心障礙者以往可能因其障礙，在生活自理與基本能力的學習之外，常忽略生活、工作、休閒等相關活動的參與，針對此一缺失，應特別注意增加其各種學習機會與成功表現，以培養適當的自我觀與世界觀。對於後天障礙者，除新學習經驗的加強外，尚可採用 Krumboltz（1991）所編製的生涯信念量表（Career Beliefs Inventory），找出不適切的信念，施予必要的認知改變策略。

以認知的角度探討生涯課題的論述頗多，Peterson、Sampson 與 Reardon（1991）以及 Reardon、Lenz、Sampson 與 Peterson（2000）所發展的生涯認知資訊處理理論（cognitive information processing theory），亦十分重視生涯信念的課題，其所編製之生涯思考量表（Career Thoughts Inventory），亦可用以檢測障礙者解決生涯問題或抉擇失能的部分（Lustig & Strauser, 2003; Lustig, Zanskas, & Strauser, 2012）。

★ 二、自我效能理論

社會學習論主要重點在學習如何發展健全的生涯信念，而生涯問題之由來也可以 Bandura 所提出的的自我效能（self-efficacy）加以解釋：一個人對自己的能力以及運用該能力將得到何種結果，所持的信心或把握程度（Bandura, 1986），也就是對自己能否成功地達成任務的看法，是預測其行為的重要指標，而實際的能力或既存的結果反而是次要的狀態（Mitchell & Krumboltz, 1996）。

Bandura（1977）在其《社會學習理論》（*Social Learning Theory*）一

書中，提出自我效能預期包括難度、強度及推論性三個向度：難度係指個人對一項任務所感受到的困難程度，有些人較傾向於將一件事想得很難完成，有些人則比較不會把一件事想得那麼難；強度係指個人對自己能完成一項任務所具備的信心多寡，有些人對自己較具信心，能肯定自己的辦事能力，有些人則比較擔心自己是否能完成他人所交付的任務；推論性則是指個人預期成功的信念是否能由某一情境或某一任務推論至別的情境或其他任務。低自我效能的人常用消極的自我語言自縛手腳（「我不認為我可以做得到」），可能認為自己表現不好，因此會避免選擇自認不擅長的某一領域主題，或減少表現相關行為的機會，以降低可能帶來的焦慮，但也可能因此失去成功的可能性；高自我效能的人會用積極的自我語言增強自己的信心（「我信得過我做的決定」），或增加表現行為的機會，即使遭遇困難或障礙，也會堅持到底，也因此獲致成功的可能性就較大。

Betz 與 Hackett（1986）將這種觀點應用於生涯上，認為自我效能是指，個人從事生涯抉擇任務或行為表現時的信心程度與效能感，Lent 與 Hackett（1987）的定義為「個人在生涯決定與適應行為方面，對自身效能的判斷」（p. 349）。不論何種說法，都顯示自我效能與生涯行為間有密切的關係，這種自我效能屬於認知上的中介變項，對了解與預測生涯行為有相當的幫助。

Lent、Brown 與 Hackett（1994）從社會認知的角度，將自我效能的觀點納入個人生涯抉擇與行為表現的整個情境中（見圖 2-7）。自我效能是指，個人對自己是否有能力成功地完成一項任務的信念，較偏重的是能力問題，結果預期是指個人表現某一特定行為後，認為可能會有什麼結果的個人看法，較著重個人的心像，正面的結果預期可促進個人在某方面的行動，這方面與個人的價值觀念有關。至於興趣則影響未來從事活動的意圖或目標，後者進而影響活動的選擇及行動的參與，促成行為的表現，這個學習過程亦會增添更多學習經驗，再進一步修正其自我效能與結果預期。在此模式中，興趣是一重點概念，興趣直接影響一個人的職業目標，

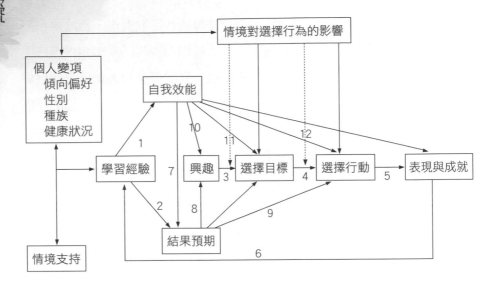

圖 2-7 ■ 社會認知理論與自我效能

資料來源：Lent, Brown, & Hackett (1994: 88)

註：1、2 自我效能與結果預期影響興趣的發展

　　3 興趣影響未來從事活動的意圖或目標

　　4 活動的意圖或目標影響活動的選擇及參與（行動）

　　5、6 活動的參與促成表現與成就、進一步增添學習經驗修正自我效能與結果預期

　　7 結果預期受自我效能影響

　　8 結果預期直接或透過興趣間接影響目標的選擇

　　9 結果預期直接影響活動的選擇與參與

　　10、11、12 自我效能直接影響活動目標的選擇、參與及表現

進而與其所參與的活動及成就表現有關，而個人的自我效能與結果預期會影響興趣的發展。

　　在社會認知模式中，自我效能影響範圍及於興趣、目標的選擇、參與及表現，但其根源仍來自個人背景及整個情境，透過學習經驗的累積以及先前實際表現的回饋，這種觀點頗適用於身心障礙者。身心障礙者受困於經濟、人際困境，以及焦慮、情緒調適等心理問題，其自我效能常較為低落（Mitchell, Brodwin, & Bonoit, 1990），對其生涯發展構成不利的影響。ElHessen（2002）即發現，肢體障礙者的生涯自我效能對其生涯選擇

有顯著影響，肢體障礙學生生涯抉擇自我效能高者，有較多的生涯探索行為，而適應障礙的情況與生涯抉擇的自我效能有密切相關，不過後者亦因障礙程度之不同而有顯著差異。Luzzo、Hitchings、Retish 與 Shoemaker（1999），以及 Ochs 與 Roessler（2001）亦發現，無論高中或大學學障學生的生涯自我效能均低於一般生，研究者認為可能是因為身心障礙學生家長常為其子女做教育及職業上的決定，因而限制了其自主抉擇獲得成功經驗的機會。

　　上述研究顯示，身心障礙者除了身心障礙的限制外，情境能否支持、有否適當的學習經驗，均是影響其自我效能高低的重要因素（Lent et al., 1996）。Klein、Wheaton 與 Wilson（1997）回顧歷年文獻，認為自我效能理論對身心障礙者的生涯發展特別具有參考價值；Conyers、Enright 與 Strauser（1998）以之作為大學身心障礙學生復建諮商的架構，Corrigan、Jones 與 McWhirter（2001）發現以團體諮商的介入策略，可有效提升大學身心障礙學生的生涯自我效能，此等文獻均顯示自我效能理論運用於身心障礙者生涯發展上的功效。因此如何協助其獲致成功的經驗，透過替代學習或口語回饋，調適障礙所帶來的困境、增進其對自我的評價，是順利展開其生涯發展的重要課題（Panagos & DuBois, 2000; Strauser, Waldrop, & Jenkins, 1998）。

　　自我效能理論受到廣泛重視，國內外相關量表亦甚多，惟適用於身心障礙者的工具並不多見。Waghorn、Chant 與 King（2005）以社區精障者為對象，編製 37 個題目的工作自我效能量表（Work-Related Self-Efficacy Scale），分別針對接觸就業服務與生涯規劃、求職、工作相關社會技能及一般工作技能四部分，評量個案在特定任務上的自我效能，作為正向生涯學習經驗的依據（Harris, Gladman, Hennessy, Lloyd, Mowry, & Waghorn, 2010）。Strauser 與 Berven（2006）亦特別編製適用於身心障礙者的求職自我效能量表（Job Seeking Self-Efficacy Scale），可評估表達自我、處理障礙及就業困難、處理求職過程阻礙，以及執行求職四方面的自信程度，

評量結果可供輔導與就服人員擬定適當的介入策略、提升身心障礙者自我效能之依據（Hergenrather, Rhodes, Turner, & Barlow, 2008）。

三、個人建構論

美國心理學家 G. Kelly（1955）認為每一個人生長在這個世界，經驗到種種發生在周遭的事件，就會以自己擅長的方式去解釋這些現象，漸漸形成自己對這些事件的「理論」，也用以預測自己和他人的行為，再根據預測採取行動。Kelly 稱這種行為方式宛如科學家（each human beings as a personal scientist），個人就像科學家一般嘗試去預測與控制其世界。

個人建構（personal construct）是個人用來詮釋世界的方式，同時也是自我的反映。每個人都以獨特的方式來看待自己和所處的世界，當人們經驗到事件時，會設法加以詮釋，並將之納入既有的架構中賦予意義。生活中會經歷無數的抉擇情境，每一次的決定都是檢驗此一建構系統的機會，個人就在這個經驗週期（experience cycle）過程中調整其建構（Kelly, 1970）。經驗週期從對該抉擇情境的預期（假設）開始，投入許多時間精力蒐集資料了解狀況，在正式接觸經歷後，評估其與原先的預期是否相符，據以接受或推翻原先的假設，形成新的（建設性）的改變，而這個新的改變（建構）又會是下一次經驗的開始，如此循環不已（見圖 2-8）。

建構是個人了解自我以及瞭解外在世界的方式，個人的建構系統就是許許多多個別建構統整組織而成。而個人在建構自我及外在世界時所使用的形容詞，例如對個人特質的形容：溫柔相對於粗曠、乖巧相對於不守規矩、善良相對於邪惡等等；應用在個人對工作世界的認識，則包括：薪水的高低、工作場所的室內戶外、工作性質的變化多寡、穩定與不穩定等等概念。Kelly 即據以提出建構的兩極性質（相對的兩個端點），據此設計建構方格（construct grid），可作為探討個人建構的方法。

在各個不同的建構之間，又有次序或階層的關係，因此有所謂統轄建

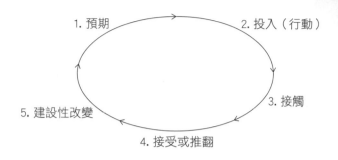

1. 預期　　　　　　　2. 投入（行動）

3. 接觸

5. 建設性改變

4. 接受或推翻

圖 2-8 ▪ 個人建構系統的經驗週期

資料來源：Neimeyer (1985)

構、從屬建構、邊緣建構與核心建構之分。應用在個人對工作世界的解釋時，工作內容需接觸人或接觸事物，是屬於範圍較大的統轄建構。接觸人的工作中，變化性的大小則可以算是人／事物之下的從屬建構。邊緣建構與核心建構的差別，則在於對個人特質了解的深淺，溫和／粗曠是屬於較為邊緣性的建構，是表層的，個人本身及周遭人可以觀察得到。核心建構則是屬於個人內心較深層的特質，他人不易觀察，甚至個人本身也不一定有所覺察。核心建構也可能是個人長久以來所珍視的價值信念，甚至也蘊涵個人對自我存在的意義。透過階梯（laddering）技術，可以協助個人深入內在的核心建構（金樹人，2011）。

至於建構的發展與演變，Kelly（1955）認為包括了審慎思考（circumspection）、取得先機（preemption）以及掌握選擇（control and choice）三者不斷循環的歷程，吳芝儀（2000）以儒家的「慎思、明辨、篤行」來形容此三項發展階段。當個人面臨選擇的十字路口時，需針對不同選項，從各個不同角度來思考各方面因素。取得先機階段，則是針對某一可能性最高的特定選項做更周延的思考，甚至是以特定時間或特定方式來處理特定的情境，是做成最後決定之前必須有的準備。控制及選擇，則是對特定情境或選項做成決定，並能夠掌握該項情境或選擇。

在發展過程中，各個不同建構之間又有分化、統整以及衝突等狀況

（Kelly, 1955）。建構系統的分化性，是指該系統允許個人從多元的角度來認知不同的選擇情境或項目。統整性則是指不同建構之間可以統合為一完整系統的程度。高分化與高統整是我們所期待的理想決定型態，也是個人建構發展的最後階段，可將之命名為精慮性的決定型態（elaborately decided）。生涯建構系統中的各項建構彼此之間也有相衝突的情形，就如同個人價值觀當中，各不同價值信念也有彼此衝突的時候。最明顯的例子是時下一些年輕人所流行的一句話：「錢多、事少、離家近。」這三者之間即可能會有衝突。對於建構彼此間的衝突情形，可以透過建構方格及階梯技術，在輔導過程中思索個人心中的衝突及矛盾情形，而有所統整。

　　建構的概念可用於個人的生涯歷程中：每一個人在做生涯決定時，都有一套異於他人的生涯建構系統，這個系統綜合了他如何看自己、把自己放在這個世界的哪個位置、對生活、工作、角色的觀點又如何等等建構，進而影響其行為與決定。然而這個世界會有許多不可預期的事情，因此個人的建構始終在變動之中。當某一部分建構發生改變，會牽引其他部分也發生改變。在持續循環的經驗週期中，這個經驗歷程是否有成，端視個人對該假設所做的投入以及面對檢驗結果所做的調整（Kelly, 1970: 19）。若個人不能接受檢驗的結果及時修正其假設時，則個人對環境的假設或預期會愈來愈不切實際、愈來愈僵化，就可能引發心理的困擾。因此 Kelly 即認為當不可預期的事發生時，正是調整建構的大好時機，否則個人對環境的假設或預期會愈來愈不切實際、愈來愈僵化，而建構的調整就是人之所以能創造與再創造的根源，也是前瞻的未來觀根源。所以 Kelly 認為人具有未來觀：「未來引領著我們，而不是過去。人總是透過現在的窗口才能到達未來」（Kelly, 1955: 49）。

　　Kelly 雖於六十年前即提出個人建構論，亦影響後續許多認知治療學者（如 Beck、Mahoney 等人）（Neimeyer, 1985: 122-128），但在生涯諮商中的應用則是近十數年的趨勢，其所強調的是透過對個人建構的了解，以及對外在世界的建構形容，以覺察個人所欲營造的生涯世界，對於協助

個案了解個人與工作環境之間的關係，頗有其應用價值。而透過對個人核心建構的領悟，個人更能夠從生涯發展的歷程中省思自我，並進而思索對未來生涯的規劃，甚至思索所欲建立的生命意義。

　　惟以往此一理論較少用於身心障礙者，Thomson 與 Hartley（1980）以 Kelly 的建構方格研究閱讀障礙兒童的個人建構，發現他們會將閱讀與快樂緊密聯結；Humphrey 與 Mullins（2002）亦發現閱讀障礙兒童會將閱讀與聰明聯結；Procter（2001）以之研究自閉症兒童的個人建構多年，認為 Kelly 的理論可供教師及家長參考；Thomas、Butler、Hare 與 Green（2011）的研究以文字及繪畫四種方法，分析學習障礙學生的自我建構，發現八成以上的學生能提出至少三組相對的建構，且亦能以階層方式統整之，顯示此一理論可用於探討身心障礙學生的自我影像。近年研究者覺識到此一理論的啟發性，以之探討身心障礙者的自我、人際等課題，相關文獻已逐漸豐富，有助於對身心障礙者的了解及適切的介入策略（Cridland, Caputi, Jones, & Magee, 2014; Hare, Searson, & Knowles, 2010; Murphy, Burns, & Kilbey, 2017）。

　　身心障礙者常因本身的障礙，加上環境或制度的限制，以致難以從失敗中找到成功的契機，又因無法獲得檢驗的機會，以致僵化了其生涯建構，陷於困境之中。Kelly（1955）認為「我們對失常的定義是一個人不斷地使用已經失效的個人建構」（p. 831），感官或肢體障礙者可能即常以失效的生涯建構面對不斷發生的事件，由於缺乏檢驗的機制，極可能就此陷入一種反覆受到挫折失敗的惡性循環中。身心障礙者的生涯輔導有必要著眼於這個認知的中介變項，聚焦於其潛在的生涯理念，並賦予檢驗與修正生涯建構的能力。

★ 四、生涯建構論

　　「人生如夢」、「人生如戲」，許多人這樣描繪人生，而敘事諮商

（narrative counseling）則將生涯視為一齣故事，人們都會為自己的想望勾勒出一幅美麗願景的圖像，都能為自己編寫出動人的生命故事。然而生命歷程中總不免有來自內在或外在的衝擊與考驗，不同的人會用不同的角度詮釋這些事件，處於生涯困擾的人就常會有無力感，將自己纏繞於困擾中無法逃脫，卻忘了掌控權操之於己！

社會建構論（social construction）認為，個人及生活是在所屬的社會文化互動中建構並形成意義，Gergen（1999）即認為人們對於世界的描述，並非來自於個人心靈如實的反映，而是社會群體彼此互動的人工產品；知識是一種動態的社會建構過程，一切知識都是透過社會化過程而來。因此個人所遭遇的許多問題與文化環境脫離不了關係，藏匿在經驗及事件背後的文化信念，會逐漸內化認為自己有病、有問題這樣的想法。但從社會建構論者的觀點分析，不是這個「人」出了什麼問題，而是這個人背後的文化脈絡。

Savickas（1996）將社會建構論的觀點導入 Super 的生涯發展觀，創建生涯建構論（career construction theory），強調個人於其生涯行為與職業經驗上賦予意義而建構出其獨特的生涯，「生涯意味主觀的建構，個人的意義交織於個人過去的記憶、現在的經驗以及未來的想望中，形塑出生命的主軸而具體反映於個人的工作生活上」（Savickas, 2005: 43）。而生命故事的探究正可架構過往事件的因果系列，並透過此種架構賦予事件新的意義。Cochran（1997）即認為，所有的生命故事都是傳達人生過程中的潛在寓言，故事提供一個時間性的架構，敘事的時間性架構就提供了個人建立貫穿時間連續性的機會；換言之，敘說生命故事可以掌握統合生命的意義，藉由故事建構出獨特的生命意義，進而建構一個有意義的生活（黃素菲，2016）。

敘事諮商的基本理念即企圖藉諮商師與當事人在一個去病理觀、非缺陷論的諮商關係中互動，共同解構舊故事的影響力，並豐富當事人對「問題」正面、積極影響的故事情節，一旦情節厚實，便展現出當事人的自我

文本，雙方即可共同創造、重寫新的意義並延伸到未來的故事。敘事諮商強調面對問題時，每個人都是自己生命的「專家」，沒有人比他更了解他自己。每個人也都是自己生命的作者，在重新詮釋故事時，人們會尋找各種遺忘的情節、有力的資源以及成功或例外經驗，以創作出可能的替代性故事（alternative story）。人若能發現自我資源，就能取得主導權，產生內在力量去對付困擾的問題，重新當自己生命故事的「主人」（蕭景容、金樹人，2009）。

敘說生命故事不只可為生活現狀帶來秩序和意義，更可提供統整自我概念的架構，在訴說中認識自我，並和某些社會關係連結在一起，也提供局部自我的連貫性與穩定感，藉此澄清生命的連續性，整理出生命特定的秩序和方向。Severy（2008）設計敘事生涯諮商的介入策略，包括：早年生活的回憶、自傳、角色楷模、價值清單、興趣選擇一個畫、重要他人、個人神話「我將扮演什麼角色」、行動階段「我現在要做什麼」等，藉以探索生命主題以及生命故事的其他因素。當人們掌握時間序列中生命故事的主導權時，即可透過扮演一種想望的生命形式，打開其內在資源，將工具性活動轉為動機性活動，讓「活在現在」是「活在更理想未來」的一部分（蕭景容、徐巧玲，2011）。

「自我」始終是生涯的核心概念，而自 Savickas（1993, 2005）以及 Cochran（1997）提出不同於傳統生涯觀之後，即有許多研究者與實務工作者嘗試結合多種策略用於眾多邊緣人士的生涯課題上，包括身心障礙者（Cashin, 2008; Lambie & Milsom, 2010）。Savickas（2005）所設計的質性評量工具「生涯型態晤談」（Career Style Interview）更提供不同於傳統生涯評量的方式，諸如此等顛覆傳統生涯理論的諸多設計，促使百年來生涯相關理論的實務工作愈趨貼近個人生涯，以個人為中心、個人主導的生涯規劃。

第五節　生涯理論與實務

　　生涯理論之建構仍不斷持續中，本章所述僅為其中較主要者，近年因學術典範的轉移與擴延，現象學、詮釋論、批判論等觀點盛行，生涯輔導與諮商理論亦受其影響，注重個人層面的探討逐漸受到重視，但同時亦注意社會文化情境對個人的影響。然由以上各節所述，可知生涯理論的多樣性，沒有一個理論可以完全符合所有的個案（包括一般常人），也沒有一個理論完全不能促發生涯轉機。同理，目前雖然並未出現完全以身心障礙者為基礎的生涯發展與工作適應理論，但也沒有一個理論完全不能適用於身心障礙者，關鍵在於如何深入了解個案、針對個案的特殊需要，找到適當的輔導與介入措施。

★一、生態系統觀

　　理論可作為實務的依據，然而理論如此多樣，生涯實務工作仍應考量如何因應服務對象的特性與需求，選擇適切的理論以作為規劃服務模式之基礎，而生態系統觀提供了一個宏觀的架構以檢視生涯發展議題，尤值得參考。個人的生涯發展受諸多因素影響，除遺傳因子外，其能力、興趣、性向、價值觀、人格特質，乃至其學習策略、思考模式、抉擇型態等，都與其成長與學習環境有密切關係。在規劃生涯輔導與轉銜服務方案時，除個人特質的探索外，更需從整體生態的角度考量。

　　Bronfenbrenner（1977）的生態系統理論（ecological system theory），特別強調個人與環境之間的互動關係。個人在環境中藉著不斷的調適來維持其平衡狀態，並且主動積極地與環境互動而不斷發展和成長。Bronfenbrenner 將影響個人發展的生態環境分為四個系統，而以個人為核心的生態環境就如同一套網狀組織，每一個環境系統都含括於另一個更大

的系統中：

1. 微系統（microsystem）：指個人在環境中直接面對面接觸的人或事物，是個人與環境互動最直接、最頻繁、最核心的一層，也是個人直接面對面參與的一個具體有形的場域，個人會經驗與知覺到該場域之內所進行的活動、角色及關係；而微系統內的成員和事件又會彼此互相影響。身心障礙學生的微系統即包括其父母、手足、學校、同儕、普通班／特教班教師等。在這個系統內所發生的事件，包括父母的態度、同儕間的互動關係、教師的介入策略、所安排的支持狀況等，都直接影響個人行為與發展。

2. 中系統（mesosystem）：兩個或兩個以上場域（微系統）之間的互動關係或相互聯繫，即構成中系統；當個人接觸或移動到一個新的場域時，就會形成或延伸出這個新的中系統。學生的中系統可包括父母與手足之間、家庭與學校之間、學校與同儕之間的互動聯繫等。中系統的發展是否豐富，視各個微系統之間的連結數量和品質而定，若父母從不與老師接觸，也不重視兒童的學習狀況，老師也不與家長有所互動，則孩子在學校很可能會處於劣勢。Bronfenbrenner（1979）認為，中系統既是人類發展的推進原因，也是發展結果；生活中各微系統間的關聯愈強，愈能互補，而中系統愈發達，也愈能有力地推進個人的發展。

3. 外系統（exosystem）：環繞於中系統之外的即是外系統，包括父母的工作場所、學校教育行政體系、社區機構／協會、大眾傳播等，屬於社會組織／制度層面，也涉及資源分配、政策規劃等。學生在這些場域中雖未直接參與，但這些場域裡所發生的事件卻會影響個人的微系統，也可能透過微系統的改變而間接影響其發展。

4. 鉅系統（macrosystem）：鉅系統是一個廣泛的思想體系，包含文化與次文化環境，涵蓋意識型態、宗教信仰、信念、價值觀、習慣、社

會期望、生活型態等，也就是社會文化或價值觀等範圍層次較高的系統。鉅系統影響個人的思想及思考空間，同時影響外系統、中系統及微系統。

整個生態系統中，中系統在個人發展歷程中居關鍵性作用，Bronfenbrenner（1979）將中系統的互動形式分為四種類型：（1）多元場所的參與，是指在場域內的人彼此積極參與的活動，當個體進入一個新的環境中，即產生了生態轉變；（2）間接的連結，意指當無法參與前述活動時，仍可透過第三者，即中間人的連結，如爸爸雖然沒有到學校去，但是可以每天透過媽媽轉達對孩子的期望給老師；（3）環境之間的溝通，一個環境的資訊傳遞到另一個環境，可採用面對面互動、電話、書信或其他方式，溝通方式可能是單向的，可能是雙向的；（4）環境之間的知識，是指環境之間資訊的取得。

這個生態系統著重個人所處環境及其與個人的關聯，但個人仍為此系統的核心，個人在此系統中並非被動接受環境的影響，個人與環境並非相加的效果而已，乃是彼此相互依存、相互影響，因此不僅個人與環境互動的經驗可以影響發展的過程，多重系統間的關係也會決定個人的發展。這個發展歷程隨著個人與環境互動的時間／時段漸進，因此具有同樣特質的人，與不同環境的互動經驗與結果即有差別，其發展的結果（興趣、價值觀、自我概念等）自然會有所不同（Woodd, 2000）。

Bronfenbrenner 的生態系統理論廣泛受到心理、社會、教育界的重視，Trainor、Lindstrom、Simon-Burroughs、Martin 與 Sorrells（2008）等人即據以分析影響身心障礙者轉銜教育的相關課題，呼籲以生態觀點思考如何協助身心障礙者突破經濟／社會邊緣化的困境，朝向最大可能的機會。在鉅系統上，社會對障礙的迷思是影響身心障礙者適應的重大課題，而整個社會的趨勢與相關課題（如就業率、人口結構、產業生態等）亦值得重視，雖然實務工作無法發揮什麼功能，但除了對這個大系統有所了解

外，仍可就此等課題有所倡議；在外系統上，轉銜制度的建立、轉銜教育師資的培育等，都牽連到如何回應學生的需求；在中系統與微系統上，則更需考慮轉銜措施適切的規劃與實施效果，以及在師生、親師，乃至其與社區間的互動關係，尤其在自我決定、自我倡議能力的培養。

　　就身心障礙者的生涯發展而言，在其成長過程中所產生的問題，牽涉到與其相關的家庭、社會與文化脈絡，並非全然根源於其障礙狀況或個人特質，因此如何強化關鍵系統的功能，值得實務工作者妥加運用。換言之，生態觀反應出實務工作必須從整體面系統地考量影響個人發展的諸多因素，具體落實於生涯實務工作上，可以個人為核心，在評量個人生涯相關特性之餘，同時檢視影響其發展的各個環節（包括學校課程、人際間互動，乃至各項措施運作等學習環境），始能妥善規劃適切的輔導與服務方案。

⭐ 二、理論與實務

　　綜合上述有關的理論，可歸納下述結論作為身心障礙者生涯輔導實務工作上的參考：

1. 生涯是一個發展的歷程，早期的發展必然影響後期。身心障礙者的生涯發展歷程，可能較常人受到更多的限制，諸如生活接觸層面較為狹窄、普遍缺乏角色扮演機會、關鍵時期學習經驗不足等，致其能力多較偏低，生涯發展可能較為遲滯或延宕，均對其生涯構成不利的因素。至於後天致殘者的發展階段中輟，可能須經再循環的過程，重新經驗與探索，而學習就構成身心障礙者生涯輔導的重要基礎。

2. 就生涯發展的觀點言，自我是發展論的核心概念，Super 即強調個人職業的選擇可以說是個人自我觀念的實踐，而事實上其他理論亦有同樣的主張，如何倫類型論的自我統整（identity）、Krumboltz 的「自

我觀察推論」具有相同意義，而社會認知論的自我效能預期及生涯信念，事實上亦可說是由認知角度觀察個人對自我生涯發展的期許，均為相通的理念，是亦為生涯輔導的重點。

3. 生涯發展與個人的信念、自我效能，乃至於其生涯建構均有密切關係，換言之，認知作用在生涯決定歷程中扮演一個關鍵性的角色，尤其對感官肢體障礙或後天致障者更是如此。身心障礙者在發展過程中，經歷種種阻礙與挫折，無形中影響其生涯信念、生涯建構、自我概念以及就業意願等，致使其生涯旅途更形困難。健全的工作人格發展有賴提供其展現能力的機會，藉成就表現提升其信心與自我效能，以健全的生涯建構前瞻且適切的生涯目標。

4. 大多數生涯發展理論係以個人變項為主要考慮，近年雖已有逐漸重視環境變項的趨勢，但似乎尚未有所統整（Dobren, 1994; Sampson, 2009）。一般人認為障礙者的困難在其生理或心理的問題，因此輔導或復健多以此為重點，採取傳統「臨床」或「心理醫學」的模式（Cottone & Emener, 1990; Kendall & Buys, 1998），以適應障礙（adjustment-to-disability）為導向。事實上，環境變項對身心障礙者生涯發展的影響作用不亞於個人變項，社會制度的設計、規範，甚少考慮身心障礙者的需要，而社會負向的態度（偏見、歧視、刻板印象等）更限制其接受教育或就業的機會，對身心障礙者造成的影響可能更甚於其身心的障礙（Bishop, 2005）。

5. 外在環境條件（人力市場、就業措施、無障礙環境等）對身心障礙者構成另一不利條件，尤其在經濟衰退、就業市場混亂時，更增加身心障礙者適應上的困難，也顯示身心障礙者生涯輔導的必要性。適切的輔導方案除針對個人所需設計各種介入措施外，亦應考慮職場環境、社會與經濟條件的配合，從制度面提供可行的輔導措施。

6. 人境適配論採取較傳統特質論更為寬廣的角度，除注意到個人特質與環境條件的配合外，亦強調個人擁有積極探索、規劃生涯的主動性，

加上生態取向的整體評估模式，將有助於了解身心障礙者的長處與弱點，而科技輔具與職務再設計等措施，更可改善或彌補身心所受到的限制，提供適切的生涯發展與選擇機會。若再配合發展論強調早期學習經驗的影響，以及認知論注重學習過程中成功經驗的重要，在生涯發展的歷程中，提供更適切的學習與探索機會，應可逐步建立健全的自我觀與生涯建構系統。

事實上，自我是個人與社會交互作用的產物，每一個生涯困境或轉銜階段都是建構生涯自我的良機，因此在面對社會變遷所帶來的衝擊時，個人更不能忽視這股勢力對個人的影響。自我雖具有長期穩定的特質，但個人每天在處理日常生活事務之際，外在的情境必然與自我發生交互的作用，初期可能可以嘗試將新經驗置於既有的認知架構中，以習慣的方法應付之，但若長期暴露於這些資訊以及挫折或挑戰經驗後，自我的反應方式即是因應變遷的關鍵；而無論如何，這種反應將透過個人的認知系統而納入自我之中，成為自我的一部分（Peterson et al., 1991）。自我可能從單純的調整到實質的轉變（Borders & Archadel, 1987; Lyddon, 1990; McAuliffe, 1993），前者僅是順勢因應，不免帶有駝鳥作風，能將外在種種變數與內在認知相結合而做密切聯結的，才是實質的轉變，也才是自我的重新建構，由此才可能在人生的舞台上實踐其真正的自我。

Brucker（2015）引用社會資本（social capital）的概念，分析全美勞動力調查局十萬筆資料，發現身心障礙者的社會資本低於非身心障礙者，而勞動參與者的社會資本又高於非勞動參與者；換言之，社會資本對身心障礙者的生涯成功有相當的助益，反映出個人生涯發展與社會相關資源以及可得之社會支持有密切關係。然而社會資本僅是建構個人自我的元素之一，事實上，社會建構論強調個人建構是在社會互動與符號交互作用中產生（Gergen, 1999），但如完全依人際互動的結果或外在機制的期望，所形成的仍是盲目的自我，真正的自我應是建基於人際互動或外在機制之

上，但超越任何既定的建構，又能很有彈性的進出內外現象場地，如此的自我建構就能在面對各種情境時應付自如。

★ 三、後現代生涯觀

生涯理論在以往百年的發展過程中，本章所述各個生涯理論均與當時的社會情境有密切的關聯，可說是理論反映著時代的面貌與需求。從實務角度分析，特質論的觀點對於生涯輔導中的評量工作有深遠的影響，而近年則由於發展論與認知論的興起，已擴大評量工作的內涵（甚至徹底顛覆評量的概念），也使得特質論在身心障礙者的職業評量上能發揮更大的功能。至於發展論關注身心障礙者的生涯發展歷程，因此最主要是對生涯教育與輔導措施的影響，尤其在生涯探索的課題上，有其重要參考價值。認知論則與生涯信念、自我效能、個人建構有密切關係，尤其對非心智功能障礙者的生涯輔導，更可配合認知論的觀點，設計適切的輔導措施。

不過，面對當前社會變遷、後現代經濟情勢的演變，乃至科技的進步（包括 AI、APP、VR、雲端等），個人的生涯亦可能不再如上一世紀般有穩定發展的空間，近年發展的混沌理論（Chaos Theory of Careers）（Bright & Pryor, 2005; Pryor & Bright, 2011）、善用機緣論（Happenstance Learning Theory）（Krumboltz, 2009; Krumboltz, Foley, & Cotter, 2013）等，均特別考量生涯進程中不斷出現的偶發事件對生涯的影響。因此 Blustein（2017）提醒實務工作者，必須再思考如何因應新世紀在工作本質與職場條件上的變化，將理論與實務做最佳的結合，始能面對各種挑戰，提供適切的服務。

換言之，若依傳統生涯輔導與諮商的作法，只將重點放在協助當事人「覺察」與「生涯決定」，有偏於狹隘之嫌，應以更為全人的觀點，將生涯諮商置於更寬廣的脈絡中，因應時代的變遷與生活情境的多樣化，協助個案在生活及工作找出意義，整合生命經驗的自我感，為當前與未來的生

涯做好因應與準備。而 Wehmeyer 等人（2018）亦警告既往的思考模式或需重新檢視，生涯發展的概念已不能因應當前世代的變化，可能必須以生活設計（life design）的思維替代發展的概念，特別在轉銜過程中，宜更注重生涯調適、自我決定以及生涯建構等課題，從實質生活層面提供身心障礙者更貼近現實生活的輔導。此一觀點已陸續踐行於身心障礙者（Hirschi, 2010; Santilli, Nota, Ginevra, & Soresi, 2014; Shogren, 2013b）。

身心障礙者生涯輔導與轉銜服務

3
CHAPTER

生涯教育與轉銜服務模式

第一節 **生涯教育的意義與相關模式**

一、生涯教育運動

　　生涯輔導的理論基礎源自生涯的相關研究，從 Ginzberg、Super 等人在 1950 年代研究美國青少年的職業選擇與發展開始，經過一、二十年的探究，生涯發展論已形成相當完備的建構，而當時美國正因學校教育與社會生活脫節，學生無論自哪一階段、何種學校畢業，都無法即刻進入就業市場成為稱職的工作人員，中輟學生的問題日益嚴重，也造成教育與社會適應上的困難。當時雖然已有改進職業教育方案，卻未能彰顯其功效，遂引發教育改革的呼聲，生涯教育的理念即在這樣的時代背景下醞釀成形（Brolin, 1995）。1971 年美國聯邦教育署長 S. Marland 在美國中學校長協會的演講，正式提出生涯教育的概念，呼籲社會各界重視學校教育與社會之間的關聯，學校課程設計應考慮學生就業技能及社會適應能力的培養。

　　Marland（1971）的主張與當時許多專家學者的觀點不謀而合，企業

界也期盼學校能培養高品質的人力資源，因此廣泛地引發各界對生涯教育的重視。隔年聯邦政府即提供經費補助，進行相關研究並推動各種方案設計，而在 1974 年《教育法案修正案》中（PL 93-380），賦予生涯教育正式的法律定位，同時亦在聯邦教育署內設置生涯教育司，由 K. B. Hoyt 領軍，專司生涯教育的推動工作。

生涯教育的概念雖頗為普遍，但其定義卻眾說紛紜，初期的生涯教育運動較偏向於職業教育與就業技能訓練，亦僅限於非升學導向的學生。但此觀點在 1977 年美國國會正式以生涯教育為名所通過的《生涯教育施行誘因法案》（Career Education Implementation Incentive Act, PL 95-207）中，將生涯教育的對象擴大為全體學生，在職業教育之外，尚包含生涯發展歷程中各個層面的學習與角色扮演，因此除職業能力的培養外，抉擇能力、求職技巧、與上司及同事相處的人際能力、工作態度與習慣等，均在生涯教育的範圍內（Herr, 1987），且強調應融入各個學科與活動中培養這些能力與態度，這種觀點就是生涯發展論的基本立場。

事實上，有關身心障礙學生就業與適應的問題，早在推動特殊教育的初期即引起許多人的關注（Kolstoe, 1961），而《職業教育法案》亦曾宣示為身心障礙學生提供適當的職業訓練機會，然而由於經費不足或州政府配合不力，使得身心障礙學生仍處於低就業率、適應不良的狀況。此種情況至 1975 年《障礙兒童教育法案》（PL 94-142）通過後，才逐漸改善。不過生涯教育運動也對身心障礙學生教育產生實質的影響（Brolin, 1995）：

1. 1972 年聯邦教育署障礙者教育局（Bureau of the Education for the Handicapped）以生涯教育為施政重點，提撥經費支援課程、方案設計、在職訓練、研究等。

2. 1973 年美國特殊兒童協會（Council for Exceptional Children）與美國職業協會共同舉辦全國特殊兒童與青年生涯教育會議，結合民意代

表、律師、倡導者、企業界、教育界等人士，從跨領域的角度，提出
生涯教育服務的模式、方法與材料。

3. 1975 年障礙者教育局舉辦「障礙者生涯教育研究需求」研討會，探
討聯邦經費補助的優先順序。

4. 1976 年美國特殊兒童協會正式成立第十二個分會——生涯發展協會
（後於 1993 年更名為生涯發展與轉銜協會），同年職業教育法案修
正案亦特別規定提撥 10% 經費供身心障礙學生接受職業教育。

5. 1978 年美國特殊兒童協會以特教專業立場，發表支持生涯教育的聲
明書（position paper），強調生涯教育對身心障礙者的重要性。

　　總之，在這十年間，生涯教育形成美國教育的一股新興勢力，在專家
學者的研究與試驗下，發展出生活中心生涯教育模式、經驗本位生涯教育
模式、學校本位綜合生涯教育模式、生涯發展模式等課程設計的基礎，各
地中小學亦將生涯教育引入教學課程中，專家學者對此一教育措施多持
正面的評價（Hoyt, 1987, 1989）。然而在實際執行的過程中，仍有許多
困難未能克服，包括仍過度重視職業教育、課程設計未確實與社區生活與
職場生活結合、教學材料不足、缺乏學生需求與教學效果的評量工具、
相關單位與機關間溝通管道不暢，以及整個教育體系缺乏持續配合等問
題（Roessler, 1988），因此雖然 Baker 與 Popowicz（1983）以及 Baker 與
Taylor（1998）以後設分析方法，綜合多項研究結果，顯示學生接受生涯
教育後有相當收穫（效果值達 .50、.39），但在 1980 年代，隨著生涯教
育司的裁併，1983 年《障礙者教育法修正案》（PL 98-199）第 626 節即
改以「身心障礙青年中等教育及轉銜服務」為名，提撥經費於轉銜服務的
推動上。

　　生涯教育運動對特殊教育的影響頗大，然而亦同樣因教學活動未能
配合、生涯概念未受特教教師及主管重視等原因，以致效果並不如預期
（Clark & White, 1985; Mithaug, Horiuchi, & Fanning, 1985）。事實上，生

涯教育目標確為身心障礙學生所需，依據其基本理念，在當時即已發展許多適用於身心障礙學生的生涯教育模式，而近年來雖然生涯教育一詞已從官方文件中消失，改而採用轉銜教育（transition education）、功能性／生活技能教育（survival education）、結果本位教育（outcome-based education）等名稱，但生涯教育的理念仍有其重要性（Brolin & Loyd, 1989），其基本論點仍適用於身心障礙學生，因此在專業學會的努力下，持續成為身心障礙教育的重心（Halpern, 1992），而所謂之轉銜教育亦不脫此重要概念（Kochhar-Bryant & Greene, 2009）。

二、生活中心生涯教育模式

D. E. Brolin 自 1970 年代開始，即從生活功能的觀點，規劃每一個人必須學會成為有效個體的課程，廣泛應用於所有學生，身心障礙學生亦不例外。1978 年，美國特殊兒童協會發表對生涯教育的立場聲明時，同年亦印行生活中心生涯教育的第一版。二十餘年中，已陸續修訂四次，1998 年再出版適用於中重度學生的版本，可見其在推展身心障礙學生生涯發展與教育的重要性。

生活中心生涯教育（Life Centered Career Education, LCCE）的焦點在於幫助身心障礙學生成為有用的人，意即具備生產力的工作者、家庭成員，以及社區中優良的公民（Brolin, 1995）。LCCE 課程將身心障礙學生適應社會所必備的技能，大致上劃分為日常生活技能（daily living skills）、人際社會技能（personal-social skills）以及職業技能（occupational skills）三大類，二十二個子項目；每個子項目都可成為獨立的教學單元，各有其課程內容和學習目標。此一模式採取統整性的概念架構，將職業、社區與生活技能融入功能性課程內容之中，同時強調有效的生涯轉銜方案應從小學階段即開始，依生涯發展歷程的演進，透過系統化的教學，逐漸增加其分量，以長期的教學活動培養學生的工作人格（包

括職業認知、工作態度與價值觀）和基本生活技能。

　　LCCE 根據身心障礙學生生涯發展各階段的任務與需求，將課程內容分為生涯覺察（career awareness）、生涯探索（career exploration）、生涯準備（career preparation），以及生涯融合（career assimilation）四部分，每一階段各有不同的教育目標，分述如下：

1. 生涯覺察階段始於國小，此一階段課程雖僅占小學課程的一小部分，但配合學業技能的學習，將生涯相關課題融入教學內容之中，使學生覺察工作世界的存在，同時覺察自己與生活環境及未來的生活願景之間的關係，引導學生對生涯發展有正確的認識，並培養其適切的工作態度、價值觀和基本生活技能，以奠定良好的生涯發展基礎。

2. 自國小高年級開始進入生涯探索階段，透過各種認識職業或接觸社區環境的活動，將日常生活能力的培養、社會化行為的發展與職業興趣的試探串連起來，以協助學生檢視自己的興趣、能力與限制，並將自己與環境關聯起來，從而體會生涯對自我發展的意義，並藉以尋找未來可能扮演成人角色的方向。

3. 在生涯準備階段，學生透過職業技能訓練、社區職場實習等機會，確立就業目標，同時也為將來職場的安置預做準備。而除職業教育外，亦考量學生畢業後在社區中扮演的多重角色，故特別重視學生居家管理、休閒娛樂、公民技能等生活能力的訓練，同時亦將先前所習得的個人生活與社會人際能力，在職場與社區生活中練習運用。

4. 生涯融合階段是身心障礙學生正式踏入社會的時期，透過相關教師與專業人員的協助，整合前三個階段的發展結果，將所學融入職場中扮演適當的職業角色，同時亦正式參與社區活動，擔負起其他非職業角色的責任（社區、休閒、家庭等），使學生的各個生活層面得以與社區適應融合一體。

　　總之，各個階段有其生涯發展的重點，在實際執行過程中，更強調各

個領域課程設計或訓練活動均應融入各科教學之中，所有教師均有義務培養身心障礙學生生活所需之各種功能性能力（見表 3-1）。而除職業生涯教育外，LCCE 同時考量到學生畢業後在社區中扮演的多重角色，故特別強調居家、休閒、公民角色的學習。此外，LCCE 並未忽視一般學科基本能力的培養，事實上，生活技能不能離開讀、寫、算，假若這些基本能力無法在小學、中學半數以上課程中加強培養其基本學科能力（如圖 3-1 左上角所示），則後續各項生涯活動可能亦將降低其效果。

更重要的是，此一模式強調學校老師、家長與社區身心障礙機構人員各司其職，共同合作發展適合學生需要的功能性課程。因此特殊教育相關人員固然應扮演重要角色，但從小學開始，家長、社區機構、企業界即介入此一課程模式的設計與執行，共同參與符合特殊教育學生需求的轉銜服務工作，例如：家長可提供學生在家實作的經驗、增強其學習成就、安排參與社區活動的機會，亦可協助學校開拓社區資源、建立公共關係、籌募教育基金；而社區機構更可配合學校相關教學活動，提供人員與場地支援，協助訓練日常生活與社會技能。

三十餘年以來，LCCE 廣泛受到美國特殊教育界的重視與採用，主要的原因在其高度結構化的課程內容，使特教老師在教學設計上有明確的依據。且該模式亦編有配合課程之評量表，有助於教師設計符合學生需求之課程，了解學生課前、課後進步情形，對一般教師而言，亦頗容易採用。2012 年美國特殊兒童協會將之易名為生活中心教育（Life Centered Education, LCE），包括日常生活（daily living skills）、自我抉擇與人際（self determination and interpersonal skills）及就業技能（employment skills）三大類，二十項能力，九十四項次能力，並依生涯發展歷程，各再區分覺察、探索、準備三階段，規劃與轉銜密切相關的課程（The Council for Exceptional Children, 2012）。而原作者之一 R. Loyd，也特別為自閉症與發展障礙學生編修新版，並試圖將之與普通課程相結合（Loyd & Angus, 2014），新版未更動其架構，但領域、次能力及目標的名稱與層次

略有修改，評量表採用圖示方式，另新增家庭單元筆記本。

表 3-1 ■ LCCE 教學課程

能力	國小	國中	高中（職）
一、日常生活			
1. 處理個人財務	數學、語文、閱讀	商業、數學	家政、數學
2. 選擇並處理居家事宜	語文、社會科學	家政、職業學科	家政
3. 照顧個人的需要	科學、健康教育	家政、健康	家政
4. 養育子女面對婚姻責任	健康教育	家政	家政
5. 購買準備及消費食物	閱讀、語文	家政	家政
6. 購買及處理衣物	閱讀、語文	家政	家政
7. 表現公民責任	社會科學	社會科學、音樂	社會科學、音樂
8. 使用娛樂設施休閒活動	健康、體育	體育、藝術、音樂	體育、音樂、藝術
9. 在社區內活動	健康、科學	家政	駕駛訓練
二、人際／社會技能			
10. 認識自己	語文、社會科學	音樂、體育	藝術、音樂、輔導
11. 獲得自信心	健康、科學	藝術、音樂、體育	體育、輔導、社會
12. 負責行為	社會科學、語文	體育、輔導	社會科學、音樂
13. 維持良好人際關係	語文、社會科學	輔導	音樂、輔導
14. 學會獨立	社會科學、語文	輔導	輔導
15. 適當抉擇	語文、社會科學	數學、輔導	科學、輔導
16. 溝通	語文、閱讀	語文、藝術、說話	語文、說話、藝術
三、職業輔導與準備			
17. 認識職業機會	閱讀、社會科學	職業教育、家政、輔導	輔導

能力	國小	國中	高中（職）
18. 選擇就業途徑	語文、社會科學	商業、職業教育、家政	輔導
19. 良好工作習慣	科學、藝術	職業教育、數學	家政、職業教育
20. 求職與就業	語文、社會科學	輔導	輔導
21. 靈活操作	藝術、體育	職業教育、家政	職業教育、家政
22. 專門職業	社會科學、藝術、音樂	職業教育、家政	職業教育、家政

資料來源：Brolin & Loyd (2004: 75-76)

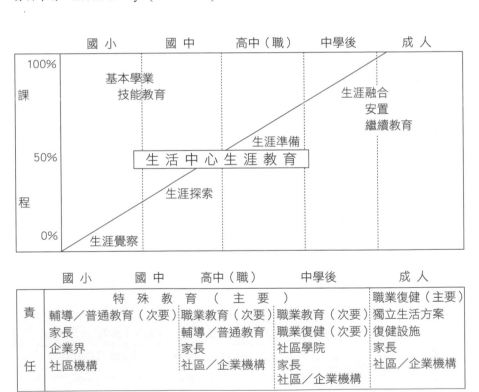

圖 3-1 ■ 生活中心生涯教育（LCCE）課程／轉銜模式

三、綜合生涯發展模式

　　1970 年代生涯教育蓬勃發展，因此類似 LCCE 的模式甚多，綜合生涯模式源自聯邦教育署生涯教育司資助俄亥俄州立大學所發展的綜合生涯教育矩陣（Comprehensive Career Education Matrix, CCEM），矩陣以三個向度組成生涯教育的規模：依學生發展的階段，從覺察、探索、準備到專精，在家庭、學校、社區的情境中，學習自我覺察、教育覺察、生涯覺察、經濟覺察、做決定、初階能力、就業能力，以及態度與誠意八個重點（見圖 3-2）。

　　在生涯教育運動過程中，以聽障者教育為重心的哥老德大學有鑑於傳統聽障教育強調語言溝通的訓練，缺乏適當的角色模範，因此雖有同樣的心智功能，但卻極少有聽障學生在數理科技領域發揮才華，侷限其生涯發展的徑路。哥老德大學多位教授乃與美國羅徹斯特理工學院全國聽障科技研究院（the National Technical Institute for the Deaf, NTID）合作，採用此一綜合模式，將生涯教育的理念運用於聽覺障礙教育，特別為聽障學生發

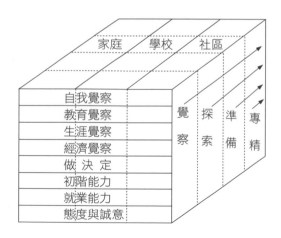

圖 3-2 ■ 綜合生涯教育模式

資料來源：Egelston-Dodd & DeCaro (1982: 91)

展生涯教育模式（National Project on Career Education, 1978），其基本設計仍依四個生涯發展階段配合學生所處環境，除課堂教學外，更配合課外活動，如學生政府、運動、戲劇、報紙編輯等方式，設計培養各個生涯能力與態度之教學活動（Egelston-Dodd & DeCaro, 1982; Whitaker, 1984）。

此一模式目前雖因經費中止而停止運作，但多年來，在聽障科技研究院 Lang 教授（Lang, 2002; Lang & Steely, 2003）主導下，仍依其架構並配合科技發展，為中小學聽障學生及教師建立數學、工程、科學網站，為聽障生開拓進入高等教育的生涯徑路。

四、經驗本位生涯教育模式

經驗本位生涯教育模式（experienced-based career education, EBCE）原為 1970 年代中期，愛荷華中央社區學院（Iowa Central Community College）為地方中等學校學生所設計的生涯與職業教育方案，後因成效顯著，乃將之引用於輕度智能障礙學生。該模式是學校與社區業界及工會合作發展的產物，具有下述特性（Kokaska & Brolin, 1985）：

1. 以社區為基礎，學習指導員為學生開發各式職場。
2. 參與方案的學生或社區資源人士純屬自願性質，不特別支薪。
3. 以經驗為首要目標，學生習得實際職場經驗為主；學生第一次接觸工作世界，個別化學習計畫中包括與雇主互動的學習經驗。
4. 學科與工作緊密結合，數學、語文及其他學科課業均配合職場所需，完成該科的學習。

方案執行的流程見圖 3-3：

1. 學生進入方案後，首先須確定其生涯目標與學業需求，再據以選擇適當的工作場所與學習課程。

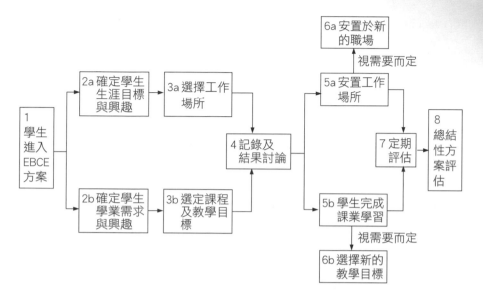

圖 3-3 ■ 經驗本位生涯教育模式

資料來源：Kokaska & Brolin (1985: 321)

2. 工作與學業確定後，開始安置於工作場所，同時進行課業的學習，為期六至九週。每週有固定的老師（特殊教育教師或現場工作指導員）負責設計學業性工作活動清單，作為教學與評估之依據。

3. 執行期間，若學生有不適應情形，則重新評估並安置於新的工作場所，同時擬定新的課程。

4. 期末進行總結性評估。

　　整個方案在有系統的規劃、執行、評估過程下，使接受 EBCE 的學生獲得頗為具體的成效，學生能在沒有危險的情形下進行真實的職業試探，覺察真正喜歡或不喜歡的工作，確認基礎學科（數學、語文、社會等）與工作的關係，也能發展適切的雇主與員工關係，培養適當的工作社會技能與正向的自我概念（Kokaska & Brolin, 1985）。這個方案的施行是 1994 年《學校─工作機會法案》（School-to-Work Opportunities Act）的濫

觸（Jacobs, 1995），而成為美國中學教育設計工作本位教育（work-based education）的重要依據（Grubb, 1995; Hamilton & Hamilton, 1997; Stern, Stone, Hopkins, & McMillion, 1990）。

第二節　轉銜服務模式

　　1970 年代生涯教育的概念雖受到廣泛的重視，但並未完全落實，尤其在職場與社區適應方面，缺乏完整的規劃，因此而有八〇年代轉變為對轉銜教育與服務的重視，其來源可溯自 M. Will（1984）的倡導。Will 時任美國聯邦教育部特殊教育與復健服務司司長，本身亦為身心障礙者的家長，她認為，針對身心障礙學生中學畢業後的各項服務十分複雜，非一般服務人員所能掌握，家長或身心障礙者本人更無法充分了解，因此為協助所有身心障礙者能順利由學校轉到社區，需要一整套轉銜服務的措施。

★ 一、特殊教育與復健服務司轉銜模式
（OSERS Transition Model）

　　Will（1984）認為轉銜的目標在就業，因此轉銜服務就是在學校與職場之間建立連結的橋梁，見圖 3-4：圖左側為學校提供有效轉銜服務的基礎，包括特殊教育、職業教育及其他學校本位的專業服務，用以發展成功轉銜所需的技能、態度、人際關係、與雇主接觸等初階工作能力。為達成此目的，學校應注意職業教育與職業復健服務間的合作關係，並在學校職業準備課程中施以社區本位的職業訓練及安置計畫，同時加強障礙學生與非障礙學生間的接觸與接納機會。

　　模式圖之右側即轉銜的目標——就業，轉銜服務人員必須特別注意身心障礙者的就業機會及相關課題（包括最低薪資、公平受僱機會、失業問

圖 3-4 ■ OSERS 轉銜模式

資料來源：Halpern (1985: 480)

題等），因此需要有機構間的合作管道，以有利的條件、透過熱心的雇主僱用身心障礙者。至於學校到就業之間，可以三種不同型態的管道銜接：

1. 不需特殊專業的服務：以中學後繼續升學為目標，配合必要的課程調整或其他輔助措施，在社區學院、大學或職業專科學校，提供大部分學習障礙及輕度障礙學生中學畢業後的出路。
2. 有時限的服務：指短期間的服務，以職業復健為主，配合中學後職業教育或職業訓練的措施，以及職務再設計等服務，在穩定就業機會後即可停止。
3. 持續的服務：以支持性就業為主，透過在職場持續性的訓練與輔導，協助中重度身心障礙者適應職場生活。

★ 二、職業轉銜模式

此係 Wehman、Kregel 及 Barcus（1985）等人所提出的職業轉銜模式（The Vocational Transition Model），其基本概念來自 Will（1984）對轉

衛服務的觀點，認為學校應提供即將畢業的身心障礙學生有期限的、多樣的，且以就業成果為導向的服務，以協助學生順利過渡到成人生活。按照 Wehman 等人的看法：職業轉銜（vocational transition）是「必須經過詳細規劃的過程。轉銜服務應由學校特殊教育與職業教育教師、學生家長及社區相關服務資源共同合作，透過（個別化）服務計畫的設計，提供學生畢業後進入就業市場，或接受職業訓練時所需支持服務執行的依據」（p. 26）。職業轉銜模式在運作上有以下特點：（1）轉銜服務的規劃必須於學生高中畢業前開始，最遲不得晚於學生二十一歲；（2）強調家長參與和專業間的合作；（3）轉銜服務規劃應有正式的過程，意即需要有書面轉銜計畫；（4）轉銜服務以學生日後就業目標為導向；且（5）針對不同障礙程度的學生提供適合的安置途徑。

此一模式將身心障礙學生職業轉銜的過程分為學校課程、轉銜規劃，以及就業安置三個階段。特殊教育課程的目的在培養學生獨立生活與社會適應技能，為日後順利的工作轉銜奠定基礎；因此，學校的課程設計應以功能性為原則，教學也盡量以社區本位的方式，在融合的環境下進行。另一方面，學生的個別化轉銜計畫應由校方、學生家長與社區相關機構正式開會研商訂定。書面轉銜計畫應詳述學生能力現況、預計達成的目標、支持策略與成果評估方式。學校教師應鼓勵學生家長積極參與子女轉銜服務的規劃，並保障其表達意見的權利。學生畢業後，就業服務機構即成為學生的後送單位，就業服務人員應針對學生不同的障礙情況及需求，提供多樣的就業訓練與安置選擇：包括一般性就業、個別化支持性就業、特殊技能訓練、小生產圈、機動工作隊、中途性與庇護性工場等服務方案。

★ 三、社區適應模式

Halpern（1985）認為，Will 以就業為目標的模式過於狹隘，就業只是轉銜服務的目標之一，成功適應社區生活才是終極目標，因此在原模式

就業目標之外，再加上兩個目標：居住環境與社會及人際網絡，整體構成
生活技能網絡系統（Life Skills Networks-Halpern's Transition Model），見
圖 3-5。

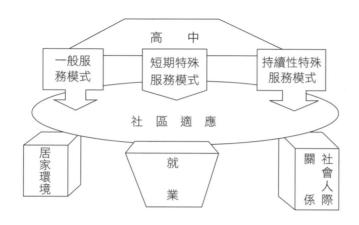

圖 3-5 ■ 社區適應模式

資料來源：Halpern (1985: 481)

Halpern 的社區適應模式，強調生活技能的培養、人際關係生活網絡
的建立與就業能力的開發，期望透過有效的轉銜服務與教育，協助身心障
礙者獲得社區生活所應具備的能力，並建立與維持成人生活品質的支援系
統。此一模式具有理論與實證的基礎（Halpern, 1994），藉由試探性與驗
證性因素分析的結果，確定社區適應的四大領域：就業領域、居住環境領
域、社會支援領域、個人滿意度領域。

此一模式主要針對身心障礙學生的特殊需求而設計，其主要特色包
括：（1）轉銜內容以實用為主；（2）教學必須伴隨評量；（3）所學技
能強調實用；（4）重視個別差異；（5）在真實情境執行轉銜服務。

⭐ 四、綜合轉銜教育與服務模式

　　Clark 與 Kolstoe（1995）原以學校為本位提出生涯教育模式（school-based career education model），其特點為根據特殊教育在小學、國中及高中階段課程性質的不同，設計適合學生年齡、能力與需要的教學內容，並兼顧學生離校後，學校與其他職業復健或教育機構的銜接。學校本位生涯教育的課程設計，依照學生年級的不同，可分成三個階段：第一階段從學前到國二，教育的重點在培養學生正確的態度、習慣和價值觀，建立人際關係、養成生活自理能力，以及對職業資訊的基本認識；第二階段從國三到高三，學校透過基本學力普通教育，以及職業相關課程（如職業技能訓練、建教合作、職業輔導評量與工作適應團體），使學生在離校前具備基本的就業知能；第三階段始於學生高中職畢業後，學生可依據自己的能力與性向，選擇進入普通或社區大學就讀、接受職業特殊技能訓練，或進入職業復健機構，由就業服務等專業人員提供進一步輔導與安置。

　　原模式以學校為主要的轉銜服務情境，惟轉銜教育重點不在學校課程教學內容，而在於身心障礙學生在轉銜過程中的行為表現，其中所含的轉銜知能與技術，非學校所能獨立完成，因此 Sitlington、Clark 與 Kolstoe（2000）乃將之修改為綜合轉銜教育與服務模式（comprehensive transition education and service model）。新模式強調下述九項成果導向的轉銜規劃：（1）溝通與學業技能；（2）自我決定；（3）人際關係技能；（4）融合社區參與技能；（5）健康維護；（6）獨立／互賴生活技能；（7）就業技能；（8）休閒娛樂技能；（9）中學後教育／訓練技能。此等內容幾已含括近年有關轉銜服務的全部內涵，而配合多樣化的服務內容，此模式亦特別強調多樣的教育與服務系統，如居家與鄰居、家庭與朋友、公私立嬰幼兒方案、普通教育與相關支持服務、特殊教育與相關支持服務、社區組織與機構（危機服務、限時托顧服務、持續服務）、師徒方案、學校與社區工作本位學習方案、中學後職業與應用技術方案、社區學院、四年

制大學、研究所、成人與持續教育等。

　　此模式除綜合多樣的轉銜服務內容與服務系統外，亦從個人生涯發展的角度，考慮個別身心障礙者在整個生命歷程中所面臨的不同轉銜點，因此有不同的「出口」。轉銜的出口點（exit point）是指學生從一個發展階段到下一個發展階段必須達到的技能，包括社區參與、終身教育、自我決策、獨立自主、就業技能等。出口的決定不一定依照教育階段完成與否，必須考量年齡與下一階段準備的程度，再進入不同的轉銜服務系統中。換言之，此模式除從橫向角度，思考身心障礙者面臨轉銜決定之前所需準備的技能外，亦從縱向角度，就個人生涯發展的觀點，思考如何承接上一階段的準備以順利進入下一階段的生涯空間；這種觀點頗為符合 Super 的生涯發展觀。

★ 五、個人未來規劃

　　近年以個人中心為生涯規劃主軸的理念受到廣泛重視，「個人未來規劃模式」（Personal Futures Planning Model）即美國阿拉巴馬大學盲聾專案小組採用海倫凱勒中心的路徑模式（PATH, Person-centered Approach Toward Habilitation），為經費與人力較為缺乏的阿拉巴馬州盲聾青年所規劃之生涯轉銜方案（PATHfinders）（Nelson, 2005）。本方案主要重點在於教導自我決定與發展社會支持系統，方案本身首先建立豐富的資源體系，結合該州相關機構與專業人力，藉以提供參與者足夠的支援。在規劃階段，則由與障礙者直接相關的一組人士（家屬、親友、師長、同儕、專業人員等），審視當事人所具有的才能與挑戰，共同草擬目標導向且具前瞻的計畫，將當事人各個生活層面均納入考量，例如：溝通、關係、偏好、社區參與、健康、自主的選項、未來遠景等，並以生涯圖（career maps）顯示各個可能的選項，與當事人共同探討其焦點所在。

　　圖 3-6a 為 A 生參與社區的示例，參與規劃者腦力激盪可能的地點、

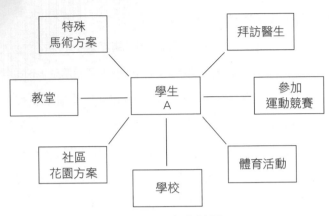

圖 3-6a：參與社區

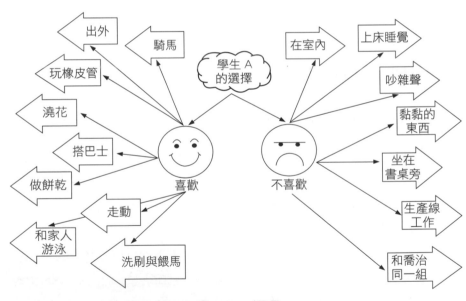

圖 3-6b：選項

圖 3-6 ▪ A 生個人未來規劃

資料來源：Nelson (2005: 178)

接觸的人物等，必要時亦可擴大搜尋範圍，將認識 A 生且曾接觸過的
人士均納入考量，再以圖示方式呈現方便其記憶供其選擇；圖 3-6b 則
呈現參與者觀察 A 生在各種情境所顯示的喜歡與不喜歡的選項，並與
A 生一一核對同時增強其自我決定的機會。此一方案經數年試驗已成為
全國典範，在阿拉巴馬州政府復健服務局（ADRS）合作下，其服務範
圍已擴及十四歲以上學生及盲聾成人，對重度障礙者的生涯轉銜頗具成
效。除 PATH 外，類似的個人中心計畫模式，如 Marsha Forest 與 Evelyn
Lusthaus 於 1989 發展的 Making Action Plans（MAPs）、Michael Smull 與
Susan Burke Harrison 於 1992 發展的 Essential Lifestyle Planning（ELP）、
Jack Pearpoint、John O'Brien 與 Marsha Forest 於 1993 發 展 的 Planning
Alternative Tomorrows with Hope（PATH）等，均已成為諸多學校轉銜方案
的範例（Claes, Van Hove, Vandevelde, van Loon, & Schalock, 2010; Martin,
Grandia, Ouellette-Kuntz, & Cobigo, 2016; O'Brien, 2014）。

六、探尋方案

　　眾多文獻均顯示機構間合作是影響轉銜服務成效的重要因素，因
此極力呼籲教育、勞政、社政體系建置更為周全有效的合作機制，然
而在就業轉銜過程中，僱用單位的參與卻是不可或缺的要件，近年廣
泛受到重視的「尋求方案」（Students Exploring Alternative Resource at
Children's Hospital, 簡稱 Project SEARCH）就是企業參與並啟動的最佳範
例（Daston, Riehle, & Rutkowski, 2012）。

　　1996 年，美國俄亥俄州辛辛那提兒童醫院急診部主任 Erin Riehle 發
現管理人員流動率太高，任職者僅將之視為墊腳石，無意全心投入工作，
以致無法有效管控各項醫療用品之供需與倉管。她注意到醫院開始鼓勵
僱用弱勢族群及身心障礙者的政策，正巧她在一家雜貨店看到一名發展
障礙者在裝貨物袋，而覺得可以訓練障礙者幫助她整理急診部的物件，因

此引發她接觸身心障礙組織與專業人員的動機，亦獲得醫院、學區／學校、社區復健單位等的支持與投入，共同規劃此項協助身心障礙學生轉銜及支持服務的方案。醫院第一年僱用三人（Gretchen：唐氏症、Kirk：腦傷、Eric：自閉症），第二年僱用三十五人，第三年即成立障礙服務部（Department of Disability Services）。

這個方案發展迄今，在全美及其他四個國家已有超過兩百三十個服務據點，從最初以市區醫院為起點，逐步推廣至偏鄉、大小不同的學區，其成效逐漸受到矚目，引起聯邦政府相關單位及企業界的重視，而有更多業者願意扮演主辦者的角色。該方案主要特色即在於企業主動發起推動而非僅被動參與，參與單位（企業、學校／教育局、復健／社區服務單位等，以及家長）之間亦能真誠合作，在各個階段（評估、規劃、執行、評鑑）共同協調解決問題。職場提供可容納十二至十六人的教室，另指派一名協調者，扮演聯繫協調角色（其工作時間約占其本職之 10%～20%）。方案的經費則由參與單位共同負擔，全部置於專案中，各參與夥伴所提供的經費，遠低於若僅由其單位獨自辦理轉銜服務所需之費用。

方案另一特色，即所有的活動全部在職場中實施，每日至少六小時。參與方案的高三心智障礙／發展障礙學生個別化教育計畫即納入 Project SEARCH 方案，一整學年都在企業或醫院單位實習。每天都安排一個小時就業技能／職場行為課程的學習，內容主要包括團隊建立、認識職場、職場安全、社交技巧、與上級及顧客溝通、表達技巧、面試技巧、金錢管理、衛生與健康等。

學生每天約有五小時的實務實習，從學習入門工作的核心能力開始，工作教練與部門員工合力提供學生支持，而 Project SEARCH 團隊則負責訓練和發展工作適應及標準工作程序。學生掌握了核心能力後，即再增加其他技能的學習以增進其就業條件，例如：學生對資料處理有興趣，就輪流在三個相關部門實習。以醫院實習為例，首先學習彙整醫院捐款者資料，爾後再至糖尿病室整理醫師聯絡處所資料，最後再至出納組學習將發

票輸入電腦。經過三輪實習，不但滿足學生的學習需求，亦教導學生符合業者僱用的技能。

實習的最後幾個月強調的是精熟技能、達到就業目標、進行個別化安置。這個階段復健諮商師為主要服務提供者，負責評估學生的工作經驗、優勢及技能，以確定其職涯發展進路，並連結社區適合的機構服務，確保學生的成功轉銜。社區復健機構則提供就業服務、協助與執行特定工作所需的必要調整，並持續追蹤。

Project SEARCH 的成效獲得許多實證研究的支持，2013 至 2014 年的資料顯示，完成整個實習方案後，有 67% 的學生獲得有薪工作（Mamun, Timmons, & Stapleton, 2016）。Wehman 等人（2014）以標準的實驗設計探究 Project SEARCH 的成效，因自閉症的特殊需求，故實驗組在 Project SEARCH 外，特別加強支持性就業服務。研究結果顯示，實驗組二十四名學生有 87.5% 獲得就業機會，而控制組（十六人）僅一人就業；而在工時、時薪等指標上，亦顯示實驗組顯著優於控制組，且一年後仍維此結果。Christensen、Hetherington、Daston 與 Riehle 於 2015 年追蹤紐約州北部執行的三個方案，發現有 48% 學生在完成方案之後就業，在就業的四年中不論時薪或每週工時都隨著時間增加，且工作維持的時間都高於紐約州接受其他就業服務方案的身障就業者。研究也比較被 Project SEARCH 實習單位留下僱用者，以及接受就業服務在社區就業者的工作維持率，發現前者兩年後仍在職的比率在 75% 以上，到第四年尚有超過 50% 的人仍在職，而社區就業者在工作兩年後仍在職的比率為 53%，但到第四年之後就全部離職，顯示 Project SEARCH 確實有助於身心障礙者的工作維持。

身心障礙者的轉銜不能忽略雇主，國內已開始注意在僱用身心障礙者之前及僱用之後，雇主可能需要的協助，而由雇主啟動的轉銜服務更值得重視。雇主能充分掌握職場的需求，其所提供的訊息更能貼近就業市場的實況，再結合課堂教學、職場實作體驗及工作技能訓練，以及相關專業人員的合作，不僅有助於轉銜方案的實施，更可使身心障礙者順利從學校學

生身分轉銜成具有生產力的社會人。

<h2>第三節　轉銜服務與轉銜計畫</h2>

★ 一、個別化轉銜計畫立法基礎

以個案為中心的轉銜計畫為落實轉銜服務效果的關鍵，美國特殊教育對身心障礙中學生轉銜服務的立法始見於 1990 年的 IDEA。之後，1997年 IDEA 將學生轉銜服務規劃的年齡提前至十四歲，2004 年修訂之 IDEA第 614 節則規定學生年滿十六歲時（或 IEP 小組決定更早年齡），學校必須依據適齡的轉銜評量結果，在其個別化教育計畫（IEP）中，規劃中學畢業後與訓練、教育、就業、獨立生活等可評量之轉銜目標，並提供達成目標的轉銜服務（包括學習課程）。在其施行細則第 300.43 條則特別強調轉銜服務是為身心障礙學生規劃的一系列統整的活動：

1. 是以成果為導向的歷程，用以增進學生學業與能力成就，順利從學校到畢業後的中學後教育、職業教育、融合的就業（包括支持性就業）、成人繼續教育、成人服務、獨立生活、或社區參與等。
2. 依據學生的需求，並考量其優勢、偏好與興趣；包括：教學、相關服務、社區經驗、發展就業及其他成人生活目標，以及獨立生活技能與功能性職業評估結果等（Official_Fed_Reg_IDEA_Regs_2004.pdf）。

依據 IDEA 的精神，身心障礙中學生轉銜服務應與學校教學計畫相結合，學校教師與行政人員應提出具體方法，將轉銜服務的要素融入 IEP 的設計，包括：課程內容與職業、社區生活適應目標如何銜接、教師與身心障礙機構人員如何建立合作關係，並設計增進學生社區參與及職場實習經驗的教學活動（McDonnel, Mathot-Buckner, & Ferguson, 1996）。1997 年

IDEA 的修訂案因考慮甚多身心障礙學生可能在十六歲之前即已輟學，故將年齡提前至十四歲開始，也特別強調應告知學生將提供其轉銜服務的訊息，以加強學生參與的動機。2004 年 IDEA 的修訂雖已刪除該項規定，但若 IEP 小組認為有必要，仍應在其個別化教育計畫中列入轉銜的服務措施，且該等措施均須依據轉銜評量的結果（Sitlington & Clark, 2006）。

我國《特殊教育法》（2009）亦明定轉銜輔導與服務，《特殊教育法施行細則》第 10 條的規定，必須為各級教育階段畢業班學生在個別化教育計畫中加上轉銜服務的規劃，其範圍依各教育階段之需要，包括「升學輔導、生活、就業、心理輔導、福利服務及其他相關專業服務等項目」，而依該法所訂之《各教育階段身心障礙學生轉銜輔導及服務辦法》（2010）第 3 條規定：「學校辦理學生轉銜輔導及服務工作，高級中等以下學校應將生涯轉銜計畫納入學生個別化教育計畫，專科以上學校應納入學生特殊教育方案，協助學生達成獨立生活、社會適應與參與、升學或就業等轉銜目標。」即已明確規範各級學校應將轉銜服務工作具體落實於學生個人的生涯轉銜計畫，並納入個別化教育計畫中，以提供整體性的特殊教育服務。

依該辦法第 4 條規定，學校負責人應於適當時間進入「特殊教育通報網」填寫轉銜服務資料，而所指之轉銜服務資料，包括：學生基本資料、目前能力分析、學生學習紀錄摘要、評量資料、學生與家庭輔導紀錄、專業服務紀錄、福利服務紀錄，以及未來進路所需協助與輔導建議等項。這些資料實為轉銜計畫及服務成效的一部分，該項辦法雖未明定服務詳細內容，但轉銜服務不應只是片段思考服務型態與次數的安排，更不僅是資料的轉移，或轉銜會議／輔導會議的召開，反而應以更鉅觀的「過程」，思考學生可能會面臨的發展需求。Rojewski（1994）即認為，轉銜服務內容首應思考學生離校後可能有的選擇性，再據以提供整體性的適性化服務。以學生未來可能的選擇考量，即含成果導向課程的理念：以學習成果為指標，根據學生的興趣與性向，設計足以協助學生準備成功參與中學後社區

生活的所有教學活動。

二、轉銜服務要素

轉銜服務在美國已推行二十餘年,其間 Kohler(1993, 1996)曾整理美國各州推動轉銜服務具有成效的方案,歸納五大核心成分:(1)以學生為中心的規劃:所有相關人員均能參與個別化教育與轉銜方案之設計;(2)學生能力發展:透過教學與實習等活動,提供學生學習生活技能、就業技能、生涯課程、工作經驗等機會;(3)機構間合作協調:建立學校與社區機構之合作模式,提供學生實習與就業機會;(4)方案架構與設計:包括全校學生轉銜服務方案的設計理念與資源配置、方案的成效評估等;(5)家庭參與:透過家庭的參與與訓練,加強家長與監護人對身心障礙學生轉銜的認識,進而提升其參與及執行轉銜服務的意願與能力。

Kochhar-Bryant 與 Greene(2009)亦曾綜合相關文獻,提出轉銜服務最佳方案十二項要素,包括:

1. 轉銜服務機制
   (1)跨機構合作。
   (2)跨專業合作。
2. 轉銜方案規劃
   (3)融合式的學校、教室和職場。
   (4)功能性、生存技巧課程和社區本位教學。
   (5)社會和人際技巧發展和訓練。
   (6)生涯和職業評量和教育。
   (7)競爭性有酬的工作經驗。
   (8)業界和廠商與學校連結。

3. 轉銜計畫

　（9）中學後教育的參與和支持。

　（10）個案為中心／學生為主的計畫。

　（11）學生自我決策和倡議。

　（12）家庭／父母參與。

　　惟後續之研究與討論，仍多以 Kohler 的概念為主（Cobb & Alwell, 2009）。Haber 等人（2016）彙整近年有關轉銜成效文獻後，亦確認此模式所列核心成分的重要性，特別是機構間合作協調在預測身心障礙者轉銜服務成效上具相當程度的指標作用。二十年後，Kohler、Gothberg、Fowler 與 Coyle（2016）重新檢視轉銜相關研究文獻，仍以此五大核心為主軸，在學生能力發展加入支持與教學情境，在方案架構中加入學校氣氛，在家庭參與中更強調文化相容性、賦權及家庭準備，使整個模式更臻完整（見圖 3-7）。

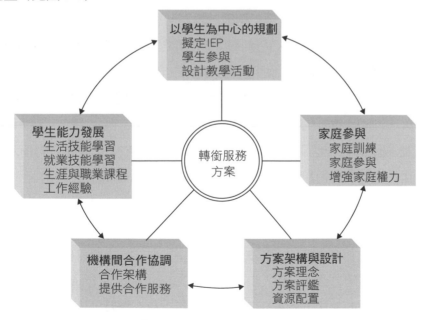

圖 3-7 ■ 轉銜方案核心成分

資料來源：Kohler et al. (2016: 3)

三、轉銜計畫原則

特殊教育中學階段轉銜服務的目的,在於透過學業、生活與工作技能之訓練,培養學生獨立生活、問題解決與自我倡導(self advocacy)的能力,以幫助學生確立其生涯目標。惟學生離校後的轉銜目標因人而異,基本上應根據個別學生的偏好與需求加以規劃,且應提供機會使學生能參與決定、自我評量其進展,以達成目標與解決問題。因此,在設計個別化轉銜計畫時,須注意以下原則:

1. 整合各項特殊的轉銜目標做統整性規劃:儘管許多身心障礙中學生的轉銜計畫以職業訓練、未來就業安置或繼續升學進入中學後教育階段(postsecondary education, PSE)為主要目標,惟其最終目的仍應是透過就業與個人經濟獨立,達到整體生活素質(quality of life)的提升,並使學生具備選擇最符合自身意願的生活方式之能力(Steere & Cavaiuolo, 2002)。個別化轉銜計畫應包括學生的社區生活適應與人際關係等目標,專業人員應採取具體策略,幫助學生建立自己的社會支持網絡,有效地使用社區服務資源,以成為社區中具備獨立自主能力的公民;換言之,轉銜計畫除考慮學生畢業後的就業/升學問題外,尚需注重學生整體生活品質各層面,包括社區、人際、休閒活動及其他領域的發展,始能協助身心障礙學生在生涯發展/轉銜過程中,獲得提升生活品質的機會(Kober, 2011; Schalock, 2004)。

2. 以個案為中心的個別化轉銜計畫:自我決定(self-determination)是近年來廣受身心障礙服務工作者重視的理念,強調身心障礙者/家屬有權依據其自我認知、需求及喜好,決定自己的生活目標與接受專業人員服務的方式。而個人中心計畫(person-centered planning)即實現自我決定的最佳策略,許多研究也顯示:身心障礙學生若有機會在教學方案設計的過程中表達自己的意見,並參與學習目標的選擇,有助

於提升其學習動機與學習成果（Hagner, May, Kurtz, & Cloutier, 2014; Hetherington, Durant-Jones, Johnson, Nolan, Smith, & Taylor-Brown, 2010）。因此，特殊教師應藉由讓學生參與課程設計，培養其目標設定、問題解決和自我認知的能力。為使學生在轉銜服務規劃的過程中有充分表達意願的機會，特殊教師應透過教學、社區經驗活動等方法，讓學生檢視自己的表現、能力和需求，並訓練學生合宜的溝通技巧，清楚表達自己的意願，與教師及專業人員共同合作訂定適當的轉銜計畫與轉銜目標。

3. 重視家庭的參與：家庭與社會支持網絡是身心障礙學生適應未來生活的重要關鍵，尤其在學習成人角色的轉銜階段，需要更多支持與協助。家長在轉銜服務的規劃上可協助學生選擇生涯目標，配合專業人員進行生活技巧訓練的角色，對於有嚴重溝通能力障礙的學生，家長更是與教師相互協調、維護學生受教權益的關鍵人物（Fitzgerald & Watkins, 2006）。而學校即應協助家長找出符合其身心障礙子女需求與興趣的轉銜方案，並教導家長如何運用社區各項資源，使其更懂得如何判斷與做決定，以便有效協助其子女畢業後的適應（Burke, 2013; Hanley-Maxwell, Pogoloff, & Whitney-Thomas, 1998; Kim & Morningstar, 2005）。

4. 特殊教育人員與普通教育人員協同規劃：以往轉銜方案之規劃主要係由特殊教育教師主導，然而目前身心障礙學生大多在普通班級，即使有部分時間在資源班，然仍與普通班教師有密切接觸，以目前普遍推行的介入反應模式（responsiveness to intervention, RTI）為例，其第一層主要仍係普通教育教師主導，透過教學與班級活動，敏感察覺所有學生的學習需求，而特殊教育教師可主動與普通教師討論班級學生問題（Hazelkorn, Bucholz, Goodman, Duffy, & Brady, 2011; Murawski, & Hughes, 2009; Rotter, 2014），藉此增進特教與普教間的交流，在此基礎上，續而即可針對確定有特殊需求的學生，共同合作提供各項必

要的特殊教育服務，包括轉銜服務計畫的規劃。

5. 強調機構間與專業間的小組合作：機構間的合作是另一個保證身心障礙者能參與並達成其所選擇目標的重要支持來源。國內身心障礙學生轉銜服務推展不易的原因之一，在於學校老師對於社區內就業服務資源和職場的狀況不甚了解，以致身心障礙學生在高職階段少有機會在一般職場實習，同時也影響到畢業後的就業安置，由此可見，學校與社區資源的密切聯繫對轉銜服務成效的重要性（林幸台，2002；陳靜江，1997; Noonan, Erickson, & Morningstar, 2012）。學校行政人員應考量校內專業人力的限制，針對學生未來工作與社區生活的各項需要，成立轉銜小組，積極與社區內的專業服務資源（包括成人教育、職業復健與養護機構）相互合作，使社區服務資源及早介入學生轉銜服務的規劃（Trach, 2012），提供學生與未來社區生活類似的環境，進行社區本位的教學，以及職業探索、技能訓練與實習等活動。轉銜小組的成員除學生、家長、有關教師外，尚可包括職業復健、業界、身心障礙福利部門與機構的代表，甚至其朋友或同儕（Noonan, Morningstar, & Erickson, 2008）。

6. 社區本位職業訓練課程與就業安置：為協助身心障礙者融入其生活情境，轉銜服務內容應注重與社區整合、自然的教學情境，並採用功能性及符合實際年齡的評量與活動教學（Beck, Broers, Hogue, Shipstead, & Knowlton, 1994; Falvey, 1989; Neubert, Moon, & Grigal, 2002; Wehman & Thoma, 2006），並結合支持性就業模式（supported employment），藉此協助中重度智障學生在與一般人整合的工作情境進行就業安置與訓練，並給予持續的支持（Hanley-Maxwell & Szymanski, 1992; Wehman & Thoma, 2006）。

7. 兼顧身心障礙學生的學業目標：轉銜服務不僅強調提升身心障礙學生的職業技能與社區適應能力，對於輕度障礙、學習障礙或資優障礙學生而言，具備相當的學業能力，以備日後接受高等教育，也是值得考

慮的轉銜目標（Getzel & Briel, 2013），而且對於畢業後立即進入就業市場的學生而言，具有基本的功能性學科能力，更為謀職的必備條件。因此，特殊教育人員應考慮如何配合普通教育課程，強化身心障礙學生的基礎學科能力；而針對中重度障礙學生，亦應考量將基礎學科教學融入職業教育、生活教育等功能性課程中，使轉銜教育的內容更加完整（Kochhar-Bryant & Greene, 2009）。

8. 考量學生長期的生涯發展目標：轉銜服務的提供並不限於中學階段，特殊教育教師應考量學生不同年齡層的生涯發展任務，在課程上做必要的調整，並應及早提供學生生涯探索的機會。由於目前就業市場高度的技術導向，趨勢變化極為迅速，對於身心障礙者原本就有限的工作技能和就業機會形成更大的挑戰。因此，轉銜方案的規劃應有其長遠性，幫助學生在畢業後仍有機會接受在職教育，習得第二專長，順應社會脈動調整就業與生涯目標，並懂得如何善用社區服務資源，使自己在社會上得以立足（Wehman, 2013）。

第四節　個別化轉銜計畫的規劃

　　身心障礙青少年個別化轉銜計畫的設計，是以學生現有能力狀況為基礎，考慮其未來生涯發展需求，訂定合宜的教學及服務目標，並定期評估學生進步情形。Sarkees-Wircenski 與 Wircenski（1994）依據收集各項與轉銜相關的能力相關的文獻及實驗研究報告，將轉銜方案的內容分為五類：受僱能力、與工作相關的社會技能、自我協助及獨立生活技能、類化能力，以及特定職業技能。Wehman（1996）則認為身心障礙學生若要成功地適應複雜的成人生活，需要具備以下三大領域的能力：（1）生涯與經濟自足：包括就業、接受職業訓練與其他中學後教育，以及能維持個人收入；（2）社區融合與參與：包括獨立生活技巧、行動自主與休閒活動的

規劃；（3）個人能力：包括個人安全、衛生保健、基本法律常識與懂得如何自我倡導。事實上，每一身心障礙學生的需求不同，轉銜計畫應就個別的狀況，規劃適切的目標與服務內容。

★一、轉銜計畫設計與執行步驟

（一）組織轉銜計畫小組成員

特殊教育老師可依照學生的個別情況，邀集相關人員參與個別化轉銜服務的規劃。一般係由身心障礙學生家長、特教老師、職訓老師、職業復健與其他服務機構代表等，組成核心團隊（core team），負責蒐集與分析學生能力資訊，召開 ITP 會議，撰寫書面轉銜計畫，並評估其執行成效（McDonnel et al., 1996; Wehman, 1996）。然而近年更強調學生參與，甚至在師長協助教導下，依下述之個人中心計畫模式，主導整個轉銜計畫的規劃，這樣的學習過程亦可逐步培養學生的獨立自主與自我決策能力。Rusch、Hughes、Agran、Martin 與 Johnson（2009）檢討美國轉銜方案成效時，即主張學校在身心障礙學生國中階段就應提供自我引導的機會，培養學生主動參與學習能力。學生習得自我抉擇的技能，將使其更有自信，對其後續生涯規劃更有助益。

（二）發展個人生涯輪廓

近年來，個人中心計畫（person-centered planning, PCP）模式逐漸受到美國身心障礙服務從業人員的注意。PCP 模式強調身心障礙者有權決定生活支持網絡中的重要他人（significant others。包括家人、親友，以及社區中與其關係密切的同伴），共同分享他們對該身心障礙者生涯規劃的看法，學生與這些重要他人所表達的意見，即成為服務方案設計時有價值的參考資料（Kaehne & Beyer, 2014）。在進行個人生涯輪廓規劃時

（personal profile or "Big picture" planning），轉銜核心團隊成員需扮演促進互動與意見交換的角色。在規劃的過程中，專業人員和學生及其重要他人可就以下主題相互討論：（1）學生整體的興趣、能力與目標；（2）對學生未來生涯的考慮；（3）學生所需要的支持；（4）學生可能面臨的障礙；（5）學生畢業後的居住問題；（6）學生將來的就業問題；（7）學生將來生活獨立的問題；（8）其他議題，包括醫療保健、休閒生活與教育訓練需求等（Kueneman & Freeze, 1997; Martin, Van Dycke, D'Ottavio, & Nickerson, 2007）。

由於 IDEA 僅適用於中小學，法令並未規定學生離校前必須再進行評量，學障學生無具體證明供其後續轉銜升學或接受復健服務之用，因此 2004 年 IDEIA 另要求學校提供「表現摘要」（Summary of Performance, SOP）資料（IDEIA, 2004, section 614(c)(5)(B)(ii)），以統整學生在校各方面的表現：包括（1）學業成就；（2）認知（理解、溝通、執行功能等）；（3）功能（社會行為、獨立生活、自我抉擇與倡議、工作經驗等）以及所使用之學習輔具與課程調整方式，同時列述可評量的中等教育後目標，以及如何協助學生達成目標的建議事項（Martin et al., 2007）。

雖然法令規定這個 SOP 是由學校提供並經學生核可，但 Mazzotti、Kelley 與 Coco（2015）的研究，透過 PCP 會議讓學生自我引導統整個人的 SOP，這樣的學習過程，使得學生更積極參與轉銜計畫的規劃，表達自我的想望，轉銜計畫更貼近個人的需求，亦符合個人中心計畫的理念。且此項資訊具體明確且易理解，可提供學生、家長、後續轉銜單位（如大專、復健機構等）參考，實為規劃轉銜計畫之重要依據。

（三）決定轉銜需求之優先順序、設定轉銜目標

經過生涯輪廓的規劃，轉銜計畫小組成員即進一步分析學生在學紀錄、職能評估結果等資料，找出學生現階段在學業學習、職業技巧與社區適應的能力表現與限制，並依據轉銜評量結果，確認學生的轉銜需求，

再列出轉銜服務的優先順序，設定轉銜目標（Steere, Wood, Panscofar, & Butterworth, 1990）。在設定轉銜目標時，須考慮以下原則（McDonnel et al., 1996）：

1. 目標需符合學生生理年齡應表現的行為。
2. 設定的目標有助於提升學生整體的生活品質。
3. 優先考量學生與家長的意見。
4. 儘可能讓學生在與同儕的互動中習得應有的技能。
5. 目標需實際可行，與學生能力和家庭資源的差距不宜過大。
6. 所設計的活動有助於學生將習得的技能運用到生活各個層面。

（四）個別化轉銜計畫的內容

列出轉銜目標的優先順序後，轉銜核心團隊即可邀集相關人員召開 ITP 會議，並進行書面個別化轉銜計畫之規劃。個別化轉銜計畫的內容應包括學生的整體狀況、基本資料、各項能力表現，以及轉銜服務內容與預計達成的目標。

我國《特殊教育法施行細則》第 10 條規定，必須為各級教育階段畢業班學生在其個別化教育計畫中加上轉銜服務的規劃，但其服務內容並無具體規範。對在學學生而言，轉銜服務亦屬特殊教育範圍，因此轉銜計畫亦應納入個別化教育計畫中規劃之。而轉銜計畫的內容即與學科教學及其他校內課程安排有密切關聯。轉銜服務可依學生個別需求，考量時間、人員、資源等因素，連結教學時程，規劃下列可執行的活動：（1）生涯評量與計畫，如興趣評量、性向評量、生涯諮商、書面生涯計畫等；（2）探索，如職場參訪、見習方案、大專校園參訪、業界人士講座等；（3）教學，如生涯探索課程、技藝教育方案、晤談演練、履歷撰寫等；（4）資源連結，如就業博覽會、就業服務資源中心等；（5）實務經驗，如校內外工讀、產學合作方案，職場實習等（Carter, Trainor, Cakiroglu,

Swedeen, & Owens, 2010）。

　　計畫書中，除以學生現有能力為基礎，依據學生／家長表達的意願所擬定之轉銜目標外，尚應規劃達成目標的步驟與方式，針對每項服務措施，具體敘明提供方式、執行者與執行期限，以及如何評估學生的進步情形。轉銜計畫小組成員需定期（至少每學期一次）檢討其執行成效，並適應調整轉銜目標與提供服務的方式。事實上，每年定期檢視個別化教育計畫，即有從長遠角度思考學生未來發展的功能，特別是即將離開該階段教育的學生，如何在剩餘的學年／學期中，規劃適切的學習方案，以準備好離校、轉往下一階段。因此，對這些學生而言，該學年／學期的個別化教育計畫一大部分實即為個別化轉銜計畫，年度檢討就是最佳的成效評估時機。表 3-2 為一學習障礙學生的部分轉銜計畫示例。

表 3-2 ▪ 陳生轉銜計畫示例（部分）

學生需求	特殊教育及相關服務	目標與評量標準
教學 陳生尚未了解法定權益無法表達所需的調整。	1. 特教教師進行小團體教學協助陳生了解相關法令。 2. 角色扮演學習如何向老師（或雇主）表達所需的調整。 自 9 月 15 日起每週 30 分鐘、兩節至目標達成為止。	1. 目標：適切地向老師或雇主解釋其所需的調整（及理由）。 * 12 月 15 日前，能在 25 題有關權益的選擇題中正確回答 75%。 * 3 月 1 日前，就 5 題假設性違反權益的情境，正確解釋可採取的行動，再選擇其中一種行動方案並說明理由。
社區 陳生已參加駕照學習一年，雖頗有自信，但仍不確定能否看懂地圖，並通過駕照考試。	1. 兩週內駕駛教練告訴陳生有關政府提供障礙者考駕照的調整措施。 2. 10 月 1 日前，教練與陳生共同討論學習計畫並將之納入 IEP 中。 3. 在練習上述自我倡議時，教	2. 目標：陳生在 6 月 15 日前能確認指定的路線，並通過駕照考試。 * 12 月 1 日前，陳生能正確依地圖所示，從 A 地至 B 地，達八成以上；同時亦請加油站員協助畫出路線圖。

學生需求	特殊教育及相關服務	目標與評量標準
	導陳生標記路線、繪製地圖。 監理單位提供考照調整措施。	* 12 月 15 日前，通過模擬路試七成以上。

　　整個轉銜服務方案的規劃進程可設計如圖 3-8：首先針對相關人員的轉銜理念進行溝通，必要時可採取研習、訓練的方式，凝聚共識；進而蒐集或檢視學生資料，進行必要的評量，再據以規劃適合學生的個別化轉銜計畫，包括預期之轉銜目標、在提供轉銜服務期間的長短期目標、同時建立校內外聯繫管道，以利轉銜計畫之執行推動，並追蹤其成效，在服務過程中做必要的修正，於學期（年）結束前加以檢討。

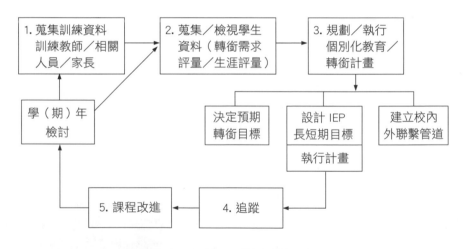

圖 3-8 ▪ 轉銜服務規劃步驟

★二、轉銜計畫檢核評估

　　評估轉銜方案成效的指標，以往多以身心障礙者的安置與適應情形為主，然而隨著時代的進步與法令的修改，轉銜的意義擴及個人多層面的生

活考量，包括：就業、居家情形、休閒娛樂、社區參與、人際交往、社會支持網絡等（Chadsey-Rusch & Heal, 1995; DeStefano & Wermuth, 1992; Halpern, 1994）。換言之，轉銜的目的在全人的發展，身心障礙者在讀、寫、算之外，亦應是一個具生活品質、有生產性的終生學習者，以面對變遷社會日益劇烈的競爭（Flexer, Baer, Luft, & Simmons, 2013; Rusch & Millar, 1998），因此成效指標亦應考量生活品質的提升，從全人的角度檢視可以完整反映學生習得的成果。

　　Shearin、Roessler 與 Schriner（1999）提供檢視個別化轉銜計畫之項目如下：

1. 成果導向：計畫中描述成人成果的情況如何？下列項目若未列入計畫亦無任何說明，則應補充說明之：

　（1）是否列出特定的成果？例如：

　　　● 中學後教育：是否列出特定情境？四年制大學／二年制社區學院／學徒／職業訓練單位／成人繼續教育。

　　　● 中學後就業：是否列出特定情境？不需支持之專職工作／不需支持之兼職工作／督導下之專職工作／督導下之兼職工作／成人活動中心／庇護工場／其他（請說明之）。

　　　● 居住選擇：是否列出特定情境？獨居不需支持／獨居需支持／與家人同住／與朋友同住／社區家園／療養院／其他（請說明之）。

　　　● 社區參與：是否列出特定情境？學校活動／公園氣功班／教堂廟會／非正式同儕活動／其他（請說明之）。

　（2）以上所列每一項成果是否與學生學習內涵一致（間接服務、資源班、自足式班級等）？

2. 生活技能教學目標是否明確具體？所列目標依據何種架構？是否完整？

3. 轉銜過程誰能協助？

（1）是否於此時或爾後轉介至成人機構？下列機構列入計畫中否？就業服務中心（站）／心理衛生中心／（社區內）教養機構／身心障礙福利團體／庇護工場。

（2）計畫參與者是否包括學生／家長（或監護人）／其他家庭成員／特教教師／普通班教師／職業教育教師／學校輔導教師／特教組長／轉銜服務人員／其他參與者同意計畫內容？每人皆有機會表達意見？計畫內容適合學生需求？

（3）學生是否參與？計畫內容包括學生之需求、偏好、興趣？學生偏好已納入考量？

此外，美國教育部為檢核各州施行特殊教育狀況，訂有十四項指標，其中第十三項指標即為中學後轉銜（secondary transition），美國國家中等學校轉銜技術協助中心（National Secondary Transition Technical Assistance Center [NSTTAC], 2012）亦依 IDEA 所訂指標編製一份檢核表，就下述八個項目提供轉銜計畫會議時參考：

1. 是否針對訓練、教育、就業（若有需要可加上獨立生活）領域，列有可評量的中學教育後的目標？

2. 各項目標是否逐年檢視更新？

3. 是否依據適當的轉銜評量結果訂出可評量的目標？

4. 針對每一項目標所提供的轉銜服務（教學／活動／相關服務）能否讓學生達成目標？

5. 轉銜服務是否包括學習課程設計，協助學生達成目標？

6. 年度目標（或短期目標）是否與學生所需之轉銜服務相關？

7. 學生是否受邀參與 IEP 會議（討論轉銜服務）？

8. 在家長（或已達成年標準的學生）同意下，邀請相關機構／機關代表參與 IEP 會議？

$$4$$

CHAPTER

生涯與轉銜評量

　　身心障礙者的生涯發展固然有著相當大的困境，然而多年來所累積的研究文獻，均顯示只要能提供身心障礙者適當的支持（如功能性的職業訓練課程與支持性就業服務），即使是重度障礙者，亦能在社區競爭性工作場所有良好的表現。由此可見，身心障礙者仍有極大的生涯發展可能性，關鍵在於如何提供適切的訓練與服務，而評量就成為規劃各項教育、訓練及相關服務必要的先決條件。

第一節　職業輔導評量模式

一、職業評量與生態評量

（一）職業評量

　　根據《身心障礙者權益保障法》第 33 條：「各級勞工主管機關應參考身心障礙者之就業意願，由職業重建個案管理員評估其能力與需求，訂定適切之個別化職業重建服務計畫……前項所定職業重建服務，包括職

業重建個案管理服務、職業輔導評量、職業訓練、就業服務、職務再設計、創業輔導及其他職業重建服務」，而第 34 條第二項亦規定：「各級勞工主管機關對於具有就業意願，而就業能力不足，無法進入競爭性就業市場，需長期就業支持之身心障礙者，應依其職業輔導評量結果，提供庇護性就業服務。」由此可知，職業輔導評量在整個身心障礙者職業重建服務系統的重要性。美國的職業重建體系亦是如此，各州職業復健部門（Division of Vocational Rehabilitation, DVR）即要求復健人員透過職業評量結果，作為研擬個別化復健計畫（Individualized Written Rehabilitation Plan, IWRP；後改稱個別化就業計畫 Individualized Employment Plan, IPE）的依據，以達成復健的目標。

　　傳統的職業評量源自特質因素論的觀點，以心理、社會、行為及學業能力為導向（Elrod & Sorgedfrie, 1988），在整個復健與訓練過程中，除涉及個案生理狀況的醫學檢查外，職業評量工作扮演舉足輕重的地位。評量內容則包括：智力、性向、興趣、知覺與心理動作、社會行為、人格特質、讀寫算能力等。一般而言，身心障礙者職業重建的流程包括接案、評量、安置、追蹤四個階段（見圖 4-1），其程序是：（1）接案晤談與初步評估，了解個案的背景，確定其是否符合服務方案的條件；（2）根據個案背景與需求情況，設計個別化職業評量計畫（Individualized Vocational Evaluation Plans, IVEP），確定評量的項目、評量工具、施測人員、時間、地點與施測方式等，進入正式評量的階段；（3）利用各種職業評量

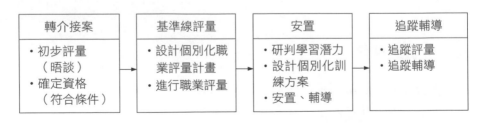

圖 4-1 ▪ 傳統復健評量模式

工具，如標準化心理測驗、工作樣本、訪談、觀察、現場試作等方式，對個案的職業潛能進行評估檢視；（4）根據評量結果研判其學習潛力與訓練重點，撰寫正式評量報告，作為設計個別化訓練方案或後續安置輔導與提供職務再設計／輔具的參考；（5）追蹤評量與輔導（Rubin & Roesslor, 2001）。

（二）生態評量與職業評量

傳統的職業評量長久以來主導就業輔導工作，然而因其較侷限於個人特質的評量，其立論或可適用於一般常人，對於身心障礙者卻不完全能採用，原因不僅在於一般常用的測驗工具無法確實評量障礙者的特質，更因其忽略個人特質與環境間互動的關聯性，以致將短時間內完成的靜態評量結果，視為難以改變的事實，使身心障礙者永遠無法獲得學習、訓練、成功的機會，限制了身心障礙者可能的發展。此外，就特殊教育學生的生涯發展而言，由於職業評量多半由職業復健人員負責，其他轉銜服務團隊的成員，例如：特殊教育教師、職業教育教師、學校諮商人員、學校心理學家等，並沒有積極參與評量歷程的機會，而職業復健人員對身心障礙學生的教育需求是否有足夠的敏感度，評量結果如何轉化成特殊教育課程調整的具體建議，均值得斟酌（Rojewski, 2002）。

美國智能障礙學會於 2010 年以功能性的生態模式，將智能障礙界定為：「智力障礙（intellectual disability）是指智力功能和適應行為兩方面明顯受限而表現出來的一種障礙，適應行為包括概念（conceptual）、社會（social）和應用（practical）三方面；智力障礙出現在十八歲以前。」換言之，智能障礙者在生涯發展上所遭遇的限制，與其所處環境息息相關。事實上所有身心障礙者的生活／工作，都與其周遭環境有互動關係，因此在評量身心障礙者、規劃適切的轉銜教育與生涯輔導計畫時，均需充分考量其生活與學習環境（家庭生活狀況、學校／機構、社區／職場等）中，助益或限制其功能發揮（發展）的因素，並結合家庭、學校／機構、

社區／職場的支持輔助系統，促進個人與環境間良好的互動關係，增進其踏入成人社會生活時的生產力與融合機會。此種生態評量的觀點，更接近人與環境互動的社會建構理念，亦與 ICF 重視環境與參與的架構相通（鈕文英，2010; Escorpizo, Ekholm, Gmünder, Cieza, Kostanjsek, & Stucki, 2010），不再視個人為孤立的個體，亦不可能依若干評量結果即判定其所擁有的特質或障礙情況。

由於評量觀念的演變，因此由美國十一個專業評量組織所組成的跨領域職業評量委員會（Interdisciplinary Council on Vocational Evaluation and Assessment, ICVEA）於 1993 年發表聯合聲明，認為：「職業評量是一個專業的領域，運用系統的評量過程，辨識個人的職業潛能……職業評量專業人員提供的服務包括評量、觀察、載錄個人的興趣、價值觀、氣質、工作相關行為、性向與技能、體能、學習型態、訓練需求等資料。」其基本理念即在強調「所有的評量應是整體且合乎人性。含括差異性、個人所有相關的特質、現有或潛在的環境（生態），以及個人與環境間的互動等課題」（Smith, Lombard, Neubert, Leconte, Rothenbacher, & Sitlington, 1996: 74）。此種觀點正反應特質論轉型為人境適配論的趨勢，亦與上述強調生態評量的說法相符，使得職業評量的意義更接近當事人實際的工作（生活）情境，同時亦將評量與個人的發展相結合。

至於評量範圍方面，更從個人生理、教育與職業、心理與社會、經濟及職業選擇等方面，以晤談、醫學檢查、心理／社會，及工作評量等方法，多方探討與身心障礙者就業與復健相關的問題，包括生理、教育與職業、心理與社會及經濟等方面的因素，亦特別考慮可能獲得的（家庭）支持系統。由表 4-1 所列復健諮商人員為蒐集相關資料提出的問題，可知目前職業評量所涉及的層面相當廣泛，其中特別將家庭因素納入考量，如「當事人的家庭能否協助當事人？有否需要介入以獲取正向效果？」「有否需要增進當事人的家庭適應能力？如何達成？」「當事人的依賴性是否會從家庭獲得二級增強以致抵消輔導（復健）的效果？」等，均係從生態

的角度，在個人因素之外，更強調身心障礙者的復健需要周遭重要人物的參與與支持，始能克盡全功，這種觀點已較傳統職業評量的模式更符合個案整體復健的需求。

表 4-1 ■ 身心障礙者職業評量問題

生理因素
1. 當事人的障礙情況穩定或持續惡化？
2. 如當事人日常生活受到限制，其活動能力能否增進？需要什麼程度的協助？
3. 如當事人因肢體障礙致使其行動受到限制，其行動能力能否增進？
4. 有否任何輔具可協助其克服生理上的障礙？
5. 當事人的職業技能受到障礙影響的情況如何？該等影響能否減少？

教育與職業因素
1. 當事人的教育資歷紀錄能否確實反應其智能（譬如其休／退學是因何故）？
2. 當事人曾否學習相關的職業技能改善其障礙所造成的影響？
3. 當事人的教育與工作資歷是否顯示未來可能的訓練（就業）方向？有否不一致狀況？
4. 當事人對自己的技術與能力有否明確概念？
5. 有否任何與工作相關的潛能跡象？可否加以發展？
6. 有否正向的工作資歷（譬如正常就業經驗）？
7. 當事人目前擁有何種工作技能？
8. 當事人工作資歷中有何資訊與未來的工作選擇有關？

心理與社會因素
1. 當事人對其障礙有否不利於其職業適應的心理反應？該等反應能否改進？
2. 當事人的障礙曾否被當作無法實現其自我（或他人的）期望的藉口？若有，如何增進其接受輔導（復健）的動機？
3. 當事人曾否因失業而滿足於依賴？若有，如何增進其接受輔導（復健）的動機？
4. 當事人是否過度關切其健康情況？
5. 當事人的生理症狀是否有心理社會基礎？
6. 當事人感受其功能受到的限制是否較實際情況為少（即使資料反映出相反的跡象）？
7. 當事人對高生產／高壓力的工作反應如何？
8. 當事人在需要與他人充分合作的工作情境中表現如何？

9. 當事人在職場接受督導時，反應適當否？
10. 當事人願否為受僱而犧牲較多自由的時間？
11. 當事人的家庭能否協助當事人？有否需要介入以獲取正向效果？
12. 有否需要增進當事人的家庭適應能力？如何達成？
13. 當事人的依賴性是否會從家庭獲得二級增強以致抵消輔導（復健）的效果？
14. 當事人的家庭有否過度保護的情況？
15. 家庭重要人士是否鼓勵當事人有不切實際的期望？
16. 當事人安排休閒的方式對其工作持續性是否會產生反效果？
17. 在擬定復建計畫時是否需考慮文化因素？

經濟因素

1. 當事人是否需要生活費用的補助？
2. 當事人若接受生活補助，是否將因此降低其工作意願？
3. 當事人是否有債務？會否妨礙其接受輔導（復健）？
4. 當事人能否自理財務？

職業選擇考量

1. 當前的目標
   （1）當事人是否有適切的工作目標？（其性向、技能、興趣與其目標一致否？）
   （2）當事人是否了解其所考慮的職業未來的展望如何？
   （3）就業市場是否有當事人可就業的工作機會？
   （4）當事人是否了解其就業的目的？如當事人無「切合實際」的職業目標，如何協助其選擇適切的職業？
   （5）當事人是否有足夠的工作經驗作為選擇適切職業的基礎？
   （6）當事人對其感興趣的職業是否了解就業的條件與所需完成的任務？
   （7）當事人是否需要特定的職業資料以選擇適切的職業？
   （8）當事人較傾向人際性的或事務性的職業？
   （9）對當事人而言，工作情境（職場環境氣氛）較重要或工作任務（工作項目）較重要？
2. 未來的發展
   （1）職務再設計能否增進當事人的就業機會？
   （2）當事人是否需要接受工作適應訓練？
   （3）當事人是否需要接受職業訓練？
   （4）當事人的休閒活動方式可否與其職業選擇結合？

（續上表）

> 3.獲得工作
> （1）當事人是否因其某一方面障礙而摒除掉某些可能的工作情境？
> （2）當事人如曾就業，當事人的身心狀況能否支持其再回到該職場？
> （3）當事人能否自我推銷？
> （4）當事人能否填寫求職申請表各欄內容？
> （5）復健人員在當事人求職過程中應扮演何種程度的角色？

資料來源：Rubin & Roessler (2001: 270-272)

　　Grasso、Jitendra、Browder 與 Harp（2004）分析職業復健諮商人員對傳統評量或生態評量報告內容（見表 4-2），發現在預測個案所需訓練時間與就業後的成功率上，生態評量報告內容的預測效果顯著優於傳統評量報告；換言之，傳統職業評量可能低估身心障礙者的能力，以致所提供的建議較為侷限保留。

表 4-2 ■ 生態評量與標準化評量報告內容

	生態評量	標準化評量
同	個人特質、姓名、年齡、診斷、教育、工作史	個人特質、姓名、年齡、診斷、教育、工作史
異	興趣（如使用電腦、餐飲服務、行政、零售）	興趣（如協助他人、整理文書、銷售）
	個人中心規劃過程	生涯評量與規劃方案
	智能（能力描述）	智能（魏氏成人智力量表分數）
	工作樣本（如 Viennese Café- 速食／烹調／食物準備、Ammco Transmissions- 生產線、Giant Supermarket- 雜貨包裝／貼標／儲存、Guardian Life Insurance Co.- 文書整理、Garden Gate Floral Shop- 園藝）	工作樣本（MECA- 建物維修、SPIB- 社會及職前組合、MCT- 文書測驗、GATB、Valpar、Bennett 機械綜合測驗）
	結論（根據行為評量，列述優勢與限制）	結論（根據標準化測驗得分，列述優勢與限制）

資料來源：Grasso et al. (2004: 23)

總之，生態評量除以多樣方式評量個人特質外，更將個案目前與未來可能的生活及工作環境納入評量範圍，深入探討環境資源、工作任務，乃至訓練方案等相關狀況，進而與個人所擁有的特質與潛能相比對，作為規劃安置訓練或進一步評量的依據（陳靜江，1995）。其基本設計見圖4-2。然而，身心障礙者職業評量的主要目的，並不在決定或篩選身心障礙者是否適合某項工作，更重要的是從其優勢能力出發，以零拒絕的篩選為最高目標，適切分析與確認需要哪些工作情境上的支持與輔助，以習得某一特定工作的技能及有關的社會行為，乃至工作情境外的支持（如交通／行動能力、財務管理、休閒時間之安排等），以增進其適應工作的能力與機會。

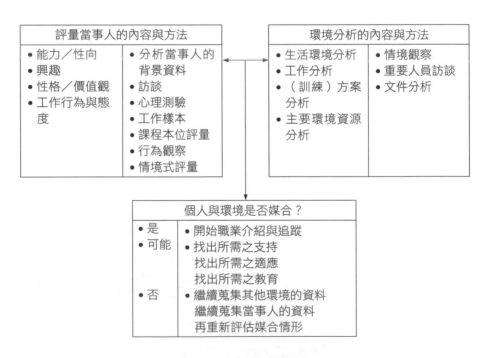

圖 4-2 ▪ **生態評量模式**

資料來源：Sitlington, Neubert, Begun, Lombard, & LeConte (1996: 99)

（三）職業評量向度與內容

職業評量的重點在於有效評估身心障礙者的「可就業性」（employability），進而分析在何種條件下，身心障礙者可以在競爭性的環境中與一般人一樣從事有酬工作並充分激發其所擁有的功能或潛能。因此整個職業評量可分為個人評量與潛在工作環境評量兩部分，爾後再進行個人─工作適配性評估，其評量內容分述如下：

1. 個人特質與可就業性（employability）評量：主要重點在了解身心障礙者的就業準備度（work readiness），評量內容包括（賴淑華，2007）：

   （1）身心障礙者狀況與功能表現：①分析姿勢控制、動作力氣、移動能力，以及其協調度等肢體動作功能對就業可能產生的影響，如坐、站、蹲、跪、彎腰、平衡、移位等能力。②分析視覺、聽覺、味覺、嗅覺、觸覺等感官功能對就業可能產生的影響。③分析短期記憶、長期記憶、抽象推理、組織歸納、決策能力、數字計算、圖文辨識、空間概念、創造性等認知功能對就業可能產生的影響。④分析情緒穩定度、情緒表達等功能對就業可能產生的影響。⑤分析執行自我照顧、休閒娛樂、家事操作、運用社區資源與社區融合等活動的能力等。⑥分析執行工作的體能、耐力與持久力。⑦分析就醫與用藥情形，如看診的頻繁度、藥物的副作用是否會對就業產生影響。

   （2）學習特性與喜好：①分析教育發展狀況，如推理、數學、語文等基本能力。②分析就學時的學習表現、較喜歡的科目、較專長的科目等。③分析學習類型與較適合的學習方式。④評量功能性記憶力，分析記憶工作順序的能力及問題程度，以及可補救的辦法。

（3）職業興趣：評量身心障礙者對農業、藝術、運動、商業、庶務、溝通、電子、工程、家政、文學、管理、機械、醫療、音樂、數字、組織、戶外、表演、政治、宗教、科學、操作、社會互動或技術等職業類別的興趣偏好。

（4）職業性向：評量身心障礙的能力或是潛能，如語文、數目、空間、圖形知覺、機械推理、文書知覺、動作協調能力、手指靈巧、手部靈巧、手眼腳協調以及顏色區辨等性向。

（5）工作技能：①分析與工作相關的基本能力，包括處理資料、處理人、處理事物的能力。②分析選擇適當工作的能力，包括瞭解自我的能力、瞭解工作世界的能力、工作選擇技巧、做計畫的技巧。③分析身心障礙者求職的能力，求職技巧、撰寫履歷自傳、工作申請表、進行工作面談等能力。

（6）工作人格：①分析人格類型，如實際型、探究型、藝術型、社會型、企業型、事務型等。②評量基本工作習慣與行為、個人與環境問題的因應能力、人際關係技巧等工作態度相關行為。③評量工作價值觀，如注重工作的穩定性、安全性、利他性、成就性或是自主性等。④評量對工作壓力、工作挫折的容忍程度。

（7）其他相關評量：包括①家庭功能評量，評估家庭對個案的接受職訓、就業、交友、婚姻，以及生涯規劃的看法和支持程度、家庭危機與應付方法。②社會與環境狀況評量，評估個案社區資源如休閒、社交法令、經濟等方面之應用與整合能力，以及獲得支持的程度。

2. 工作環境評量：主要重點在評量社區就業市場狀況與機會，分析和工作適應有關的重要條件與需求，以評估身心障礙者的可安置性（placeability）。

（1）潛在就業環境分析：①分析就業市場動向，瞭解整個社會環

境經濟文化因素對職業發展趨勢所形成的影響。②分析潛在的就業環境分析，包括大眾運輸交通系統與社區資源的方便性、工作地點的無障礙狀況、工作環境的特殊情形、工作人員對身心障礙者的接納狀況、工作所提供的報酬與福利。③分析工作所需具備的生理技能，包括抬、攀爬、彎腰、蹲伏、爬行、伸手、跑步、走路、站、坐、轉身、拉、推、維持身體平衡、視力使用等。④分析工作所需具備的操作技能，包括操作手部工具、度量工具、機器、電腦、交通工具等。⑤分析工作所需具備的認知能力，包括短期記憶、長期記憶、抽象推理、組織歸納、決策能力、數字計算、圖文辨識、空間概念、創造性等。⑥分析工作所需具備的溝通技巧，如讀、寫、說、使用電話、聽從指令等。⑦分析工作所需具備的工作行為，如可靠、準時、外表整潔、督導別人、接受督導、壓力處理、反應敏捷、注意安全（自己與他人）等。

（2）就業輔具或職務再設計：分析身心障礙者是否可以透過工作輔具的運用、工作機具的改善、工作條件的加強或工作環境的修繕，以增加工作的安全與效率。

3. 個人－工作適配性：本階段主要包括（1）確認個案與工作的配對；（2）依據個案需求進行該工作之職務分析（task analysis）；（3）確定該工作的要求；（4）分析該工作／職務要求與個案能力與興趣間的差異；（5）發展解決該差異的策略。

4. 技能可轉移性分析：藉有系統的檢視個案的工作史、個人功能的能力與限制，再從工作分析中列出工作或活動所需的技能、性向、生理要求、教育或訓練背景，將二者比對以了解個案既存技能是否能與此等條件匹配，是否可以轉移到其他的工作中，或可以職務再設計／輔具協助，以發揮其最佳的能力。

二、課程本位職業評量

　　傳統的職業評量通常係在職業復健方案中實施，但以身心障礙學生而言，為規劃適切的職業教育與轉銜教育課程，不宜等待進入職業復健體系後始進行評量工作，因此為使學生在校期間亦能透過適切的評量，作為教師設計相關課程的依據，乃有課程本位職業評量（curriculum-based vocational assessment, CBVA）的概念產生。

　　課程本位職業評量是「一項持續性的歷程，用以回應特殊教育學生從進入到完成職訓課程各階段教育和支持服務的需求」（Albright & Cobb, 1988a: 141），因此通常會在學生現有的職業教育課程中或校內外工作／實習場所進行評量，但同時亦可蒐集其他學科學習歷程所得資料，以全面了解學生生涯發展、職業與轉銜相關的現況與需求。此外，文獻顯示身心障礙學生進入職場後，有甚多適應上的困難，主要與工作態度、情緒困擾、人際問題等有關，因此課程本位職業評量不但評量學生一般及特定的職業技能，更重視學生的工作相關行為，包括工作態度、職業自我概念與人際互動情形。教師根據學生各方面的表現，作為彈性調整課程內容與教學策略的依據，並將此調整反應在學生畢業後生涯進路的規劃上。

　　在學校教育期間進行職業評量，可使教師及相關人員有更長時間做更詳細且深入的評估，此為職業復健評量模式所不及之處。Albright 與 Cobb（1988b）認為課程本位職業評量的實施可分三個階段：（1）安置規劃期間，在學生進入職業教育課程之前或進入後數週內，蒐集學生資料作為選擇、安置與規劃適切教育方案之基礎；（2）學習參與期間，在學習過程中，監控學生的學習情況，檢核其適切性，並評估學習成效；（3）學習結束期間，在接近完成階段進行評量，檢核學生特殊需求以為成功轉銜之依據。

　　課程本位職業評量採用非正式且直接的評量方法，例如：觀察、教師自編學習成就測驗、學生課堂作業與行為評量表，以反映學生在整體學

習歷程中的功能狀況與進步情形。此一模式強調以團隊方式進行評量，特別是特殊教育與職業教育教師、社區職場輔導人員的合作，對身心障礙學生的表現做整體性的評量。與此模式相近的 DVI 模式（Designated Vocational Instruction model），則是近年來美國職業學校進行身心障礙學生職業技能教學常用的課程型態之一，其特點在於評量身心障礙學生進入高職前、就讀中與高職畢業屆臨就業時特殊工作技能的水準，職業教育教師可藉由課程本位評量的資料，追蹤學生的學習進展。職業教育教師根據學校現有職業類科內容進行分析，據以檢測學生在就讀職業課程之前具有哪些先備技巧（prerequisite skills），以作為課程安排的參考。藉此檢測結果，職業教育教師可就學生功能表現和課程要求等因素做差距分析（discrepancy analysis），找出需要加強訓練的項目，並列為學生 IEP 中的教學目標。學生在就讀職業課程期間，每學期末需要再接受檢測，並與前次的施測結果做比較，藉以呈現學生接受階段性職業教育後的進步情形。

以重度障礙學生學習物件的分類為例，開始以最簡單的兩種螺絲（長短差 3 公分）讓其分辨，教師記錄其實際作業情形（錯誤率、錯誤型態等），再針對其不足處進行教導；待其已能掌握基本的分類原則後，再改以差距 2 公分、1 公分之物件，或變換螺絲平頭／圓頭的式樣讓其分類。依此反覆進行評量、教學、再評量、再教學的過程，最後達到精熟的水準。教師配合學生能力的評估與轉銜的需求，設計其學習目標，分段進行課程本位的評量與教學，如此在學生高職畢業時，教師便可彙集以往的施測和職業訓練記錄，作為證明學生現階段職業能力的文件，提供雇主聘用時參考，或交由職業復健人員提供學生後續的就業服務。

課程本位職業評量在美國許多州普遍採行（Bisconer, Stodden, & Porter, 1993），亦特別為國防部海外學校系統採行（Porter & Stodden, 1986），現有甚多相關文獻可供參考，如 Pfenninger 與 Stodden（1999）為佛羅里達州設計類似之評量模式，Quinones（1999）以 Brolin 之生活

中心生涯教育模式為架構,為德州規劃之課程本位功能性職業評量等,均廣泛推行中。然而實施課程本位職業評量的關鍵在於教師,因此在推行前,有必要針對特教教師及相關人員進行專業訓練。Albright 與 Cobb(1988b)特別規劃設計教師專業訓練方案,針對建立課程本位職業評量的過程、了解課程本位評量的目的與特性、規劃學生職業教育的安置措施、監控學生學習與進步情形,以及評量與教學評鑑方法等。目前已有甚多類似的訓練方案可供參考(Chase, 1987; Lehmann, 1997; Safarik, 1989)。

　　課程本位評量較受關注之處在於其信度與效度,此一問題與其採用非正式評量的方法有關(Fuchs, Fuchs, Hamlett, & Allinder, 1989):非正式評量的精神著重個別性,因此所累積的個別資料甚多,但樣本數卻不一定足夠進行推論統計之處理,因此有關課程本位職業評量的實徵研究較少。Stodden(Stodden & Ianacone, 1981; Stodden, Ianacone, Boone, & Bisconer, 1987)長年推展課程本位職業評量,在 Bisconer 等人(1993)研究中,得以三年時間,蒐集上千筆學生資料,就其中有關量表部分,以內部一致性及因素分析方法,進行信度及效度考驗,結果發現工作相關行為量表之 α 係數為 .95,一般學習成就方面之 α 係數為 .90;若依學生年級與評量層級區分,其 α 係數亦在 .90 上下。因素分析結果顯示抽取兩個因素(工作相關行為及一般學習成就),可解釋 44% 之變異;若依學生年級與評量層級區分,層級一與層級二之因素分析結果類似全體樣本,層級三則稍有不同,可能與其涉及雇主方面的行為而較不明顯。此等以傳統考驗信度與效度的方法探究課程本位職業評量的特性是否適當,值得進一步思考,然在取得更妥適的方法前,仍不失可行方案,但亦可增加社會效度的考驗,以外部效標檢驗評量功效(Komaki, 1998)。

　　Swisher 與 Clark(1991)為身心障礙初中學生設計之課程本位職業評量方案(PAES),其基本理念即認為:「若初中階段即有充足的生涯覺察與探索活動,透過課程本位職業評量的監控,自然就能提供學生輔導其

升學高中之適切建議」（p. 10）。此種觀點極為符合生涯輔導的要義。我國由於《身心障礙者權益保障法》規定職業輔導評量係屬勞動部權責範圍，而《身心障礙者職業輔導評量辦法》又有「職業輔導評量應由職業輔導評量員辦理」（第 8 條）之規定，因此特教教師可能期待職業重建單位為其學生提供職評服務。但職重單位提供的限定時間短暫之職業評量，其主要目標在於就業安置，頗難反應「發展」的過程，亦無法將評量結果納入教學設計中，對身心障礙學生的學習與生涯發展並無太大助益。而且在目前職業重建機構無法提供適時協助的情況下，基於身心障礙學生生涯發展的需求，特殊教育人員必須負起高一、高二身心障礙學生職能評估工作的責任。

事實上，《各教育階段身心障礙學生轉銜輔導及服務辦法》第 10 條即規定：「設有職業類科之高級中等學校及特殊教育學校高職部，應於學生就讀第一年辦理職能評估。」其用意即在協助教師了解學生所具各項與職業有關的能力，以及未來可能發展的方向，據以規劃適當的課程方案，使充分發揮其潛能。特殊教育教師在養成教育中已有基本的評量訓練，只要將以往僅強調於個別化教育計畫施行之評量診斷工作，擴及以學生未來的轉銜需求為目標，在其教學過程中，發揮「評量—教學—評量—教學」的動態評量精神，則身心障礙學生在校三年，隨其學習歷程之進展，即可累積眾多有關其能力、興趣、習慣、態度、性格等資料，作為輔導其未來發展方向的重要依據。因此，加強特殊教育教師職能評估的專業知能，對落實高中職身心障礙學生職業輔導評量，具有相當的可行性。

總之，課程本位評量是一種動態評量的過程，強調評量與教學的結合，進行課程本位職業評量時，需配合身心障礙學生接受職業陶冶或職業教育的進程，隨著學生的進步情形與需求，調整其評量方式，而評量結果更可作為調整教育課程內容與教學策略的依據，可與個別化教育計畫密切連結。表 4-3 說明進行課程本位職業評量時，各階段適合的時間、評量目的與評估重點。

表 4-3 ▪ 各階段課程本位職業評量目的與重點

評量階段	評量時間	評量目的	評量重點
準備階段	國小～國中二年級	瞭解學生的工作人格、職業興趣與性向，以決定適合學生的課程內容與安置模式	生涯探索、生涯認知、日常生活技巧與行為表現
教學評量階段	國中三年級～高二	評量學生接受職業教育課程後的表現和進步情形	學生實作成果、教室學習行為、教師自編成就測驗、社區實習表現
應用階段	高中畢業前	評量學生特殊職業技能與未來就業意向	正式職業輔導評量結果、職場實作觀察

資料來源：整理自 Cobb & Larkin (1985)、Porter & Stodden (1986)

★ 三、職業評量與課程本位評量

　　職業評量因目的與工具之不同，宜依學生／個案的需求做妥善的規劃，至於評量的實施，課程本位評量與職業復健評量可相輔相成，二者並不衝突。Hursh 與 Kerns（1988）將職業評量分為三層次，依生涯發展的階段，融合課程本位職業評量及三個層次的職業評量，建構職業評量統整模式如表 4-4：

1. 小學階段為生涯覺察期，以工作人格及工作世界的覺察為重點，採取課程本位職業評量方式，從相關課程中了解學生對自我的覺察、對工作角色的認同以及工作態度與動機等，作為規劃個別化教育計畫、安排課程的依據。

2. 國中階段已進入探索期，以職業媒合為主，但更強調課程本位以及第一個層次的職業評量，以學習風格、職業資料、覺察興趣與能力、興趣與技能覺察及技能等評估為基礎，安排課程，而轉銜服務更有家長及社區的參與。

3. 高中階段則為準備期，以生涯能力的準備為主，包括職業、社區、休

表 4-4 ■ 職業評量統整模式

	小學	國中	高中／職	中學後
	職業導引		轉銜規劃	
生涯發展階段	生涯覺察	生涯探索	生涯準備	生涯融合
評量重點	工作人格	職業媒合	能力準備	就業
評量活動	課程本位職業評量（CBVA）	CBVA；職業評量 I	CBVA；職業評量 II	職業評量 III
學生成果	功能性學業 獨立生活 自我覺察 工作習慣 工作角色認同 工作態度、動機	學習型態 職業資訊 興趣與技能覺察 技能評估 學生／工作特質媒合	技能學習 輔助器具 求職技巧 成人機構參與	工作適應 工作產能 調適 成人服務
系統成果	擬定 IEP、訓練目標 安排課程	安排職業課程 社區參與 家長參與	支持性就業 安排職業課程 企業／社區結合	成人機構

資料來源：Hursh & Kerns (1988: 60)

閒等能力的發展，以及社區資源的探索，亦針對特定的職業技能進行訓練，而評量重點仍以課程本位評量為主，然亦開始第二層次的職業評量，透過工作樣本、情境評量等方式，就其技能學習、輔助器具、求職技巧等進行評估。

4. 中學後階段以融合於社區為主要目標，工作適應與工作產能固然重要，但亦強調社區的參與以及終生學習的機會。職業評量則以系統觀察其在職場的行為為主，同時探討影響其工作表現的外在因素，並結合成人服務機構，提供適應上的輔導。

模式中職業評量分為三個層次：（1）第一層次評量：在轉銜規劃初期，大約國中階段，由教師蒐集學生有關生涯／職業資料，包括與學生／

家長的晤談、教室行為觀察、教師非正式評量資料等。轉銜小組針對所蒐集之資料規劃學生所需之生涯教育／轉銜服務，若資料尚有不足，則必須進入第二層次之評量；（2）第二層次評量：此時期約在高中職階段，根據第一層次評量結果，進一步蒐集有關興趣、工作人格、性向、學習型態、生涯態度、工作行為、工作準備度等資料，提供學生中學後教育、職業訓練、就業或成人服務之轉銜規劃參考；（3）第三層次評量：係針對在階段二之外需要額外資料者進行評量，包括工作樣本、情境評量、職場實習評量等。除第二層次評估其興趣、性向外，亦可使用其他相關工具再評量之（Levinson, 1994）。而課程本位職業評量，則係在課堂或社區情境，實施職業課程或訓練方案時，蒐集有關工作相關行為與能力資料，並可配合相對階段職業評量之結果，作為擬定個別化教育／轉銜計畫之依據。

美國維吉尼亞州特殊教育學校系統為配合特殊教育學生每三年應重新評估之規定，以兩階段方式進行職業評量（見圖 4-3）；第一階段約在國中時期，由特教教師、諮商師、心理學家、職評師、護士等人，以晤談、

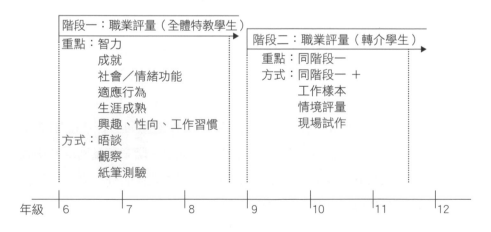

圖 4-3 ■ 維吉尼亞州特殊教育學生職業評量模式

資料來源：Levinson (1994: 97)

觀察、標準化工具等，針對全體特教學生的學業能力、興趣、學習偏好等進行基本評量（basic assessment）。第二階段約在高中時期，屬綜合評量（comprehensive assessment），包括觀察、工作樣本、心理測驗、情境評量、工作試探等（Kirksville Area Tech Center, 2004; Levinson, 1994）。

此一模式頗適用於學校情境，而在運用職業復健模式評量學生的就業潛能時，作法上可做若干調整。在評量人員方面，可依功能不同分為兩種類型，職業復健人員以學生職業興趣、性向與特殊就業能力的評估為主，特殊教育教師等學校人員則評估學生職業相關能力，如學業成就、生活自理、社交能力與工作態度及習慣等。評估地點可考慮在學校內進行，或學生從事校內或校外工作實習時觀察其工作表現（Peterson, 1985a; Smith & Rojewski, 1993），或於學生即將畢業、面臨就業迫切需求時，轉介到職業復健機構接受進一步評量（Peterson, 1985b）。

第二節　轉銜與生涯評量

★ 一、轉銜評量

生涯發展階段之間必然有一段過渡（轉銜）期間，此時即轉銜評量（transition assessment）的主要目標。轉銜評量不同於傳統的職業評量，主要在其著眼於身心障礙者的轉銜需求，以連續性的過程，蒐集並適當運用以個人和環境為中心的評量資料，作為規劃身心障礙學生準備順利轉銜所需的教育，或職業與社區本位的個別化轉銜服務方案之依據。Sitlington、Neubert 與 Leconte（1997）認為中學階段的轉銜評量可以達成下列目標：（1）瞭解學生未來扮演成人角色可能具有的優勢與劣勢及其對社區資源的需求；（2）評量學生現階段在教育成就上的長處與限制；（3）提供教師和其他人員決定學生教育與職業訓練課程之依據；（4）為

學生畢業後就業與其他安置計畫做準備。Sitlington 等人認為評量是轉銜的基石，在這一連續的評量過程中，運用生涯教育、職業評量、職業教育、職業復健與課程本位評量等理念與實務，而評量方法的選擇則視評量之目的而定，但應特別考慮接受評量的學生仍處於生涯發展的過程中，評量自需考慮其發展目標與特性。

　　總而言之，轉銜評量乃透過有系統、連續的個別化評量過程來蒐集身心障礙者本身與環境之資料，以協助其決定個別化轉銜計畫之目標與有關服務之內容，包括後續升學、職業訓練、就業安置、獨立生活安排、社區參與、人際與社會關係等。其目的在於：（1）評估個人生涯發展之水準；（2）協助身心障礙者找出自己的興趣、喜好、長處與能力，以決定適當生涯目標；（3）決定在教育、職業與社區適當的安置以呼應其離校後之生涯目標；（4）評估與促進學生之自我決定能力；（5）評估所需之輔助設施、支持及服務。Sitlington 等人（1996）以轉銜服務的五大課題為例，針對學生在就業、後續教育、社區參與、個人／社交及獨立生活等方面，提出各個轉銜目標可加探討的問題，並列舉蒐集資料的方法。由表 4-5 可知，在各個轉銜目標中各項問題，均可由多種方法蒐集相關的資料，其中絕大多數採用晤談或既有資料的蒐集，僅有部分使用標準化測驗；換言之，轉銜評量強調透過平日持續性的觀察與資料蒐集，而非短時間以若干測驗工具施測即能完成。

　　而中重度障礙者可能拙於表達，亦不易將習得的知能／行為類化，因此情境式評量或較適用。Karan、DonAroma、Bruder 與 Roberts（2010）即依此理念，將之擴展為社區本位能力評量模式（competency based community assessment, CBCA），在更貼近學生熟悉的情境中，依優勢本位個人中心理念，配合社區情境，評量其獨立生活與社區融合的能力與需求，釐清其對各種情境／活動的偏好與適應情況，作為轉銜計畫的依據。

表 4-5 ■ 轉銜評量待答問題示例

一、就業評量	蒐集資料方法	一、就業評量	蒐集資料方法
1.當事人是否有真正的工作與職業目標？	興趣調查表 訪談 • 當事人 • 家人 回顧過去的紀錄 • 工作方案／檔案 • IEP 的轉銜目標 • 職業評量紀錄	4.在職場當事人需要何種適應需求？	科技輔具之評量 學習型態調查表 訪談 • 當事人 • 家人 • 職業教師 • 工作學習教師 • 雇主 情境式評量 • 在職業課程中觀察 • 社區本位之工作職場觀察
2.當事人喜歡做什麼事？	訪談 • 當事人 • 家人 • 學校教職員 情境式評量 • 學校的工作 • 職業課程 • 社區本位的工作 工作樣本 興趣調查表 性向測驗 工作者喜好調查表	5.學生的興趣與技能符合工作的需求嗎？	訪談 • 當事人 功能性課程 回顧過去的紀錄後續
		6.當事人需要獲得或學習哪些技能以符合工作目標？	後續教育途徑分析 工作分析 就業方案分析
3.當事人適合何種職業型態（支持性就業或競爭性職業）？	情境式評量 • 以學校及社區為本位之工作職場的觀察 回顧過去的紀錄 • 之前就業的經驗 訪談 • 當事人 • 家人 • 職業教師 • 工作學習教師	7.擬定就業方案時，須考慮哪些財務安全方面的課題？	訪談 • 當事人 • 家人 • 個案管理員 • 教師 回顧過去的紀錄 • 醫藥紀錄
		8.成為社會上獨立的個體，當事人需要何種型態的工作福利？	訪談 • 當事人 • 家人 • 個案管理員 • 教師 回顧過去的紀錄

9.當事人有尋找工作的能力嗎？	情境式評量 　•社交／面談技巧 訪談 　•當事人 　•學校教職員 模擬工作情境中的觀察 功能性課程 回顧過去的紀錄 　•就業方案　•檔案	10.當事人需要成人服務機構的協助來找尋或獲得工作嗎？	訪談 　•當事人　•家人 　•學校教職員 以學校及社區為本位之工作職場的觀察
二、後續教育	**蒐集資料方法**	**二、後續教育**	**蒐集資料方法**
1.當事人想要或需要後續教育或訓練方案嗎？	情境式評量 訪談 　•當事人　•家人 回顧過去的紀錄 興趣調查表	4.當事人需要何種學習再設計？	訪談 　•當事人　•教師 功能性課程 學習技巧與時間管理技巧評量 回顧過去的紀錄
2.當事人對後續教育哪一個領域（系科）有興趣？	訪談 　•當事人　•家人 巡視／訪談社區學院 興趣調查表	5.當事人在選擇學校、申請學校及財力方面是否需要協助？	訪談 　•當事人　•家人 　•學校教職員 回顧過去的紀錄 功能性課程 模擬申請過程之評量
3.當事人能否表達所需之支持？	訪談 　•當事人 情境式評量 　•學校與社區	6.當事人是否需要成人服務機構協助其接受後續教育？	訪談 　•當事人　•家人 回顧過去的紀錄 　•醫藥紀錄 　•心理 　•經濟狀況
三、社區參與	**蒐集資料方法**	**三、社區參與**	**蒐集資料方法**
1.在社區中當事人會使用何種交通工具？	情境式評量 　•大眾交通工具 訪談 　•當事人　•家人 　•教師 社區可運用之資源調查	2.當事人有駕照嗎？	訪談 　•當事人　•家人 回顧過去的紀錄
		3.當事人需要特別的旅遊安排嗎？	訪談 　•家人　•教師 情境式評量

（續上表）

4.當事人喜愛何種休閒／社區活動？	訪談 • 當事人　• 家人 • 同儕　　• 教師 情境式評量 • 體育課 • 社區休閒服務 • 課外活動	7.當事人會使用社區服務嗎？（如商店、銀行、醫院等）	訪談 • 當事人　• 家人 • 教師 情境式評量
		8.當事人有參與政治事務嗎（如選舉）？	訪談 • 當事人　• 家人 • 教師 情境式評量
5.當事人參與休閒活動時，所需的調整為何？	訪談 • 當事人　• 同儕 • 家人　　• 教師	9.當事人知道或注意到法律上的問題嗎？	訪談 • 當事人　• 家人 • 教師 情境式評量 回顧過去的紀錄 情境式評量 • 體育課 • 社區休閒服務 • 課外活動
6.當事人知道如何在社區尋找休閒服務嗎？	訪談 • 當事人　• 家人 • 教師 情境式評量		
四、個人／社交	**蒐集資料方法**	**四、個人／社交**	**蒐集資料方法**
1.當事人是否有得到家人的支持？以及是否與家庭成員互動良好？	訪談 • 當事人　• 家人 • 學校教職員 回顧過去的紀錄 在 IEP 會議中觀察	4.當事人知道其身為障礙者的權利嗎？	訪談 • 當事人 情境式評量 • 社區　• 工作 教室中的角色扮演
2.當事人有與他年齡相當的朋友網絡嗎？	訪談 • 當事人　• 家人 • 學校教職員 • 同儕 在教室、午餐時間、課外活動、職場、社區觀察	5.在工作、休閒與社區情境中，當事人能自我維護（爭取）權益嗎？	訪談 • 當事人　• 家人 • 學校教職員 情境式評量 教室中的角色扮演
3.當事人在社會情境中如何與人互動？	訪談 • 當事人　• 家人 • 學校教職員 • 同儕 在教室、午餐時間、課外活動、職場、社區觀察	6.當事人參與其 IEP 的計畫過程嗎？（如陳述其喜好、擬定長短期目標）	在 IEP 會議中觀察 在職業評量情境中觀察 教室中的角色扮演

7. 當事人知道及如何表達其優點與需求／環境調整改善嗎？	訪談 • 當事人　• 家人 • 學校教職員 在 IEP 會議中觀察室中的角色扮演	8. 當事人需要監護人／教師／成人服務人員持續地支持維護其權益嗎？	訪談 • 當事人　• 家人 • 學校教職員 情境式評量 觀察 • 職場　• IEP 會議 • 教室
五、獨立生活	**蒐集資料方法**	**五、獨立生活**	**蒐集資料方法**
1. 當事人知道如何找尋獨立生活的區域嗎？	訪談 • 當事人　• 家人 功能性課程 回顧過去的紀錄	5. 當事人具有保持其個人衛生的技能嗎？（如選擇穿著、洗澡等）	訪談 • 當事人　• 家人 • 教師　• 雇主 在學校、工作、環境中觀察
2. 當事人會購買並準備食物嗎？	功能性課程 訪談 • 當事人　• 家人 觀察 • 家政課 • 食品雜貨店 • 餐飲服務課 • 家裡	6. 當事人知道如何核對及儲存帳目嗎？	功能性課程 訪談 • 當事人　• 家人 模擬的教室活動 在社區銀行中觀察
3. 當事人知道如何安排利用公共設施的服務嗎？	在模擬的教室活動中觀察 功能性課程 觀察社交／自我決定的技巧	7. 當事人可以適當地管理其所收入的金錢嗎？	訪談 • 當事人　• 家人 模擬的教室活動 • 預算 在社區觀察 • 銀行　• 買東西
4. 當事人可以遵行每日例行事務嗎？（如早上起床、清潔等）	訪談 • 當事人　• 家人 • 教師　• 雇主 家裡與獨立生活情境中觀察	8. 當事人於獨立生活情境中需要何種調適與支持？	訪談 • 當事人　• 家人 • 教師 情境式評量 • 家裡　• 社區 • 學校 • 大眾交通工具

資料來源：Sitlington et al. (1996: 101-108)

✦二、轉銜評量原則

在進行身心障礙學生的生涯與轉銜輔導評量時，必須考慮以下幾個原則：

1. 功能性原則：功能性評量（functional assessment）指「評量（身心障礙者）在日常生活環境中所表現的動態特質（dynamic characteristics），意即日常活動所應具備的技巧、行為表現與個人對環境條件的回應」（Clark & Kolstoe, 1995: 103）。各個轉銜階段的評量必須基於對學生在自然情境中，如家庭、學校、休閒活動，或到社區職場內實習的行為觀察資料，以反映學生在生活中運用各類技巧（學業、生活、社會與基本工作技巧）的精熟程度，以及學生現有能力和環境需求間的差距（Browning & Brechin, 1993; Kern & Vorndran, 2000; Sitlington, 1994）。

2. 注重統整性與多元化評量：轉銜評量應採用多樣化的評量方式與工具，其結果應能反映學生各方面的表現（Sax & Thoma, 2002）。Halpern（1985）指出身心障礙學生在轉銜階段，必須在職業技巧、人際／社區技巧和居家技巧三方面均衡發展，因此在傳統職業輔導評量模式注重職業潛能的測量之外，尚應考慮身心障礙學生職業技巧以外的特質，在進行學生職業輔導評量時，應留意工具運用的多樣性，除一般常用的心理計量工具，如興趣、性向量表外，尚可利用工作樣本、訪談、社區職場試做，以及教室內的行為觀察等非標準化技術，以增加評量結果的說服性（Clark & Kolstoe, 1995）。

3. 轉銜階段的評量應配合學生生涯發展的特性，在不同的階段選擇適合的重點內容加以評估（Browning & Brechin, 1993; Sitlington, 1994）。以職業特質為例，Porter 與 Stodden（1986）認為依照學生不同的就學歷程，可將職業輔導評量分成三個階段：在國民中小學前，應評估

學生的工作人格，包括生涯認知、工作價值觀、工作態度（例如合作、守時、服從指令等）；國中二、三年級，也就是進入職訓課程之前，評估的重點應放在學生的職業興趣、性向與功能性學科能力；高中（職）階段則須評估學生特殊職業能力，包括學生在技職課程及社區職場實習的表現（參見表 4-2 及 4-3）。

4. 轉銜階段職業輔導評量的結果，應能反應在轉銜計畫、職業課程教學，與社區工作實習安置的規劃上。評量是一個持續的歷程，不斷驗證後續安置計畫與方案的有效性。Gajar、Goodman 及 McAfee（1993）指出，轉銜階段的職業輔導評量應以教室活動為導向，而持續性的評量，即以教師為主要的評量者，其評量結果能夠反映學生在學習活動中的進步情形，以作為隨時調整課程內容或教學策略的依據。

5. 轉銜階段的職業輔導評量應以團隊合作的方式進行，基本成員包括特教老師、復健機構中專責職業評量人員，以及轉銜服務的協調人員，甚至學生與家長，均宜加入團隊，根據各自的角度，評估學生在學業成就、生活技能、社區參與、職業潛能各方面的表現（Sitlington, 1994），再透過轉銜計畫會議統整，以呈現學生能力的全貌。

三、生涯評量

Sitlington（1996）強調轉銜評量的重要，以之涵蓋職業評量與生涯評量，而視生涯評量（career assessment）為生涯教育方案的一環。然就個人一生的生涯發展而言，轉銜僅為整個發展歷程中不同階段間的過渡時期，實施轉銜評量有助於了解當事人的發展準備不足之處，在前一階段期間即能加強準備，以順利進展至下一階段。生涯評量雖植基於生涯教育，然生涯發展與輔導的理念已超越生涯教育，而成為一專業領域，而所謂生涯評量亦已朝向以整個生涯發展歷程為範疇（Cramer et al., 2004;

Rojewski, 2002），除有關特質方面的評量外，亦包括發展論所強調的生涯成熟，乃至認知論所重視的生涯信念及生涯建構等概念，尤其著重於生活中各種角色行為能力與態度的評量（Niles, 2001; Savickas, 2001; Super et al., 1996），就個人生涯發展的角度言，其重要性遠超過職業評量或轉銜評量。

　　生涯評量的評量方式及內容並非獨立於職業評量與轉銜評量之外（見圖 4-4），而係以生涯為評量的核心概念，主要的關鍵在其基本理念：評量與個人生涯發展歷程相伴隨，在生涯發展過程中每一個階段，同時蒐集有關個人生涯發展以及與環境互動等方面的評量資料，並配合適切的教育與輔導措施，使其能順利發展該階段所預期達成的發展任務，並為下一階

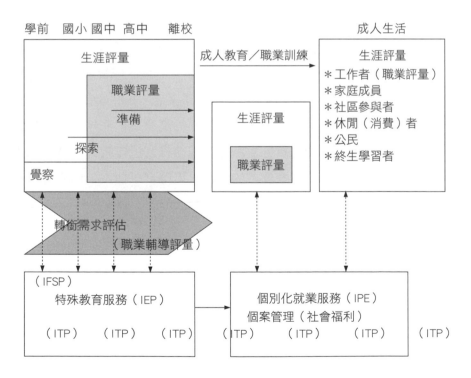

圖 4-4 ▪ 生涯評量與特殊服務計畫

資料來源：修改自 Sitlington (1996: 163)

段的發展做好準備。因此在生涯覺察階段即開始蒐集生涯相關資料，隨個人教育與生涯的進展，進入探索期、準備期後，即可進行職業評量；而在各個生涯階段轉接的過程中，均有必要進行轉銜評量，並作為擬定個別化教育／轉銜計畫之依據。待其離開學校之前準備進入社區時，更需注意轉銜相關資料的蒐集，以作為下一階段就業或醫療單位規劃相關服務之參考，必要時亦可在其離校前再提供必要的教育服務。至於圖中成人生活領域所列舉之數種角色，乃一般成人參與社會經常扮演的角色，就身心障礙者生涯發展而言，自亦應在評量與輔導範圍之內。

由於身心障礙者在認知或動作上的限制，評量工具是否適合身心障礙者須多加考量，除慎選標準化工具、妥適解釋其結果外，更應從個人中心的理念出發，在評量過程中，設法引發個案以最能表達自己的方式（語言、文字、圖畫等），說出其對施測過程以及測驗結果的看法，積極鼓勵個案主動參與整個評量歷程，透過與評量者間的對話與互動，刺激其思考、表達、敘說自己的經驗故事，從而了解其心理狀態與關注焦點。換言之，生涯評量整個評量過程實為另類的生涯探索，在評量者引導與支持下，提供個案自我檢視的機會，在片段零碎的經驗事件底層，逐步釐清其核心的心理特性。這樣的質性生涯評量理念符合近年對傳統特質因素論量化取向的反動，降低專家權威的角色，更符合以個案為中心的思潮（Gysbers, 2006; McIlveen & Midgley, 2015; McMahon, 2008）。

四、生涯發展與轉銜服務評量模式

就增進身心障礙者生涯發展的目標而言，評量不僅為某一階段特定目的而實施，更為長遠的發展而設計，故無論是職業評量或轉銜評量，都應考慮此項評量對身心障礙者的未來有何助益。也因其強調發展的意義，故特別重視長期性資料的累積，因此這項工作不是任何一位教師、評量者所能獨力完成，它不僅注重跨領域專業人員的協調合作、從各個生活角度整

體性的評量其現況與潛能，亦強調橫跨生涯發展領域、前後階段資料的連續解讀，唯有藉此持續性且全面性的評量，才能確實掌握個人生涯發展的核心，提供適切的輔助。

　　上述有關職業評量、轉銜評量及生涯評量的理念，配合各個發展階段的需求，各有其評量重點，而評量結果即為規劃相關教育或訓練方案的依據，再經由定期的評估與追蹤評量，修正方案內容，進而作為轉銜之準備。此項評量工作乃團隊合作的結果，因此自進入學校系統前的學前發展階段、學校教育階段，乃至離校前進入社區階段，評量人員應包括與學生有關的所有人士，如教師、家長、醫療、職重、社工等專業人員，以團隊方式進行整體的評量。圖 4-5 為此一理念之具體圖示，圖中依生涯發展與教育階段，規劃適當之評量內容與範圍，據以擬定個別化服務方案，並透過成效評估，作為轉銜之依據。

第三節　有效的個案評量

一、評量的意義

（一）評量

　　評量（assess）一詞源自拉丁文，其意為「to sit beside」（坐在旁邊），引申為「共同工作」、「一起為某件事作決定」的概念。就此概念而言，評量應是雙方（或多方）共同完成的工作，而為有效完成任務，即須以某些方法（測驗量表、問卷、評定表、晤談紀錄、觀察紀錄資料分析）蒐集某一對象、某些方面特質（或反應、狀況、程度）資料，這個過程謂之評量。其關鍵包括：（1）為何評量？亦即評量的目的何在；（2）評量什麼？亦即評量的內容與範圍如何；（3）如何評量？即指採用哪些

圖 4-5 ▪ 生涯發展與轉銜服務評量模式

方法蒐集相關資料；（4）誰來評量？亦即何人是實施評量者，其背景、資格如何；（5）何時評量？評量的時間安排；（6）何處評量？考慮地點是否適合個案。這些課題都應事先有所規劃，始能充分發揮評量的目的，故需要事先有職業評量計畫之規劃。

（二）個案中心評量

　　評量有賴雙方共同的合作，而評量目的在了解個案，因此整個過程必須以個案為思考中心（person-centered assessment），考慮下述原則，以規劃適切的評量方案：

1. 個案必須參與整個評量過程：評量者必須與個案討論評量對個案的助益，引發個案接受評量的動機，進而引導個案參與整個評量過程，包括評量的內容、方法及時間、地點等的選擇，都必須尊重個案（或監護人）的決定，而評量結果的解釋與運用，更應考慮個案的個別需要，作為後續安置或輔導的依據。

2. 整體性的評量：個案為完整、獨立而複雜的個體，因此不僅是某些點（向度）的評量，而應以多重方法評量個案多方面的特質（multi-traits multi-methods），更要考慮該等向度與個案整體發展間的關聯，而以持續、真實（可靠）的評量（authentic assessment），深入了解個案。

3. 質性的評量：傳統評量多採量化取向，僅以數字／得分評估個案特質，忽略靜態資料的限制與缺失。為深入了解個案，除應積極鼓勵個案參與外，可藉量化資料之素材，透過個別晤談，與個案共同解讀量化數據，或使用生涯卡等素材，刺激個案連接生活中的關鍵事件，思索其特殊的涵意，甚至可結合敘事治療的理念，與個案共同發展個人的生涯故事，以質性的取向，完整呈現個案自我形貌（McIlveen & Midgley, 2015）。

（三）有效的評量

能完全達成評量目的者，稱有效的評量，因此實施評量應考慮：

1. 評量的情境：評量情境影響評量結果，而情境又包括外在情境（如個案熟悉的環境、與評量標的相關的情境等）、內在情境（包括個案心理準備、動機與增強物等）兩方面，前者可能需要針對個案的身心狀況作適當的調整，以充分展現個案的最大可能性；至於個案錯誤的反應或不反應，均可能暗示某種心理機制或認知（反應）型態（如衝動型—沉思型，或整體反應—細部搜尋），與其內在心理狀態有密切關係，評量者亦應切實掌握或做必要的規劃。

2. 動態評量：評量目的在充分了解個案的可能性，身心障礙者可能因情境的限制而無法適切地反應其本質，如以動態評量的觀點實施評量，在過程中提供線索或給予提示，或於評量後施以教導，再次評量，可使個案擁有更大空間充分展現其潛能，同時亦可了解個案在何種情況下有最大可能的表現。

3. 功能性評量：如評量目的在安置或預測，則宜從功能性評量角度，依需要評量該等特質，以便將評量結果與訓練方案做最有效連結。完整的生涯評量，可結合特質論的個人特質傾向、發展論有關生涯任務與調適、心理動力論的生活型態，以及認知學習論的增強系統等，從整體上反映個人所具的功能全貌（Savickas, 1997）。

★ 二、評量原則

（一）評量目的

評量有不同的目的，目的不同則所使用的評量工具與結果運用亦

有不同。一般而言，傳統評量有下述三種功能（Pierangelo & Giuliani, 2002），評量者應先確定目的，並依此規劃評量計畫。

1. 篩選（selection）：重點在甄選或做適當的安置，如障礙類別之鑑定或員工甄選。
2. 預測（prediction）：重點在預測訓練與安置成功的可能性。
3. 診斷（diagnosis）：重點在發掘需要補救之處，作為設計教學或治療方案的依據。

　　至於質性評量則依後現代建構論的觀點，已帶有輔導諮商的意味，目的在提供個案自我覺察與反思的機會，因此其重點不在於篩選或安置，而在於與個案共同完成其認同的生涯故事，以正向的自我建構，學習新的認知方式，產出新的自我意識，發展未來的生涯路（McIlveen & Midgley, 2015）。

（二）評量基本原則

1. 評量的誤差與多元評量：由於任何一種評量方式均有其限制，因此除需考慮各種方法可能造成的誤差外，應以多種角度、不同方式蒐集相關資料，相互印證補充，不宜僅依一兩項資料即做出結論。
2. 評量優勢而非缺陷（screening in, not screening out）：每一個人都有不同的特性與可能的發展區，尤其對身心障礙者而言，更應在其身心所受的限制之外，找出其最大可能的發展空間。因此評量應著重發掘其可能發展的潛能優勢，再配合適當的訓練方案給予發揮的空間，而非因評量結果將之剔除於外。
3. 預測準確度考量：從輔導（復健）與教育角度言，愈接近未來將使用的情境選擇評量方法與工具，愈能發揮預測的功效。但應注意即使預測力高，亦不宜僅以短期間內完成的評量結果做出可能不甚周全的決定。

4. 當事人參與：評量的概念宜從邏輯實證論轉採建構論的觀點，同時亦
   應鼓勵個案從被動的反應轉為主動的參與，而個案與評量者間的關係
   即關乎評量的效益。評量者協助個案探索生涯相關課題，可透過前述
   質性生涯評量，以動機式晤談策略，引發個案完全投入整個評量過程，使評量工作不僅是評量者的任務，個案在此過程中亦扮演重要關
   鍵角色。

（三）評量的調整

　　由於現有各種評量方式無法完全因應身心障礙者的需要，且為減少
與評量目的不相關的因素對測驗結果的影響，以切實發揮評量的效果，
則必須考慮如何讓個案有最大可能的表現，因此下述諸項調整方式均值
得探究（Gartland & Strosnider, 2004; Thurlow, Lazarus, Thompson, & Morse,
2005）：

1. 情境：評量的情境可考慮以個別（或小組）方式在不同場所進行評
   量，提供最少干擾情境；必要時，提供特殊燈光、桌椅、音效等設
   施。

2. 時間：身心障礙者可能受身體狀況較弱、注意力不易集中、反應較為
   遲緩等情況影響，故可採取延長時間、多次休息等方法，或改於晨間
   評量。

3. 程序：配合身心障礙者的身心狀況，可將整個評量內容分段施行，或
   採不同的順序評量。

4. 題本（問題情境）呈現方式：如以錄音帶、試題放大、行間放大、答
   案欄放大、標示指導語重點、固定答案紙（避免移動），或報讀題目
   等方法呈現評量內容（或情境），使其能確實進入評量情境而做出適
   當反應。

5. 反應：因應身心障礙者採取最適合其身心狀況的反應方式，故可允許

其在題本上書寫、錄音或電腦作答、提供草稿繕寫協助等。

6. 其他：評量前準備特別服務、提示其專注作答及其他必要的協助。

上述調整措施仍可能不適用於盲聾雙障者（deafblind），因此 Bruce、Luckner 與 Ferrell（2018）建議在自然情境以多元方式進行評量，由熟悉學生的教師口語口述，輔以手指語或手語，並以盲用筆電及觸摸顯示器，讓盲聾生摸讀點字以確認、回溯、檢索（Chen, Rowland, Stillman, & Mar, 2009; Nelson, Janssen, Oster, & Jayaraman, 2010）。

此外，近年科技輔具的發展使得許多原先無法評量的特質有展現的機會，在職業評量中，亦可考慮使用輔具，依前述之動態評量概念，以互動解決問題的方式，了解其最大的可能性。畢竟職業評量的目的不應只是在眾多可能的選項中，篩選身心障礙者較有可能的職業，亦應考慮如何藉輔具的使用，降低其原先的限制，開創更多的可能性，亦可由評量結果中提供復健專業人員具體建議（MacIsaac, 2003; Pierson, Annis, James, Lubinsky, & Perterson, 2007），而職務再設計的概念亦應在整個職業重建服務過程得以充分運用，不必留待提供就業服務時始嘉惠於身心障礙者。

★ 三、評量計畫

評量不應隨意進行，除須考慮個案的需求外，如何選擇工具、安排評量時間與地點及評量程序等，事前均應有詳盡的規劃，尤其身心障礙者的評量，應如同擬定個別化教育計畫一般審慎。Sitlington 等人（1997）認為，個別化評量計畫應系統地思考下列問題：（1）已經有哪些有助於個案後續發展的資料？（2）需要進一步了解哪些資訊？（3）可以用哪些方法獲得這些資訊？（4）如何蒐集這些資訊並運用於其發展計畫中？因此評量者應要求轉介單位具體說明轉介評量的目的，並充分運用既有的個案資料與晤談結果，同時考慮評量單位之資源、職評人員可勝任之評量工

具，以及可提供協助之其他專業人員，據以擬定評量的重點與方法，必要時應考慮轉介其他機構。

個別化評量計畫至少應包含：（1）基本資料：包括姓名、轉介單位、障礙情形、轉介原因等；（2）轉介（評量）目的；（3）關鍵因素：回應轉介目的需要考慮的重要因素；（4）方法或技術：採用何種評量工具、所需時間、評量者的專業能力／資格、評量程序等。由於身心障礙者的需求多樣性，評量計畫之規劃通常亦宜以小組方式進行，就初步所蒐集之資料，根據轉介目的，由相關專業人員共同擬定必要之評量範圍與項目，亦應盡可能邀請當事人參與規劃，或徵求其同意。

★ 四、評量的效度與信度

（一）效度

任何評量方式均應考慮其有效性，並以使用該工具時的效度為準，因此評量者選擇評量工具時，必須思考評量的目的與其所提供的效度資料是否符合個案的背景與需要，同時亦應考慮使用該工具所得到的結果應如何詮釋與運用。

1. 內容效度（content validity）：指評量的內容與預定的範圍或行為領域相符情況。考驗內容效度時，可檢查其內容之取樣是否具有代表性，故又稱取樣效度（sampling validity）；這種考驗方法常採邏輯判斷方式進行，故又稱邏輯效度（logical validity）。

2. 建構效度（construct validity）：指評量的內容是否符合該特質（概念）所依據的理論性，考驗的方法包括：內部一致性的檢驗、團體比較、以多重特質—多重方法相關矩陣進行之聚斂效度與區辨效度，以及因素分析等。

3. 效標關聯效度（criterion validity）：指評量的結果能否預測行為或
   未來的表現。考驗效度的方法常以評量結果與某外在效標求其相關
   程度，此效標如為目前的行為表現（如學業成就、其他測驗的結果
   等），稱之同時效度（concurrent validity），若為未來的表現（如
   訓練後的成績、實際的工作表現等），則稱預測效度（predictive
   validity）。

4. 表面效度（face validity）：指受測者、測驗使用者或一般大眾對該評
   量的內容與形式的主觀判斷，與該評量所宣示的目的相符合的情形。
   此效度並非正式的效度，但對於評量的進行與結果接受度有直接關
   聯。

5. 漸增效度（incremental validity）：任何一種評量工具均無法達到完全
   的效度，但如採取多種評量方法（工具），則可相互補充，提高原評
   量結果的效度。

   由於一般評量工具甚少提供身心障礙者的效度相關資料，且可能為配
合其障礙狀況而做若干調整，則該評量工具原始所呈現的效度是否具有
意義，頗受爭議。Power（2000）認為預測效度的探討在此方面可提供具
體的建議，例如：比較身心障礙者與常人的預測效度以作為兩式間相容
性的依據；或讓兩組學生採取同樣的調整策略（如延長時間），若兩組學
生得分無顯著差異（所有學生得分均提高），顯示該調整策略降低了原題
目的難度，而非僅為協助障礙學生適應評量的情境，故將產生效度問題
（Cawthon, 2008）。

   此外，在多元評量的趨勢中，除一般標準化評量工具較為關注效度問
題外，採用觀察、訪談、文件分析等質性方法時，亦應注意其效度（信實
度，fidelity）問題。

（二）信度

任何一種評量均可能因工具本身的限制與評量過程的干擾因素而產生誤差，因此在解釋評量結果前有必要了解此種誤差的程度，此即信度問題。信度有一致性（consistency）與穩定性（stability）兩類，前者指評量的各個內容一致與否，後者指不同時間評量的結果穩定與否；評量者宜根據評量目的，關注評量工具的內部一致性或穩定性，選擇適切的評量工具。

（三）評量結果解釋

評量常係原始資料，若採用標準化工具，其結果常需加以轉換或對照某些標準，始能了解其意義。

1. 常模參照與標準參照：以受評團體（樣本）的平均表現為參照標準的方式稱常模參照（norm-referenced），即將個人資料與該團體平均表現相比較，以了解其得分在團體中所占的地位。一般標準化測驗多屬此類，常用的常模包括百分等級、標準分數等。標準參照（criterion-referenced）係依據原先已訂定的標準分析評量結果，重點在探討個人在該項特質／能力／表現的精熟程度，而與他人的表現高低無關；特殊教育中常用的實作評量常即以標準參照方式，評估受試者的程度，而職業評量即常以職場（工作任務）之分析為基準，評量結果對照符合該基準的程度，亦屬標準參照。

2. 一般常模或特殊常模：採常模參照的評量，可能需考慮建立常模的基準。一般評量工具的常模樣本可能不適用於某類特殊人士，尤其因身心障礙者居少數，該常模不易反應身心障礙者的表現，故有特殊常模之需求。常模的選擇重要的是應考慮評量的目的，如係描述個人在大團體中的相對地位，則可採一般常模，如為預測個人未來的表現，則

有必要採用特殊常模，以與同樣具有該類障礙者相較。

3. 就身心障礙者而言，採取標準參照的方式更能了解其精熟程度，再配合動態評量的概念，可細部了解個案的限制與可能性，對教學／訓練課程的設計有具體參考價值。

（四）倫理問題

評量內容與結果的保密乃評量者必須特別注意的課題，評量方式與內容的保密主要目的在保護其信度與效度，而評量結果的保密則為維護受評者的隱私，評量者應依專業倫理守則，對此方面審慎因應。

第四節 評量方式與工具

★ 一、評量方式的選擇

評量的方式多樣化，大致可區分為正式評量（formal assessment）與非正式評量（informal assessment）兩大類，凡使用標準化過程編製完成的評量工具，稱之為正式評量。以往由於十分強調客觀量化，因此在教育、心理或復健工作上，常使用正式評量的方法，此亦特質論所據以為本的觀點。唯近年則已廣泛注意非正式評量的優點，尤其因一般標準化測驗多半不適用於身心障礙者，實有必要透過非正式評量的方法，以蒐集更為完整的資料。Clark 與 Kolstoe（1995）依生涯及轉銜評量所涉及的主要問題，對應可資蒐集資料的各種方法列出對照表，由表 4-6 可知：幾乎每一方面的資料都可由數種方法蒐集之，其中甚多屬於非正式評量。

雖然評量的方式如此多樣化，然就身心障礙者的情況而言，必須特別考慮其認知功能與情緒反應。王敏行（2007，頁 79）即建議：

表 4-6 ▪ 各種評量方式及其對應之問題

主要問題 （資料內涵）	當事人 晤談	家長 晤談	心理測 驗／動 作測試	工作 分析	工作 樣本	情境 評量	醫學 評量
興趣	✓	✓	✓	✓	✓	✓	－
性向	✓	✓	✓	✓	✓	✓	－
學業成就	－	－	✓	✓	－	－	－
工作能力	✓	✓	✓	✓	✓	✓	－
個人與社會調適	✓	✓	✓	✓	✓	✓	－
工作能力的自信	✓	✓	✓	✓	✓	✓	－
容受壓力與要求的能力	✓	✓	✓	✓	✓	✓	✓
動機與誘發價值	✓	✓	✓	－	✓	✓	－
生理能力	－	－	✓	✓	✓	✓	✓
生理狀況	✓	✓	－	－	－	－	✓
外表	✓	－	－	－	－	✓	－
個人歷史	✓	✓	✓	－	－	－	✓

資料來源：Clark & Kolstoe (1995: 139)

1. 對具有較高的認知與判斷能力，而且未有潛在人際互動與心理調適問題的個案，適合選擇標準化心理測驗與工作樣本等職評方法，職評結果預測準確度較高。

2. 對認知與判斷能力較低或疑有情緒與人際互動的問題（如自閉症、腦傷、精神障礙者等）之個案，應多施予情境與現場評量，職評結果預測能力較高。

3. 無工作經驗、個案的興趣與現實狀況有嚴重差異者，以及缺乏工作或受測動機者，應多施予情境與現場評量，職評結果預測能力較高。

✦ 二、正式評量方式

正式評量通常係以標準化測驗實施之,與生涯╱職業相關之標準化測驗,可依其類型區分為下述數種,其中多數係用於一般學生或成人,施於身心障礙者必須特別考量其適用性,必要時宜採用適切的調整方式:

1. 智力:智力的定義眾說紛紜,包括:普通的能力,如善於判斷、推理和理解能力;適應環境的能力;抽象思考的能力以及學習的能力等。國內測驗有:魏氏兒童智力量表(WISC)、魏氏成人智力量表(WAIS)、綜合心理能力測驗、托尼非語文智力測驗(TONI)、綜合性非語文智力測驗(CTONI)、瑞文氏標準圖形推理測驗、瑞文氏高級圖形推理測驗、畢保德圖畫詞彙測驗等。

2. 性向:性向的定義是「個人天賦的潛在能力」,亦即個人學習知識與技能的能力。又分為普通能力(包括語文理解、數學推理、空間關係的認知、聯想與記憶等)與特殊能力(包括機械性向、美術或音樂性向)。國內測驗有:通用性向測驗、多因素性向測驗、區分性向測驗、國中學業性向測驗、高一性向測驗、中學多元性向測驗、多向度性向測驗組合、適性化職涯性向測驗等。

3. 成就:成就測驗是評量後天學得的能力。與性向測驗比較,成就測驗較偏重測量學習過的經驗;性向測驗較偏重在測量學習新工作的能力。二者皆可用來預測未來的成就,惟性向測驗較偏向於預測未來會學得如何,而成就測驗是測量已獲得的知識與技能程度。此外,性向測驗的取樣範圍較廣泛,包括學校內的經驗和學校外的經驗;成就測驗的取樣僅限於特定的學校經驗,亦即以學校的教學內容為主。國內測驗有:系列學業技能測驗、學校能力測驗系列、功能性語文測驗、功能性數學測驗等。

4. 人格:人格的定義廣且複雜。一般而言,人格是泛指由個人的心理能

力、興趣、態度、性情、思考、情感、動機與價值等組合而成的獨特統合體。換言之，人格有其獨特性和組織性。國內測驗有：工作氣質測驗、基本人格量表（BPI）、柯氏性格測驗、工作價值觀量表、艾德華個人偏好量表（EPPS）、自我態度問卷、田納西自我概念量表、工作自我效能量表、貝克憂鬱量表（BDI-II）中文版等。

5. 興趣：興趣的基本假設認為，興趣不是天生的，而是個人從事某項活動結果而學得的，惟 Holland 認為興趣實為人格特質的反映，自有其特殊理念（見本書第二章）。一般而言，興趣在二十歲以後就趨向穩定，二十五歲以後就極少改變。興趣的強度因人而異，強烈的興趣會引發個人行動的力量。不同職業的人可能享有同樣的喜愛和不喜愛的活動，但在相同職業或工作領域的成功者，其職業興趣組型相同；不同職業的成功者，其職業興趣組型亦不同。國內測驗有：我喜歡做的事、生涯興趣量表、圖畫式職業興趣量表、情境式職涯興趣測驗、電腦化職業圖片興趣評估系統、影像式職業興趣量表、職業興趣組合卡等。

6. 轉銜評量：完整的轉銜計畫始於個別化需求的轉銜評量（Sax & Thoma, 2002; Sitlington et al., 1996），藉以分析個體的轉銜能力和需求，進而擬定適切的轉銜計畫，為身心障礙者之轉銜搭建無接縫的服務，使其能順利地轉銜。評量的範疇可包括能力、性向、興趣及需求和目標，乃至自我決定和自我倡議能力、生活技能、學業和行為技能等。目前國外有甚多評量表，例如：轉銜技能評量表（Transition Skills Inventory）（Halpern, 1996）、轉銜計畫問卷（Transition Planning Inventory, TPI）（Clark & Patton, 1997）、 轉銜評定量表（Enderle-Severson Transition Rating Scale）（Enderle & Severson, 2003）、轉銜行為量表（The Transition Behavior Scale, TBS-2）（McCarney, 2000）等。國內則有針對服務需求的支持需求量表（陳靜江、林幸台，2000）、身心障礙者轉銜服務評估量表（陳麗

如、王文科、林宏熾，2001），以及以轉銜能力為主軸的高中職階段
身心障礙者轉銜能力評量表（陳靜江、鈕文英，2008）、一般轉銜技
能量表（林宏熾、黃湘儀，2007）等。

★ 三、非正式評量方式

　　非正式評量包括範圍廣泛，從個人背景資料、紀錄，乃至晤談、觀察
等均可用以了解個案。

1. 背景資料分析：背景資料指有關個案過去所有正式及非正式的紀錄，
   如成績單、作品（作業簿）、聯絡簿、競賽紀錄、家長會談紀錄、疾
   病史、醫療紀錄、工作／實習經歷等，以及教師、家人、同學（同
   事）之觀察紀錄等。

2. 晤談：與個案會面談話，蒐集相關資料（同時進行行為觀察）。晤談
   內容可包括各方面與生涯／學習／工作有關的話題，例如：你小時候
   喜歡做什麼？你小時候不喜歡做什麼？你以前學過什麼？你學得怎麼
   樣？學會哪些事？學會的這些事情在什麼地方用過？晤談技巧熟稔的
   輔導人員，亦可搭配個案已做好的量化測驗資料，共同討論個案對該
   等分數的看法，除可釐清個案對測驗結果的理解方式外，尚可反映個
   案對自我的認知與省思。近年普遍使用之生涯卡，亦適用於身心障礙
   者，在個案操作卡片時，即可將其過程、結果作為晤談素材，與個案
   討論其重視的焦點（價值觀）、可能的發展方向等議題。

3. 行為觀察：觀察並記錄案主在各種情境（學習、工作、生活等）之
   行為表現，觀察的方式可包括：（1）系統的觀察：外表、穿著；言
   行舉止、應對進退、行為模式；特定技能、興趣等；（2）客觀的記
   錄：觀察記錄表或評定量表、錄音或錄影、事件抽樣或時間抽樣等。

4. 效度檢驗：非正式評量仍須考慮其信度與效度問題，因此所得資料宜

多樣化,以相互比對,同一份資料亦可由兩位以上專業人士分別評斷,從而取得一致的結論。惟質性評量的核心概念在個案自我的覺察,因此其效度(或信實度)亦宜從個案的省思中確認之(Gysbers, 2006; Wood & Scully, 2016)。

★ 四、工作樣本

工作樣本(work samples)評量仍屬標準化強調客觀性的評量方式,具有常模、信度、效度等標準化的特性,但卻改變一般紙筆測驗靜態的施測方式,而以受試實際操作某一器具的表現為評量重點。編製者根據職業分類系統找出某一群工作特質或工作任務內容,據以設計模擬的工作項目,並予以標準化,甚至建立身心障礙者之常模。受試在接近真實工作情境中操作各項器具,評量者觀察受試的操作過程,評量結果通常以其正確性與速度計分,以了解受評者的工作能力在適當團體的相對位置,同時在實作過程中,觀察其學習態度、興趣、工作習慣與社會技巧等內容,其方式也較接近真實情境。

根據 Schmidt 與 Hunter(1998)的後設分析,數十年來用於人員甄選的各種方法,以工作樣本評量結果預測工作表現的效度達 .51,若加上普通能力評量,其效度可達 .63(增值效度 .12),可見其效用。身心障礙者可能受語文、閱讀或表達的限制,借助實務操作的方式,可了解其困難所在與可能需要的輔助方式,因此工作樣本即成為職業評量常用的工具之一。

(一)類型

工作樣本可以真實(actual work)或模擬(simulated work)的方式實施,其基本設計可分兩大類:

1. 特質評量（trait assessment）：假設個人具有與工作任務表現有關聯的抽象特質，包括知覺、感官、認知等層面，如平衡、記憶、手部靈巧、手眼協調、空間關係、定位與辨認等，這些特質可藉工作分析（job analysis）加以辨識並予以評量，其結果即可與工作或職業訓練相配合。

2. 作業評量（task assessment）：評量執行某一工作時重要的作業項目，若特質評量係以某一作業（如組合一個管子）評量手眼協調的特質，而作業評量的重點則在探究某人能否將管子組合起來、更換橡皮圈墊或修好塞住的水管。換言之，特質評量以某些作業為「評量項目」推論個人所具有的特質，但作業評量則重視其完成該作業的品質（如正確率與速度等），其中可能涉及多樣特質（如力道、耐力或靈巧度），而非僅著重於單一特質。

目前美國已發展許多適用於各類障礙者的工作樣本，手功能測驗是最常見的單一特質的工作樣本；主要係藉小零件或小工具的操作，評量受試者手指靈巧度與手眼協調度。常用的手功能測驗有：普渡手功能測驗（Purdue Pegboard）、O'Connor 手指靈巧度測驗（O'Connor Finger Dexterity Test）、賓州雙手操作工作樣本（Pennsylvania Bi-Manual Work-sample）、明尼蘇達空間關係測驗（Minnesota Spatial Relations Test）等。

唯較常使用的工作樣本多係套裝工具，如在國內相關機構常用之 Valpar，自 1973 年起已編製二十餘種適用於各類障礙者的工作樣本。另尚有 JEVS（Philadelphia Jews Employment and Vocational Service）、VIEWS（Vocational Information and Evaluation Work Samples）、VITAS（Vocational Interest, Temperament and Aptitude System）、MDS（McCarron-Dial Evlauation System）、TAP（Talent Assessment Programs）、MICRO-TOWER 等，國內亦有本土化身心障礙者工作樣本、傑考氏職前技巧評量修訂版、育成綜合工作能力評量工具等。

近年隨著電腦科技的進步，若干工作樣本結合其他標準化紙筆測驗成一套測驗組（battery），並透過電腦系統來與龐大的職業資料庫結合，建立職業媒合系統（包括計分、結果解釋與建議），如 VALPA 工作樣本系列以及 McCarron-Dial 工作評量系統等（Power, 2013）。

（二）優點

1. 評量內容接近工作實況，易提高其受測動機，不致感覺受測壓力。
2. 廣泛評量工作實況（技能、興趣、體能、工作行為等）。
3. 直接測試所擁有的技術與能力，驗證受測者真正的興趣所在，以增進其自我了解。
4. 可實際了解操作過程的困難點及評估所需之輔助，作為工作強化訓練或職務再設計的參考，亦了解學員的進步狀況。
5. 具較佳建構效度。
6. 可減少因文化、教育、語言等差異所造成之誤差。
7. 雇主較能了解並接受其工作表現。
8. 若有地區常模，可用以評估適合當地既有職業之程度。

（三）缺點

1. 工具編製不易，且不易趕上職場的變化。
2. 現有工作樣本多樣，不易選擇適當工具。
3. 評量費時（可能需數日）。
4. 可能因障礙者個別狀況，實施方式與內容仍需調整。
5. 職場情境（工作時間、人際互動等）仍較工作樣本複雜。
6. 預測訓練效果之效度尚可，預測實際工作表現的效度欠佳。
7. 評量（觀察）項目不易確實掌握，可能受月暈效果影響，故評量者需專業訓練。
8. 目前既有的工作樣本多係動手操作型內容，較少服務類型工作任務。

✦五、情境評量

　　情境評量（situation assessment）係在實際或模擬情境中（包含工作情境、生活情境），有計畫的安排各種情況，透過督導、同儕或評量人員系統的觀察、晤談與評定，了解個案的行為反應與適應情形。為確實有效蒐集個案資料，情境之設計、操作的任務、時間、督導方式，以及評定紀錄等，均應審慎規劃擬定，尤其情境評量表應事先設定觀察項目（技能、興趣、社會適應、工作習慣與態度等），並對每一項目擬定具體可觀察之描述。觀察紀錄則需正確、用詞要簡易明確，避免使用主觀與情緒化的字眼，或避免在記錄時做解釋或加入個人解釋；觀察時應注意行為發生的情境因素，必要時盡可能安排一至數位觀察者提供意見，或協助檢核觀察紀錄，以避免可能的誤解與偏見。亦可對同一個案所做的前後觀察紀錄進行比較，以探討其可能的行為組型與不一致的情形。

　　一般常用的情境評量工具有：職業分析表、工作分析表、情境評量檢核表、工作行為及習慣評量表、觀察紀錄表等。

1. 工作情境觀察評量：模擬（simulated）／在職評量（on-the-job）。
2. 優點：
　（1）工作現場實際表現（含人際互動），可確實反應其扮演工作角色能力。
　（2）直接表現出所擁有的技術與能力，可增進其自我了解。
　（3）廣泛評量工作實況（技能、興趣、體能、工作行為等）。
　（4）具較佳建構效度。
　（5）雇主較能了解並接受其工作表現。
　（6）不受語文或閱讀能力限制。
3. 缺點：
　（1）工作現場不易尋找，可能限制其選擇空間（但可用於篩選安

置）。

（2）模擬情境與實際狀況仍可能有差距。

（3）評量費時（可能需數日）。

（4）評量（觀察）項目不易確實掌握，可能有月暈效果，影響評量正確性。

4. 實施：通常需要較長時間，以多向度、多方法進行。

★ 六、現場試做

　　工作樣本或情境評量能考慮身心障礙者的特殊狀況，而採用異於標準化紙筆測驗的施測內容與方式，然無論編製工具或安排情境仍有實務上的限制，因此乃有現場試作（on-job tryout）的設計，即安排個案在真實的工作場所，依循該職務一般員工之工作時間與工作流程，提供有限的督導，以評估個案在各方面之表現情形；亦即運用自然的工作環境、自然的時間與流程，參酌該職場之要求條件，有系統地觀察評量個案的工作行為以及其他有關之工作特性，藉此評估身心障礙者重返原工作或從事新工作的能力、發掘可能的職場障礙與實際職場行為表現。此項評量通常需要在完成正式評量後（如前述之晤談、紙筆測驗、工作樣本等）才會施行。

★ 七、環境評估

　　職業評量除評量個人特質外，尚應就潛在的就業環境進行分析，至於就業市場的動向、整個社會環境經濟文化因素對職業發展趨勢所形成的影響，可能非職重人員所能為力，宜參考相關資料，以協助當事人掌握社會脈動做好生涯規劃。

（一）潛在就業環境分析（以工作環境為例）

1. 文化環境：獨特的生活習慣（飲食、穿著）、行為、交往方式（禮節）等。

2. 物理環境：空間大小、內部設備、色調、採光、噪音、溫度、濕度等。

3. 社會環境：人數、年齡結構、教育程度、態度、語言、價值觀等。

4. 工作需求：生理能力（抬舉、攀爬、彎腰、蹲伏、爬行、伸手、跑步、走路、站、坐、轉身、拉、推、平衡、視力等）、認知能力（短期記憶、長期記憶、抽象推理、組織歸納、決策能力、數字計算、圖文辨識、空間概念、創造性等）、操作能力（操作手部工具、度量工具、機器、電腦、交通工具等）、溝通能力（讀、寫、說、使用電話、聽從指令等）、社會行為（可靠、準時、外表整潔、督導別人、接受督導、壓力處理、反應敏捷、注意安全等）。

（二）工作情境分析

針對某一特定工作場所，分析其工作名稱、地址、電話、主管、督導者、員工人數、程度、工作時間、制服、無障礙環境、宿舍、交通等（如表 4-7），亦可以評定方式檢核個人與該情境之適配度（如表 4-8）。

表 4-7 ■ 工作情境分析

1. 時鐘、電話、盥洗室等之位置 2. 工作區域（室內或室外）、房間（或空間）位置 3. 材料與工具之位置 4. 取得任務清單、材料、工作先後順序之程序 5. 完成任務後處理產品的程序	6. 可接受之行為（坐下來、吃東西、上洗手間等） 7. 詢問對象 8. 清潔或維護的責任 9. 所有需要用到的物品名稱 10. 出狀況時應採取的行動 11. 衣著、安全配備
12. 產品數量或品質之要求 13. 薪資（及其他待遇）數額、發薪時間	14. 福利措施、休假制度、請假手續 15. 工作簡述
※工作任務（依優先順序） 1. 2. 3. 4. 5.	※工作要件（依優先順序）：儀容、體力、耐力、速度、溝通、判斷、組織…… 1. 4. 2. 5. 3. 6.

表 4-8 ■ 檢核表與評定量表

觀察記錄	評定量表					
		優	良	可	差	劣
1. 外表穿著＿＿＿＿＿＿＿	1. 外表穿著	☐	☐	☐	☐	☐
2. 出勤情況＿＿＿＿＿＿＿	2. 出勤情況	☐	☐	☐	☐	☐
3. 依賴程度＿＿＿＿＿＿＿	3. 依賴程度	☐	☐	☐	☐	☐
4. 人際關係＿＿＿＿＿＿＿	4. 人際關係	☐	☐	☐	☐	☐
5. 接受指導＿＿＿＿＿＿＿	5. 接受指導	☐	☐	☐	☐	☐
6. 遵守規定＿＿＿＿＿＿＿	6. 遵守規定	☐	☐	☐	☐	☐
7. 完成任務＿＿＿＿＿＿＿	7. 完成任務	☐	☐	☐	☐	☐
8. 主動程度＿＿＿＿＿＿＿	8. 主動程度	☐	☐	☐	☐	☐

檢核表

1. 穿著適當	1	2	3	4	5
2. 正常出勤	1	2	3	4	5
3. 做事被動	1	2	3	4	5
4. 與同事爭吵	1	2	3	4	5
5. 願意接受指導	1	2	3	4	5
6. 能遵守規定	1	2	3	4	5
7. 準時完成任務	1	2	3	4	5
8. 主動幫助同事	1	2	3	4	5

1 ＝未曾（0%）　2 ＝偶而（20-30%）

3 ＝半數　4 ＝時常（70-80%）　5 ＝經常（90%+）

心智障礙者
生涯輔導與轉銜服務

5
C H A P T E R

生涯與轉銜教育

 第一節　社區本位生涯課程

⭐ 一、課程型態的轉變

　　1980 年代以前，特殊教育人員大多以發展式、或由下而上的方法
（the developmental or bottom up approach）設計身心障礙學生中小學階段
的課程（Wehman, Hess, & Kregel, 1996）。發展性課程設計模式的理論基
礎在於認為所有學生（無論是否為身心障礙者），都依循一特定發展歷
程，習得該年齡層應具備的學業能力、個人與社會適應技巧。由於身心障
礙學生學習上的遲緩，往往升上國中或高中之後，仍無法熟練在小學階段
學到的技能；因此，中學階段特殊教師的責任，便是針對學生在這些先備
技能（prerequisite skills）上的不足加強訓練，以彌補學習歷程上的缺陷
（Anderson, 1986）。

　　發展性課程設計模式雖然有助於教師掌控學習進度，訂定學生中、
長期學習目標，但教學內容多半以學業和教室內行為表現為主，與學生
現階段的生活經驗無關，常造成類化的困難（McDonnel, Mathot-Buckner,

& Ferguson, 1996）。此外，發展性課程設計在中學階段特殊教育的重點集中於補救學生小學時課業上的缺陷，也引發教育人員對於課程內容適齡性的質疑（Hanley-Maxwell, 1986）。近年來，特殊教育人員逐漸改變課程設計的方法，改採由上而下、功能性模式（top-down, functional approach），並結合社區本位教學的精神，發展身心障礙中學生的轉銜課程（Wehman, Hess, & Kregel, 1996）。

功能性課程模式又稱成果本位（outcome-based）課程模式或生態課程模式（ecological curriculum model）（Cronin, Patton, & Wood, 2007; McDonnel, Mathot-Buckner, & Ferguson, 1996），意即教師考量學生本身的能力及在適應環境上的獨特需求，根據學生畢業後預計達到的成果，設定適當的教學目標與教學活動。教師在設計課程活動時，必須考量學生在未來成人生活的各種情境中，可能需要具備哪些生存技能，而將此類生存技能的教學融入學校課程與社區教學活動中。其課程領域可分為居家生活、社區生活、職業生活、休閒生活及人際互動等五領域，再分析每個領域學生可能參與的主要環境與次要環境，以及在此環境中普通成人可能做的活動，最後再以工作分析法分析完成此活動必要的技能，作為選擇教學目標的依據。

功能性課程原先的目的，在教導身心障礙學生實際生活中重要而必備的知識與技能，以增進其參與多樣性社會生活的機會，然亦可能特殊教育教師自我設限，並未切實釐清學生適應環境的需求，且無家長參與課程目標及教學內容的選擇，因此所謂功能性技能對學生目前或未來的生活而言，僅有少許或根本沒有任何幫助；又因近年教育改革的潮流，誤將此課程與普通課程區隔，將之視為另一類型的教學措施，應在隔離的場所進行教學，而與融合教育的理念有所扞格。

此等問題在美國亦因 NCLB 與 IDEA 立法理念的差異，或課程標準／評量與個別化教育計畫間的落差，乃引起諸多爭議。若干特殊教育學者思慮如何可使功能性課程與普通教育課程相容，如 Hunt、McDonnell 與

Crockett（2012）建議在規劃個別化教育計畫時，可以生態課程的架構結合普通教育標準本位的目標，以提升學生生活品質為主題，將功能性課程理念融入課程設計中，亦即結合課程標準的生態取向功能性課程，或許是一項有效的解決方法，以避免非此即彼的二元思考謬誤。Collins、Hager與 Galloway（2011）依此理念，針對語文、自然、數學三項主科，採用固定時間延宕教學策略所進行之實徵研究，發現中重度學生可在更具生活意義的情境中，學習標準課程的內容。換言之，中學課程乃身心障礙學生成功轉銜的重要基礎，功能性課程、普通教育課程不必因字面上的差異而截然劃分之，端視教師如何以學生發展為標的，因應學生特殊需求，調整教學內容與教學策略，始能真正落實有效學習的課程目標（Bouck, 2013: 232）。

二、生涯教育課程設計原則

基於上述課程模式的轉變，同時亦為達成協助身心障礙者生涯的發展與轉銜的目標，特殊教育中學階段的轉銜課程應符合功能性、社區本位教學的精神，並根據身心障礙學生學習上的特質，適度調整教學策略。在進行課程設計時，需注意以下原則：

（一）重點技能教學原則

由於身心障礙學生在學習速度及教材接受程度較為遲緩，教師在課程內容編排上應有輕重之分，在短時間內讓學生學習到最為切身相關並與日常生活接近的技能，例如：生活自理能力與工作態度的養成，比特定職業技能訓練來得重要，社會技能訓練亦應優先於功能性學科能力的教學。

（二）結合社區經驗加強學生習得技能的練習與類化

　　社區本位教學的精神，在於讓身心障礙學生在自然情境中練習／運用所學到的技能，以補其學習遷移能力的不足。教師在設計社區本位課程時，可邀集社區中的成員，如家長、職場雇主、機構及社區公益團體代表，共同參與教學活動的設計。教學活動必須與學生的日常生活經驗息息相關，以引發學生學習的動機和參與感。最重要的是：課程時段的安排需保持彈性，讓學生有足夠的時間在社區裡接受職業訓練，參與實習和其他活動，並且有充分的機會在社區情境中練習所學到的技能。

（三）統整原則

　　一般特殊教育課程多係針對學生單一技能（discrete skills，如生活自理、功能性學業或社交技巧）的訓練，教學重點幾乎放在學生學業與發展功能上，然而，生態模式的課程設計強調以教學活動為導向，利用活動整合不同技能的訓練，將生活、職業技能訓練與功能性學科教學作適度結合。在進行教學活動設計時，特教老師必須事先就活動本身進行工作分析（task analysis），以決定學生在從事該活動之後需要學會哪些技能，例如：在進行餐飲服務教學時，學生需要學習購物、食物料理、點菜、與顧客應對等技巧，其中必然牽涉到功能性數學、個人衛生、烹飪、溝通技巧的學習，學生便可在同一項教學活動中學到多樣的技巧。

（四）漸進原則

　　從學校到職場是一個重大轉變，學生需要時間與準備，因此需要漸進式的課程設計，以我國高職特教班三年職業教育為例，高一以普通學科、生活技能／適應學科為主，輔以少數職業生活科目，其比例隨年級增加而改變，至高三即以職業教育／職業生活學科為主（見圖5-1）。就社區／職業適應而言，高一每學期進行四至八次的職場參觀，讓學生熟悉社區與

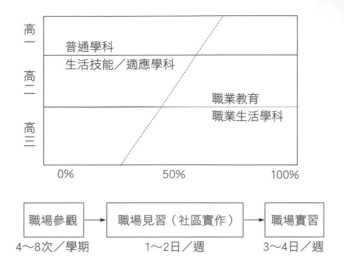

圖 5-1 ■ 漸進式課程設計

就業環境，高二開始每週一至二日以見習方式進行社區實作，實際接觸各
項工作任務，至高三則以大部分時間進行職場實習，充分體驗職場生活，
此等設計主要目的即在提供身心障礙學生逐步接觸與熟悉職場環境的機
會。

★三、社區本位課程設計

　　近年來，許多研究均顯示社區本位教學在身心障礙學生職業及其他
生活技能的訓練上十分有效（Dymond & Orelove, 2001; Hagner & Vander
Sande, 1998; Pickens & Dymond, 2014; Walker, Uphold, Richter, & Test,
2010），Wehman（1996）甚至建議至少要有一半課程在社區進行教學，
教室不是唯一的學習場所，故有社區本位轉銜方案的規劃（community-
based transition program）。Shandra 與 Hogan（2008）的研究發現，參與
社區本位學習的身心障礙學生，畢業後全時就業的比例為無此學習經驗者
的 1.2 倍；Cimera（2010）與職業復健單位合作，以兩百四十六名接受支

持性就業服務者為研究對象，分析職重服務的成本效益，發現高中時期（1）曾參與社區本位轉銜方案、（2）僅參與學校本位轉銜方案者，以及（3）未曾接受任何轉銜服務者三類身心障礙者，其成本效益比分別為 0.73、0.56、0.46，而在控制變項進行配對比較時，亦發現（1）與（2）之持續就業時間分別為 8.10 月與 4.70 月，（1）與（3）之持續就業時間分別為 7.32 月與 3.24 月。此等實徵研究，可充分顯示社區本位轉銜方案的成效。

（一）規劃原則

在設計社區本位轉銜課程時，特殊教育人員可依循以下方法進行：

1. 以生態分析方法開發適合學生的社區學習／實習資源

生態評量（ecological assessment）在 1980 年代中後期開始應用於身心障礙者服務需求的評估上，主要用以評量身心障礙者與其所處環境，包括家庭、學校、社區、工作環境的互動關係與和諧程度。Parker、Szymanski 與 Hanley-Maxwell（1989）指出，生態評量的目的在於評估身心障礙者、職務內容與整體工作環境的相容性（congruence），以及身心障礙者從事某項工作時可能產生的需求，評量結果可作為案主能力與環境要求之差距分析與設計訓練或支持策略的依據。以學生實習為例，特殊教育與職業教育人員除對學生進行職業評量外，也需要對社區就業市場的狀況做一番了解。學校人員可先了解社區住家的生活方式與需求，進而分析學生可能的就業機會，並訪查學校附近的店家接受學生實習的意願，或與就業服務人員結合，進行較為深入的工作環境與職務分析。

開發資源之際，應特別注意地方產業、人文社會的特性，包括語言習慣、交通設施、休閒方式、人際互動型態，甚至宗教活動等，以安排與學生生活相融的課程內容。在完成生態分析後，特教老師可將結果彙整成為學生轉銜需求的生態量表（ecological inventory; McDonnel, Mathot-

Buckner, & Ferguson, 1996），以了解學生在不同環境下（學校、家庭、社區職場）各方面功能（個人生活自理、社會技巧、工作能力等）的表現與需求。

2. 課程內容的規劃

了解學生的轉銜需求後，特殊教育與職業教育教師需針對學生個別情況設計適合的課程，並調整教學策略。一般而言，課程可分為核心課程與特定職業技能訓練兩大類（邱上真，1995）。核心課程為校內的普通教育課程，將功能性、豐富生活品質的素材融入學科教學中，培養學生的基本能力，同時發揮職業認知和試探的功能，擴展其成長與參與空間（Hunt, McDonnell, & Crockett, 2012）。

特殊職業技能訓練則多半在高職、職業訓練中心或與學校有建教合作關係的實習職場中進行，學生可在短時間內習得一技之長，有助於將來的就業安置。上述兩類課程的內容均需與學生個別化教育／轉銜計畫上的目標相互配合。

3. 教學情境的選擇

雖然社區本位教學是理想的轉銜課程模式，學校人員有時仍需考慮訓練人力配置、學生交通、安全與經費等因素，未必能讓所有學生在一般職場內接受技能訓練（Falvey, 1989; Wehman, 1996）。表 5-1 列出幾種適合進行職業技能教學的情境，包括學校、職訓中心、社區內競爭性與庇護性職場等。然而實施社區本位教學不應限於學校授課時間，必要時，仍可將校內教學延長至家庭，教師可與家長共同商議教學策略，運用所擁有的資源，配合學生實際情況，在課餘時間學習必要的技能。

4. 進行教學與後續追蹤輔導

當學生安置於適當環境之後，特殊教育及職業教育教師即可依據學生個別化轉銜計畫之行為目標進行職業及相關技能教學，並結合社區中其他

表 5-1 ▪ 適合進行職業技能教學的情境

場所	優點	缺點
學校	適合較年輕之受訓者 安全性較高	與真實工作情境差距較大 職種選擇較受限制 結訓後不易獲得有效安置
職訓機構	受訓者年齡不受限制 安全性較高 職種選擇較不受限制	與真實工作情境仍有差距 結訓後若未獲得雇主接納，不易獲得長期穩 定的安置
實際職場 （訓練用）	雇主只負責提供職業訓練場所及所需相關設備及人力，不保證未來 安置（例如：實習、工讀、合作教育、學徒制、志願工作）	
實際職場 （安置用）	直接將受訓者安置於職場內，結訓後可在該職場就業 （例如：在職訓練、庇護工場、支持性就業）	

資料來源：Falvey (1989)

人員，例如：職場雇主、資深工作者、就業服務或社工人員，提供學生所需的支持。學生實習狀況逐漸穩定後，特教教師便可逐步地退出現場輔導工作，而擔任諮詢者的角色，並定期追蹤學生的實習表現與進步情形。

（二）規劃步驟

課程設計應有適切的規劃，圖 5-2 即依據上述原則，從資源的蒐集與分析開始，檢核適合學生的職種／職場，經學生／家長的同意後，依實際情況設計相關教學活動，在教師、家長、雇主及志工協助下進行社區實作，評量分析其學習狀況，必要時再斟酌職評資料做適當之調整（箭頭 1），社區實作的經驗即可進而作為安排學生職場實習之依據（箭頭2）。

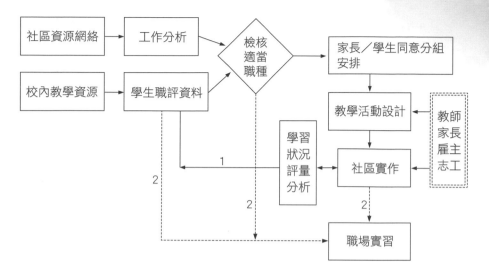

圖 5-2 ▪ 社區本位學習

（三）活動設計

1. 基本原則與內涵

（1）擬定長期教學目標：學生要學習哪一種技能，透過社區教學效果會較好？

（2）決定短程教學目標：

①每次教學活動都有其短程的教學目標。

②先分析學生在本次社區教學中要學哪些技能。

③事先觀察一般學生的表現加以記錄。

④工作分析，考慮教學活動中可能遇到的困難。

（3）教學活動前評估：學生是否適宜做社區教學？

①適當的行為：學生外出社區時是否能表現適當的行為？

②必須在社區內學習的特殊技能：需要在自然情境中實際操作才能有效學習的技能。

（4）評鑑：

　　①調查家長和學生的意見。

　　②檢視學生的表現和評鑑的資料。

　　③檢討解決問題的方法。

　　④每年檢討年度計畫及過程並提出建議。

2. 範例

（1）目標一：就業。安怡（化名）將透過支持性就業方案在一護理
　　　所擔任助理。

　　　目前能力水準：安怡工作經驗有限，不適合久坐或重覆性工
　　　　　　　　　　作，但她喜歡幫助別人。

　　　完成目標步驟：①獲得支持性就業機會。

　　　　　　　　　　②在公車沿線找到安置場所。

　　　　　　　　　　③交通訓練。

　　　完成日期／負責人：

（2）目標二：職業教育／訓練。安怡在本地一護理所擔任義工，每
　　　週兩天。

　　　目前能力水準：安怡曾參加工作隊，在三個無酬職場工作。

　　　完成目標步驟：①尋得適當場所。

　　　　　　　　　　②安排學校人員在職場訓練督導安怡。

　　　　　　　　　　③安排往返職場交通．。

　　　完成日期／負責人：

（3）目標三：健康／安全。安怡要學會與陌生人應對。

　　　目前能力水準：安怡會在任何場合和任何人講話，有時會在路
　　　　　　　　　　旁問陌生人問題（如問路）。

　　　完成目標步驟：①教導安全防衛技能。

　　　　　　　　　　②教導安怡辨識本地人與陌生人。

③提供安怡足夠機會獲得他人適當的注意。

完成日期／負責人：

✦四、學校本位工作經驗

社區本位的學習經驗固然對學生助益最多，然而在安排上並非易事（包括交通、督導等問題），且亦不可能完全符合所有學生的需要，因此高水準的校內工作經驗（school-based work experiences）即成為一種替代的方案，甚至亦可在學生接受校外社區職場實習／工作之前，先在校內進行工讀的學習經驗。校內有諸多工作機會，包括校內員工既有的工作，如影印、裝訂、清潔、園藝等，以及學校自營或校外人士／企業設於校內的店面，如福利社、咖啡座、影印店、郵局等。此種模擬式的學習，亦可顯現其成效，唯設計上應考慮：（1）此等經驗是否與社區職場上的工作相近；（2）工作環境與條件是否與社區職場相近；（3）工作任務是否具結構性／複雜性且有學習價值；（4）是否明確告知學生工作品質與生產力的標準；（5）學生有否與常人互動的機會；（6）工作任務是否經過分析以便設計教學策略與監控之。

許多社區本位教學內容亦可在校內模擬學習（見表 5-2），即將學生參與社區活動可能需要具備的能力，先在校內安排相近的活動學習基本的技能，甚至以模擬的活動從最簡單的動作開始學習，爾後再進行社區實際演練。

表 5-2 ▪ 社區本位教學（CBI）、社區參照教學（CRI）與社區模擬教學（CSI）

	社區本位教學	社區參照教學	社區模擬教學
穿著	穿著外套去公園、到百貨公司試穿衣服、到游泳池時換穿泳衣	上體育課換體育服、上烘焙課前穿著廚師服裝	幫洋娃娃扣衣服鈕扣、練習打蝴蝶結
購物	到便利商店購買飲料、購買遊戲券玩保齡球、到郵局購買郵票	到學校福利社買麵包	學習數錢（銅板／紙鈔）、銅板分類
溝通／了解圖示資料	看餐廳菜單點餐、看牆上區域圖指認盥洗室位置	看校區圖認識輔導室的位置、從圖片上選擇參加學校社團	練習圖片與實物配對、依老師口語指示指認某物

資料來源：Wehman & Kregel (2004: 269)

 成果導向課程設計

★ 一、轉銜目標

　　課程設計應有所依據，對身心障礙學生而言，所有課程均必須考量學生的需求，擬定預期達成的目標，轉銜課程亦應考慮成果導向的設計，以協助學生達成下述的轉銜目標：

1. 後續教育：對某些身心障礙學生而言，中學教育可能是其最後一個學校教育的階段，但這並不意味從此不再接受教育，人生需要學習的場合很多，而且學習的內容很廣，故有終身學習的必要，而漸趨廣泛的社區大學或網路學院就是最佳的學習管道。因此有必要在各種教學活動中，增進其學習動機，避免因學習上的挫折而降低其往後的學習意願。對於感官肢體障礙者，更有繼續升學高等教育的可能，因此需要

在轉銜階段做好規劃與準備，而中學階段三年的課程的設計，即應配合學生需求，以其後續教育的準備為目標。

2. 個人／家庭生活：個人生活自理能力、飲食衛生習慣以及儀容整潔等，均為成人所必須具備的條件，而家庭生活亦為重要的成人角色，因此居家環境整潔、居家安全等能力的培養亦應納入轉銜課程中。此外，在休閒娛樂方面，亦需藉適當的課程設計，培養正當的興趣與嗜好，以充實生活，提升生活品質。

3. 社會生活：離開學校後所接觸的範圍更廣，人際間的交往亦趨複雜，更需要培養成熟的社會技巧以及適宜的人際關係。故轉銜課程中亦應藉適當的課程安排，鼓勵學生參與社區各項活動，接觸各種有益的社會資源，建立深厚的社會支持網絡，以增進其社會適應能力。

4. 職業生活：職業生活乃成人生活的重心，舉凡職業選擇、職業技能的養成，乃至工作態度與工作習慣的建立等，均應納入課程設計中。

5. 自我抉擇與權益維護：身心障礙者常因自身的限制而輕忽個人的責任與權益，師長也可能因過度保護而低估學生自我抉擇的能力與需要。然而所有成人角色均有自我抉擇與維護權益的任務，因此轉銜課程應特別注意培養身心障礙學生獨立生活的能力，了解自己的優缺點，以適當的方式接受別人對自己正面或負面的回饋、維護個人應有的權益、衡量自己的能力規劃達成個目標的方法等。

二、課程領域

我國現行的各階段特殊教育課程綱要多將課程內容劃分為六至七個領域，唯領域內涵可因不同學生障礙情況／類別而有不同。Cronin、Patton與 Wood（2007）將身心障礙青少年學校至成人生活轉銜所應具備的技巧，劃分為六大領域。每個領域均有數個次領域，次領域內的特定學習活動即可成為轉銜課程的教學目標（見表 5-3）。

表 5-3 ▪ 轉銜課程六大領域行為與學習活動

領域行為	次領域	學習活動（舉例）
就業與教育	一般工作技巧	學習特定職業技能、求職技巧／確保現有的工作／了解相關法令
	教育訓練	了解並申請教育／訓練、社區成人教育機會／學習功能性學業技巧（讀寫算）、活用習得策略（如時間管理、學習技巧、組織編輯技巧）／獲得經濟支持已完成教育／訓練
	就業環境	認識自己的工作職掌與責任、表現適當行為習慣／與其他同事和睦相處／了解公司政策（薪資保險等）
	生涯規劃	經由職業試探了解自己的就業意向／評估自己的職業選擇
家庭生活	居家管理	購買居家必要物品／維護居家環境的整潔／熟悉居家安全必要措施
	財務管理	了解並規劃居家財務計畫／個人收支平衡、一般理財規劃／了解政府提供之財務協助方案
	居家生活	處理婚姻關係／安排家庭生活事項／照料家人的身心健康
	育兒常識	生育、節育等基本認識／處理托育、孩子就學等問題
休閒生活	室內活動	學習體操、桌球等運動技巧／參與團體活動（讀書會、園藝社等）
	室外活動	從事登山、游泳及其他球類運動／參與團體活動（登山社、球隊等）
	社區／鄰里活動	參加社區活動（如烤肉、跳蚤市場）／參與社區委員會等公共事務
	旅遊	規劃旅遊行程／學習旅遊安全常識
	娛樂	培養正當的個人嗜好／出席演唱會、觀賞電影等
社區參與	公民責任	了解自己的法律權利與義務／參與投票、依時繳稅
	社區認知	了解鄰里間重要的事務與議題並參與意見／正確地使用大眾傳播媒體
	運用社區資源	了解社區提供的公共服務／利用公私部門為障礙者提供的特殊服務／了解緊急事件處理資源

（續上表）

領域行為	次領域	學習活動（舉例）
身心健康	身體保健	維持個人衛生與儀表整潔／注重飲食衛生與營養了解／社區及鄰近醫護設施
	心理衛生	情緒與壓力管理／了解如何尋求專業諮詢協助
個人責任與人際關係	自我了解／自信心	了解自己的優缺點／以適當的方式接受別人對自己正面或負面的回饋
	目標設定	衡量自己的能力／規劃達成個人目標的方法
	自我成長	追尋個人興趣、增進生活相關能力
	人際關係	與同儕保持友誼、敏覺他人需求、處理衝突事件
	個人表達	適當的口語表達或書信技巧

資料來源：譯自 Cronin, Patton, & Wood (2007: 19-22)

★ 三、成果導向

　　成果導向的課程（outcome-based curriculum）以學生所習得的成果為指標，強調根據學生的興趣與性向，設計足以準備學生成功參與中學後社區生活環境的所有教學活動。這種功能性的課程設計頗為符合身心障礙學生的需要，亦為達成特殊教育目標的有效方案。身心障礙學生的需求不同，表 5-4 為配合四種不同轉銜需求學生所擬之不同成果導向課程。由於需求之不同，所安排的學習內容即有深淺多寡之別。

　　表 5-4 僅係課程重點的示例，執行時仍需考慮學生的實際情況加以調整。唯如何區分學生將以何種成果為導向，仍應參考第四章所述各項評量的結果，不宜逕自安排。高中職校高一學生可能尚在試探階段，不必過早劃分其進路，可透過相關課程的安排與學習，以及適時的評量與輔導，逐步釐清其可能發展的方向，在 IEP/ITP 實施過程中，協助學生規劃未來的進路。

表 5-4 ■ 高中階段四種轉銜教育目標成果導向課程設計

	升學導向	競爭性 就業導向	支持性 就業導向	庇護性 就業導向
轉銜目標	1.進入大專校院 2.就讀大專校院畢業後獲得全職競爭性有酬和福利的工作 3.具備一般成人獨立生活能力	1.進入技能導向學校（如技術學院）或技能訓練單位 2.依據個人生涯興趣獲得全職競爭性的工作 3.具備個人社區生活的獨立能力	1.透過有時限的支持協助（如支持性就業），進入社區本位有酬的競爭性工作 2.在必要的支持下，具備功能性的社區獨立生活能力	1.在必要的支持下，具備全部或部分的功能性社區生活能力 2.在必要的協助下，參與庇護性職場工作 3.維持個人身心功能
高中職階段需提供的服務	1.完全參與普通教育課程 2.取得高中職文憑 3.生涯探索活動 4.大學預備課程 5.升學輔導 6.社區生活的獨立能力	1.參與融合的普通教育課程，包括學業和生涯職業導向課程 2.透過調整性評量，獲得高中文憑 3.生涯探索活動 4.有酬的工作經驗 5.生涯／職業能力導向評量（如技能檢定）	1.參與部分融合的普通教育課程 2.獲得高中學力證明 3.職能評估或功能性職業評量 4.支持下參與競爭性職場實習 5.功能性社區生活技能訓練	1.參與部分融合的普通教育課程，著重功能性學科社會技巧和生活技能 2.完成高中階段教育 3.社會適應行為及獨立生活技能評量 4.功能性職業能力評量 5.在必要的支持下參與社區本位職場實習
學業／學科	1.大學準備課程：大學學習環境、推甄資料等 2.學業技能：蒐集相關資料、口語／書面表達能力、解決問題能力等	1.扮演公民角色 2.學習技巧、團體互動技巧、遵循指令（指示）、解決問題技巧	1.扮演公民角色 2.表達能力 3.與他人合作	1.功能性課程：讀、寫、金錢處理、時間管理 2.自我管理：餐飲準備、衛生習慣、安全

	升學導向	競爭性就業導向	支持性就業導向	庇護性就業導向
	3. 合作學習：小組合作報告撰寫			
特殊技能訓練／就業訓練	1. 學習策略：做筆記 2. 權益倡導：覺察並接納個人的障礙限制、尋求／爭取調適／協助方法、加入自我倡導團體 3. 壓力紓解活動：建立支持網絡	1. 職前準備課程、生涯覺察活動 2. 職業評量活動、社區探索、暑期工讀、職場實習 3. 交通能力：駕駛執照 4. 權益倡導：覺察並接納個人的障礙限制、尋求／爭取調適／協助方法	1. 職業評量活動、社區探索、暑期工讀、職場實習 2. 權益倡導：覺察個人的障礙限制、尋求協助方法	1. 校內工作經驗：影印、裝訂、福利社 2. 社區工作經驗：便利商店排貨 3. 權益倡導：覺察個人的障礙限制、尋求協助方法
社會／人際	1. 適當興趣：培養與年齡相當的興趣活動 2. 課外活動：參與校內外社團（宗教、公益社團）、扮演志工角色 3. 工讀：參與校內外工讀機會	1. 適當興趣：培養與年齡相當的興趣活動 2. 課外活動：參與校內外社團（宗教、公益社團）、扮演志工角色 3. 溝通技巧訓練 4. 同儕支持團體 5. 工讀：參與校內外工讀機會	1. 適當興趣：培養與年齡相當的興趣活動 2. 課外活動 3. 溝通技巧訓練 4. 同儕支持團體 5. 工讀：參與校內外工讀機會	1. 休閒活動：散步 2. 社區活動：購物、旅遊、安全
校外合作單位	1. 高等教育單位 2. 社區服務單位	1. 技職體系教育單位 2. 實習合作單位 3. 社區服務單位	1. 社會福利單位 2. 就業服務單位 3. 實習合作單位 4. 社區服務單位	1. 社會福利單位 2. 就業服務單位 3. 實習合作單位 4. 社區服務單位 5. 醫療單位

資料來源：修改自 Kochhar-Bryant & Greene (2009)

四、生活技能教學

（一）教學設計

　　生涯與轉銜教育實施方式的安排，可依教學內容與現有課程的關聯性，從單獨設置專門教導生活技能的科目（如圖 5-3 最左端），至將生活技能的學習融入既有科目中（如圖 5-3 最右端），區分為三種型態、五種設計方式。教師可依據學生的需求以及校內課程規劃準則，安排適當的教學活動（Cronin, Patton & Wood, 2007）。

圖 5-3 ▪ 生活技能教學設計

資料來源：修改自 Cronin, Patton & Wood (2007: 50-51)

1. 單獨科目

（1）專門為不再升學且需加強生活功能的身心障礙學生所設計的專門生活技能科目，依學生所需能力，安排一系列教學活動，其中仍含基本讀寫算能力的培養。

（2）除基本學科外，針對一般生活技能安排單一科目，如健康與護理。

（3）除基本學科外，針對特定主題所安排的單一科目，如獨立生活技能。

2. 搭配擴充

在現有教學科目中，加入某些生活技能專章，以單元方式設計學生感興趣而又與原教學活動相關的內容；亦可訂定全校每週某一天或學期中某一個月，教師利用課外作業或小組合作方式，讓學生將所學的學科內容運用於日常生活中。

3. 融合統整

在現有科目中融入生活技能的材料，每一位任課教師若能熟悉成人生活所需的知能，並掌握學生轉銜需求的重點，即可在學科範圍內，選擇適當的教材，規劃相關聯的學習活動，如此一則可達成原定教學目標，同時亦使學生學會生活中所需技能。

（二）融入各科教學

上述無論何種課程設計，依據轉銜目標所規劃的功能性課程，所使用的教材即蘊藏於生活之中，讓學生的學習能與日常生活相關聯，以增進其學習效果。表 5-5 之示例，即以六大轉銜目標為基準，將各個教學科目內容與之搭配。表 5-6 則以身心障礙學生可能參與的公園清潔隊為例，配合語文科目之教學，同時訓練學生聽、說、讀、寫的能力。

表 5-5 ▪ 各科教材與成人生活技能學習

	就業與教育	家庭生活	休閒生活	社區參與	身心健康	個人責任與人際關係
閱讀	閱讀求才分類廣告	閱讀電話（水電）帳單	了解電影廣告登載項目	閱讀選舉公報	閱讀服藥說明	閱讀朋友來信
寫作	撰寫求職函	填寫存（取）款單	去函旅遊局索取資料	填寫社區活動報名表	填寫健保資料	寄送問候信函（e-mail）

	就業與教育	家庭生活	休閒生活	社區參與	身心健康	個人責任與人際關係
聽	了解以口頭指示的程序改變情況	了解準備餐盒的口頭指示	收聽氣象廣播	收看電視轉播政見發表	聆聽有關身體健康的演講	討論時聆聽他人意見並能輪流發言
說	請求協助填寫求職表	與家人討論房間的布置	電話索取劇場門票	出席社區會議表達意見	向醫師／護士說明病狀	跟同學討論購置物品處所／方法
實用數學	了解薪資的計算方法	計算家庭旅遊的費用	計算參加不同娛樂活動不同的費用	協助購買社區活動所需物品	使用溫度計、血壓計	預算請客的費用
問題解決	處理與同學／同事間的爭議	因應颱風來襲採取必要之防備措施	練習在不同場所表現適當角色行為	知道購物時店員找錯錢該如何處理	到醫院選擇看診科別／醫師	思考如何邀約同學參加活動
生活技巧	使用生涯規劃手冊	列出緊急電話（求援）清單	運用購物中心指南	在月曆上標示重要事項（如收垃圾時間）	設計一套方法準時服藥	（學習）設計一套方法記得重要人物的生日
個人／社會適應	運用適切的面談技巧	協助父母料理家事	知道游泳池使用規則	參加社區公園種花活動	參加年度健康檢查	學會在跳蚤市場與人議價

資料來源：修改自 Cronin, Patton, & Wood (2007: 62)

表 5-6 ■ 教學融入語文科教學：公園清潔隊

聽	說	讀	寫
能聽指示辨別香菸頭	能正確說出「香菸頭」	認讀「香菸頭」三個字	能正確寫出「香菸頭」
能聽指示辨別香菸包裝盒	能正確說出「香菸」	認讀「香菸」兩個字	能正確寫出「香菸」
能聽指示辨別打火機	能正確說出「打火機」	認讀「打火機」三個字	能正確寫出「打火機」
能聽指示辨別檳榔	能正確說出「檳榔」	ㄇ	ㄇ
能聽指示辨別檳榔渣	能正確說出「檳榔渣」	ㄇ	ㄇ
能聽指示辨別檳榔包裝盒	能正確說出檳榔包裝盒	ㄇ	ㄇ
能聽指示辨別各類零食及糖果的外包裝	能正確說出各類零食及糖果的外包裝	ㄇ	ㄇ
能聽指示辨別各類飲料廢棄物	能正確說出各類飲料廢棄物	ㄇ	ㄇ

長程目標：能夠專心工作				
短程目標	評量方式	評量日期／評量結果		
工作時在自己的責任區工作而不亂跑	B＋C			
工作時不吃零食、不發呆	B＋C			
工作時不與同組同學聊天	B＋C			
工作時不耍脾氣藉故不工作	B＋C			
在限定時間內完成分內工作	B＋C			

＊評量方式：A：問答　B：實作　C：觀察　D：紙筆

第三節　教學內涵與材料

★ 一、教學內涵

　　由於對生涯教育與轉銜服務的重視，近年有甚多教學設計，大多經試驗推廣而在美國各地普遍實施，其中又以具三十餘年歷史的生活中心生涯教育最受矚目，分別說明如下。

（一）下一步（NEXT S.T.E.P）

　　「下一步」（Student Transition and Educational Planning）此一課程的目的在教導學生能自我引導進行轉銜規劃的技能，讓學生學習確定自己的期望與夢想，參與自我評鑑、目標設定與計畫可達成目標的活動，最終可以引導轉銜計畫會議，並採取行動完成目標（Halpern, Herr, Wolf, Doren, Johnson, & Lawson, 1997）。

　　此課程至少需要三個月至一年的時間，每週兩次活動，進行方式可融合於相關科目中，亦可單獨設科（生涯教育）。課程內容包括四組單元、十九項活動，單元一為導論，介紹轉銜計畫，加強學生參與的動機；單元二為自我探索與自我評估，針對各項成人角色評估自己的興趣、能力與弱勢，評估資料並與教師及家長的評定相對照，探討並處理其間的差距；單元三為發展目標與活動，針對教育與訓練、工作、個人生活及獨立生活四方面，認清自己的期望與夢想，從許多目標中選擇較偏好的數項目標，並擬定可採行的活動；單元四為付諸行動，讓學生準備參與會議，並在過程中執行計畫、監控其進展、做必要的調整。

（二）生活中心生涯教育

　　Brolin（1993）自 1970 年代起，即致力於生活中心生涯教育的推展，

強調身心障礙學生的教育應以生活技能的學習為核心，並從小學即開始實施，透過學校適切的教學環境以及社區資源的有效運用，將現行教育體系與個人生涯／轉銜課題密切結合。在生涯教育過程中，配合持續且有系統地進行課程本位的生涯與職業評量，作為學生個別化教育計畫的基礎。

　　生活中心生涯教育早期的規劃包括整套教材（共有二十二項能力、九十七個次能力）與評量工具，唯僅適用於輕度障礙學生（見表 5-7），因此 Brolin（Loyd & Brolin, 1997）乃簡化部分內容，進一步規劃適用於中度障礙的課程，包括二十項能力、七十五項次能力（見表 5-8）。

表 5-7 ▪ 生活中心生涯教育（輕度障礙學生適用）

領域／能力	次能力					
日常生活						
一、處理個人財務	1. 數錢、正確找錢	2. 收支情形有效運用	3. 記錄基本財務支出	4. 計算稅金並納稅	5. 負責運用信用貸款	6. 使用銀行服務措施
二、選擇並處理居家事宜	7. 維護家庭內外	8. 使用基本器具工具	9. 選擇適當住家環境	10.處理家事	11.維護居家環境整潔	
三、照顧個人的需要	12.具備保健常識	13.適當儀容衛生習慣	14.衣著適宜	15.疾病預防治療常識	16.實地演練個人安全	
四、養育子女面對婚姻責任	17.教養子女（生活照顧）	18.教養子女（心理照顧）	19.了解婚姻責任			
五、購買準備及消費食物	20.購買食物	21.清理食物準備區	22.儲存食物	23.準備三餐	24.適當的飲食習慣	25.安排營養均衡膳食
六、購買及處理衣物	26.洗滌衣物	27.購買衣物	28.燙補存放衣物			
七、表現公民責任	29.了解國民權利義務	30.了解政府體制	31.了解並服從法律	32.了解國民權利義務		
八、使用娛樂設施休閒活動	33.善用社區資源	34.選擇並計劃休閒活動	35.了解娛樂功能與價值	36.從事團體及個人活動	37.安排假期	
九、參與社區內活動	38.了解交通規則	39.認識並運用交通工具	40.認識社區環境與交通	41.駕駛汽車／機車		

領域／能力	次能力				
社會技能					
十、認識自己	42.了解身心需求	43.了解興趣與能力	44.辨別情緒反應	45.了解生理自我	
十一、獲得自信心	46.表達自我的重要性	47.描述他人眼中的我	48.接受並給予讚美	49.接受並給予批評	50.發展自信心
十二、負責行為	51.尊重他人權利與財產	52.了解權威服從指示	53.公共場合行為適切	54.了解重要的行為特質	55.認識自己的角色
十三、維持良好人際關係	56.表現傾聽與應對技巧	57.建立並維持親密關係	58.了解交友之道		
十四、學會獨立	59.努力自我實現	60.展現自我管理能力	61.了解個人對他人影響		
十五、適當抉擇	62.了解並運用資源	63.預期行動的後果	64.辨識並評估各種選項	65.了解問題的本質	66.發展目標導向行為能力
十六、溝通	67.辨識並處理緊急狀況	68.以同理心與他人溝通	69.了解溝通的巧妙		
職業輔導與準備					
十七、認識職業機會	70.辨認工作的酬勞	71.了解社區就業與職訓機會	72.認識職業對個人的價值	73.認識職業對社區對價值	74.區分工作／職業類別	75.調查社區就業與職訓機會
十八、選擇就業途徑	76.能切實選擇職業	77.認識工作的必要條件	78.了解主要的職業性向	79.了解主要的職業興趣	80.了解主要的職業需求
十九、良好工作習慣	81.遵從指示	82.了解勤勉守時的重要	83.了解接受督導的重要	84.具備工作安全的知識	85.與他人共事	86.達成工作品質標準
二十、求職與就業	88.尋找工作	89.求職申請	90.求職面談	91.維持職業的適應	92.了解具競爭性的標準	93.了解／適應工作改變
二十一、靈活操作	94.良好的精力與耐力	95.平衡與協調能力	96.手部靈巧	97.感官辨別能力	*87.適宜的工作速率
二十二、專門職業	無特定分項能力，視工作技巧而定				

表 5-8 ▪ 生活中心生涯教育（中度障礙學生適用）

領域／能力	次能力				
日常生活					
一、處理個人金錢	1. 數錢	2. 購物	3. 使用販賣機	4. 計劃金錢的使用	5. 利用銀行郵局服務
二、選擇並處理居家事宜	6. 選擇適當的居家環境	7. 維護家庭內外	8. 使用基本的器具工具	9. 安頓個人生活空間	
三、照顧個人的健康	10.適當儀容衛生習慣	11.適當穿著	12.保持身體健康	13.疾病預防治療常識	14.實地演練急救	15.練習個人安全
四、發展並維持適當的親密關係	16.了解基本的性知識	17.了解適當的約會行為			
五、在家裡／社區飲食	18.規劃均衡的餐飲	19.購買食物	20.準備三餐	21.適當的飲食習慣	22.清理與儲存食物	23.表現適當的餐廳禮儀
六、購買及處理衣物	24.洗滌衣物	25.購買衣物			
七、參與娛樂／休閒活動	26.了解社區休閒娛樂活動設施	27.選擇並計劃休閒活動	28.從事團體及個人活動	29.選擇／參與團體旅遊	
八、參與社區內活動	30.遵守交通規則與安全程序	31.認識社區環境與交通	32.認識並運用交通工具		
社會技能					
九、獲得自我認定	33.了解興趣與能力	34.了解適當的情緒反應	35.表現自信與自尊	36.了解生理我	
十、表現負責任的社會行為	37.表現負責行為	38.認清目前與未來角色	39.尊重他人權利與財產	40.尊重權威	41.遵從指示	42.表現公民權利與責任
十一、維持良好人際關係	44.發展友誼	45.維持友誼			43.認清個人行為對他人的影響
十二、表現獨立行為	46.設定並達成目標	47.展現自我管理能力	48.表現自我的決定		
十三、適當抉擇	49.辨識問題／衝突	50.運用資源協助解決問題	51.辨識並評估各種選項	52.做決定	
十四、與他人溝通	53.表現傾聽／反應技巧	54.表現有效的溝通	55.緊急情況溝通能力		

領域／能力	次能力				
職業輔導與準備					
十五、探索職業訓練與就業機會	56.認識工作的酬勞	57.了解社區就業與職訓機會			
十六、選擇就業途徑	58.了解主要的職業興趣	59.了解職業的優缺點	60.辨識興趣與能力的搭配	61.選擇切實的職業訓練與就業	62.規劃訓練計畫
十七、求職與就業	63.申請職訓／就業	64.就業／職訓面試	65.適應工作狀況的改變		
十八、良好工作習慣	66.遵從工作要求與指示	67.維持上班／守時的紀錄	68.接受督導	69.工作安全	70.與他人共事
十九、靈活操作	72.手部靈巧	73.平衡與協調能力	74.感官辨別能力	75.良好的精力與耐力	
二十、職業訓練	無特定分項能力，視工作技巧而定				

注：十八、良好工作習慣列尚有「71.達成工作品質標準」。

在生活中心生涯教育課程教材中，針對每一分項能力，均設計有數項分項目標，並提供教學策略、教學資源、學習行為，以及作業單等材料，表 5-9 為輕度障礙學生教材中 [12]（55）「認識自己的角色」之示例：

表 5-9 ▪ 生活中心生涯教育教學設計

分項目標	教學策略	教學資源	學習行為	作業單
1a 認識自己目前的角色	1. 教師請一學生敘述自己的一天，並協助學生說出一天的生活方式、活動地點，以及面對的人物。 2. 請全體學生模仿該生在卡紙上做紀錄。 3. 教師任選一份卡紙，帶領學生認識該生一天所扮演的角色，說出必須如何扮演這些角色，譬如要遵守哪	1. 卡紙 2. 記錄紙 3. 作業單	1. 認識自己的角色並說出生活的多樣性。 2. 學生能想像自己、檢討自己。 3. 共同關心角色扮演的意義，並說出日常生活中常做的事。 4. 知道扮演的方法，盡力達成最佳的目標。	布偶製作

（續上表）

分項目標	教學策略	教學資源	學習行為	作業單
	些規則、做哪些事情、懷著何種心情等相關事項。 4.教師留出一段時間讓學生自己檢討，並說出自己目前的角色應如何扮演才是最理想的角色。 5.提出「共同的角色」一起討論該如何扮演。		5.討論：自己所扮演的角色，並知道其中利弊。	
1b 認識自己目前的角色	1.錄製一段學生最愛看的影帶，讓學生觀賞，並説出誰演什麼角色的意義。 2.能舉出身邊重要人物的角色，如父母、教師等。 3.要學生説出自己目前扮演什麼性別角色，是父母的＿＿，教師的＿＿。 4.要學生討論如何扮演好自己的性別角色，如何扮演好作子女的角色、如何扮演好作學生的角色。	錄影帶 西卡紙 剪刀 膠水 彩色筆	1.能舉出重要人物的角色。 2.能舉出自己目前扮演的角色。 3.能説出如何扮演好自己的角色。	
2 認識自己未來的角色				
3 舉出特殊重要的角色				
4 説明與他人互動時自己應有的權利與義務				

資料來源：許天威、周台傑（1987）

二、教學調整與個別化教育計畫

無論單獨設班或融合於普通班級的教學活動，教師仍需考慮個別學生的特殊需求，因此調整課程內容與學習方式均有必要。鈕文英（2006）認為，調整方案可從「課程和教學」與「學生行為」兩個角度思考，課程本身可以從課程目標、內容、組織和過程四項分別調整，而在實際教學過程中，則透過「教學語言、物理環境、心理環境、行為管理」等教學要素調整之。具體而言，下述調整方式可供參考（McDonnell, Mathot-Buckner, & Ferguson, 1996）：

1. 範圍：調整預定學習的內容範圍，如減少每次學習一個單元中所涉及的名詞、概念。
2. 時間：彈性調整完成學習、作業或考試的時間。
3. 支持：安排提供協助的方法與人員。
4. 教導：調整教導的方式，如運用學生擅長的視聽材料、增加親手操作的經驗。
5. 作品：調整學生呈現學習結果的方式，如以口頭報告替代書面報告，以完成作品。
6. 參與：調整參與的方式，以個人、小組或其他方式學習。
7. 目標：目標簡化或分段。
8. 替代課程：若無法採取上述調整方式，則可規劃替代方案，以因應學生的特殊需求。

個別化教育計畫為具體落實特殊教育的依據，因此在各階段所有為特殊教育學生所設計的學習活動均應納入計畫中，生涯與轉銜計畫雖有其特殊功能，但亦應融於個別化教育計畫中進行有關的教學或其他專業活動。至於執行個別化教育計畫中有關生涯或轉銜的部分，或可另行安排時段，單獨進行輔導或教學，但亦應融入各科教學中，使學生在平日學習活動

中，即能漸進地領會生涯的意義。

⭐ 三、電腦輔助教學

以電腦為輔具的教學活動（computer-based instruction）已廣泛用於特殊教育，在生涯與轉銜教育方面亦不例外，如 Timmons、Schuster 與 Moloney（2001）利用電腦網路系統，教導身心障礙學生利用網路學習如何尋找工作機會，甚至發展師徒（mentoring）關係，隨網上師父學習與生涯發展相關的各種事務。

再以日常生活中的購物為例，一般常以圖卡、標誌等方式教導智障學生購物，但可能因學生記憶力不足、類化能力較弱，因此效果常受到限制。這種情形在強調社區本位的教學中，可能不利心智障礙學生的學習。有鑑於此，Mechling、Gast 與 Langone（2002）針對中度智障學生，設計電腦操作的模擬學習活動，先錄製民眾經常前往的三個購物中心的影片，並將預定要購買的物品標示（靜態照片）掃描輸入電腦，教師以一對一的方式，教導學生操作電腦，首先觀看螢幕所呈現入購物中心的鏡頭，至第一個通道時，螢幕顯示該通道上方的大字標示牌，學生即依指示（物品標示）在電腦螢幕上尋找該物品之所在（第幾個通道第幾個架上），其後再依購物清單所示，逐一完成任務。學生透過教室內的模擬學習，待熟練尋找的方法及辨識各項物品的標示後，即可至實地進行演練，隨後再至第四家購物中心（非電腦模擬之場所）做類化之練習，使學生更能掌握整個過程，達成生活技能學習的目標。

近年因多媒體電腦科技的發展，而有虛擬實境的教學軟體設計，讓學生融入電腦動畫中，藉與螢幕上虛擬的景象產生互動，學習各種技能。Duschene（1998）的研究即以七週生涯覺察課程，教導小學五年級心智障礙學生運用 Hyperstudio、Intellikeys、Co-Writer、ClarisWorks、Write-Outloud、Picture It、Quick-Take、數位相機等工具，增進學生對生涯的覺

察與對工作世界的認識。研究結果發現，學生參與學習及完成作業的動機增強，溝通技巧、獨立性、工作世界的知識及自尊都顯著提升，學生的能力也獲得家長與教師的肯定。Hoppe（2004）以其自編的多媒體電腦個人發展方案（名為 Check and Connect），教導身心障礙學生基本的認知能力，並藉電腦模擬活動，以角色扮演的方式，學習學校、職場及社區所期待的行為，包括問題解決與衝突情境管理等技能。同時在教師的支持下，學生亦有機會至職場實習，增進其自信與人際技巧。該方案亦建立學校與社區資源的聯結系統，以掌控整個學習情境，以落實電腦模擬學習的效果。

　　諸如上述電腦輔助的教學設計頗多，唯 Mull 與 Sitlington（2003）提醒輔助科技的選擇必須根據學生的需求與離校後環境的要求，因此學生與教師對離校後的環境應有廣泛的了解，以便學生離校後會繼續使用科技輔具，訓練學生適切而熟練工具的使用亦為一必要考量。教師亦可在擬定轉銜計畫時，發揮電腦輔助的效果，訓練學生利用網路搜尋可用的資源，辨識其可靠性及有效性，而在此過程中，正可訓練學生自我選擇、自我決定，將有用的資訊納入轉銜計畫的考量中（Rowe, McNaught, Yoho, Davis, & Mazzotti, 2018）。

第四節　自我決策與教學

　　自我決定是轉銜規劃的重要關鍵，以往常係由專家依據其經驗決定轉銜計畫內容，但可能無法完全反應學生的實際需要，因此乃轉而希望透過更有效的教導，提供身心障礙學生學習自我決定的機會，以協助其朝向一個有目標、有尊嚴、有品質的生活／生涯前進，而非囿於障礙而限制其各種可能性。因此在規劃轉銜計畫之初，應將學習自我決定技能列入考慮（Thoma, Baker, Saddler, 2002; Wehmeyer, Agran, & Hughes, 2000）。

一、自我決策重要性與相關影響因素

自我決策的概念淵源流長，在心理學研究中，強調個體的自主與內在管理，而將之應用於特殊教育領域，實與晚近重視個人權益以及倡導賦權有密切關係（黃文慧，2010），Test、Mason、Hughes、Konrad、Neale 與 Wood（2004）亦認為增加個人的自我決策能力，對提升學生生活品質、自信心，以及在成人生活時的自尊心等，均有相當大的助益，因此自我決策的課題乃成為近年身心障礙教育的核心之一。

一個有尊嚴的生命、有品質的生活來自個人對自我的肯定、對自我的了解，能決定自己想要的生活，能做著喜歡的工作。身心障礙者亦有同樣的想望與權利，因此為協助身心障礙學生順利轉銜進入就業市場參與社區，身心障礙學生必須強化其心理能力，許多學者即強烈呼籲，在學校課程中加入生涯探索、生涯管理技能、自我倡導、自我決策能力的培養，以增進其主動參與各項生涯規劃，成為生命及生涯的主導者，也是一個有信心、有目標的執行者，同時也會為自己的決定承擔責任，在重要他人的支持下，能發揮潛在的能力成為獨立生活的自主者。

近年許多相關研究證實自我決策的訓練相當具有成效（Algozzine, Browder, Karvonen, Test, & Wood, 2001; Konrad, Fowler, Walker, Test, & Wood, 2007; Martorell, Gutierrez-Recacha, Pereda, & Ayuso-Mateos, 2008; Powers et al., 2012; Wehmeyer, Palmer, Shogren, Williams-Diehm, & Soukup, 2013），但仍有人質疑身心障礙者是否有自我決定能力，甚至會認為自我決策的訓練對身心障礙者而言似乎過於奢侈，Wehmeyer（1998）特別就重度障礙學生是否具自我決策的能力加以澄清：（1）自我決策不是獨自的表現：重度障礙者在自我決策的過程中往往需要協助，但若在決策過程中仍保有掌控權，也算是自我決策的表現；（2）自我決策的行為並不是都會成功的：即使一般人或具有高度自我決策能力者，也不是每一次的決策都是正確或成功的；（3）自我決策不是自我依賴：重度障礙者需要他

人提供支持及協助，才能表現出獨立自主，並不是依賴自己就能成功；
（4）自我決策不是指某一種特定的結果：一般人誤以為達到某些特定的
結果就是達到自我決策，其實只要依據自己的想法、興趣和偏好、控制或
主導自己的生活，就算是達到自我決策的目的；（5）自我決策不只是做
選擇：自我決策更應包含問題解決的能力、設定並達成目標的能力、獨立
生活、承擔風險與安全的能力、自我觀察、自我增強與自我評價等。換言
之，自我決策能力並非有或無的問題，重點在於如何在生活歷程中，透過
各個大大小小生活事件的經歷，逐步學習／發展適切的態度、能力與技
巧。

　　事實上，自我決策的學習與運用並非獨立事件，其與周遭環境有著密
切關聯，就如同近年對身心障礙的鑑定融入社會─生態的觀點，強調障礙
並非僅因生理或心理功能的損傷，其之障礙亦有甚多來自環境的限制。
Walker 等人（2011）舉例說明人與環境間的互動關係，對智能障礙者而
言，因其所處環境多較受限，因此選擇機會相對較少，這個環境機會即
扮演智能與自我決策之間的中介角色，若無適切的環境，縱有自我決策
能力，亦未能真正發揮作用。Wehmeyer 等人（2013）亦認為，個人因素
與文化因素均會影響自我決策能力訓練的效果，因此在規劃與執行自我
決策介入時，均應有系統地加以考量。依此理念，Shogren（2013a）亦參
照 Bronfenbrenner 的生態系統理論，從生態的角度剖析自我決策的影響因
素，可作為規劃與執行自我決策方案的參考（見表 5-10）。

表 5-10 ▪ 自我決策的生態因素

系統	因素	基本概念
微系統	障礙	諸多研究顯示障礙的標籤與自我決策有關，但支持的需求與個人目標的了解亦有其重要性。
	年齡	自我決策是發展而來的建構，適切的教學與支持策略必須考量學生的年齡與先前自我決定的經驗。

（續上表）

系統	因素	基本概念
	性別	有關性別對自我決策的影響，研究文獻尚無明確結論，惟在某些文化環境中，性別可能形塑其先前自我抉擇的經驗與期待。
	種族	種族因素混於個人文化背景中，成為影響其自我決定的因素之一。
	文化	個人的文化與前述之障礙、年齡、性別、種族等密切關聯，連同社經地位與成長環境等因素，影響個人的自我抉擇。
	家庭	家長多未接觸自我決策相關議題（譬如如何增進自我決策能力，對子女的意義如何等），家長個人的經驗與文化背景決定其如何定義與支持自我決定。了解這些因素有助於了解家庭環境，並建立跨家庭、學校、社區之間的夥伴關係。
	社會網絡	自我抉擇對其同儕及一般民眾一樣重要，將自我抉擇視為與所有人都有關的課題，將注意力放在所有人都需要的技巧與態度上，可去除汙名，並創造同儕支持的機會。
中系統	教師特質	教師的職前或在職教育多缺乏有關自我抉擇的準備，然而教師有關自我決策的能力與態度是影響學生的重要因素。
	學校課程規劃	學校課程（包括融合教育機會、接觸普通教育管道、學生參與轉銜計畫等），均與學生的自我決定能力習習相關。
外系統	其他障礙服務系統	各個障礙服務系統的支持者，其技巧與態度是成功推動自我抉擇的重要關鍵，研究顯示這些支持者若能目睹障礙者運用自我抉擇技巧的情況，會改變其對障礙者學習自我抉擇能力可能性的態度。
	社區	社區對身心障礙者的態度與支持，影響個人自我決定、參與社區活動的機會。
鉅系統	文化規範與信念	社會文化對障礙的感知（譬如持醫療模式或社會生態模式觀點的程度）會影響障礙者的成敗結果。
	公共政策	各級政府的政策會影響自我抉擇的機會與支持，書面上的政策與街頭的政策可能截然不同，宜慎加檢視。
時間系統		隨著時間遞延，研究、政策、實務都會改變，改變可能快、可能慢，將對不同情境產生各式各樣的衝擊。

資料來源：Shogren (2013a: 504-505)

二、自我決策模式與基本概念

　　許多學者提出自我決策的定義，例如：Ward（1988）認為自我決策是導引一個人去界定自己的目標和以行動達到這些目標之態度、能力和技巧；Field 與 Hoffman（1994）認為是在個人了解並重視自我的基礎上，去界定並達成目標的能力，強調目標導向與自我覺察及自我了解；重視選擇的概念、控制和自由，並著重其行動和成效（Field, Hoffman, & Posch, 1997）。

　　Martin 與 Marshall（1995）以自我決策的七個成分界定之：

1. 自我覺察：自我覺察始於辨識與了解自我的興趣、能力、限制與價值。
2. 自我倡導：能積極提出需求、期望與權益，追尋需要的支持，處理自己的事務。
3. 自我效能或自信：對達成目標的信念。
4. 做選擇：包括設定目標與標準，蒐集可供決定的相關資料與可行途徑，構思新的方案，選擇最佳的選項，並發展行動計畫。
5. 獨立作業：指以自我管理策略啟始並完成任務。
6. 自我評鑑：包括監控作業過程，確定完成計畫達成目標。
7. 自我調節：改變目標、標準或計畫，以增進作業效果，並更進一步的自我了解。

　　上述諸多定義可能因角度不同而有若干差異，但均有其共同的要素，即自由、選擇與控制，且包含行動的觀念和成果，亦顯示自我決策實與自我成長同步增進。而自我決策的模式將複雜的現象簡化為概念，運用於實際情境中，引導課程的發展和教學策略的運用，並發展有助學生的支持環境，以下分別說明：

1. Field 與 Hoffman（1994）自我決策模式的重點在於個人的信念、知識和技能，包括五個主要成分：了解自己、自己的價值觀、計畫、行動和成果的經驗和學習。其中了解自己及自己的價值觀屬於內在歷程，提供自我決定行動的基礎，計畫和行動則是在此基礎下行動所需的技能。一個人須有自我覺察，了解自己優勢和行動的能力，有此內在基礎方有自我決定，最後的經驗成果和學習是享受成功和檢閱自我決定的努力成果。

2. Mithaug、Campeau 與 Wolman（2003）以自我調節的理論為主，認為自我決策是自我調整的一種形式，自我決策的人較能自我調整自己的選擇和行動，而不受他人和環境的影響。此模式結合自我調節和問題解決來達到目標，包括六個主要步驟：（1）確定並表達自己的需求、興趣和能力；（2）設定目標和期望以符合自己的需要和興趣；（3）選擇和計劃以符合目標和期待；（4）以行動來達成計畫；（5）評估行動的結果；（6）調整計畫和行動直到目標達成。

3. Abery（1994）發展的模式以生態觀點為著力點，視自我決策為個體和環境互動的附帶結果，故其模式特別強調個人與其環境之間的交互作用對自我決策的影響。而自我決策包括技能、知識、動機三大範疇：自我決策技能的基礎，包括個人選擇、做決定、自我調節、自我倡導和解決問題。知識基礎包括：（1）陳述知識，即個人掌握環境的事實知識；（2）過程知識，即知道如何參與其環境；（3）自我知識，即精確地評估自己能力和技能的個人自覺。動機的基礎則包括自我效能的判斷、控制、成功或失敗的促進。

4. Wehmeyer（1996）分析自我決定行為的內涵，包括四種特性：（1）獨立自主（autonomy）：個人能適切因應外在的干擾，基於自己的喜好、興趣和能力，展開獨立且自由的行動；（2）自我調節（self-regulation）：個人能綜合當時的情境、工作任務與性質，以及自己擁有的資源，規劃並採取行動，並對行動結果進行評估，視需要修正計

畫；（3）心理的賦權（psychologically empowered）：基於個人信念的行動，即有能力展現必要的行為，產生影響環境的結果，而呈現預期的成效；（4）自我實現（self-realization）：全面而正確地了解自己的優勢和限制，並達成合理的理想與願望。

Wehmeyer（2001）認為這四個特性為自我決定的基礎，而選擇能力、決定技巧、問題解決能力、設定目標能力、自我管理能力、內在控制、自我效能、自我覺察與了解、自我維護等具體的能力與技巧，則為達成自我決定的重要行為表現。此等能力的發展與環境所提供的機會，透過學習與經驗的累積，在重要他人的支持下，終能表現出自我決定的行為。其功能性的自我決定模式見圖 5-4。

★ 三、自我決策教學策略與原則

自我決策的教學有多種策略，Ward 與 Kohler（1996）歸納美國聯邦政府補助的研究方案中，較常採用的包括：個別或小團體活動、示範教學、角色扮演、錄影帶練習表演回饋、個案研究或特定情節分析、自製自拍檔案、模擬情境、社區本位學習等。

無論採取何種策略，自我決策教學必須注意下述基本原則（Hoffman & Field, 1995）：

1. 學習的夥伴關係：成為一個自我決策者，並沒有終點，而是終生都要學習的歷程，因此教師或學生都在這個學習的過程中，故教導身心障礙學生的同時，教師也應扮演學生合作學習的伙伴。
2. 強調模仿的效果：模仿作用效果極為顯著，因此整個教學過程強調透過教師或同儕的示範以及經驗的分享，學習成功的技術、行動方案的規劃與時效的掌握、達成目標的結果。
3. 合作學習的應用：整個教學過程宜在合作的學習氣氛下，相互切蹉或

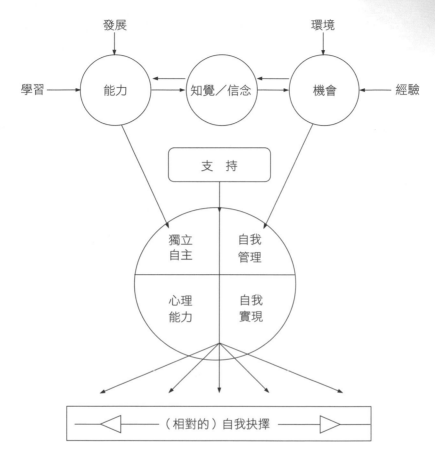

圖 5-4 ■ 自我抉擇的發展

資料來源：Wehmeyer (2001: 41)

觀摩，可以降低不必要的焦慮，並達成學習的目標。

4. 加強實務演練：實務經驗的學習可以增進自我決策技能的類化，學生
   在學習基本知識後，即應進行實務的操作，並給予支持，增進其學習
   動機。

5. 融合環境中的學習：身心障礙學生的需求均可融入一般課程，而在融
   合環境中，可使所有學生了解彼此的差異，學習接納自己與他人的優
   缺點，並培養尊重人我的態度。

6. 尋求家人與朋友的支持與參與：協助學生以自我決定的方式，尋求家人或朋友的支持，並學習適切的人際技巧以增進相互間正向的關係。另一方面，亦協助家庭成員了解與接納身心障礙者，強化支持的力量。

7. 強調傾聽的重要性：在小團體活動中，學習傾聽他人的問題、分享作業心得、尋求或提供協助，藉以建立自信心，提高學習動機。

8. 協同教學提供多元的角度：在協同教學過程中，教師可以彼此學習，對身心障礙學生亦起示範作用，更易增近合作學習關係。

9. 適時的使用幽默感：幽默是有效溝通的良方，亦可減低彼此的衝突或爭執。

10. 把握機會教育：結構式教學可掌握進度完成預定的學習內容，但教師若能在教學過程中，抓住學生當下發生的情況，即時予以回應，必能加深學生印象。

此外，Field 與 Hoffman（2002）亦就整個學習情境的配合，提出下列品質保證的指標：

1. 在課程設計、家庭支持方案以及學校相關人員訓練中，清楚說明及強調自我決策的知識、技巧與態度。

2. 學生、家長、學校相關人員共同參與個別化教育決定及計畫的擬定與執行。

3. 提供學生、家長、學校相關人員選擇的機會，如學生可決定作業的形式，家長可決定會議時間，教師可參與課程的選擇、表達意見等。

4. 鼓勵學生、家長、學校相關人員接受適當的挑戰，如學生有機會接觸新課程、新工作，家長可將學校教育目標延續至家中嘗試，教師在督導支持下嘗試新的策略。

5. 鼓勵支持性的關係，包括同儕支持方案（如以小老師或小組合作研究方式增進同儕關係），家長參與學校各項非正式活動，教師支持方

案（如以協同教學、資深教師引導新進教師等方法建立正向溝通模式）。

6. 提供個人所需的調適與支持，如增強學生的能力與技巧，創造學生自我肯定的機會。

7. 學生、家長、學校相關人員有表達不同意見並且被了解的機會。

8. 行動的結果可以預期，如學生可共同訂定明確的教室行為管理辦法，提供學生自我決定與自我控制的機會。

9. 整個學校環境以自我決策為楷模，如校長發揮領導的責任、全校師生積極參與學校改進方案等。

　　Shogren（2013a）從生態的角度剖析自我決策的影響因素，其所提出的因應策略亦頗具參考價值（見表 5-11）。

表 5-11 ■ 生態系統各層面促進自我決策策略

系統	因素	策略
微系統	學生	適宜的自我決策評量 因應文化具高品質的自我決策介入 同步提供教導、機會與支持
	家庭	家庭支持與教育 家庭參與支持計畫
	社會網絡	同儕支持與教育 同儕參與自我決策介入方案、機會與支持
中系統	學校	教師接受自我決策及社會生態觀之職前與在職訓練 安排活動提升教師的期待 行政人員對自我決策的知識與支持 尋找校內有力人士推動自我決策活動 自我決策融入課程 利用學校日及各項活動創造多元自我抉擇機會

（續上表）

外系統	其他障礙服務系統	提供支持者接受自我決策及社會生態觀之職前與在職訓練 安排活動提升提供支持者的期待 自我決策計畫與支持 多元自我抉擇機會
	社區	社區教育 社區接觸 社區資源與支持 主動邀約社區領袖、雇主及休閒育樂方案共同推動自我決策方案
鉅系統	文化規範與信念	公眾教育與覺察方案
	公共政策	依據自我決策核心理念擬定政策（及規定） 理論政策結合世俗政策
時間系統		辨識並慶賀正向改變 借鏡歷史形塑政策與實務變革

資料來源：Shogren (2013a: 506)

★ 四、自我決策課程設計

　　自我決策的課程十分多樣，然而其重點均以提升學生自我決策能力、增進獨立生活為共同旨趣，不同處在於從不同角度切入課程主軸。在實務上能否有效執行，關鍵在於靈活運用學生經驗、興趣、喜好與環境特性，並將此策略與現有服務統整。換言之，自我決策能力的提升即在於障礙學生所處的環境能否給予充分的機會。

（一）自我決策步驟（Steps to Self-Determination）
（Field & Hoffman, 1994）

　　課程內容包括導論「自我決定是什麼？」、六個小時的工作坊（包含相互認識、自我覺察、自我接受、權利與責任、從家庭和朋友尋找支持系

統、支持他人的自我決定等），以及十六個單元的活動：單元一：開啟可能的夢想、單元二：對我來說什麼是重要的？單元三：開創長程目標的選項、單元四：訂定長程目標、單元五：擬定短程目標、單元六：達成短程目標的步驟、單元七：規劃行動、單元八：邁開第一步、單元九：超越障礙、單元十：團體共同解決問題、單元十一：角色模範：障礙與自我決定、單元十二：積極的溝通（1）、單元十三：積極的溝通（2）、單元十四：協調商議、單元十五：解決爭執、單元十六：從這裡我們要去那裡。爾後，Field 與 Hoffman（2005）於課程中納入環境因子，擴充其主要成分為了解自己及所處環境、自身價值觀、計畫、行動，以及成果的經驗和學習五部分，建構五步驟的自我決策模式（five-step model of self-determination）。

此課程係透過身心障礙學生、家長及同儕的合作經驗學習、講授、討論與示範進行，亦附有一套自我決定評量工具（Hoffman, Field, & Sawilowsdy, 2004），分別從學生、教師、家長的角度，觀察其行為、認知，以及自我決定的影響等層面，包括：自我決定觀察檢核表（Self-Determination Observation Checklist, SDOC）、自我抉擇學生量表（Self-Determination Student Scale, SDSS）、自我抉擇教師知覺量表（Self-Determination Teacher Perception Scale, SDTPS）、自我抉擇家長知覺量表（the Self-Determination Parent Perception Scale, SDPPS）。

（二）掌控（Take Charge）（Powers, Ellison, Matuszewski, Wilson, Phillips, & Rein, 2001）

此課程的設計對身心障礙者或非身心障礙者皆適用，主要係運用個別化的方式協助青年學習自我決定的技能。整個教學過程在教師和同儕支持下，以自我引導的方式朝向其目標進行學習。此課程中有四個主要的成分：技能增進、良師關係、同儕支持、父母的支持。教師與青年每週見面一或二次，持續六至九個月。課程領域與內容包括：（1）成就：夢想、

目標設定、問題解決、準備和行動；（2）同伴關係：閒談、果決、協商和尋求協助；（3）適應：正向思考、聚焦達成任務、挫折處理、追蹤並增強進步情形。

此一課程特別安排與學生的性別、需求及興趣相近的支持者，在整個過程中，共同參與社區活動。本課程另一關鍵為同儕的支持，參與者除個別與教師相處外，亦參與團體活動，與嗜好相近的同儕彼此分享學習經驗。教師以非正式方式，將學生進步情形告訴家長，並回答、傾聽家長的反應，另亦安排家長工作坊，增進所有家長的參與與共識。

（三）生活中心生涯教育（Life Centered Career Education, LCCE）

Wehmeyer（1998）根據 Brolin 所發展的生活中心生涯教育模式，檢選出四個可以促進自我決定能力的向度：自我覺察、自信、選擇和做決定技能、達成目標的行為。各向度如下：（[ ] 為能力項目、( ) 為次能力）

1. 自我覺察：[十] 認識自己的能力：(42) 了解身心需求、(43) 了解興趣與能力、(44) 了解情緒、(45) 了解生理我、(61) 了解個人行為對他人的影響。

2. 自信心：[十一] 獲得自信心：(46) 表達自己的重要性、(47) 描述他人對自己的看法、(48) 接受並給予讚美、(49) 接受並給予批評、(50) 發展自信心。

3. 做決定：[十五] 適當的抉擇：(62) 了解並運用資源、(63) 預期行動的後果、(64) 辨識並評估各種可能的選項。

4. 達成獨立：[十四] 學會獨立：(59) 為自我實現而努力、(60) 展現自我管理、(65) 了解問題的本質、(66) 發展目標導向的行為能力。

學生從廣泛的自我覺察開始，分辨自己的生理與心理需求，運用角色扮演與腦力激盪的方法，探索自己的興趣與能力（包括與他人共同的，以

及自己獨特的部分），進而探討情緒與行為相關的課題，並能考慮情緒處理的方法。生理與健康問題的探討可幫助學生釐清身體狀況對其情緒與行為的影響，最後探討個人行為對他人的影響。

進一步的課題則運用自我的覺察以獲得自信心，教導學生從正向的身心特質中，感受對自己重視，亦可從他人的回饋中建立正向的自我影像；再從人我的異同中，學習接受他人的讚美與批評，以及給予他人讚美與批評的策略。

學習選擇與做決定的步驟，首先尋找可協助其解決問題的有用資源，並思考尋求協助的優缺點，進而從因果關係的角度，探討各種職業或非職業的情境可能的風險，預期行動的後果，從各種選項中練習抉擇的技巧，設定目標，學習在優缺點間如何妥協，最後負起選擇工作及其他決定的責任。

做決定是邁向自我實現的基礎，在覺察自我的優缺點與信心的前提下，規劃具體可行的行動計畫，而在行動過程中，學習時間管理技巧，運用問題解決技巧，確實達成預期的目標。

除上述十七項次能力外，(34) 選擇與規劃休閒娛樂活動、[九] 參與社區活動，以及第二十二項領域（職業領域）的各單元亦可納入自我決定的課程中。

（四）自我決定學習教學模式

Mithaug 等人依據自我管理與自我控制的理論，設計自我決定學習教學模式（Self-determined Learning Model of Instruction, SDLMI）（Mithuag, Wehmeyer, Agran, Martin, & Palmer, 1998），並經十數年的研究，分三個階段，每一階段皆呈現一個問題讓學生嘗試解決。各階段的引導問題及教學目標見表 5-12。

表 5-12 ■ 自我決定學習教學模式

學生問題	教師目標
階段一：擬定目標　※學生要解決的問題是：「我的目標是什麼？」	
問題 1：我要學什麼？	1. 讓學生認清學習的需要。 2. 讓學生表達其偏好、興趣、信念及價值觀。 3. 教導學生排列優先順序。
問題 2：我現在知道多少？	1. 讓學生辨清目前狀況。 2. 協助學生蒐集可能的機會與環境中的阻礙相關資料。
問題 3：學習未知的事務：我的目的是要改變什麼？	1. 讓學生決定焦點放在在增強能力或調整環境，或二者同時兼顧。 2. 支持學生從優先順序清單中選擇其需求。
問題 4：我能做什麼？	讓學生陳述其目標，並確定評估達成目標的標準。
階段二：採取行動　※學生要解決的問題是：「我的計畫是什麼？」	
問題 5：我要如何學習我未知的事務？	讓學生自我評估目前的狀況與自訂目標的狀況。
問題 6：什麼情況會阻礙我採取行動？	讓學生決定行動計畫以縮短上述自我評估的落差。
問題 7：如何可移除這些阻礙？	1. 與學生合作共同找出適切的教學策略。 2. 教導學生必要的自我導向學習策略。 3. 支持學生執行其自我導向學習策略。 4. 提供獲雙方同意的教師主導教學活動。
問題 8：我何時採取行動？	1. 教導學生決定行動計畫時程。 2. 讓學生執行行動計畫。 3. 讓學生自我監控進步情形。
階段三：調整目標或計畫　※學生要解決的問題是：「我學到什麼？」	
問題 9：我採取了什麼行動？	讓學生自我評鑑並朝目標調整。
問題 10：我移除了什麼障礙？	協助學生以期望的結果為基準，比較其進步情況。

（續上表）

學生問題	教師目標
問題 11：改變了什麼讓我獲得我想要的工作／生涯？	1. 如果進步不夠，支持學生重新評鑑／調整目標。 2. 如果目標不變，支持學生做正確的決定。 3. 如果行動計畫不適切，協助學生剖析不適切之處。 4. 協助學生修改行動計畫。
問題 12：我是否達成我想要的達成的目標？	1. 讓學生決定是否確有進步或目標是否達成。 2. 如果這個目標已達成，促使學生決定是否需要另一目標以達成就業／生涯目標。

資料來源：Wehmeyer, Lattimore, Jorgensen, Palmer, Thompson, & Schumaker (2003: 82-83)

　　模式中自我引導的問題有其順序性，不宜改變，但可依學生理解程度改寫之。學習材料亦宜依學生程度編寫，即使學生生活經驗有限，仍可藉結構化的引導問題，在教師持續支持下，循序漸進地持續練習提升其自我決策能力。教師可依自己的專業及教學專長進行教學，亦可開發課程材料安排相關活動，甚至可將學習情境自學校延伸至家庭或社區，在自然情境中練習，其效果會更顯著。Mazzotti、Test 與 Wood（2012）甚至將之納入電腦輔助學習系統，以多媒體設施協助學生學習決策歷程並改善其行為。

　　此一模式經多項實徵研究，均顯示其對身心障礙學生或接受復健服務的身心障礙者在解決問題、設定目標，以及生涯轉銜方面的助益（Agran, Wehmeyer, Cavin, & Palmer, 2010; Cobb, Lehmann, Newman-Gonchar, & Alwell, 2009; Lee, Wehmeyer, & Shogren, 2015; Shogren, Palmer, Wehmeyer, Williams-Diehm, & Little, 2012; Wehmeyer, Shogren, Palmer, Williams-Diehm, Little, & Boulton, 2013）。

✸ 五、自我決策與個別化轉銜計畫

　　近年有關自我決策與 IEP 或轉銜計畫的研究文獻眾多，學者普遍認

為在關乎身心障礙學生自身權益的個別化教育計畫中，融入自我決定、自我選擇的學習與訓練，可提供學生實際操作的機會，例如：Bassett 與 Kochhar-Bryant（2006）認為，只要將學習內容與過程貼近學生的興趣與偏好，更能讓學生投入學習過程中，並為其轉銜目標負起責任；而 Agran 與 Martin（2008）亦認為自我決策能力實為轉銜計畫的基礎，規劃 IEP 的過程正是教導自我決策的良機，可強化學生主動參與規劃其未來生涯的動機。Martin 與 Marshall（1995）所編製的「決策者」（The ChoiceMaker: Self-Determination Transition Curriculum）即為結合 IEP 與自我決策課程的典型代表（Martin, Marshall, & DePry, 2008）。

國內推行個別化教育計畫多年，但因法規並未特別規定學生的參與，因此多由教師主導，學生甚少有置喙餘地。近年已有若干研究探討學生參與的可行性與可能性，亦有以課程教學方式引導學生參與 IEP，黃柏華（2014）即彙整相關文獻，以身心障礙學生學校適應為主題，根據自我決策的理念，設計兩學期的課程，第一學期為「學生參與 IEP 的前導課程」，主要目標為提升學生自我了解個人能力現況與需求，能夠評估個人生涯目標設定的條件，增加自主參與 IEP 會議的意願。課程內容涵蓋學校適應的四個向度「學習狀況」、「人際關係」、「團體規範」和「生涯規劃」，以及自我決策四個向度「自我了解」、「心理賦權」、「自我調整」和「獨立自主」。其中，自我決策的內容包括：

1. 自我了解：（1）以馬斯洛需求理論了解自己在不同層次的需求滿足狀況；（2）評估自己最主要的需求所在的層次以及自己在所處環境中所需支持與協助；（3）解釋「學齡學生自我決策量表」各分測驗意涵與評估個人測驗結果和實際狀況之間的異同。

2. 心理賦權：（1）從學習及生活的實例，呈現自己心理賦權的過程，與促進自己參與或投入一項活動的內在動機及探討動機轉變歷程；（2）探討自己對於不同活動的動機反應與調節歷程。評估自己最主

要的需求所在的層次，以及自己在所處環境中所需支持與協助。

3. 自主調整：（1）分析自己在不同適應向度的需求順序與具體目標；
（2）探討不同觀點的評估結果與實際適應狀況的異同，評估自己需
要調整或改善的部分；（3）討論目前特教服務的成效，以及仍需要
協助的部分。

4. 獨立自主：（1）學生能表達自己能夠獨立完成的在校學習與課後活
動（包含居家生活、休閒生活、課後學習活動）；（2）學生能表達
目前無法獨立完成活動，需要支持與協助。

在此基礎上，第二學期課程目標以「學生參與 IEP 會議的能力」和
「學生發展自己 IEP 會議內容」為主軸，將自我決策技巧融入學習過程
中，教學內容分為五個階段八個單元：（1）建立知識背景階段：單元一
「認識 IEP」；單元二「我的角色與責任」；（2）準備 IEP 階段：單元
三「如何準備我的 IEP 會議」；單元四「我的目標」；（3）擬定 IEP 會
議內容：單元五「我的 IEP 會議內容」；單元六「溝通與共識」；（4）
發展 IEP 會議階段：單元七「我的學習與生涯藍圖（IEP）」；（5）參與
IEP 會議階段：單元八「我是自己的主人」（見表 5-13）。

表 5-13 ▪ 學生參與 IEP 課程目標

流程	單元	學生參與 IEP 會議的能力	學生發展自己 IEP 會議內容
1.建立背景知識	單元一 認識 IEP	1-A-1 能依據法源說出 IEP 團隊成員。 1-A-2 能說出參與 IEP 會議的意義。	1-B-1 能依據法源說明特殊教育服務對象與服務的項目。
	單元二 我的角色與責任	2-A-1 能說明自己家庭狀況和需求服務。 2-A-2 能說明自己責任與權利。	2-B-1 能說出 IEP 形成的過程。 2-B-2 能檢核自己 IEP 內容項目（基本資料與家庭現況）。

流程	單元	學生參與 IEP 會議的能力	學生發展自己 IEP 會議內容
2. 召開 IEP 會議前的準備	單元三 如何準備我的 IEP 會議	3-A-1 能評估自己參與 IEP 會議準備工作的可行性。 3-A-2 能列舉出自己參與 IEP 會議可能遭遇的困難和需要協助的方式。	
	單元四 我的目標		4-B-1 能調整修改自身的能力現況。 4-B-2 能調整修改自己優弱勢能力與需求評估。 4-B-3 能評估本學期 IEP 目標的達成狀況。 4-B-4 下學年的 IEP 設定的目標。
3. 擬定 IEP 會議的內容	單元五 我的 IEP 內容	5-A-1 能依據 IEP 會議的流程設定 IEP 會前準備工作。 5-A-2 能依據 IEP 會議討論的內容項目，評估自己達成的可行性。 5-A-3 能表達自己進行 IEP 會議所需要的協助方式。	5-B-1 能夠以自己的表達方式，自己撰寫（或口述）IEP 會議的部分內容。 5-B-2 能夠表達自己的想法與重要他人（個管老師）共同完成 IEP 會議草案。
	單元六 溝通與共識	6-A-1 能依據 IEP 會議草案和重要重要他人溝通與討論。	6-B-1 能依據 IEP 會議草案和重要他人討論後進行調整與修改。

（續上表）

流程	單元	學生參與 IEP 會議的能力	學生發展自己 IEP 會議內容
4. 練習參與 IEP 會議	單元七 我的學習與生涯藍圖（IEP）	7-A-1 能依據會議流程，說出主導會議的腳本內容（提示語）。 7-A-2 能依自己上學期 IEP 會議表達自己看法與進步之處。 7-A-3 能在 IEP 會議場地，完成個人 IEP 會議的模擬流程與步驟。	7-B-1 能依據模擬 IEP 會議的流程表達自己想法與需要調整修改之處（包含 IEP 會議內容檢核、流程順序和討論重點）。
5. 召開 IEP 會議	單元八 我是自己的主人	8-A-1 能夠實際參與並主持自己的 IEP 會議流程。 8-A-2 能自我評估參與 IEP 會議的表現。 8-A-3 能自我檢核在 IEP 會議的進步情形。	

資料來源：黃柏華（2014，頁 192-193）

　　整個課程的進行採小組教學及個別教學兩種方式，小組教學部分，透過團體討論過程，建立參與 IEP 的基本概念與準備工作的流程，提升參與 IEP 的共識；個別教學部分，針對學生的個別能力與需求的差異，透過問題解決模式，進行 IEP 目標的設定、擬定 IEP 會議內容，以及檢討評估 IEP 會議表現。課程實施後則以「學齡學生自我決策量表」、「學生參與 IEP 會議觀察紀錄表與自我檢核表」、「學生參與 IEP 課程學習表現與滿意度調查表」等評估其成效。

　　個別化教育計畫為身心障礙教育的核心，實應鼓勵學生參與 IEP，引導學生確認自己的需求，學習表達及與人互動的技能，不僅可提升個人能力達成既定的目標，更是自我決策能力的實踐，以自我決定的方式做抉擇；在執行過程中，進行自我評鑑和調整計畫的循環歷程，使身心障礙學生不僅是受到法律保障具有公民權的個體，亦是能夠自我掌控、自我實踐的成功者。

心
礙
身
障
者 生涯輔導與轉銜服務

6
CHAPTER

生涯輔導與就業服務

 第一節　**生涯輔導基本原則與策略**

　　身心障礙者的生涯發展，除在特殊教育領域中安排適當課程實施生涯與轉銜教育外，可能仍需更專業的生涯輔導與諮商，且因涉及離校後的轉銜，在特殊教育範圍之外，亦與勞政單位所主管的就業服務，乃至社政單位所提供的生活照護有密切關係。此等輔導措施有其獨特性與專業性，特殊教育人員應有所了解，以充分運用相關資源，配合學校各項轉銜服務措施以及相關教學活動，提供身心障礙學生完整而持續的生涯輔導。

　　生涯雖屬個人層面的課題，但與社會的發展息息相關。Strauser、Waldrop 與 Ketz（1999）檢視當前社會變遷的情勢，認為目前工作的本質已從生產轉變為知識與服務、從任務與產量轉變為過程與價值，因此員工在工作過程中必須快速適應、學習、提升、小組決定與組織，即使低薪工作也需要更多認知與人際的技能，缺乏基本工作技能、教育和訓練者，勢將遭遇更多求職困難。雖然身心障礙者的教育程度日益提高，但工作準備度不足、欠缺「軟技能」，仍將使其就業困難。所謂的「軟技能」，與個性以及與人互動的能力，包括溝通、傾聽、說服、自我激勵、影響力、團

隊合作能力等，而職場常出現的臨時偶發事件，亦需要即時的決策判斷
（Kosciulek, 2004），身心障礙者較缺乏早期經驗或成功經驗，提供身心
障礙者服務的工作人員必須正視這一關鍵性的課題，在服務過程中，持續
強化服務使用者這些必備的知能。

⭐ 一、基本原則

實施生涯輔導與諮商有其基本的原則，且服務對象為身心障礙者，更
需有特別的考量：

1. 障礙形成期的考慮：身心障礙者的障礙何時形成，與其生涯發展有密
   切關係（Beveridge, Craddock, Liesener, Stapleton, & Hershenson, 2002;
   Moore, Konrad, Yang, Ng, & Doherty, 2011）。先天障礙者普遍缺乏探
   索生活經驗的機會，影響其對各種事務的接觸與了解，間接地限制其
   發展的空間，因此在其發展過程中，如何及早提供各種探索與學習的
   機會，是一重要關鍵。後天致障者如其心智功能未受到損傷，則可能
   必須在心理復健與諮商方面，提升其自我功能，加強其適應現況、面
   對障礙的能力，若原有能力受到損傷，則應斟酌存留的能力，施以再
   教育及訓練，培養新能力，並重新建立自信心。

2. 障礙類別與嚴重程度的考慮：不同障礙型態與嚴重程度，對其生涯
   發展與選擇也將產生不同的影響，故應有不同的對策與服務方式
   （Tenenbaum, Byrne, & Dahling 2014），例如：心智功能較低者，其
   生涯發展可能僅止於探索或暫時性的建立階段；心智功能正常、其障
   礙偏於表達或動作方面者，則應依其最適當的溝通方法，提供必要的
   協助；至於多重障礙者，可能需要多方面的考慮與配合，特別是科技
   輔具與職務再設計的措施，均宜納入輔導方案中。

3. 當事人中心的設計：為使身心障礙者能獨立自主生活，必須避免強制

性介入，而應將重心置於當事人本身，從當事人中心的角度設計適宜的輔導方案，舉凡生涯評量的方式與內涵、方案的設計與執行等，均應鼓勵當事人主動參與；個案如同協同諮商者，諮商師提供足夠的支持，協助個案自我療癒、自我矯治，逐步培養其自我決定的能力（Crisp, 2011, 2015）。此外，先天性的身心障礙者經驗有限，後天致障者又可能不必要地剔除可供選擇的方向，因此在完整評估各種可能途徑之前，必須避免錯誤的引導或過早的下定論。

4. 以強化知能開發潛能為導向的方案：輔導方案的設計應重視如何強化（empowering）其可能擁有的能力與信心（Kosciulek, 2004）。任何一次的輔導介入措施，在整個發展歷程中都只是一個單一事件，而身心障礙者生涯發展的問題往往持續存在，並不僅發生於職業選擇那一時刻而已，因此輔導者應考慮如何使此一接受輔導的經驗產生持續性的效果。換言之，輔導的目標不僅在解決當前的問題（如找工作），更重要的是強化其尚未開發的部分，為未來的發展做好最佳的準備。

5. 經驗取向的活動：對身心障礙者而言，學校或工作環境都存在著障礙，但其實際的影響必須經由個人直接的經驗與判斷，因此各種形式的探索就顯得非常重要。以職業興趣為例，興趣是性格的具體反應，也是生涯發展的原動力，而大部分的興趣都是習得的結果，學習經驗不僅影響個人的生涯選擇，也與其生涯自我概念息息相關，因此提供接觸各種活動的機會，從親身的經驗中，深入探索個人興趣偏好所在，同時確認自己的想望，並逐步培養其能力與信心，是身心障礙者生涯輔導的重點。

6. 工作世界變遷對個人生涯的影響：隨著全球化、機器人及網路科技的變革，工作的本質亦隨時代的改變而異於昔時，例如：非典就業人口劇增，部分工時、臨時性工作及人力派遣這三類型工作，員工與雇主並不存在長期僱傭關係，可能就帶來高失業率及高就業風險等問題。輔導專業人員不能忽略這種現實存在的情況，應特別注意在人與環境

互動的生態中，工作世界的變遷對身心障礙者生涯發展的影響。

7. 諮商輔導人員的障礙觀：諮商乃雙方（或團體成員間）互動過程，在此過程中，諮商師所持的障礙觀將影響其如何了解個案、如何看待個案（的問題／自我），其心思必將透過各種語言／非語言行為傳遞給個案，個案的感受勢將影響諮商關係，進而影響整個諮商的效應（Rivas & Hill, 2018; Smart & Smart, 2006）。因此諮商師必須省思自己如何看待障礙的標籤，對障礙的刻板印象是否影響其諮商行為，同時亦需持續觀察個案的感受，並反思自己的障礙觀與其感受之關聯，如此始能建立良善的工作同盟關係，確實依循上述各項原則，提供妥適的諮商服務。

二、輔導策略

（一）評量策略

提供身心障礙者適切的生涯輔導，必須先從各個相關向度了解其困難所在，以對症下藥。在輔導之初，除以職業評量方法，透過心理測驗、工作樣本、情境評量、功能評量等措施，了解其生理條件及一般所強調的身心特質外，更需要進一步分析其生涯認定程度、工作人格、自我效能等心理層面的狀況。此外，有關其所處的生態環境（包括家人、親友、同學或同事、師長及其他相關人員等），更需以生態取向的評量模式，從整體角度進行評估，以了解其對當事人的影響作用，同時可作為發展社會支持網絡的基礎。

完整的評量資料可統整個人經驗、技能、價值觀，若再納入學習成果、特殊與多元能力表現之各種紀錄，以及作品樣本、抉擇歷程、相關人士資料等，有目標、有計畫、有系統地整理、編排，即可形成一套個人的生涯檔案（portfolios），協助學生回答：「我是誰？我要往哪裡去？我將

如何到達那裡？」這些根本的生涯課題。學生一方面可從多元角度評量自己的成長，並增進自己對所學及習得知識、能力的了解；另一方面可從選擇、整理個人資料中學習負責任與自我省思，亦可由與同儕、師長的互動回饋中，形成對自我能力的肯定，使自我認定和自我效能感更為具體明確（McDivitt, 1994; Sarkees-Wircenski & Wircenski, 1994; Savickas, 1996）。近年電腦科技發達，因此原先紙本的生涯檔案即可轉為數位檔案（e-portfolio），則不僅是個人資料的統整，更能以生動的畫面與語音系統展現個案的形貌（Eynon, Gambino, & Torok, 2014; Kim, 2006; Reardon, Lumsden, & Meyer, 2005; Ring, Waugaman,, & Brackett, 2017），更能增進其求職面試機會（Kruger, Holtzman, & Dagavarian, 2013; Willis & Wilkie, 2009）。

（二）介入策略

在 Savickas（1996）的生涯介入模式中，將生涯輔導所能提供的服務區分為職業安置、職業輔導、生涯諮商、生涯教育、生涯治療、工作教練等六類，若案主的生涯方向相當明確，可能僅需提供資訊，但若經評估發現案主缺乏明確的生涯定位／方向，如自我概念混淆、生涯信念有偏差、缺乏就業動機等，可能即需提供諮商或治療服務。其生涯介入的處遇，可包含：（1）生涯導向課程，如透過情境角色扮演、撰寫未來自傳等策略；（2）自我決策訓練，透過練習自我生涯控制，協調出最適配的決策；（3）蒐集探索訊息，願意體驗多元化的角色，理解他人與世界的運作，透過大量的資訊讓當事人更具真實感；（4）自我肯定，如促進當事人成功經驗，增加對生涯的信心（Savickas, 2005）。

輔導方案的設計必須依據當事人的狀況與需要，對心智功能正常者的介入方式，可針對其需要，參考一般生涯輔導的策略，加以規劃，惟須考慮其障礙與限制，給予更大的彈性，如聽覺障礙者的溝通問題，在個別諮商時可以口語輔佐筆談，視覺障礙者可以語音訊息替代書面資料。心智功

能較低或無法正常運作者,則應特別考慮其對介入方案的接受程度,或可以遊戲的方式,提供能切實了解、易於吸收的資料,而實作的經驗,更有助於其探索。

從生涯發展的觀點言,介入的時機應自學前階段即開始規劃,在家庭充分的配合下,從小就在多樣的社會互動歷程中,提供其探索自我(能力、興趣)的機會,培養健全的自我觀與工作人格。對後天致障者所採取的介入措施,則有必要從心理建設開始,藉漸進的成就表現、替代經驗,乃至認知行為諮商等方法,恢復或重建其信心與自我效能。

(三)支持策略

身心障礙者的生涯發展與周遭人士有密切關係,更需其密切的協助與配合,因此輔導方案的設計與執行,都必須結合相關人士,藉其所提供的資源與角色模範,在自然情境中協助當事人有效學習各種技能。這樣逐步形成的自然支持網路,於輔導方案結束後即可提供持續的協助,延續方案的效益。

建立支持網絡並非特別為身心障礙者生涯輔導安排的措施,在一般的輔導方案上,為使其效果得以持續,即常有必要協助案主建立長期穩定的社會支持網絡。對身心障礙者而言,社會支持網路的建立,有助其情緒穩定、融入社會、參與社區活動、提升生活品質的效益(Forrester-Jones et al., 2006; Lippold & Burns, 2009),另一方面亦可教導一般社會大眾,由平日的接觸進而了解、接納身心障礙者,於無形中消除偏見或歧視,成為身心障礙者最佳的支持者,下述支持性就業中自然支持的模式即為一具體例證。

★ 三、生涯探索方案

身心障礙者普遍缺乏生涯探索的機會,影響其生涯發展歷程至鉅,因

此在學校教育中，必須依學生年齡與程度，設計多樣化的探索活動，逐步增加其對自我與環境的了解。下述各種方案，可單獨規劃，亦可融入相關科目教學中，唯必須特別注意學生的需求與反應，以當事人中心的輔導或諮商角度，提供最適切的協助。

1. 心理評量：各種適切的評量資料，除可提供教師設計個別化教育（轉銜）計畫的依據外，亦可作為學生自我認識與接納的參考。評量結果可能無法完全反應其全貌，但仍可作為刺激其思考的起點，藉評量結果所反映的資訊，協助個案進一步探索自己的優勢與限制。若評量結果與個案原先的預期有差距，亦為生涯諮商最佳題材，可協助個案探究其中緣由，藉以澄清疑慮困惑。

2. 模擬情境演練：在實際參與或親身經歷前，以角色扮演的方式先行演練各種生涯情境可能遭遇的課題，藉此融會貫通以往所學的片段知識與技能，不僅可增強其信心、熟稔相關的應對技巧，亦有探索自我長處與弱點的功效。演練時尚可藉錄影工具，事後再與個案一同觀看演練的影片，具體點出演練過程中表現適切或可再加強的部分。

3. 社區參觀與實作：社區是身心障礙者生活的重心，亦是其最可能工作的場所，因此在學期間，可透過參觀、實習，以至實際操作等方式，了解所處的社區環境，充分掌握各種可供運用的資源，就其實際接觸的經驗，確認自己的價值與興趣，並學習新技能或精進已習得的技能，同時亦可發揮探索自我能力、適時培養興趣的效果。為免學生經驗不足、走馬看花，教師可事先準備觀察表，具體列出參觀或實作重點，協助學生確實掌握學習機會。

4. 角色模範學習：邀請已畢業、工作穩定或生活滿意的學長，回校與在校學生座談，以親身經歷講述其生涯的發展過程，無論挫敗或成功經驗，其轉折處的影響因素、解決問題的策略等，對身心障礙學生均是有效的社會學習機會。學長與在校生年齡差距不大，其經驗亦為新近

現場習得,彌足珍貴,更具參考價值。

5. 電腦輔助系統:目前頗受重視的電腦輔助生涯輔導系統(computerized assisted career guidance system),已能適用於身心障礙者(Sampson, Norris, Wilde, Slatten, & Reardon, 1998; Sampson, Reardon, Kolodinsky, & Herbert, 1998)。系統具有線上施測、結果解釋,乃至模擬式的活動及相關資訊,均可提供探索之用。國內亦有甚多類似網站,例如:台灣就業通、無礙 e 網、CNN 華人生涯網,以及民間人力銀行網站等,惟宜注意如何解讀網路上所提供的資訊。

四、生涯諮商

生涯的課題常非個人所能完全掌握,甚至若干可能導致負面影響的生涯信念或習性更有賴諮商的介入,例如:感官或肢體障礙者的生涯認知,常因平日所受的挫折而有所扭曲,因此有必要深入探討其認知結構,以當事人中心的觀點協助其心理的重建,在諮商過程中對自己實存狀態重新覺察與學習,如此始可能跳脫習慣性的思考模式,而以積極的態度建構自己的生涯。

積極的思考能帶來快樂的情緒及有效的行為,因此認知行為學派特別針對生涯認知上的困擾及問題,提出有效改變的策略。生涯信念或生涯自我效能的建構係習慣的漸進累積,因此第一個步驟即在透過評量工具或晤談傾聽當事人的需求,篩檢有問題的信念,再加以解構;針對某些特殊的想法,要求當事人描述信念背後的理由,並加以驗證或提出反證,如果信念有偏,則進一步發展行動計畫,以積極有效的信念做生涯決定。

由於案主的心理社會適應狀態之不同,所需之諮商策略亦有差異。Livneh 與 Sherwood(1991)分析各個人格學派用於身心障礙者的措施,認為情意性非指導式的諮商(如個人中心學派、完形學派)常用於初期,以建立諮商員與案主間互信互賴的工作夥伴關係,個案在鼓勵的氛圍中較

願意揭露其自我，談論其感受及想望，後期則以較具結構性指導式的諮商
策略（如認知治療、現實治療、理情治療等）。類似的策略亦適用於慢性
病障礙者（Livneh & Antonak, 2005），此等依障礙者心理反應，漸進式提
供協助的建議頗具參考價值，唯仍應從案主中心的角度思考諮商輔導的策
略，且如何將相關諮商理論融入個案生態中，仍有待諮商人員妥慎思量。

★ 五、生涯輔導人員

　　生涯輔導人員具有諮商、諮詢、協調的功能，而針對身心障礙者的特
別狀況，生涯輔導工作者可能需要增加教育、規劃及倡導的角色，教育方
面主要在以教導的方法，啟發身心障礙者新的思考或情緒反應方式，以因
應障礙的限制；規劃的角色則重在建立當事人與社區的需求之間新的連
結管道，使其有更多機會參與社區活動，亦使一般人士藉此機會接觸身
心障礙者，了解其需求與困難所在，提供必要的協助；倡導角色的功能係
考慮維護身心障礙者應有的權益，以引進目前對身心障礙者的發展尚屬
缺乏的必要資源為主要目的（Szymanski, Hershenson, Ettinger, & Enright,
1996）。

　　為發揮上述多種角色功能，生涯輔導工作者必須了解社會變遷的方向
與趨勢對身心障礙者的影響，尤其在社會對障礙者的態度並非十分正向的
時刻，更需要注意其學習機會是否受到剝奪，在提供適切的介入方案時，
更應注意輔導人員與當事人間的工作同盟（work alliance）關係，使當事
人（及其監護人）在互信、互賴的情境中主動參與輔導方案的規劃與執
行，務使其在輔導人員協助下，建立正確的生涯信念。

第二節　生涯諮商與介入

⭐ 一、生涯發展與諮商

　　身心障礙者常因久處於挫折或失敗的經驗中，易於形成習得的無助感，認為自己永遠不可能成功。Luzzo 等人（1999）即發現，身心障礙者的生涯發展歷程較一般人複雜，職業認同與生涯抉擇上的問題更多。生涯抉擇的困難與個人欠缺抉擇能力、目標不明、缺乏職業資訊、生涯阻隔、價值衝突等原因密切相關（Germeijs & DeBoeck, 2003; Lustig et al., 2012; Osipow, 1999），更是造成身心障礙者就業問題的一大主因（Campbell et al., 2010; Enright, Conyers, & Szymanski, 1996; Kukla, McGuire, & Salyers, 2016）。

　　Hitchings、Luzzo、Retish、Horvath 與 Ristow（1998）發現，認知功能障礙者較肢體障礙者更難以了解其障礙對就業的影響，且可能因依賴與過度受保護而影響其抉擇能力，以致對職業訓練與就業機會往往會形成不切實際的期望（Enright et al., 1996; Hagner & Salomone, 1989; Szymanski & Hershenson, 1998）。Yanchak、Lease 與 Strauser（2005）的研究即顯示，認知障礙者有較高的生涯認知失調現象，外在的衝突亦頗為明顯。至於肢體障礙者主要的困難在於生理的損傷引發社會不適應或羞怯感，以致影響其參與生涯探索活動、設定適切生涯目標的機會（Davis, Anderson, Linkowski, Berger, & Feinstein, 1985; Elliott, Uswatte, Lewis, & Palmatier, 2000）。Rohe 與 Krause（1999）即發現，中年脊椎損傷者較一般人更趨內向、較缺學業導向，雖有生理功能的限制，卻較偏向挑戰體能而以行動為主的職業，顯現其自我設限的困境。Tenenbaum 等人（2014）的研究亦發現，障礙的發生時期與障礙者的自我效能有密切關係，中途致障者的自我效能影響最大，障礙程度愈嚴重其影響愈大，且除研究型之外，其影響

橫跨各個興趣類型的肢體障礙者。

依據 Hershenson 工作適應理論，諮商人員必須聚焦於個人與工作情境，與當事人共同分析生活、學習、社會化中介系統的影響，因此諮商員首要工作即以綜合性評量，了解工作適應的問題主要來自工作角色行為、任務表現或工作滿意度，或三者的綜合。若係角色行為的問題（如騷擾同事、與顧客爭執或拒絕主動執行任務），則應先從其工作人格著手，並探究其與職場氣氛及行為期待之互動狀況，進而確定問題關鍵在其自我概念、工作動機或工作相關之需求：如問題出自缺乏知識或技能以配合工作角色期待，則可採取心理教育訓練措施；如問題出自職場對員工行為不當的期待，則可施以自我肯定訓練，以強化其自我倡導的能力；如問題係與其工作人格有關，則有必要進行個別或團體諮商（Hershenson, 1996b）。

Beveridge 等人（2002）認為，身心障礙者的致障時機、原因與障別不同，其所處的生涯境遇亦有所不同，大致可分為下述六種狀態（INCOME）：

1. 想像（imaging）：處於想像狀態者，已覺察社會上各種職業的存在，並開始賦予工作意義、價值與社會規範。

2. 資料蒐集（informing）：處於此一狀態者，開始蒐集有關個人、工作世界、機會、文化情境脈絡等資料，同時發展工作能力與生涯自我效能。

3. 選擇（choosing）：處於此一狀態者，綜合前述狀態所得資料，從已知的機會中做決定；其決定受個人所蒐集之資料以及抉擇能力、風格與自我效能影響。

4. 獲取（obtaining）：處於此一狀態者，執行其決定而獲得一份工作，惟環境與經濟因素、求職管道與技能等，均將影響其求職結果。

5. 維續（maintaining）：此一狀態為個人適應、表現、維持就業的動態歷程，與個人和職場的互動有密切關係。

6. 退離（existing）：此一狀態包括各種離開現職的情境（辭職、遣散、轉業、退休等），影響個人離職的原因甚多，然如何決定、因應，為處此狀態者的重要課題。

　　此一模式的架構類似 Super 的生涯發展階段，但這六種狀態不一定依序發展，其重點主要在考量個案當前的狀態，因此個人可能跳過或重入某一狀態，或同時處於多種狀態，但第一次進入該狀態時，必然經歷前面的數種狀態（如獲得某工作前必先做選擇）。由於各種狀態所涉及的情況不同，輔導人員宜依身心障礙者所處狀態，提供適切的服務措施（見表6-1）。

表 6-1 ▪ INCOME 模式介入策略（示例）

狀 態	介 入 策 略		
Imagining 想像	生涯覺察訓練 引導幻想	社區或媒體職業展示 敘事諮商	運用傳播媒體
Informing 資料蒐集	測驗與評量 職業資料（含當地就業市場） 生涯課程	晤談／訪談 志工經驗 生涯樹（career genogram）	試探就業 實習 見習
Choosing 選擇	決策模式（訓練） 電腦輔助系統（SIGI、DISCOVER）	生涯課程／工作坊 可轉移技能分析	家庭或同儕壓力諮商
Obtaining 獲取	求職技能 倡導 職業博覽會	網路連結 機會結構 偏見因素評估	暫時性就業（試用） 技能訓練 生涯檔案
Maintaining 維續	生活角色分析 繼續教育 雇主諮詢	生涯教練指導 學習新技能 組織內生涯路徑	工作表現檢核 追蹤支持
Existing 退離	轉業訓練 再訓練 退休前諮商		

資料來源：Hershenson (2005)

★二、生涯輔導介入模式

　　許多研究均顯示身心障礙者生涯發展的困境，需要特殊教育教師以及其他相關專業人員的協助，學校內本即有專業輔導人員，彼等具有測驗、諮商方面的專業訓練，理應與特殊教育教師密切連繫，然而也可能因學校輔導工作本即十分繁重，鮮少參與身心障礙學生的教育工作，因此 Fox 與 Wandry（1998）參考 Baker、Gysbers 與 Henderson、Schmidt 等人為普通學生設計的諮商方案，提出包括四個領域的身心障礙學生轉銜介入模式（transition intervention model）：

1. 第一個領域目的在協助個別學生的學習、個人發展與生涯發展，學校諮商輔導人員主要任務在實施及解釋興趣測驗（必要時亦可實施語文及非語文測驗）、規劃中學教育計畫、提供職業與社區探索機會（包括生涯覺察、見習、社區本位教學等）、發展學生檔案（連接學習成果與工作世界）。

2. 第二個領域則為結構式的課程或團體活動，以認識自我與他人、教育／生涯發展、生涯探索與規劃為主要內涵，用以增進學生個人／社會技巧、學習技能、工作與生涯發展能力，屬於預防性質。此一領域可由學校輔導人員與特殊教育教師共同設計規劃，彼此分工合作連繫相關資源、進行教學活動。

3. 第三個領域主要重點即在解決學生立即的需要與關切的課題，通常以諮詢、個人諮商、危機處理或轉介為主：

　（1）諮詢服務包括參加 IEP 會議或親師座談會，或代表學生與校外諮商專業人士接觸；亦可透過在職研習或工作坊，提供教師與家長轉銜相關課題介入的策略。

　（2）個人諮商則以個別或小團體方式介入，以支持或補救性為主，亦可以短期諮商方式協助學生處理個人或人際衝突。

（3）危機諮商則係針對重大災難、親屬或好友過世、自殺事件、校園暴力等危機狀況，即時介入以支持、迅速處理危機事件。

（4）若學校輔導人員缺乏解決問題的專業能力或時間，則可將學生轉介至校外專業機構或人士。

4.第四個領域則係以維持並提升學校輔導功能為主，透過系統管理、專業成長、專業諮詢顧問、社區連盟、研究發展等。

　　就身心障礙學生的生涯發展而言，上述第一、二領域與特殊教育之課程設計有關，為使身心障礙者趨於生涯成熟，參與生涯的探索至為重要，Ochs 與 Roessler（2004）從社會認知生涯理論發現，生涯自我效能和生涯結果預期與個人是否重視生涯探索有密切相關，因此建議在個別化教育計畫中，即應將生涯自我效能、學業與生涯預期結果、生涯探索意圖等納入評量範圍，並提供適切的生涯輔導與諮商服務。

　　第三個領域屬於諮商人員的專業，也與學生最有直接關聯，需要具備諮商專業訓練者來策劃執行，其方案設計即以生涯諮商理論為基礎。許多身心障礙者的輔導與研究，常結合特教教師與專業輔導人員，依問題解決、認知行為訓練等模式，設計學校或職場情境，以社會技巧、口語溝通、適切提問等為訓練目標，透過角色扮演、回饋、增強、示範、經驗分享、境外練習，甚至虛擬實境等方法，均能獲得預期的效果（Parson & Mitchell, 2002; Pert, Jahoda, Kroese, Trower, Dagnan, & Selkirk, 2013; Storey, 2002; Taylor, Lindsay, & Willner, 2008）。

⭐ 三、生涯諮商策略

　　身心障礙者的生涯諮商必須考量身心障礙者本人如何建構障礙的意義，由於長期的挫折與無奈，形成不同的經驗訴求，這種植基於社會情境的建構，可能造成身心障礙者不願融入主流社會（Oliver,

1996; Wolfensberger, 2002），或者將障礙視為自我與社會認同的一部分
（Gilson, Tusler, & Gill, 1997），復健諮商人員欲提供適切的諮商服務
時，必須正視這些課題（Crisp, 2002）。Smart 與 Smart（2006）從障礙模
式的演變，就諮商人員在接觸身心障礙者個案時應思考的課題，提出多項
具體建議：

1. 諮商人員應持續探究案主的障礙經驗，以及其與諮商者之間的交互關
   係。
2. 諮商人員應了解障礙僅僅是個人認定的一部分，並非全部。有些身心
   障礙者不會將障礙視為悲劇或限制，反而將之視為個人自我中具有價
   值的一部分。
3. 諮商人員應了解，賦權是控制、批判性的覺察、參與等等課題的過程
   與結果，雙方互動合作的過程本身亦是賦權的行為。
4. 諮商人員應覺察自己是否會將本身的價值觀加諸於案主身上，並應致
   力於開闊自己的視野，傾聽案主的障礙經驗。
5. 諮商人員應覺察雙方權力的差距，這可能是社會現實的反應，但亦將
   斲喪雙方的關係與信任。
6. 諮商人員應注意本身的專業訓練可能不足以了解身心障礙者的心理特
   性，必須以開放的心思去傾聽案主對障礙所持的概念／偏見／成見，
   必要時宜尋求其他專業的協助（如職業重建體系）。

　　上述原則的主軸實係環繞在諮商關係上。諮商關係為大部分諮商理
論所強調的重點，近年更注意工作同盟（work alliance）的影響力，許多
諮商研究發現：工作同盟對個案滿意度、參與諮商、行為改變等諮商結
果有極高的預測力（Connors, Carroll, DiClemente, Longabaugh, & Donovan,
1997; Fleming, Del Valle, Kim, & Leahy, 2012; Martin, Garske, & Davis,
2000），Donnell、Lustig 與 Strauser（2004）研究嚴重精神障礙者與復
健諮商人員的關係，發現就業者較未就業者有更強的工作同盟關係，且

同盟關係愈強，愈滿意其工作。惟諮商員必須注意身心障礙所造成的影響，例如：身心障礙者常因其障礙的本質，以致不易與諮商員發展同盟關係，如注意力缺陷者可能因易於分心而必須仰賴諮商人員更用心經營這種關係。Chan、Mcmahon、Shaw 與 Lee（2004）針對此項重要課題，編擬復健諮商期望量表（Expectations About Rehabilitation Counseling, Profile, EARC），並運用衝突解決模式設計一套訓練課程，可有效增進諮商人員與個案共同達成復健的期望。

身心障礙者生涯諮商方案的規劃，可以前述 Livneh 與 Sherwood（1991）對人格學派理論用於身心障礙者的建議，諮商員可協助案主積極尋求成功的經驗，並與案主深入討論職業評量結果中個人的優勢，在適當時期，採取直接而結構性較強的步驟，將長期目標細分為短期目標，分別擬定達成目標的策略與具體步驟，保持彈性、發揮創意、逐步提升其做決定的能力，並經常擬定細部計畫、透過支持網絡檢視其計畫、維持其焦點、給予鼓勵。

身心障礙者常在問題的界定、因果關係的思考、問題解決與做決定等認知歷程與自我監控上，缺乏有效的經驗，以致形成錯誤的概念與認知策略。認知行為諮商的目的即在教導有效的控制個人的心意，不必依賴外在的增強或懲罰，認知行為諮商的方法通常包括：演練、角色模仿、角色扮演、自我教導訓練。演練目的在徹底練習某一特別的技巧直到完全熟練為止；角色模仿則需由教師或同儕示範一個解決問題的方法，如大聲說出思考的歷程；自我教導訓練目的在逐步發展「停、想」的策略，先是將在角色扮演或模擬情境演練時所學的策略，大聲講出來，教師適時給予回饋與矯正，必要時可使用錄影機重覆播放一段錯誤／正確的方法；經過一段時間的練習，慢慢將大聲講出來的方式改為小聲講出來，再變為在心中默默告訴自己，而也由自己給予回饋（Cobb, Sample, & Alwell, 2006; Ehrenreich-May et al., 2014）。

Fabian、Lent 與 Willis（1998）依據 Gerber、Ginsberg 與 Reiff（1992）

參照社會認知生涯理論與 Reekie（1995）的策略性行動方案，提出職業成功的介入模式，其核心即在強調個人對自我生涯的控制，內在抉擇（期望、目標取向、建構等）愈高，愈有成功的可能，但目標必須切實可行，並以之為焦點採取行動。因此諮商的策略首要任務在增進其自我了解，必須了解其障礙的本質對其生活的影響，進而重新建構生涯自我觀，換言之，自我概念與自尊的改變、內在建構重新審視自我的期待，即可能改變其生涯／就業興趣方向。

　　近年頗受重視的短期焦點解決諮商（solution-focused brief therapy），以解決問題為目標，強調正向、目標達成與解決方法上的探究，聚焦於個案現有的優勢，從個案自有的資源與能力，去解決生活上所遇到的問題，諮商師不需教導當事人該怎麼做，諮商師的任務是協助當事人發掘自己的資源與力量，如此當事人會更有控制感、更有自信去運用自己的能力來解決問題（Roeden, Bannink, Maaskant, & Curfs, 2009）。Smith（2005）即以此措施協助心智障礙者自己找到控制其衝動行為的策略；Roeden、Maaskant 與 Curfs（2014）以前後測控制組設計探討此一措施對輕度障礙者的效果，研究結果發現，無論在心理功能、社會功能、適應行為、自主性方面，均具中等以上的效果值。

　　身心障礙者的諮商策略亦常以團體方式進行，透過團體的互動與支持分享，強化個人的社會能力，例如：Rossiter、Hunnisett 與 Pulsford（1998）依認知行為理論設計處理憤怒情緒的團體諮商方案，目的即在增強身心障礙者較適切的情緒管理能力；Lawrence（2004）以現實治療法設計六週的團體諮商方案訓練發展性障礙者自我決定的能力，研究結果顯示實驗組在自我管理向度上顯著優於對照組（支持團體）；Arman（2002）以其多年輔導的經驗，為輕度障礙者設計六週的團體課程，該項設計除透過「復元」（resiliency）的主題，強化身心障礙學生對自我優勢能力的掌握外，並引入三項具影響作用的助力：（1）關懷支持的成人角色模範；（2）有效參與學校與社團活動的機會；（3）從成人角色模範獲得高期待

的經驗。

1. 引導團體的組成並訂定團體規範。

2. 教導學生復元力的概念，協助學生分享個人優勢的經驗。

3. 引導學生就其生活中可靠信賴的人所帶來的正向經驗。

4. 引導學生討論對未來生活的期待與必要性。

5. 協助學生討論參與社區或學校活動的經驗與意義。

6. 整合團體經驗並討論未完成的事項。

　　團體諮商是一種經濟、有效的諮商形式，國內亦有甚多有關生涯諮商團體方案及研究，然針對身心障礙學生或成人的諮商團體尚不普遍。身心障礙者普遍缺乏人際溝通技巧，團體諮商正可提供其學習同儕間相互支持與協助的管道，不過針對身心障礙者實施生涯輔導與諮商，應將重心置於當事人本身，以當事人中心的角度設計適宜的輔導方案，而不是將非障礙者的團體諮商策略直接用於身心障礙者身上。王琴珍（2012）以高職肢體障礙學生為對象所進行之行動研究，其方案設計及研究內容能因應參與者特性，深入了解如何透過團體諮商歷程，協助障礙者探索、追尋困難的

表 6-2 ▪ 高職階段肢體障礙學生生涯探索方案

主題	次數	單元名稱	單元目標	介入元素
團體開始	一	美好的開始──我們的默契	建立團體規則、形成團體默契	1. 由成員提供想法，經過票選，決議出團體名稱。 2. 透過成員們的自我陳述，列出團體契約。 3. 共同為團體契約宣示。
自我認識	二	自我探索（一）──發現自己的特別	發現並接受自我的獨特之處。	1. 在繪本討論時，研究者先行示範、帶領，逐步引導討論。 2. 增加個人創作部分，形塑出獨一無二的自己。

（續上表）

主題	次數	單元名稱	單元目標	介入元素
	三	自我探索（二）——善用優勢	肯定自我的優點及能力，以提升自信心。	1. 在希望之樹的製作當中，確認成員對於優勢的理解。 2. 拿著自己的「希望之樹」進行走秀，增進成員的自我展現。 3. 透過「我能……」語句的引導，讓成員具體的分享自己可做的事情。
	四	自我探索（三）——我的價值傾向	澄清個人價值觀、學習包容多元的價值觀。	1. 研究者澄清價值觀對生活的影響，以及每個人都有不同的價值取向。 2. 列表在白板上，歸納並統整成員們的價值觀取向，協助看見自己的想法與尊重他人的不同。
人際互動	五	你我之間（一）——情緒 EQ 達人	發現各種情緒表現、建立適切的情緒宣洩管道。	1. 透過字卡提示，提供成員在表達情緒時的字彙使用。 2. 在研究者的示範下，讓成員知道如何將優勢應用在負向情緒的處理上。 3. 研究對象個人議題的因應處理，教導舒緩發言時緊張的數數策略。
	六	你我之間（二）——友誼綿長	維持正向的友誼關係。	1. 透過提示和逐步引導，讓成員由公眾關係依序推進到親密關係。 2. 透過學習單的結構引導，讓成員連結到每個友誼關係的對象，分享自己的友誼狀態。 3. 個人成員行為議題的處遇。

主題	次數	單元名稱	單元目標	介入元素
	七	你我之間（三）——團體位置	覺察自己在團體中的角色	1. 為成員量身打造一個小故事，在引導討論下讓成員發現自己與故事中人物的相似之處，並且肯定自己在團體中的位置。 2. 個人成員行為議題的處遇。
	八	你我之間（四）——衝突因應	處理人際衝突之因應。	1. 設立研究對象生活相關之衝突情境，研究者先行示範，再讓成員彼此討論，進而演練。 2. 研究對象之一上台容易怯場，研究者提供支持和引導。 3. 請成員回饋彼此，增進其善用優勢因應問題情境之能力。
生（職）涯探索	九	生涯／職業世界的探索與覺察（一）——畫一道彩虹	建構個人理想生活。	1. 接續上周「溝通」演練，研究者給予回饋與讚美。 2. 透過投影片步驟化引導，提示成員獨立完成個人生涯彩虹之建立。 3. 個別協助研究對象小許，協助完成生涯彩虹圖。 4. 鼓勵成員彼此回饋。
	十	生涯／職業世界的探索與覺察（二）——認識工作	了解工作的感受與想法、探索對於工作意義的價值認知。	1. 鼓勵成員分享個人職涯想像，並給予其他成員回饋。 2. 讓成員演練自我增強，透過內在語言表達自我的肯定。

（續上表）

主題	次數	單元名稱	單元目標	介入元素
				3. 影片引導鋪陳，讓成員對工作事件、工作與生活有具體連結。
	十一	生涯／職業世界的探索與覺察（三）──了解職場生態	探究尋覓工作的具體做法、維持工作中的正向行為。	1. 透過影片引導，在白板上寫下具體行為，並邀請成員檢視個人職場實習的工作行為。 2. 帶領成員看見情境與行為的關聯，以及行為和後果之間的關係。 3. 將挫折與壓力的因應挪至第十二次團體。
	十二	生涯／職業世界的探索與覺察（四）──生涯攻略家	深入探究工作性質、學習與挫折和壓力共處。	1. 透過回家作業的準備，讓成員先針對欲從事工作蒐集背景資訊，更討論上能聚焦。 2. 引導成員價值判斷，看見自己對工作的期待與需要。 3. 透過舉例引發討論，並且鼓勵成員連結到個人經驗做為分享。
團體回顧	十三	回顧展望，生涯新視野	回顧團體中的行動成果、鼓勵成員彼此回饋，肯定團體中的改變。	1. 研究者自製團體歷程影片，讓成員回顧歷程時有所依據。 2. 透過背景音樂播放，讓成員自在從容的完成歷程檔案。 3. 提醒成員尊重團體契約，聆聽他人成果分享。 4. 透過蠟燭及燈光的氣氛營造，讓成員彼此分享、鼓勵與期待未來。

資料來源：整理自王琴珍（2012）

生涯，強化自立自主的信念。其規劃之生涯探索方案（見表 6-2）可供參考。

第三節　就業與職業重建服務

依據《身心障礙者權益保障法》第 33 條：「各級勞工主管機關應參考身心障礙者之就業意願，由職業重建個案管理員評估其能力與需求，訂定適切之個別化職業重建服務計畫，並結合相關資源，提供職業重建服務。」該法第 34 條更進一步闡釋：「各級勞工主管機關對於具有就業意願及就業能力，而不足以獨立在競爭性就業市場工作之身心障礙者，應依其工作能力，提供個別化就業安置、訓練及其他工作協助等支持性就業服務。各級勞工主管機關對於具有就業意願，而就業能力不足，無法進入競爭性就業市場，需長期就業支持之身心障礙者，應依其職業輔導評量結果，提供庇護性就業服務。」

競爭性就業係指與常人一樣參與就業市場上之競爭，其待遇比照一般員工、可領得最低薪資以上的報酬。雖然參與競爭性就業是身心障礙者職業訓練與輔導的最終目的，但由於障礙者本身生理或能力上的限制，使其在社區中就業受到一些阻礙，因此多數障礙者就業後仍需要許多的協助才能適應工作環境，而庇護性就業與支持性就業就成為特別為身心障礙者設計的就業服務模式。勞動部為落實整個身心障礙者的職業重建工作，建構一套完整的運作流程：職業重建服務自各單位／機構轉介或身心障礙者／家長申請開始，經評估（必要時配合職業輔導評量）適合進入此一服務系統後，即依身心障礙者之特殊需求，擬定職業重建計畫，分別提供庇護性就業、支持性就業、競爭性就業、職業訓練或其他相關服務，並持續追蹤輔導，結案後經效益評估，個人資料即進入社政單位的個管系統資料庫。

★ 一、庇護性就業模式

（一）功能與限制

庇護式的就業模式是指在一個受控的環境下，進行工作導向（work-oriented）的復健，以提供就業相關的服務為目的，這是傳統的職業復健模式。依我國《身心障礙者庇護工場設立管理及補助準則》第 8 條之規定：「庇護工場應提供庇護性就業之身心障礙者就業支持、就業轉銜及相關服務。」換言之，庇護工場成立的目的是從教育或治療的角度執行障礙者的復健計畫，以提升其職業能力為目標，而以非產量或服務性質來看待工作的意義。

除復健的功能外，庇護工場尚具有三個功能：（1）庇護工場可提供障礙者接受職業訓練的場所；（2）庇護工場是障礙者過渡性的職業安置的地方，協助障礙者能找到工作，將來並能適應實際的工作；（3）庇護工場對於無法在社區中就業的重殘者來說，將是一個永久性的工作場所，使他們能在受保護的情況下從事工作，過著有意義的生活（Hallahan & Kauffman, 1994）。雖然根據國外的經驗，庇護工場是一個成本高且效益低的方案，但為協助身心障礙者回歸社區，庇護工場可以作為過渡階段的踏板，而在此一過程中，庇護工場可以視所蒐集的就業機會，有計劃的將其中適合的案主轉換至支持性的就業方案，甚至競爭性的就業方案中（李崇信，2002）。

一般而言，庇護工場所提供的工作大多是較為簡單、動作重複性高的工作，而且多是社區工廠轉包給庇護工場的代工工作，也因此庇護工場所能提供給障礙者的待遇很低，且工作時間和一般工作也有別，不論是上下班的規定或休息時間的要求，都不同於一般的工作。這樣的設計雖是顧及障礙者的體力狀況及機構課程的安排，但這卻也是部分學者批評這種安置模式的原因之一（Hallahan & Kauffman, 1994; Schuster, 1990）。Bishop

與 Falvey（1989）從文獻中歸納傳統庇護式職業復健的缺點，大致可分為三方面：（1）對個案實際就業沒有實質的協助：障礙者只能一再重複訓練，而很少能進入一般的就業環境；其工作任務是依據機構所取得的工作契約，而不是依據個案的實際需要；職業訓練流於打發時間；（2）個案的職業訓練脫離社會環境：庇護式訓練中，障礙者缺乏與一般人互動的機會；所教導的職業技巧和個案實際工作所需的技巧有出入；庇護工場的作息時間和一般職場並不一致；（3）無法達到有效的訓練效果：職業訓練和個案就業常常無關，缺乏有系統的訓練協助個案進入較少限制的就業環境。

　　然而庇護性就業經歷數十年的運作，仍持續存在，顯有其必要性，惟目前已有若干改革措施，包括更強調個別化的訓練、引進行為分析與改變技術、加強治療效果、同儕的支持，乃至朝提供「進階」的支持性就業為目標的設計（Block, 1997; Rosen & Bussone, 1993; Torrey, Mead, & Ross, 1998; Young, 2001）；換言之，庇護工場應回歸對中重度障礙者的職業重建意義，增加庇護工場除就業以外的長短期職業重建功能，以因應身心障礙者多樣的勞動需求。

　　總之，任何設計均應有其彈性，必須依個案的需求做適切的安排，因此勞動部（2007b）《庇護工場辦理庇護性就業服務暨進用庇護性就業者應注意事項》中即規定：「庇護工場僱用庇護性就業之身心障礙者，至少每兩年應辦理一次工作能力評估，並依評估結果及意願，繼續提供庇護性就業工作、轉任為一般員工、轉銜至一般職場，或轉銜社政、醫療等相關服務資源提供後續適切服務」、「庇護工場應依庇護性就業者之意願及工作能力評估結果，送地方政府身心障礙者職業重建個案管理員轉銜至一般職場工作」，具體措施可參考勞動部勞動力發展署（2016）《從身心障礙者庇護工場到一般職場轉銜輔導工作手冊》。

（二）過渡性安置

作為過渡性質的就業場所，為使案主在這種過渡性的安置後，有機會進入競爭性職場，庇護工場應特別考慮如何在過渡期間做好轉銜準備：

1. 職業性向探討：在就業安置過程中，最基本也是影響就業成敗最主要的關鍵，就是職業性向的評估，尤其是來自實際工作中的觀察或情境評量。在庇護工場中，輔導人員可以藉個案在不同工作型態中的表現作為評估的樣本，觀察並蒐集個案的職業性向資料，提供未來安置就業的參考依據。

2. 職業態度與習慣的養成：由許多身心障礙者就業失敗的案例發現，影響就業成功與否的因素不在於障礙程度或是工作技能，而是工作態度、工作行為與社會行為。工作態度與工作行為必須在有產能及品質要求的工作環境中始能精確觀察評估，然而一般職場又不能接受工作態度及工作行為不良的工作人員，因此對工作態度、工作行為及社會行為不符職場要求的身心障礙者，在一個有產能及品質要求、且能有效處理適應行為的庇護工場，可以協助職業態度與習慣的養成。作為職業態度養成的場所，庇護工場的訓練目標即應著重在工作意願、工作習慣、工作態度、人際關係、生活習慣、體力等之培養。

3. 暫時的安置：為就業時因故失敗、適應不佳或其他理由退回的案主，庇護工場可作為暫時的安置場所。在過渡性安置期間，可就其心理因素加強動機與自信以及自我決定的機會（Young, 2001），積極準備以待其他就業機會再安置。

（三）長期性安置

對於有一定工作能力，但因適應能力不足或者因特殊生理原因，需要在較高度保護及協助環境中始能工作之身心障礙者，庇護工場可能成為他

們長期的就業場所。即使如此，為符合正常化的原則，工作場所的安排仍應考慮下列幾點：

1. 提供多樣化工作以符合不同案主需求：不應先入為主的認為身心障礙者只能從事某種類型的工作，而將所有身心障礙者限定在特定的工作或特殊的模式中。應盡可能多方嘗試提供不同類型的職類，例如：服務業、製造業、農牧業等，同時也可發展不同型態的庇護工作場所。

2. 工作環境正常化：雖然庇護工場是一個較特殊的環境，但仍可使其成為較開放、與一般職場環境相似卻又不失其特性的工作場所，例如：運用一般管理技術與方法從事生產管理，提高庇護工場的生產效益，使參與生產者可以得到較高的工資報酬。若生產管理方式與一般職場相同，亦有助於在其中工作的身心障礙者能適應未來一般工作環境的要求。而在庇護工場參與生產的人員中，除身心障礙者外，尚可僱用非身心障礙者，促進身心障礙者與一般人互動，改善庇護工場為特殊隔離環境的作法。此外，將工作場所設置於社區中，亦可使身心障礙者在一個融合的環境中與一般人有較多的互動機會，使一般人更加了解身心障礙者，對於改善社會大眾對身心障礙者的接納有正面的意義。

3. 合理的薪資報酬：工作的具體目的就是獲得合理的工資報酬，不論庇護工場的目的是為長期或為暫時之就業場所，方案規劃者均應體認更高的工資所得乃必須不斷追求與努力的目標。雖然庇護工場的設置目的與一般職場不盡相同，但以生產為目標的性質與一般工場完全一樣，唯有庇護工場的經營能符合經濟效益，工場才得以繼續存在，身心障礙者也才能繼續受益。

★ 二、支持性就業模式

（一）源起與發展

《身心障礙者權益保障法》明定提供身心障礙者支持性及個別化就業服務，而在 1992 年行政院勞工委員會職業訓練局即已制定《殘障者支持性就業服務試行計畫》，其目的在：「以個別化原則協助殘障求職者選擇適當職業、適應所選擇之工作，並在工作崗位上發揮所長。」其實施要領及內容，大致包括協助個案就業、訓練及各項有關的輔導措施，如協助雇主接納個案、協助個案解決交通、住宿等問題。此項計畫自 1993 年 7 月起由職訓局委託五個民營機構進行試辦，包括以智障者為主要服務對象的第一兒童發展中心、育仁啟仁中心、立達啟能中心、瑞復益智中心，其後經數年推動與運作模式之建立，自 1997 年交由各地方政府勞工單位執行，目前已成為我國身心障礙者就業服務的主要模式。

這種特殊的就業服務模式主要乃源自美國，自 1960 年代起，美國即有一些職業方案希望讓障礙程度較重者先進入庇護式的工作場所進行訓練，為進入競爭性工作做準備，但若干調查（Bellamy, Rhodes, Bourbeau, & Mank, 1986; Brown, Bayer, & MacFarlane, 1988; Salzberg, Lignugaris/Kraft, & McCuller, 1988）發現，進入庇護工場的重度障礙者很少能轉入一般的工作環境，且可能勞動條件差、個人權益受限；換言之，雖然政府在庇護式的職業安置模式上投入大筆經費，但獲益有限，因此改變重度障礙者的職業安置模式有其必要性，支持性就業模式乃應運而生。總括而言，支持性就業方案是下列幾種趨勢共同催生的產物：

1. 多數重障者可以工作且希望工作的意願逐漸明顯。
2. 強調障礙者與非障礙者的融合：為障礙者提供競爭性的就業機會，是過去數十年來美國社會所呼籲的「正常化」及「回歸主流」運動的延

伸。庇護工場的就業情境,將障礙者與一般人區隔開來,就如養護機構的住宿安排一樣,將障礙者和非障礙者隔離,這種安置型態有違融合的理念。

3. 庇護式的職業輔導的服務效果受到質疑:雖然庇護式就業安置模式的目的在於協助個案能進入一般的就業環境,但實際情況並不令人滿意,根據美國勞工部的統計,庇護工場的個案中只有十分之一進入競爭性的勞工市場(Whitehead, 1987),Bellamy 等人(1986)也指出,一個在庇護工場的個案必須花九年的時間才可能在社區找到一份工作。

4. 法律的修改:美國 1974 年的 93-576 公法強調重障者應在真實工作情境下接受職業訓練及就業,因此某些州成立許多工作方案,讓重障學生能有機會在社區中的工作現場接受職業訓練,而不完全依賴庇護工場,但問題是這些學生在畢業後,反而必須進入庇護工場就業。因此為協助重障學生在離開學校後仍能在一般的工作情境就業,故有支持性就業服務模式的出現。至 2001 年美國教育部將早年安置於庇護性職場亦視為就業成果的規定,修改為要求「身心障礙者於融合情境工作」,更促成支持性就業服務的發展(Wehman, Revell, & Brooke, 2003)。2014 年《勞動力創新與機會法案》(Workforce Innovation and Opportunity Act, WIOA)更規定學校不得將畢業生直接送進庇護工場,除非接受過職前復健服務,並嘗試在支持性就業協助下仍確實無法就業者(Novak, 2015)。

自 1980 年代以後,競爭性就業已逐漸成為身心障礙者就業的一個重要的選擇,不過由於障礙者本身能力上的限制,在競爭性的就業市場上仍處於較不利的地位,並很容易失去工作。若干研究發現:障礙者因為缺乏長久的支持而無法維持就業機會的因素,包括職業技能的退步、缺乏社交及獨立生活技能、就業輔導機構不適當地終止服務等,而這些因素正

可運用支持性就業模式來克服，即除了就業訓練及有限的輔導外，長期提供必要的支持，可以協助障礙者順利保持工作機會（Ford, Dineen, & Hall, 1984; Schalock, McGaughey, & Kiernan, 1989）。

整體而言，傳統的職業復健與支持性就業模式之不同，在於前者是採取就業前之準備，提供有時限（time-limited）的服務，而後者則是提供持續的支持，只要個案有此需要；且傳統的職業復健並未針對特定工作來準備，是採取團體訓練，但支持性就業模式則強調個別化的就業計畫，並在工作現場輔導、訓練與個案的就業有關的各項相關內容（Hill, Hill, Wehman, Revell, Dickerson, & Noble, 1987）。綜上所述，可將傳統的職業復健模式及支持性就業模式的特色做一比較，見表 6-3。

表 6-3 ■ 傳統復健模式與支持性就業模式之比較

模式特色	傳統職業復健模式	支持性就業模式
短期目標	以訓練就業技巧為目的	以協助個案維持就業機會為目的
長期目標	以安置至社區工作為目的	以使個案能適應工作現場、社區環境，並提升其生活品質為目的
輔導期限	自方案開始至個案就業後即終止	在個案就業期間持續給予輔導
輔導內容	所有可能和未來就業有關的先備技巧	維持目前工作機會有關的各項技能
方案流程	先訓練、後安置	先安置、後訓練
個案獲益情況	通常薪水低於一般薪資和一般人互動的機會不多	通常可領取與一般人相同的薪資有和一般人互動的機會
工作型態	通常為代工等較不固定的工作	依個案所從事的工作性質而有所不同

（二）定義與特色

美國最早在 1984 年《發展障礙法》中，將支持性就業模式界定為：

「有薪水的工作：提供給無法參與競爭性就業，且因其障
礙，需在工作地點得到持續支持的個人；是在各種不同的場所
中進行，特別是有非障礙者受僱的職場；所進行的工作包括各
種和持續有薪工作有關的活動，例如：監督、訓練與交通。」
（Powell, Pancsofar, Steere, Butter, Itzkowitz, & Rainforth 1991;
Rusch & Hughes, 1989）。

而美國 1992 年的《復健法修正案》對支持性就業模式的定義則為：

「使重障者能在融合的就業情境中從事競爭性工作，並提供
密集的支持性服務，因為競爭性工作對這些重障者：（1）從來
沒有參與競爭性就業；或（2）曾因其重度障礙而被中止。
它也包括提供給重度心理疾病者的銜接性就業（transitional
employment）服務。」（Hanley-Maxwell, Owens-Johnson, &
Fabian, 2003: 374-375）。

基於上述的定義及支持性就業模式發展的背景，一般認為支持性就業
模式具有三個主要的特色：

1. 有薪資的工作（paid work）：支持性就業強調的是工作表現，而非強
   調工作技巧的發展，因此受僱的障礙者應和其他工作人員一樣享有薪
   資及各項福利。
2. 持續的支持（ongoing support）：早期的就業方案，常將重障者不能
   為多數工作地點接受的不當現象視為既定的事實，並不去處理它，僅
   將重點放在職業技巧的訓練，但在支持性就業模式中，則將這些問題
   視為障礙者和其他人不同之處，並以不斷的支持來減少其間的距離。
3. 融合的就業環境（integration）：支持性就業強調重障者應在一般工

作環境中與非障礙者一起工作，不過這並不代表該環境只能有一個障
礙者，只要在障礙者有機會和非障礙者互動的環境下即可。障礙者融
合在一般環境中工作，有許多優點，例如：有機會和非障礙者建立友
誼、分享興趣、一起休閒，並使他們有機會運用到一般的社區資源。
但融合並不僅於工作情境中，真正的涵義應是使障礙者完全參與非障
礙同事的各項活動，包括工作時、也包括工作外的生活。

除此之外，Powell 等人（1991）認為支持性就業模式尚有先安置再
訓練、零拒絕、彈性的支持、提供選擇的機會等特色。而 Wehman 等人
（2003）更從身心障礙者權益的角度，認為支持性就業服務必須以身心障
礙者自我抉擇為前提，在競爭性職場與其他員工一樣受薪、被督導、參與
各項福利方案，以彰顯融合的理念。

總之，支持性就業模式有三個主要的特點：

1. 支持性就業模式強調工作現場的訓練及輔導過程，因此接受安置的個
   案不必先具備所有的工作技能或社交技巧，這和傳統的職業復健方式
   有很大的不同，在傳統的職業復健模式中，障礙者在就業之前必須先
   具備和工作有關的技巧，才能接受職業安置。

2. 支持性就業模式採取全面而周密的輔導，就業服務員應主動處理和工
   作並無直接關係卻可能影響就業的因素，如父母的態度、個案的行為
   問題等。

3. 長期針對個案的表現、持續就業的狀況及各項能力進行追蹤，是支持
   性就業模式的另一項特點，這項服務工作可能長達數年之久，但只要
   個案仍在就業中且仍需接受輔導，機構的服務即不應停止。

整體而言，支持性就業模式強調的不是長時間的職前訓練準備，而是
在安置後，施以持續的支持。換言之，這種模式重視的不是障礙者的缺
陷，而是運用更多的支持以減少障礙，使身心障礙者有展現能力的機會，

協助其順利就業適應職場生活。

（三）安置型態

　　為因應障礙者不同的就業需求，支持性就業模式有數種不同的型態，主要包括下述四種安置方式：

1. 個別安置型態（individual placement）：採用「一對一」安置模式，由一名就業服務員（job coach）依障礙者個人的能力、條件及興趣安置於一般工作環境中，並依個人需求，在工作現場進行工作訓練，同時對可能影響就業的相關問題進行輔導，直至個案的工作表現達到可接受的標準，爾後的協助、輔導逐漸減少，但在僱用期間，仍維持每月至少兩次的探視（Berkell & Gaylord-Ross, 1989; Rusch & Hughes, 1989）。唯此種安置型態，仍可能因個案的基本條件不同，而有不同的實施方式，例如：在安置之初，先透過機構的安排，在實際工作現場進行實習，並由機構支付薪水，直至個案可以獨立工作才正式僱用。如果個案的表現無法完全達到雇主的要求，則個案可能先領取低於基本薪資以下的待遇，直至工作狀況為雇主所接納，或是由政府補貼雇主部分薪資，以達到最低薪資的標準。此外，個案的輔導工作也不必全由機構負責，可由機構協助個案的同事負責部分的支持工作。而為使就業服務員更熟悉所要安排的工作機會，有些機構將個案集中安置在某一特定的工作領域。

　　個別安置型態是支持性就業模式應用最廣的方式，主要由於這種型態之下，機構、雇主均不需為個案的就業而準備特別的建築設施，也不需組成特別的團隊或做其他任何可能帶來標記作用的安排。然而，對於確實無法應用這種型態接受職業輔導的個案（如處理不當），可能會為其帶來一些不良的影響，如因無法處理工作壓力而造成個案的退縮、拒絕再嘗試其他工作等。針對此等狀況，就服員可採

客製化就業（customized employment）精神，根據每一個案的個別長處與技能，與雇主討論個別化的工作職責與必要的合理調整，一則能充分串接個案的資質與技能，再則亦符合雇主的需求，形成雙贏局面。

2. 群組安置型態（clustered placement model 或稱 enclaved model）：採用「一對多」安置模式，以八位以下的身心障礙者為一個單位，安置在相同的職場內，就業服務員則在工作現場同時負責訓練與輔導。這種型態的優點在於就業服務員可以長時間在工作現場，因此可以得到雇主較大的信任。這種模式頗適合較重度、產能低、獨立技巧差或有干擾行為者，不適用個別安置，不過也可能因此而使雇主不太認為這些個案是其正式員工的一份子，可能不太注意機構所需提供的輔導措施，以致減少融合的機會。

3. 機動工作隊（mobile crews）：採用「一對多機動性」安置模式，即由八人以下的身心障礙者組成一個工作隊，提供特定的工作服務，由機構在社區中招攬工作機會，通常有一輛交通工具，故稱之為「機動」。在這個型態下，就業服務員擔任帶領、訓練、輔導的工作，並透過下述兩種方式達到和一般非障礙者融合的機會，即其工作地點有一般人出入，如辦公大樓、公寓；而外出工作時，亦有運用社區資源的機會，如餐廳、商店等。在鄉間或小社區等工作機會較少之處。機構可以同時經營數個工作隊，提供數種小型且社區需要的服務，為障礙者開創工作機會。然而由於其工作不需和一般人直接的互動，故有人批評這種方式不符合支持性就業模式的基本精神，但若能尋求其他融合的機會，譬如利用休息時間與午餐時間協助支持性就業員工與非障礙員工從事社會互動，或透過設計情境促使一般員工與支持性就業員工有工作上的互動，或稍有助益。

4. 企業型態（entrepreneurial approach）：採用「一對多」或「多對多」安置模式，由機構在社區中設立小公司或小工廠，同時僱用障礙者和

非障礙者,且障礙者的人數不多於非障礙者,公司或工廠主要生產特定的產品或提供某一種服務。美國奧瑞岡大學曾提出一項分支工作模式(benchwork model),即屬此種職業安置模式,他們主要從事電子裝配工作,機構透過轉包契約接下工作,輪番補充人力完成指派的工作(Rusch & Hughes, 1989)。此種安置模式的對象是障礙程度較嚴重的智障者或多障者,因為他們需要更密集、連續的督導。

此外,有研究者認為支持性就業模式像經營一個公司,需要健全的企業基礎,為達成這樣的目的,支持性就業模式可以有兩種企業型態(Simmons & Flexer, 1992):(1)協助障礙者進入其他公司工作,並順利就業,如個別安置、小團體安置;在這個情形下,負責支持性就業的服務機構有如一個人力資源中心或大公司的人事部門,負責提供適任的障礙者給需要員工的公司或生產線;(2)支持性就業模式的服務機構本身就是一個企業,提供特定的服務給其消費者,例如小企業型態或機動工作隊即屬此類。

(四)運作流程

支持性就業模式的運作,大致可分為以下的過程,但這些步驟並非獨立間斷進行,會因需要而有所重疊:

1. 工作開發與分析:就業服務機構必須在社區中開發可能的工作機會,並針對所開發的工作,透過和雇主及現場員工的談話、就業服務員在工作現場的觀察,以及書面資料的蒐集等方法,對該工作進行各項必要的分析,包括:(1)工作技能分析:針對某項工作所需的技能進行分析、了解,作為訓練障礙者的依據;(2)工作環境分析:分析工作環境,以了解工作環境是否有任何障礙需要排除或修改;(3)工作相關技巧分析:了解所開發的工作中所需面對的社交、溝通、交通等各項問題。

2. 工作配對與安置：針對個案與所開發的工作進行配對，即依個案的能力、興趣及雇方對工作的要求、工作環境的狀況，進行配對及安置，以為個案找到適合的工作，也為雇主找到可以勝任工作的員工。這部分的工作可能包括：（1）利用標準化工具或觀察評量個案的職業技能；（2）利用標準化工具或觀察評量個案的社會技能（如溝通技能、交通技巧、應對技巧）；（3）將案主的特點和工作的要求進行配合；（4）提出個案的工作訓練及就業輔導的計畫。

3. 工作訓練：將個案推介至某個工作後，就業服務員即開始針對工作的特殊狀況進行訓練；此時訓練的主要目的在使個案的工作表現符合雇主要求，並協助個案適應工作，而就服員的任務即：（1）修改工作的操作方式以適應個案的障礙；（2）利用工作分析培養工作技巧；（3）工作相關技能的訓練，例如：如何與同事相處、如何使用交通工具、如何打扮自己；（4）逐漸減少個案對就服員的依賴；（5）提出個案的追蹤服務計畫。

4. 追蹤服務：當個案的工作表現可以達到工作要求後，就服員即逐漸從個案的工作現場撤退，但仍需進行持續的輔導，其目的在使個案能繼續保有就業機會。在追蹤服務中，就業服務員的工作項目會依個案的狀況而有所不同，可能包括：（1）和個案的雇主、上司、家長保持聯繫，以了解個案的工作狀況；（2）當個案的工作內容有所變動時，就業服務員需再針對新的工作訓練個案；（3）當個案在工作上遇到任何問題時，就業服務員需協助處理；（4）當個案的工作表現退步，無法滿足雇主要求時，就業服務員需再訓練個案。

　　總之，就業服務員是執行支持性就業的關鍵人物，在執行任務之前，必須採用工作分析的方法，將當事人的工作做一整體的了解，除基本能力的訓練外，再就該職場特別的需要（人際、工作情境等），規劃適宜的訓練方案，逐步實施至其已能熟悉、適應為止。在服務過程中，就服員可採

用多種支持策略，例如：口頭提醒、口頭指導、傾聽、同理、討論與輔導，以及與雇主溝通等（陳貞夙，2014），以強化輔導效果。惟此等支持不可能長期持續，待個案已穩定適應，即須結束密集輔導逐漸退出職場，有自然支持者（natural support resources）提供少量必要的教導，讓個案完全融入工作環境。

（五）自然支持

任何一個支持性就業方案模式都無法滿足所有障礙者的需要，因此「個別化」是此一方案的重要核心，也就是要考慮各種支持的方式，以便在障礙者與雇主之間創造一個合作的工作環境。工作教練或就服員是執行支持性就業的關鍵人物，不過由於工作教練仍係外來人士，不一定完全了解職場的文化與運作模式，Test 與 Wood（1996）即發現由就服員主導或包辦一切的作法，如果忽略案主在職場與其他員工互動融合，則身心障礙者在就服員撤離後，常因失去支持力量而無法適應工作情境的變化。若職場人事氛圍良好，就會出現自然支持者（Dalgin & Gilbride, 2003）。

美國 1992 年《復健法》修正案中即規定必須將自然支持列入個別化復健計畫中，使自然發生的資源在輔導人員的規劃及引導下發揮其更大的功能（Rogan, Hagner, & Murphy, 1993; Trach & Shelden, 1999）。我國內政部 2009 年《身心障礙者權益保障白皮書》中亦特別提出「現行支持性就業服務一對一、提供三個月為原則之密集輔導之服務型態，就業服務員退出後，成為障礙者離開職場之高峰期」（頁 46）的現象；換言之，由於制度的設計限制，僅靠職重人員的協助仍無法確保身心障礙者穩定就業，即使若干縣市嘗試推行結案後穩定就業方案，但一則服務人數有限，再則其服務時間甚長，有達兩年以上者，因此有必要加強推動自然支持方案，協助身心障礙者持續適應穩定就業。

Murphy 與 Rogan（1994）認為自然支持係指任何協助、關係或互動，協助個案（1）能維持並在其所選的社區工作上有機會升遷：（2）工

作常規及社交行為與其他同事相當；（3）增進與同事及其他社區夥伴在工作／非工作的社交活動。為達成此等目的，常用的策略則有：（1）運用個人人脈增進社會支持；（2）依個案偏好與特質媒合職場氛圍；（3）與職場人資合作安排工作調整策略；（4）提供人境因素的諮詢服務促成個案與雇主雙贏局面（Murphy & Rogan, 1994; Rogan et al., 1993）。

惟就服員與自然支持者之間如何安排彼此的角色，卻是身心障礙者就業穩定的關鍵（Ohtake & Chadsey, 2003），Nisbet 與 Hagner（1988）從各州發展的模式中，歸納出非障礙者可以協助障礙者成功的方式，或可參考（見表 6-4）。

表 6-4 ▪ 社區就業支持方式

方式	支持者／角色		向誰負責	機構角色
	初期	後期		
工作教練	工作教練訓練	教練撤退；案主可獨立	機構	直接：訓練與追蹤
師父	工作教練訓練；督導工作轉移給師父	師父仍留現場；提供支持與督導	公司	間接：媒合並給予師父支持
訓練諮詢人員	工作教練與案主同事／領班共同訓練	案主同事／領班提供支持、督導及相關的訓練	公司	間接：諮詢與補助
工作夥伴	工作教練找出案主的工作夥伴並給予訓練與協助	工作夥伴仍留在現場	機構／公司	間接：媒合；支持夥伴
陪同人員	陪同人員訓練與協助（可能需要工作教練幫忙）	案主選擇是否需要陪同者留在現場	案主	初期可能有些訓練；後期不再介入

資料來源：Nisbet & Hagner (1988: 265)

McHugh、Storey 與 Certo（2002）採用列有四十三種策略（其中十九項與自然支持者有關）的 Job Coach/Natural Support Record，訓練就服員

適時／適切的採用其中合宜的策略，協助身心障礙員工就業，同時發展與
自然支持者間的合作關係，研究結果發現身障員工融入職場的情形獲得改
善。惟該項研究訓練時間僅兩小時，就服員尚未能完全掌握研究者所提供
的策略。Hagner、Dague 與 Phillips（2014）則以線上訓練模組，讓就服員
完成四週、每週一個單元、五個小時的課程，研究發現受訓後，就服員皆
能應用相關策略，了解職場文化並善用自然支持，而其服務的個案亦能持
續六個月以上。

　　自然支持是影響身心障礙者職場適應的重要因素之一，然而欲充分發
揮自然支持者的功能，就服員必須學習適當的策略，包括如何深入了解職
場文化、如何與雇主溝通建立互信關係、如何發掘自然支持者並與之共同
協助個案等。

★ 三、就業服務模式的安排與選擇

　　身心障礙者無論其障礙類型或障礙程度，均有就業的權利，從百餘年
前開始有庇護工場的設置，歷經不同思考模式的衝擊與改革，發展出多元
的就業服務模式，尤其自從三十餘年前學者倡導支持性就業模式後，已成
為各國身心障礙者就業政策的主軸。支持性就業服務模式的出現最主要的
動力源自「去機構化」、「正常化」、「最少限制環境」的理念，期以充
分而適切的支持力量，協助障礙者能和一般人一樣獲得生涯發展的機會，
以發展自我、認識自己的價值、建立和他人的關係，乃至獨立自主、發揮
所長，以一己之力貢獻於社會。

　　在美國，支持性就業模式的受到重視，主要原因包括（Barbour, 1999;
Johnson, 2004; Whitehead, 1987）：

1. 障礙者家屬態度的轉變：七〇年代之前，重障者的家屬多希望能進入
   庇護式隔離的機構，以獲得足夠的照護，但自 1975 年《障礙兒童教

育法》保證提供身心障礙兒童免費且適切的教育後，提升了家長對其身心障礙子女的期待，開始主動爭取進入融合就業方案的機會，尤其是接獲更多有關社區工作／訓練資訊的家長，更積極要求參與支持性就業方案。

2. 機構運作模式的考量：調查資料顯示，自 1979 至 1984 年參與庇護工場或日間活動中心者增加 76%，然大部分留滯於機構內，而每年尚有數十萬自特殊教育方案畢業的社會新鮮人，舊有的設施實無法滿足大量未能接受服務者的需求，因此必須尋求替代方案，或改變其提供的服務方式。

3. 經費來源與運用的改變：機構以往透過爭取多方的補助以平衡其營運成本，然隨著《復健法》、《合作訓練夥伴法》（Joint Training Partnership Act, ATPA）等補助款申請條件的改變，經費來源受到影響，勢需思考如何重新規劃營運方式，而將職場移至社區既有的融合場所，以節省經費或空間，而服務人員接觸外界環境，亦可能開拓更多工作機會。因此原先強調庇護性就業的服務措施，亦逐漸強調轉銜的功能，將支持性就業服務列為選項，強化重障者進入社區就業的機會。

4. 特殊教育及為身心障礙者設計的職業教育機構開始積極發揮轉銜的功能，以協助即將離開校門的身心障礙學生能得到社區就業的相關服務。

支持性就業服務的成果普遍受到肯定，十餘年來諸多有關此類服務模式之研究，均顯示其具成本效益，其效益亦隨時間增加而愈趨顯著，且無論障礙類別或程度，均較庇護工場有顯著成效，此外，從工作滿意度的層面言，從事競爭性工作的智障者較在庇護性工作的個案有較高的工作滿意度，對工作的多樣性、工作時數、與同事和上司的關係、做決定的自由與意見受到重視等多項問題上，均有較正向的評價（Jiranek

& Kirby, 1990），亦符合強調讓障礙者盡可能回歸社會主流的服務趨勢（Bond, 2004; Cimera, 2012; Howlin, Alcock, & Burkin, 2005; Jenaro, Mank, Bottomley, Doose, & Tuckerman, 2002; Kregel, Wehman, Revell, Hill, & Cimera, 2000）。

但 Cimera（2006）發現支持性就業成本愈趨高漲，致使其推展有趨緩的現象。換言之，這種服務模式仍有許多困境待突破（Johnson, 2004; Novak, Rogan, Mank, & DiLeo, 2003; Peck & Kirkbride, 2001），各項必要的條件必須都能充分的配合，才能使這項服務措施真正落實，下述基本原則值得注意（Cimera, 2010; Rusch & Braddock, 2004; Wehman & Kregel, 1995）：

1. 就人而言：強勢領導，個案家人的參與，雇主、同事的支持，大學中的專家、機構工作人員、學校工作人員及障礙者的密切配合、就業服務員需接受各項必要的在職訓練。

2. 就事而言：充分的工作機會、個別化的安置計畫、運用有系統的推銷策略來開發工作機會、工作分析、工作配對等評估技巧的運用、交通工具的提供及工作的適度調整、有系統的訓練策略、工作現場的訓練、運用觀察資料來修正訓練策略及進行長久的支持服務、有一個健全的轉銜過程協助障礙者適應非庇護式的工作環境。

3. 就經費而言：深入分析服務歷程中各項措施的成本，尋找替代方案以有效控制所需的支出，同時從雇主角度探究在支持模式下，僱用身心障礙者的成本效益（包括自然支持者的訓練及參與）。

整體而言，支持性就業的成效值得肯定，不論從雇方或家庭的角度來看，它都得到很高的評價，國內身心障礙者就業的大門在這幾年已逐漸敞開，這項值得推廣的就業輔導方式，可以使更多障礙者——尤其是中重度障礙者回到社區中就業，與整個社會融合在一起生活。不過一般認為以「就業」這個主題來看，庇護的模式仍會一直存在，因為有部分重度及

極重度的障礙者可能無法適應一般的工作環境，而庇護式的就業環境將是他們的主要選擇（Berkell & Gaylord-Ross, 1989; Black, 1992），主要與安全、交通、長期安頓、工時彈性、仍有福利、技術要求低、社會環境相近等因素的考量有關（Migliorea, Grossia, Manka, & Rogan, 2008）。換言之，縱使庇護性的就業模式受到諸多批評，卻仍是美國目前應用最廣的就業輔導模式，以此方式安置發展性障礙者的比例約占四分之三以上（Braddock, Rizzolo, & Hemp, 2004; McInnes, Ozturk, McDermott & Mann, 2010; Wehman, Revell, & Brooke, 2003）。

　　不過調查亦發現安置在競爭性就業機會上的個案人數也逐年增加，接受支持性就業服務的人數，自 1986 年九千八百人增至 1995 年十四萬人，十年間成長達十五倍（Wehman, Revell, & Kregel, 1998）；自 1988 年至 2002 年之間，支持性就業的比例由 9% 增至 24%（Rusch & Braddock, 2004）。惟此趨勢似乎已停滯，以 2013 年為例，發展障礙者接受支持性就業服務的人數雖然明顯增加，但其比例卻自 1999 年之 24.6% 下降為 18.6%，仍有八成發展障礙者在機構／庇護工場（Butterworth, Winsor, Smith, Migliore, Domin, Timmons & Hall, 2015）。換言之，庇護與支持雙軌並行的就業模式仍普遍存在，尤其對重度障礙者而言，似仍有賴庇護工場、成人工作活動中心、成人日間照護方案等的措施（McGaughey, Kiernan, McNally, Gilmore, & Keith, 1995; Rusch & Braddock, 2004），後者若能將重心置於協助身心障礙者強化其就業條件，甚至以行為分析／改變技術，培養適切的工作態度、行為與習慣，亦不失為正向的服務措施。

　　事實上，庇護性就業仍係傳統職業復健模式的一環，其之存在並非完全從產能的角度看待工作的意義，而是希望藉由職業復健計畫，從教育或治療的角度來賦予工作的意義。而由於缺乏庇護性就業與其他就業型態間的轉銜機制，或考量就業服務成本，甚至社會福利金的補助，庇護性就業多為操作性工作，不利於在一般職場找到工作等問題，都可能使部分身心障礙者選擇被安置在保護性的工作環境下（陳靜江、胡若瑩、李崇

信，1996）。Laurent（1998）整理二十個國家實施庇護性就業的方式，發現部分國家的庇護性就業會因身心障礙者的障礙程度不同，而有不同管理方式，例如：為障礙程度較輕者所設的庇護工場較強調產能，由勞政單位主管，並沿用勞工法規；以治療為目的庇護工場（多數為智障者而設）則可能由健康部門管理。不同形式的庇護工場所受到的規範亦有不同，以法國為例，因應不同身心障礙者的就業能力與需求，有不同的規定：傳統庇護性就業員工的薪資至少需達到勞工最低薪資的 35%，再由政府補足至 90%；若在為障礙程度較重者而設的工作本位協助中心（work-based assistance centre），身障者的薪資為最低薪資的 15%，再由政府補足至 55%。

由此可以發現，庇護性就業雖不符合融合的精神，但不論國內外的資料都顯示，1990 年代以來，雖然推動了支持性就業，增加身心障礙者（尤其是智障者）參與競爭性就業的機會，但庇護性就業仍是部分身心障礙者所需的就業型態之一；換言之，若將各種就業方式視為一個具連續性概念的服務模式，則庇護性就業亦可是一種另一端點的就業選擇（Butterworth, Gilmore, & Schalock, 1998; Olney& Kennedy, 2001）。

總之，在討論庇護性或支持性就業服務的選擇時，不宜採取「非此即彼」的想法，多元服務模式的安排仍有其必要，至於如何選擇適當的安置場所，則應回歸當事人個人的特殊需求，以最適合其需求的角度做最適切的安置，應是當事人中心的服務準則；而在各項服務之間的連結／轉銜，即為相關服務人員必須慎加思考的課題，至於強化個案及其家屬自我抉擇的能力，提供充分的資源連結，更為不可或缺的重要關鍵。

第四節　職務再設計／工作環境改善

支持性就業的目的在協助身心障礙者適應工作環境，以順利融入一般

職場，而職務再設計則在調整職場設施，以建構適合身心障礙者融入的工作環境，二者可謂身心障礙者就業服務的兩大支架，其目的均在增進身心障礙者的就業能力，融合於競爭性職場（Schneider, 1999）。

一、工作環境改善的涵意

由於身心障礙者生理或心理功能的限制，或多或少會帶來工作上的障礙，許多研究顯示工作環境的不合適會影響僱用單位進用身心障礙者的意願或造成其失業。因此為協助身心障礙者就業，各國紛採因應措施。其中改善工作環境的措施，可減少原本存在於工作環境的障礙，身心障礙員工在職場上能更勝任愉快，對其就業穩定與適應是一重要因素。

「工作環境改善」（job accommodation）一詞在我國通稱「職務再設計」，此一概念最早見於 1973 年美國《復健法》第 503、504 節，規定雇主應為其身心障礙員工改善工作環境（Bayh, 1979）。該法所稱「雇主」，係指接受政府經費補助的雇主而言，而工作環境的改善可包括：（1）改善通行上的障礙：如斜坡道；（2）改善工作場所的環境：如燈光、通風、溫度；（3）改善工作檯的環境：如加裝工作檯上的設備；（4）提供輔具：如頭戴式電話；（5）調整工作結構：如其他同仁的協助、彈性上下班（Brodwin, Parker, & CeLaGarza, 2010; Peterson & Perr, 1996）。

美國的《身心障礙者法》（ADA）明白規定僱用單位有為其身心障礙員工實施工作環境改善的責任，僱用單位應義不容辭執行下列項目的改善（合理的工作調適 reasonable accommodation）：（1）改善現有的設備，使身心障礙員工易於通行及使用；（2）工作內容的調整、部分工時、工作時間表的調整、指定至新的單位；（3）輔具的購買和調整；（4）測驗、訓練教材、政策的調整；（5）讀報員和手語翻譯員的提供；（6）其他創意的解決方法。此外，為使身心障礙員工在職場能發揮所長，僱用單

位應提供必要的個人協助服務（包括人力協助或其他相關的設計），使其能夠正常工作，如為拿取不到資料夾的身心障礙員工重新建檔或為其拿下、放置資料；為有認知障礙的員工做計畫或做決定；為視障的員工提供讀報的服務；或開會時為聽障的員工提供手語翻譯等（U.S. Department of Labor, 2001）。

國內學者紀佳芬（2003）則將職務再設計具體分為六大類：（1）以其他部位或其他人取代喪失的機能；（2）以自動化設備取代喪失的機能或例行性作業；（3）以訓練或輔具強化功能；（4）簡化複雜作業；（5）改善姿勢、減輕工作疲勞與危險性；（6）工作環境與管理制度等配合因素。勞動部所推動的職務再設計服務實施計畫，則包括：（1）改善職場工作環境：指為協助身心障礙者就業，所進行與工作場所無障礙環境有關之改善；（2）改善工作設備或機具：指為促進身心障礙者適性就業、提高生產力，針對身心障礙者進行工作設備或機具之改善；（3）提供就業所需之輔具：指為增加、維持、改善身心障礙者就業所需能力之輔助器具；（4）改善工作條件：指為改善身心障礙者工作能力，所提供身心障礙者必要之工作協助，包括提供身心障礙者就業所需手語翻譯、聽打服務、視力協助或其他與工作職務相關之職場人力協助等；（5）調整工作方法：透過職業評量及訓練，按身心障礙者特性，分派適當工作，包括工作重組、調派其他員工和身心障礙員工合作、簡化工作流程、調整工作場所、避免危險性工作等；（6）為協助身心障礙者就業有關之評量、訓練所需之職務再設計服務。

★ 二、工作環境改善的過程與原則

改善工作環境需符合身心障礙員工的需求，Peterson 與 Perr（1996）提出改善工作環境的八個基本原則：（1）身心障礙員工與雇主應密切合作；（2）重視身心障礙員工的能力，而非其殘障；（3）個別化；（4）

簡單化；（5）不著痕跡的改善；（6）整體化；（7）顧及身心障礙員工的喜好；（8）購買輔具之前先有試用期間。而工作環境的改善過程則包括：（1）分析工作，找出核心的工作內容；（2）和身心障礙員工討論有關其障礙在工作上造成的問題；（3）和身心障礙員工討論可能的解決方案及其效益；（4）考慮所擬定的解決方案對身心障礙員工及雇主的適切性。

就上述原則與過程而言，身心障礙員工本人與雇主實為整個改善計畫的關鍵人物，Riemer-Reiss 與 Wacker（2000）在分析身心障礙者對科技輔具的使用意見後，建議消費者的參與是增進這項工作輔具使用率的關鍵因素。Mondak（2000）亦同樣認為，這類輔具的使用應從當事人的需求與偏好開始，需要當事人積極的參與選擇、執行與評鑑，更凸顯個案中心的概念亦應落實於工作環境改善的工作上。Roessler、Reed 與 Rumrill（1995）即設計「工作經驗調查」（Work Experience Survey, WES），由復健專業人員以結構式晤談方式，了解身心障礙者在職場、主要任務的表現、工作掌控、工作滿意四方面的狀況，同時再就調查結果，與雇主及身心障礙者依法令規定共同商議規劃合理的工作改善計畫。

美國工作環境改善諮詢網（Job Accommodation Network, 2017）提供工作場所改善時所採的十個步驟如下：（1）界定問題；（2）有否可能調整工作內容？（3）有否可能調整現有設備？（4）有否現成的產品或服務可解決問題？（5）可否使用現有的產品，但稍為改變其功能，即可解決問題？（6）有否可能調整現有產品？（7）有否可能設計新產品？（8）有否可能換個職位？（9）如果問題沒有獲得改善，再重新檢討；（10）檢討改善工作環境。美國直屬總統的身心障礙者就業委員會（President's Committee on Employment of People with Disabilities, 2000）則建議在提供工作環境改善時應考慮下列五大項：（1）確認身心障礙員工是否需要工作場所改善；（2）認清身心障礙員工所需之工作場所改善是什麼；（3）為身心障礙員工及其雇主提供最合適的工作場所改善；（4）檢驗工作場

所改善的成效；（5）追蹤。

職務再設計的需求與障礙類別、職業、工作場所或個別需要等因素有關，美國工作環境改善諮詢網（JAN）大力宣導為各種不同障別、等級的身心障礙者提供不同的軟、硬體方式職務再設計，例如在讀取電腦螢幕上資料時，對弱視者協助的方式包括：外加螢幕擴視器、內裝螢幕擴視軟體、光線引導器（glare guard）、高解析度的螢幕（high resolution monitor）、能減少光線的特製眼鏡（special computer glasses to reduce glare）、常休息以免讓眼睛太累、加強訓練等。

對全盲者卻須用截然不同的方式來改善，例如：使用其他感官（聽覺和觸覺）輸入訊息，裝置螢幕語音輸出軟體、更新點字顯示軟體、使用點字翻譯軟體和點字印表機，將職場環境重整以方便尋找和取得物品。聽覺調整方面可能包括使用語音計算機和時鐘，以及與電腦相容的攜帶式語音輸出系統。同樣的訴求，全盲者和弱視者所需的調整卻不一樣，而通常障礙程度愈嚴重者，人力協助的需求愈多，提供合適的讀報員（如志工、職員、同事、僱用人員或其他人）可能均有其必要（邱滿豔，2001；Brodwin, Parker, & DeLaGarza, 2010）。

至於對精神障礙或其他隱形障礙者，亦可多採用工作條件或工作方法的調整（McDowell & Fossey, 2015）：

1. 彈性工時：上下班時間提早以協助個案就醫，部分工時或增加中場休息次數。
2. 任務調整：與其他同事交換工作項目。
3. 改變訓練方式：允許個案以個別方式參與在職訓練課程，或利用更多時間學習。
4. 改變督導方式：以書面方式指導個案，每週定期與督導討論相關問題。
5. 採用科技輔具：若個案記憶困難，可以錄音帶或錄音方式提供資訊；

允許個案戴耳機以免受噪音干擾。

6. 調整工作空間或場所：允許個案移至較安靜場地免受干擾，或允許個
案在家工作。

總之，以身心障礙者為主體的工作環境改善服務，重要的精神至少應
涵蓋：（1）在提供工作環境改善服務前，確切掌握身心障礙者的需求；
（2）在提供工作環境改善過程中，應提供符合其需求之服務，並設法克
服實施過程中所遭遇的困難或問題；（3）在提供工作環境改善後，確認
身心障礙者對該類服務滿意的狀況。

★ 三、促進工作環境改善的措施

身心障礙者工作環境的改善，最主要的即在提供無障礙環境，協助身
心障礙者獨立，與一般人一樣，安全而方便使用各種環境，減少依附他人
的機會。造成身心障礙者生活與工作不便的情況，主要包括：（1）知覺
及訊息傳遞障礙：如失去視、聽覺，色盲或其他（如精神疾患）障礙，無
障礙環境的設計，較著重引導系統的建立，及警示系統的規劃與操作；
（2）行動障礙：指因身體的障礙而產生行動的不便，也包括視障者因視
力不佳而產生的行動障礙，可將工作場所配置於一樓、靠近員工停車場、
盥洗室；（3）精細動作障礙：是因上肢障礙或運動調整神經失常，以致
於對於日常動作（如開門、轉銷、舉物，或按鈕、插插頭）造成不便，
此等精細動作的障礙，主要靠設計適切的輔具加以克服，例如：提供特
製的筆／鉛筆握把、在工作桌上設置轉盤供其操作等（Brodwin, Parker, &
DeLaGarza, 2010）。

改善工作環境的方式很多很廣，任何有創意、可以改善身心障礙員工
工作環境的解決方法，均屬於改善工作環境的一部分。小的改變如：工
作內容稍做調整，讓一位背部有毛病的員工免除抬重物的工作項目，大

的改變如：為一位全盲的員工建置一部能與他「談話」的電腦。而輔具（assistive technology devices）即扮演橋梁的角色，提供身心障礙者合適的介面以操作／使用機具設備，例如：特殊通訊設備（TTY 或傳真機）讓聽障或語障員工得以跟一般大眾溝通無礙；又如頭戴式話機、自動訂書機與自動送稿分頁機等，則可提升肢障員工的工作效率；其他如放大鏡與工作流程圖卡，則可幫助視障或智障員工完成工作任務。心智障礙者常需簡化複雜的作業流程，利用顏色、形狀協助辨識物料或產品，在收銀機按鍵上塗顏色、設定密碼、簡化打出發票找錢的作業過程，亦可採用附圖說明並簡化作業指示協助使用常用的電視遙控器和影印機等用品，在工作檯上加裝機架、固定物或加裝單手可操作的特殊工作器械，也能方便手眼不協調的員工作業。

而愈來愈多的工作需要使用電腦與上網，因此電腦相關輔具也漸成為職務再設計的焦點。對於手部功能不佳的求職者或員工，有許多輔具（如 windows 的協助工具選項、手杖、頭杖、嘴杖、掃描輸入等）可以解決操作鍵盤時的困難。對於操作滑鼠有困難者，則可使用軌跡球、頭控滑鼠、眼控滑鼠等輔具。視障員工可運用點字輸入、語音箱與點字輸出解決操作電腦的困難。聽障與語障者可利用 e-mail 與公司其他員工或大眾溝通（Butterfield & Ramseur, 2004）。簡而言之，藉由輔具的提供，身心障礙求職者或員工將能補償、加強或擴大他們的功能性能力，進而提升工作效率與產能。

在節約及效益的前提下，工作環境改善許多實例說明工作環境的改善可以很簡單、不必花費龐大經費。根據美國工作環境改善諮詢網組織的調查，在大約十萬件工作環境改善的案例中，59% 不需花錢，36% 一次花費約五百美元，僅 5% 須持續花費超過五百美元（Job Accommodation Network, 2017）。比較重要的是在改善的決策應由簡至繁，以鼓勵更多的雇主願意為其員工改善不良的工作環境。Peterson 與 Perr（1996）提出如下由簡至繁的順序：（1）以替代性方式解決；（2）購買已上市輔具；

（3）以創新方法使用已上市之輔具；（4）購買已上市輔具後，再依身心障礙員工之需要調整之；（5）設計特殊的輔具。但對於難度較高的工作環境改善項目，若有必要，則可藉助復健諮商師、科技輔具專業人員（assistive technology specialist）、工會人員等專業人士的協助，由該團隊依身心障礙者需求，提出解決方案。

美國以相關單位及專業團體透過諮詢、研發、展示、宣導、訓練等方式，提供廣義的服務，其中與身心障礙者最有直接相關者為提供諮詢的服務。僱用單位並可透過一些私人企業、基金會、服務性社團、募款活動、慈善團體、醫療保險系統、醫療救助、退伍軍人機構、職業復健系統、保險公司等社會資源取得經費協助（Job Accommodation Network, 2017）。為鼓勵企業界進行工作環境改善而有抵稅措施，亦即僱用單位若僱用八類特定對象之一的身心障礙者，每年最高可扣抵稅款兩千四百美元，若為其障礙員工改善設施或公共交通工具，每年最高可扣抵稅款一萬五千美元，而小企業若為其障礙員工購置輔具、點字機、放大器，改善建築或交通的改善費用，或為聽障者所聘之手語翻譯員、為視障者所聘之讀報人員，每年最高可扣抵稅款五千美元等（President's Committee on Employment of People with Disabilities, 2000）。

★四、工作環境改善的問題與對策

身心障礙者對工作環境改善的看法頗為正向。美國全國身心障礙者委員會（National Council on Disability, 1993）以接受過協助措施而獲得工作環境改善的身心障礙員工為樣本，調查研究發現 92% 表示能工作得更快、更好，81% 表示能工作更長的時間，83% 表示能賺更多的錢，67% 表示因著協助措施而使他們獲得就業機會，15% 表示由於輔具的提供而使他們得以保有工作，38% 表示因著輔具的協助而使其得以進修。美國的職務再設計諮詢網組織（JAN）就 1989 至 1990 年間的統計資料顯示，身

心障礙者工作環境改善效果之研究大多肯定施行的成效：67% 初進職場之身心障礙者獲得工作，86% 因病或職災的工作者經復建後能如願以償回原工作單位，70% 成功地為身心障礙員工提高產能，而 81% 向 JAN 尋求服務者認為有助於其獲得工作、回原工作單位者，或促進現有之身心障礙員工提高產能（Hendricks & Hirsh, 1991）。該組織於 2017 年所做的調查則進一步發現，90% 的雇主認為最大的收穫是留住有價值的員工、72% 雇主認為員工的生產力提升、61% 雇主認為減少了訓練新人的成本，而間接的亦強化了員工間的互動（64%）、提高整個團隊的士氣（62%）。Nevala、Pehkonen、Koskela、Ruusuvuori 與 Anttila（2015）彙整近年相關研究文獻，亦確認工作調整具中等程度的效果，成本亦有所降低。

雖然許多研究顯示改善工作環境的成效，但真正參與者的比例並不高：Allaire、Li 與 LaValley（2003）採用工作經驗調查問卷，發現身心障礙者有 98% 會遇到至少一項工作上的障礙，68% 有十項以上的障礙，但只有 38% 運作職務再設計。此種狀況顯示此項政策的推動有其瓶頸，而有不同聲音出現，如改善工作環境的費用可能不低，Chirikos（1999）即認為尚未接受就業服務的身心障礙者更形異質，障礙程度較重、而工作經驗卻較少，因此所需成本自然較高，必須創造更具效益的策略。

換言之，先進國家在工作環境改善措施的執行上仍有甚多問題待解，Granger（2000）的研究中發現，受訪的精神障礙者雖都號稱他們自己或就服員曾和雇方協商過職務再設計的經驗，但仍有 86% 的受訪者不清楚《美國身心障礙者法案》中職務再設計的相關規定。《美國身心障礙者法案》規定，只有在碰到下列困難時，雇主可免負法律上之責任：（1）工作環境改善的難度及所需支付之費用；（2）僱用單位的經濟狀況及工作環境改善的經濟效益；（3）工作環境改善的可行性（President's Committee on Employment of People with Disabilities, 2000）。 但 Gold、Oire、Fabian 與 Wewiorski（2012）的焦點團體研究，發現雇主、個案與復健諮商員三方仍有互信的落差，對法令與責任的理解亦未一致。

　　企業界亦反應諸多困難，如小企業員工少，較難調整職位或重新安排工作任務。需要大量體能的工作（如建築、運輸業），不易減輕工作分量，只能減少工作時數或調整職位。再譬如若干特定的產業，由於安全考量、薪資結構規模或工會的協議，無法實施工作輪調（Shaw & Feuerstein, 2004）。有些雇主反映要為身心障礙員工實施工作環境改善確實有困難，且若干科技輔具服務的專業團體亦反映，聯邦政府提出的服務並未整合，而州政府和地方的層級則有欠缺經費購買中央規劃的服務、無法訓練專業人員提供服務、無法協助身心障礙者使用服務、無法順利取得資訊、無法協調州與民營之間的相關服務單位，以及無法滿足民眾需求的量等問題（Hartnett, Stuart, Thurman, Loy, & Batiste, 2011; Hernandez, McDonald, Lepera, Shahna, Wang, & Levy, 2009; Unger, 2002）。雇主諸多的考量非無的放矢，因此實有必要強化與雇主間的互動，建置企業網絡，增進與就業系統間的合作關係（Henry, Petkauskos, Stanislawzyk, & Vogt, 2014）。

　　此外，職務再設計對職場所帶來的社會性衝擊亦不容忽視。Gates（2000）即指出，工作環境改善的政策影響所及不僅身心障礙者本人，尚涉及職場原有的政策、程序與其他人員的需求，如單純從技術面規劃如何調整工作或購置輔具，而忽略社會因素的考量，仍無法完全達成融合的目的。因此職務再設計者必須同時扮演資料提供者（有關身心障礙者的實況與其功能上的落差）、傳譯者（向身心障礙者說明職場的政策與程序）、協調者（符合身心障礙者需求又能回應職場政策與產能需求的途徑）、訓練者（訓練身心障礙者參與整個調整過程並在職場上有效地溝通，同時亦訓練職場其他人員因應之道）等角色。

　　由此可知，就業服務相關人員在身心障礙者職務再設計的角色舉足輕重。Floyd（1997）指出，英國在 1950 到 1980 年代，職業復健領域發展迅速，支持性就業服務的工作人員的部分工作即負責提供身心障礙者實施職務再設計的服務，如輔具、經費補助、改善建築和設備、盲人讀報員、身心障礙者剛進入職場階段的薪資補助等。美國自 1973 年以來，轉銜就

業和支持性就業系統的工作教練、就業開拓員與實務工作者除協助身心障礙者找工作、建立職場良好人際關係外，同時亦協助其與僱用單位共同討論職務再設計的實施。而在 Peterson 與 Perr（1996）提出八個改善工作環境的基本原則中，身心障礙員工與雇主應密切合作排名第一，顯示雇主的參與的重要性。而當事人積極的參與選擇、執行與評鑑，更凸顯個案中心的概念亦應落實於工作環境改善的工作上。

我國 1997 年《身心障礙者保護法》第 29 條規定「勞工主管機關應視身心障礙者需要，提供職業重建及就業所需輔助器具等相關經費補助」，在此之前 1994 年行政院勞委會職訓局即已頒定的「身心障礙者職務再設計獎勵計畫」，顯示政府對提供身心障礙者職務再設計服務的用心。近年主管機關亦持續規劃多項措施，期從硬體輔具、軟體工作調整多方面，協助身心障礙者適應職場所需，進而亦可開拓更多就業機會。近年的整體服務能量，已有相當幅度的成長（勞動部，2017），服務對象擴及身心障礙自營作業者，並且亦嘗試擴大人力協助的範圍，同時強化穩定就業輔導費之小額職務再設計補助。多項研究亦發現此等措施均有助於提升員工產能、降低離職率、降低雇主額外的訓練支出和提高雇主的僱用動機。

然整體而言，各級政府及專案單位在執行職務再設計任務上仍有再努力的空間，尤其應從使用者角度思考真正需要的協助項目，落實宣導功能，協助雇主確實理解職務再設計與職場營運的關聯，並緊密結合社區化就業服務與職務再設計兩個系統，務使每一有此需求者均能得到適切的服務，而在服務提供時，可擴大實務與專業人員合作範圍，加強專業訓練與溝通，強化新進就服員的專業訓練，並建置追蹤與輔具回收機制，而在輔具研發上亦宜有更多獎勵措施，精進適合國人的輔具（吳明宜，2017；邱滿豔、韓福榮，2007；張玉山，2013；張朝琴，2014）。

7

CHAPTER

轉銜服務機制
與人員／機構協調合作

一、轉銜制度的建立

　　身心障礙者在面臨轉銜階段時，常遭遇尋求後續服務與支持其進入職場、適應社區生活的挑戰，即使有強烈的自我意識與自我倡導，仍可能因外在環境的陌生而難以適應新環境與人為制度的設計，例如：如何確定需要什麼服務？哪裡可以提供這些服務？若情況有所改變（如機構搬遷、人員異動、服務項目變更等），又如何因應等問題，轉銜服務的重要性不言而喻。轉銜方案亦歷經數十年的推行，確已引發相關人士的重視，美國聯邦政府亦在 IDEA 法案授權下，自 1991 年起補助各州進行轉銜制度的建立或改善（Johnson & Halloran, 1997），然其成效並未特別凸顯（Lehmann, Bassett, Sands, Spencer, & Gliner, 1999; Wehmeyer & Schwartz, 1998），實際執行上仍有甚多困難，亦有許多質疑與顧慮，諸如各項服務缺乏資料分享、溝通與相互支援的機制（Johnson & Sharpe, 2000）、學生／家長與專業間亦未能建立夥伴關係，以致難以落實服務效果等（Hasazi,

Furney, & DeStefano, 1999），而近年數項調查仍發現各州對聯邦所訂規則並未完全遵行（Landmark & Zhang, 2012; Morningstar & Liss, 2008）。

一般而言，政策的評鑑可從三個向度著手：最基本的是從目標與結果是否一致著眼，探究該政策是否達成其原先預期的目標；第二方面則考量不同情境或機構執行的變異情況，從中解析可能影響政策績效的各種變因；第三個向度則綜合上述二者，以統整的角度掌握政策計畫之相關性與執行結果（DeStefano, Heck, Hasazi, & Furney, 1999）。諸多文獻顯示具有成效的轉銜服務，關鍵之一即在於制度的建立（DeStefano & Wermuth, 1992; Everson & McNulty, 1992; Nisbet, Covert, & Schuh, 1992）。Furney、Hasazi 與 DeStefano（1997）以個案研究方式，評析較有績效的三個州建構轉銜制度的歷程，發現其之所以成功，主要有七個重要關鍵：

1. 分享價值觀與信念以創造執行轉銜政策與措施的氣氛，包括體認關懷障礙者的社會責任、學校與社區均能接納障礙者、推動合作的精神、責任與權利的平衡等。
2. 賦予各州直接決定政策的策略，創造改變的契機，聯邦政府僅扮演催化與提供經費的角色。
3. 聯合領導者與倡導者（advocates）以創造改變的途徑。
4. 建立合作的管道以促進改變，其合作的層級包括地方與州的跨機構組織。
5. 發布研究與評鑑結果，以產生激勵作用。
6. 提供在職與職前訓練機會，以提升永續經營與改變的能力。
7. 展望未來：將轉銜的政策及其所提供的服務與學校改革方案相聯結。

Johnson 與 Guy（1997）綜合多篇轉銜制度相關的評鑑報告，認為各州建構適切的轉銜制度，乃是一個涉及州與地方社區多層面的高度動態且多向度的工作，其關鍵在於：（1）深切了解各種政治、經濟與社會條件的影響，能因應不同地區與情境的需要；（2）由於各地條件的差異，制

度的改變可能頗為緩慢，但本質上，這種改變乃是動態而持續的歷程；
（3）以聯邦法令作為改變制度的觸媒，各地仍擁有寬廣的彈性空間，設
計因地制宜的轉銜制度；（4）結合所有受此項政策與措施影響者，尤其
是障礙者及其家長的積極參與更為重要；（5）含括促進專業成長的措
施，包括跨領域的專業訓練（如特教與職業復健），以增進彼此間的合作
關係，至於以往高等教育機構參與度較低，則有待改進；（6）制度的評
鑑應觸及州及地方的目標，包括能否辨認困難所在、克服困境的對策、創
新的措施、機構間的合作機制等；（7）以長程永續的觀點考量制度變革
的成效。

　　上述兩份文獻所強調的重點，在實際執行轉銜服務的方案中亦可顯
現其重要性。Kohler（1993）曾檢視四十六篇對學生有實質幫助的最佳方
案（best practices）報告，發現彼等所採取的措施最主要的重點是職業訓
練、家長參與，及協調合作與服務。Eisenman 與 Hughes（1997）從地方
學區的觀點，探討轉銜服務的問題，其首要結論即強調發展以結果為導向
的企業界夥伴關係，並加強教育內部（如特殊教育與職業教育）的協調與
合作，以建立統合的制度。Aspel、Bettis、Test 與 Wood（1998）在評鑑
美國北卡羅萊納州 TASSEL 轉銜方案報告的結論中，亦認為以學生為中
心的規劃和機構間的協調合作，是該方案成功的主要因素。Test 與 Cease-
Cook（2012）歸納相關實徵研究，同樣確認機構間合作，在教育與就業
間有更多的連結與服務，是轉銜成功的重要預測因素。

　　事實上，轉銜工作並非學校系統可獨立完成，諸多文獻均強調機
構間的協調合作是轉銜服務成敗的重要關鍵之一（Everson & Guillory,
1998; Kohler, 1993; Rusch, Kohler, & Hughes, 1992）。在許天威與吳訓生
（1999）以特殊教育領域相關人員為對象的研究中，參與德懷術調查的
樣本認為最重要的課題即「研擬有效之中央政府跨部會合作制度，結合
醫政、社政、勞政單位，共同處理障礙者之轉銜計畫」（頁 211）。換言
之，提供身心障礙學生轉銜服務的重心在於適切的轉銜制度與組織。而依

《身心障礙者權益保障法》第48條所訂定之身心障礙者生涯轉銜計畫實施辦法，即規定各縣市政府應設身心障礙者生涯轉銜通報及服務窗口，受理轉銜服務計畫之通報並提供轉銜服務；各相關部會亦擬定具體實施辦法，如教育部之《各教育階段身心障礙學生轉銜輔導及服務辦法》、勞動部之《身心障礙者就業轉銜服務實施要點》等，惟能否掌握轉銜理念確實落實其服務措施，仍有待實徵資料的探究。

在許天威與吳訓生（1999）的研究中，即發現其調查樣本不論背景如何，對有關障礙學生升學與轉銜計畫的六項題目滿意度均偏低，最為不滿的即「學校系統對於障礙學生在將要畢業前及畢業後的就業輔導，能安排適當的負責單位（或人員）切實推動」，有46.6%回答不滿意，填答滿意者以行政人員居多，達三成，中學教師有兩成，小學教師與家長僅一成多滿意，而專家學者更僅6.5%填答滿意。此外，樣本對於「我國特殊教育行政系統為輔導障礙學生就業實習或就業，已經跟職業訓練單位或就業輔導單位有密切的合作」的反應，亦如上述題目一樣覺得不滿意。由此可知，即便是教育系統的人士，本身亦不滿意各項有關身心障礙學生的轉銜服務。

此外，陳麗如（2000）發現高中職身心障礙學生轉銜需求主要在職場適應、工作生活、心理輔導等方面，而實際獲得該等轉銜服務的情況則卻仍偏低。在學校與相關機構的協調合作方面，數項針對高職特殊教育的調查研究多顯示學校與勞政體系之間缺乏密切合作關係，學生資料缺乏完善的統整與轉移管道（徐享良、鳳華，1998；陳麗如，2000），僅有少數學校與機構以非正式方式進行合作，也顯示開拓就業機會或提高雇主接納度的困境（劉玉婷，2001）。尤淑君（2007）的研究則發現在轉銜服務上，高職特教教師與就業服務員之間對各自扮演的角色有若干不同的看法，顯示雙方的角色分工仍有待制度上的釐清；但若雙方有共同合作經驗的教師，較無合作經驗者對本身在就業轉銜相關能力教學與輔導上有較高的期待。Plotner、Trach、Oertle 與 Fleming（2014）調查復健諮商人員與學校

轉衔專員對轉衔服務的看法與作法，同樣發現雙方雖然均重視此項服務，但在角色分工及準備度上卻有顯著差異，凸顯轉衔團隊間的合作落差。

　　總之，轉衔工作本身必須建立一套適切的運作機制，此一機制涉及身心障礙者就學、就醫、就業、就養等課題，因此首先必須依《身心障礙者權益保障法》第 2 條之規定，各該主管機關應建立彙報及通報系統，並以身心障礙主管機關（衛福部）為彙報中心，以身心障礙者為主體，按其所處生涯發展階段與需求之歸屬劃分權責單位，如學齡前為早療系統、求學階段為教育系統、畢業後為勞政系統等。此一通報系統可整合各單位所提供之資料，以確定身心障礙者皆能依其所需獲得適當的照顧與服務，如此即可掌握每一身心障礙者的動態（見圖 7-1）。至於實際的服務方式與內涵則應由各主管機關就其權責範圍，規劃個別化家庭服務計畫、個別化教育／轉衔計畫、個別化就業服務計畫、個別化復健服務計畫等具體方案，針對身心障礙者的需求提供必要的服務。

　　然任何階段的服務均要求專業間的團隊合作，就身心障礙者本身而言，如其在學，則學校需要有實際負責擬定、執行轉衔計畫與成效評估的

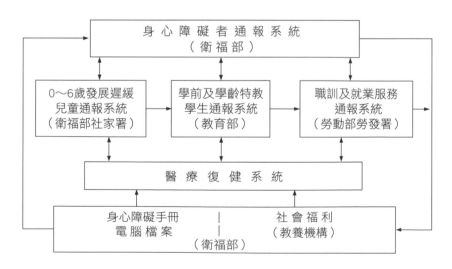

圖 7-1 ■ 社政、醫療、教育、勞政一體之通報系統

單位及召集人，並以團隊組織的型態，結合社區相關機構與資源（含企業主、專業人員等），作為全校身心障礙學生轉銜服務之運作中心，協助教師與相關服務人員規劃與執行個別學生的轉銜服務工作。而在學生畢業前（一年以上），即應與後續之相關單位密切聯繫，務使其得以獲得持續的服務。再以身心障礙成人為例，就業服務單位亦應如學校般，結合教育、職訓、醫療、身心障礙服務機構、家長團體、工商企業等代表，組成轉銜小組，推動與管理各該區內身心障礙成人的轉銜服務，而透過統整的專業團隊服務，可使其生涯獲得最大可能的發展。

總而言之，協助身心障礙學生從學校到成人生活的轉銜服務，並非學校單獨可以完成，實有賴教育、勞政、社政，乃至醫療體系資源的結合。然而單以就業而言，國內特殊學校或高職特教班並未制訂社區職業轉銜或實習的辦法，清楚規範如何與社區資源結合、學校課程如何配合社區職業訓練、何時可以進行社區就業安置、學生校外交通與其安全、工時、支薪、保險與責任歸屬等問題（陳靜江，1997）。有鑑於此，對於處於中學階段、亟待為其規劃從「學校到職場」轉銜的身心障礙學生，教育體系如何積極與勞政、社政體系建立跨部會的合作、發展適當的職業輔導評量系統、規劃適性的職業教育課程與轉銜方案，以便銜接後續之就業服務，均係當前必須即時處理的課題。

★ 二、機構合作模式

機構／單位間的協調包括多種活動，Polsgrove 與 McNeil（1989）視此一協調工作為一連續譜，從參與者提供暫時性的直接諮詢服務，至參與者共同合作產生改變，其間包括多種不同的合作方式。Wehman（2001）以中學後至就業職場的轉銜為例，依機構間互動的情況，將協調合作方式區分為三個層次（見圖 7-2）。

模式 A：資料移轉（通報）：個案資料（醫療、教育、心理、職業等）

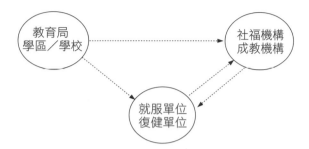

模式 B：責任移轉：轉銜小組決定各項服務內容與順序

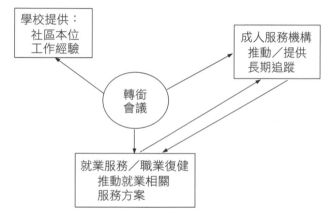

模式 C：合作互動：各機構／單位於學生離校前統整資源協助學生轉銜至社區／職場

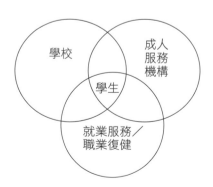

圖 7-2 ■ 機構互動模式

資料來源：Wehman (2001: 88)

1. 資料移轉（information transfer）：相關單位／機構互相交換各自所擁有的資訊，機構間的合作主要為資料的交換，彼此間並無直接的接觸，如衛福部部所規劃之通報系統，主要即在整合各單位的個案服務資料，而教育部建置多年的特殊教育學生通報系統，目的亦在掌握所有特殊教育學生的動態資料，在其求學階段的任何改變，均能適時透過轉銜通報的機制傳遞個案相關資料。此種合作模式可促使機構間保持縱向或橫向的聯繫，惟因缺乏實質的溝通，對其他單位所提供的服務並無深入了解，因此服務內容可能重複，但若能加強成員訓練，以覺察各自所提供之資源，或可減少此等問題。

2. 責任移轉（responsibility transfer）：此一層次的合作可使相關人員有直接接觸的機會，如學校與社區機構透過轉銜會議，共同討論個案資料，就個案的轉銜需求，彼此分工約定，前一單位完成其任務，後一單位即開始接手服務，使整個服務能前後銜接無虞中斷。以目前教育部所訂之轉銜要點為例，高職特教班學生的實習課程係由教師主導，至高三下學生畢業前，始透過轉銜會議與相關勞政及社政單位協調，安排學生後續之轉銜服務工作。此種合作模式仍係以單位的專業性為考量主體，並依各單位既訂的服務對象、階段與任務，就其權責提供個案必要的服務，因此學生在學期間，成人機構或復健系統並未直接介入，但彼此了解各自規劃的服務內容。

3. 合作互動（collaborative exchange）：此一模式強調參與者分享所有資源，各單位並無前後或高低之分，乃以學生為中心，共同執行教育及其他轉銜服務工作，彼此的角色與功能有部分可以相互重疊，甚至分攤經費，但不致耗費人力與物力於不需要重複的服務。各相關機構固然有其既定的專業任務與角色，然透過正式的協議書，建立彼此間更密切的連結，以成果為導向，共同參與服務的規劃與執行，從學生角度思考如何協助其準備未來的挑戰，順利達到無接縫的轉銜。此一模式的運作需有正式協議書為憑，因此上級單位常須扮演輔導

與激勵的角色，協助地區相關單位／機構擬定適切合宜的合作機制（interagency cooperation），參與轉銜的所有機構與人員就所有可能的資源，共同規劃符合學生個別需求的轉銜服務內容。

從模式 A 基本的資料轉移，到模式 C 相關機構／人員緊密的互動，需要有共識與配套措施，諸如分享的領導、諧和的願景、統整的規劃、適切的資源、持續的執行與持續的評鑑與改進（Walther-Thomas, Korinek, McLaughlin, & Williams, 2000），這些特性是促成有效推動整體轉銜方案的基礎，亦是整個方案得以永續發展的關鍵。

三、轉銜服務統合模式

Certo 等人（Certo et al., 2003; Luecking & Certo, 2003）所規劃的「轉銜服務統合模式」（The Transition Service Integration Model）即為第三種模式最佳的代表。在此模式中，學生應屆畢業那一年，學校系統即正式與服務成人的社區復健方案（community rehabilitation program, CRP）接觸，後者同意在學生畢業前後與學校共同合作，學校負擔畢業前的費用，復健系統負擔畢業後工作支持所需之費用，而發展障礙（社福）系統則負擔其他非工作性質的社區活動費用。此模式主要目的將直接僱用與社區活動完全融合，因此社區復健方案即扮演統合的角色，如同自動販賣機一般，在職場或社區隨時提供必要的支持與協助。學生這一年雖仍在學校註冊，但並非固定在哪個班級，教學活動完全在自然的職場與社區情境中進行。

學生畢業前的費用均由學校負擔，但直接服務係由此方案負責單位協同學校專業人員共同規劃，學校所聘的特教老師依法令規定負責個別化教育計畫，每位教師負責八至十名學生，方案中另有與學校簽約的就業服務人員二至三位，教師與就服人員均在社區內工作，以方案所屬機構為辦公場所，在學生畢業前，與學生及家長建立正式關係，共同規劃機構所擬提

· 277 ·

供的服務事項。惟學生及家長仍有選擇是否參與此方案的權利。

　　學生主要時間在職場，而工作的選擇係在高二下暑假期間，以個人中心計畫方式，依據其興趣與偏好決定，以便教師及就服員有充裕時間找到工作機會，而有一整年時間在融合的職場做好就業訓練。學生在工作之餘，亦依據個人偏好，安排個別化社區活動，如購物、運用休閒設施、旁聽社區學院課程、社區服務等。透過與學生及家長密切的互動關係，教師及就服員能充分掌握學生狀況，亦為學生畢業後所需之支持與服務做好完善規劃。

　　為安排學生畢業後的轉銜，成立正式的規劃小組，包括行政人員、學校代表、社區統合機構、復健及社福系統代表，以及學生與家長代表等。小組定期召開會議，討論學生進步情況，處理政策或服務問題，商議各相關單位彼此間人力與經費的配合問題，同時亦正式授權服務人員延續畢業前之工作，以便使整個轉銜服務前後相連無縫隙。學生畢業之日，教育系統結束其經費負擔，轉由復健與社福單位分攤所需之工作支持與社區活動費用，但學生畢業後第一天的生活與之前並無不同。學生已在職場工作，不必面臨如何選擇未來方向的問題，亦不必等待復健或社福安排其服務措施。

　　此模式在加州與馬里蘭州許多學區辦理多年，有效統合三個與身心障礙者密切相關單位的經費與人力，其關鍵在於三者間如何放棄本位主義，採取整合的策略，主動協調規劃最適切的服務措施，是前述三種模式中最值得效法的典範（Certo, Luecking, Murphy, Brown, Courey, & Belanger, 2009）。

四、州級機構合作機制

（一）馬里蘭無縫轉銜合作方案

　　機構間的協調合作為落實轉銜服務功能的重要關鍵，美國各州仍不遺餘力策劃各項可行的方案，強化相關單位／組織間的互動協調機制。馬里蘭州於 2007 年推動「馬里蘭無縫轉銜合作」（the Maryland Seamless Transition Collaborative, MSTC）五年計畫，是為另一項強調機構間協調合作的成功案例（Luecking & Luecking, 2015）。該計畫目標在讓學生在學期間即可連接復健資源，畢業後能進入一般職場工作，若有需要亦可連接後續中學後教育方案。參與單位包括州職業復健廳、州教育廳、州障礙廳、州發展障礙局、州健康衛生廳，以及家長與州長機構轉銜委員會代表等。全州近半數學區參與，學區內主要機構組成轉銜小組，規劃安排計畫中各項事宜。學生除學習自我探索、自我決策、參與 IEP 會議外，在高二時即有復健服務介入，包括職場參觀、實習、有酬或無酬的工讀，並於高三透過復健諮商師，依學生興趣與能力，安排有酬的個別工作經驗，於一般職場體驗職業生活（必要時配合工作調整方案）。整個方案進行過程中，家長即積極參與各項會議及活動，包括提供學生必要的支持，而轉銜小組亦針對弱勢家庭提供多項有助學生後續發展的資源／訓練。而教師與復健諮商師亦因此而有更多互動的機會，使雙方得以發展更具協調合作功能的機制。

　　根據後續追蹤研究報告，63% 的學生達到畢業後無縫轉銜的目標（包括 26% 在融合職場工作、23% 進入高等教育就學、14% 就業同時亦在大專就學）；其餘的 37% 則在復健諮商系統中接受各項服務，顯示其無縫轉銜的規劃已有相當成效。Fabian、Dong、Simonsen、Luecking 與 Deschamps（2016）以兩份合作量表調查轉銜小組成員對合作的反應，發現在任務導向的合作量表上，跨機構的合作可預測學生成功轉銜，但在另

一份較側重情意感受的合作量表上，其預測效果卻稍呈負向反應，研究者認為這可能是對「所有的合作都是好的」此迷失的一項警示，不過此仍涉及評量工具的問題，有待後續深入探討。

（二）加州競爭性融合就業藍圖

加州政府為協助更多智能／發展障礙者就業，特別設置「加州智能／發展障礙青年就業聯盟」（California Employment Consortium for Youth with IDD, CECY），經多年籌劃，由加州教育廳（CDE）、加州康復廳（DOR）、加州發展服務廳（DDS）三部門，以及民間團體共同規劃前瞻性跨部門五年計畫「加州競爭性融合就業藍圖」（California Competitive Integrated Employment Blueprint for Change, CIE Blueprint），並結合加州中學轉銜實踐社區（California Community of Practice on Secondary Transition, CoP）、加州促進未成人準備接受社會補助保障金（California Promoting the Readiness of Minors in Supplemental Security Income, CaPROMISE）、加州轉銜聯盟（California Transition Alliance）和加州智力障礙和發育障礙青年就業聯盟（California Employment Consortium for Youth and Young Adults with Intellectual and Developmental Disabilities, CECY）等團體，以擴展智力障礙和發展障礙者競爭性綜合就業機會的途徑，協助其做好就業準備，並與非障礙人士一同在社區工作，領取至少最低的時薪（Raynor, Hayward, & Rice, 2017）。

此一方案以人為本，尊重每位人士的種族、民族、文化背景及語言，在參與人的能力、興趣和夢想基礎上，提供實踐其想望的協助。目前每年平均有七百八十人心智障礙／發展障礙者參加 CIE。方案預定 2017／2018 財政年度開始，增加至少三百名、2018／2019 年增加五百人，爾後將再訂定後三年漸進目標。若該年沒有達到預定目標，三部門要找出問題所在，蒐集利益相關人的意見，以評估如何才能增加 CIE 出路。

該聯盟依推動計畫，成員自選參加政策、實務、資料及表現指標、外

展溝通、資源拓展五個小組，亦可跨組，針對近程／遠程目標，共同討論促進成功執行方案的策略。表 7-1 為第一階段（2017 至 2021 年）目標與策略。

表 7-1 ▪ 美國加州競爭性綜合就業藍圖

目標	宗旨	策略
提高三大部門的協作能力，使心智障礙者做好準備，幫助其獲得融合就業的工作機會。	• 提高各部門間的訊息共享。 • 共同合作，更妥善地利用現有資源。 • 提高在 CIE 規劃、實施和評鑑方面的合作。	1. 聯合制定並溝通書面指導文件。 2. 鼓勵當地機構間加強聯繫，促使地方簽訂合作協議。 3. 改善數據蒐集和共享。
為心智障礙者創造更多選擇，使其為就業做好準備，獲得融合就業的工作機會。	• 使更多心智障礙者享有工作經驗、就業準備服務、就業技能培訓資助、高等教育和培訓、客製化就業及支持性就業個人安置等服務。 • 使更多心智障礙者參與加州勞動力發展體系中，包括加州的就業中心（即「一站式服務」）。 • 提高部門與雇主之間的合作，包括為心智障礙者受僱於公／私部門而開展之「以工作為導向」的培訓。	1. 確認並改進實務活動，幫助心智障礙者做好準備，獲取融合就業的機會。 2. 了解現今能夠協助實現融合就業的就業者及人數。 3. 支持從學校轉銜到融合就業的職前準備服務。 4. 與雇主發展新型合作方式。 5. 開發工具和資源，研發示範策略。
協助和支持心智障礙者針對融合就業做出自主選擇。	為心智障礙者、其家人和雇主提供有關融合就業的訊息。	1. 使更多的人了解可用的工具和資源，幫助他們實現個人融合就業的工作目標。 2. 支持社區獲取額外的系統知識、技能和能力，用於幫助個人實現融合就業的目標。 3. 增加活動數量，給予心智障礙者更多融合就業的就業選擇。

資料來源：加州競爭性綜合就業藍圖（2017）

第二節　轉銜服務團隊

　　機構間的協調合作，關鍵在於所有團隊成員能否感覺到其所付出的是有價值、團隊目標是否明確、每一成員是否皆能參與決策、能否感覺受到尊重並共同分擔工作任務（Friend & Cook, 2003; Heron & Harris, 2001），因此彼此間的互動模式即成為成功與否的重要關鍵。為增進參與者的互動關係，Cheney、Osher 與 Caesar（2002）即認為各個專業人員除本身所擔負的專業任務外，亦應同時扮演相互支持的角色，如職能治療師在執行功能性評量時，採用行動研究方式，與特教老師等相關人員共同規劃、研究切合學生需求的策略，此等運作模式始能真正落實所謂團隊的概念。

★ 一、轉銜工作團隊

　　轉銜工作需要團隊，然而在不同層級的轉銜團隊任務有所區隔，從個人轉銜計畫之擬定至全校、全縣，乃至全國轉銜服務體系的建立，可區分為四個層次（Aspel et al., 1998; Blalock, 1996; Blalock et al., 2003）：

1. 個別化轉銜計畫小組：此一小組亦為擬定個別化教育計畫的跨領域小組，係為協助個別學生規劃其轉銜服務計畫而設，因此必須以學生為中心，蒐集並檢視所有與其目前情況及未來目標相關的資料，確定所需之轉銜服務內容，將符合個別學生需求的成果導向轉銜服務目標，轉化為個別化教育計畫中的長期目標與短期目標，並定期檢討原先設定的轉銜目標是否需要調整或改變，以確定學校所提供的服務符合學生需求。

2. 學校轉銜小組：此一小組的主要任務在規劃與監控全校性轉銜措施，包括分析全校所有身心障礙學生的特性與轉銜需求、掌握社區既有資

源、擬定個別化轉銜計畫的程序、安排必要的評量／轉銜活動、融合
職業評量結果適時調整課程／科目、檢討評鑑學生畢業前後的適應與
轉銜成果等；若個別小組有特殊需求或困難問題，亦應提交此一小組
做深入的探討，或提供必要的支援。此一小組可與校內既有的相關組
織（如特教推行委員會）相結合，以專案小組的方式運作，其成員可
包括學生及家長代表、轉銜負責人員、特教教師代表、普通教育及
職業教育教師代表、高等教育機構代表、社會福利及就業服務機關代
表、社區機構代表等。

3. 社區或區域性轉銜小組：此一小組以增進社區內或區域性各個學校與
成人機構間的合作關係為主要目標，推動區域內各項轉銜行動方案建
立共識、解決機構間合作問題、為學生開發訓練與就業機會、尋求更
多社區資源。各地可視地區（縣市）大小區分數個社區小組，其成員
可包括區域內學校代表以及相關機關、團體代表。

4. 州的層次或稱轉銜諮詢委員會，重點在建構轉銜的機制，以協助社區
及學校發展轉銜服務為主旨，訓練相關人員提升知能，並整合全州資
源，成員可包括成人機構（職業復健、社區職訓或住宿機構等）、社
會工作、中學後教育機構以及企業主等。

　　Povenmire-Kirk 等人（2015）之團隊即依此理念，規劃前三個層次的
運作模式，創建 Communicating Interagency Relationships and Collaborative
Linkages for Exceptional Students（CIRCLES）。施行迄今已展現成效，除
學生的自我抉擇與參與個別化教育計畫皆有相當顯著的成長外（Flowers
et al., 2017），轉銜小組以解決問題為導向，共同討論如何協助個案／學
生達成其轉銜目標，若某一單位無法提供服務，其他單位即插手介入，透
過更多機會的互動，發展出合作的機制。

　　就我國目前的情況而言，為落實《身心障礙者權益保障法》第 48 條
及特殊教育相關法令之規定，在中央、地方及學校，均宜有跨部會、跨機

構／單位之規劃小組（連繫會報或委員會），各層級主要任務可包括：

1. 中央層級

（1）統整相關部會對身心障礙者所提供之服務內涵與方式。

（2）督導地方個案管理系統，協助建立以當事人為中心之轉銜機制。

（3）協調相關部會，訓練相關人員提升知能，整合資源，並處理地方所遭遇之問題。

2. 地方層級

（1）協調相關單位，建立個案管理系統。

（2）協助開發社區資源或設置轉銜機構，提供學生訓練與就業機會。

（3）協助學校建立溝通管道，增進學校與成人機構間的合作關係。

3. 學校層級

（1）設置轉銜小組，發展與監控全校性轉銜措施，包括擬定個別化轉銜計畫的程序、融合職業評量結果、課程的調整以及教學活動的安排等。

（2）加強開發社區資源，協調校內外相關機構，建立溝通管道。

（3）以學生為中心，協調校內外相關人員，共同擬定生涯轉銜計畫。

　　目前國內已有類似建置，譬如各縣市皆已依法成立身心障礙者生涯轉銜會議／聯繫會報，惟其運作——包括人員、流程，乃至合作機制——尚待更細緻的規劃與實施，否則常流為各單位業務報告，而非關單位間如何共同協助促成身心障礙者就學、就業或就養之轉銜，提高轉銜服務效益。

★ 二、轉銜要件與相關人員

Kohler（1993, 1996）曾分析美國各地區推展轉銜服務的示範方案，發現成功的案例均具有下述五個重要元素：

1. 以學生為中心的轉銜規劃：所有相關人員參與個別化教育與轉銜方案之設計。
2. 學生能力發展：透過教學與實習等活動，提供學生學習生活技能、就業技能、工作經驗等機會。
3. 機構間合作協調：探討並建立學校與社區機構之合作模式，提供學生實習與就業機會。
4. 方案架構與設計：包括全校學生轉銜方案的設計理念與資源配置，以及方案的評鑑等。
5. 家庭參與：透過家庭的參與及訓練，加強家長或監護人對身心障礙學生轉銜的認識，進而提升其參與及執行轉銜服務的意願與能力。

轉銜服務涉及多方人士，由表 7-2 可知，一位學生的轉銜小組可能包括十數位各種身分的人員，所有參與者在上述五大元素中均扮演重要角色。

★ 三、轉銜專業服務人員

轉銜服務涉及多方面工作，凡可能涉及學生轉銜前後的準備與適應有關者，均為團隊成員（如表 7-2 所列），惟美國甚多學區特別設置專責轉銜專業人員（transition specialist/transition coordinator），其主要任務在學校協助特殊教育學生，能從學校順利轉銜至後續教育、職業訓練或工作世界，其角色可分述如下（DeFur & Taymans, 1995; Kleinhammer-Tramill, Geiger, & Morningstar, 2003）。

表 7-2 ■ 轉銜方案參與者角色

重點 / 身分	學生中心	學生發展	機構合作	家庭參與	方案架構
特殊教育教師	• 確定轉銜目標 • 配合目標規劃教學內容 • 蒐集學生資料 • 教導學生參與方案規劃	• 教導自我抉擇 • 教導社會技巧 • 教導學習策略	• 扮演小組成員角色 • 與職業教育及普通教育教師協調諮詢 • 提供活動與評量資訊	• 提供 IEP 會議前資料 • 提供各項方案資料 • 協助家長參與 IEP／ITP 會議	• 規劃結果導向的方案 • 提供學生彈性選項 • 參與方案評鑑 • 在融合情境教導學生
職業教育教師	• 參與轉銜規劃小組 • 確定轉銜目標 • 配合目標規劃教學內容 • 提供生涯輔導	• 教導職業技能 • 提供與工作相關之訓練 • 教導工作相關之行為 • 提供生涯資訊	• 扮演小組成員角色 • 與特殊教育及普通教育教師協調諮詢 • 提供學生評量資訊	• 提供方案資訊 • 參與家長／家庭訓練 • 邀請家長參與學生評量	• 規劃結果導向的方案 • 提供學生彈性選項 • 參與方案評鑑 • 在融合情境教導學生
普通教育教師	• 參與轉銜規劃小組 • 教導學生參與規劃活動 • 整理學生資料 • 提供評量資料	• 教導學業技能 • 提供生涯覺察活動 • 教導自我抉擇技巧 • 教導社會技巧	• 扮演小組成員角色 • 與特殊教育及普通教育教師協調諮詢 • 提供學生評量資訊	• 提供方案資訊 • 參與家長／家庭訓練 • 邀請家長參與學生評量	• 規劃結果導向的方案 • 提供學生彈性選項 • 參與方案評鑑 • 在融合情境教導學生
轉銜專業人員	• 安排適當的會議時間 • 協調轉介事宜 • 督導 IEP 執行狀況 • 確定有關經費事宜	• 確定社區職場 • 協調交通服務 • 評鑑工作機會與條件 • 規劃工作經驗方案	• 主持或參與小組 • 協調方案規劃與執行 • 協調轉銜服務分工事宜 • 協調運用學生資料	• 規劃家長／家庭訓練活動 • 探究家庭需求 • 提供轉銜相關服務指南 • 確定並協助家長角色扮演	• 規劃並提供轉銜相關服務資料 • 評鑑學生學習結果 • 執行長期追蹤

重點\身分	學生中心	學生發展	機構合作	家庭參與	方案架構
學校輔導人員	• 確定畢業後教育與服務資訊 • 提供生涯諮商 • 協助學生自我決定	• 提供生涯教育經驗 • 教導維護自我權益 • 執行評量工作 • 教導自我抉擇	• 提供評量資料 • 協調畢業後相關機構 • 提供社區資源 • 協調其他專業服務者	• 參與規劃家長訓練活動 • 邀請家長參與評量工作 • 蒐集家庭需求資訊 • 提供支持網絡資訊	• 提供方案評鑑資料 • 參與學生追蹤輔導 • 確定學生畢業後需求
復健諮商人員	• 主動接觸學生 • 完成轉介程序 • 提供生涯諮商 • 確定畢業後目標	• 提供工作安置服務 • 執行輔具評量 • 提供輔具設計 • 執行評量工作	• 扮演小組成員角色 • 建立溝通管道 • 確定所需專業服務 • 建立合作模式分享資訊	• 參與家長訓練活動 • 蒐集家庭需求資訊 • 運用家長扮演特定角色 • 邀請家長參與學生評量	• 結合復健與轉銜制度 • 提供方案評鑑資料 • 參與學生追蹤輔導 • 確定畢業後服務需求
社區機構人員	• 參與方案規劃 • 確定畢業後目標 • 提供支持性服務	• 提供輔具設計 • 提供交通服務 • 規劃無障礙環境 • 教導獨立生活技能	• 扮演小組成員角色 • 建立溝通管道 • 確定所需專業服務 • 建立合作模式分享資訊	• 參與家長訓練活動 • 蒐集家庭需求資訊 • 運用家長扮演特定角色 • 邀請家長參與學生評量	• 結合復健與轉銜制度 • 轉換庇護式設施為社區融合設施 • 參與社區層級之規劃
業主／督導	• 教導職場相關技能 • 提供支持性服務	• 提供工作學習機會 • 督導並觀察學生表現	• 扮演小組成員角色 • 提供工作機會與條件	• 提供家長職場資訊 • 參與家長訓練活動	• 協助規劃轉銜方案 • 協助輔導追蹤學生

（續上表）

重點 / 身分	學生中心	學生發展	機構合作	家庭參與	方案架構
教育行政人員	• 建立績效責任制度 • 建立評量本位方案計畫 • 督導學生進展情況 • 建立學生中心規劃機制	• 協助發展課程 • 協助社區本位工作學習經驗 • 協助安排專業服務	• 建立正式合作計畫 • 扮演小組成員角色 • 協調規劃經費與人力 • 掃除合作障礙	• 邀請家長參與政策擬定 • 協助家長參與決策 • 參與家長訓練活動 • 提供服務增進家長參與	• 提供相關人員進修機會 • 配置充裕人力與資源 • 重組教育體制提供轉銜服務
家長監護人	• 主動參與規劃事宜 • 提供醫療相關事宜 • 提供監護相關事宜 • 提供評量資料	• 教導權利與責任 • 教導休閒技能 • 教導獨立生活技能 • 教導自我抉擇	• 扮演小組成員角色 • 參與政策規劃 • 提供學生資料 • 探索社區資源	• 參與家庭支持系統 • 參與家長訓練活動 • 學習做決定 • 扮演特定角色	• 參與方案決策與規劃 • 參與方案評鑑 • 表達家庭需求 • 提供學生追蹤資料
學生	• 選擇發展目標 • 表達興趣與偏好 • 評量進步情況 • 參與決策	• 參與課外活動 • 負起學習責任 • 尋求協助 • 確定所需之支持	• 扮演小組成員角色 • 提供相關資訊	• 提供資料給家長 • 確定家長角色 • 參與家庭訓練活動 • 確定家庭需求	• 參與方案評鑑 • 參與人力發展 • 參與決策 • 參與方案規劃

資料來源：Rusch & Chadsey (1998)、Sitlington et al. (1996)

（一）與相關人員合作發揮影響作用

1. 與他人一起工作：轉銜需要以小組方式運作，小組成員必須覺察本身的溝通方法，以及如何與他人（如雇主、社會大眾、其他服務人員、

學生及家長等）一起工作。身心障礙學生及家長為轉銜的核心人物，轉銜服務人員應視家庭為最終的個管者，取得家屬的充分合作。

2. 了解機構與制度的改變：執行轉銜服務必須與傳統領域之外的人互動，因此需要了解其他機構與制度的改變，亦即：了解本身的制度、了解其他相關制度、了解這些制度如何互動與溝通，以規劃並執行最有效的轉銜方案。

3. 專業制度、倡導與法律課題：了解特殊的法令規章、最佳的執行方式、未來的發展趨勢，並以正式或非正式方法，與同事、身心障礙者及其家屬分享，同時學習維護身心障礙者權益的技能。

4. 行政角色：專業人員於執行政策時常需爭取或重新分配資源，因此須具有扮演規劃方案的行政角色能力。

（二）協調、規劃、評鑑轉銜服務工作

1. 策劃與管理個別化計畫：IEP 著重於年度計畫，轉銜計畫則須以長程觀點，以學生畢業後的發展與適應為目標，謹慎規劃逐年的進程。轉銜服務人員應能掌握相關人員參與的時機、扮演轉銜小組催化員的角色、根據學生發展或改變情況適時修正轉銜計畫。

2. 方案評鑑與研究：能探索相關文獻、蒐集資料，依學生個別化計畫及全校整體性轉銜服務措施分別進行評鑑。

（三）提供服務

1. 評量與工作開拓：轉銜服務人員必須能解釋學業與生活功能評量的結果，以為教育、訓練或就業決定之依據，負責就業安置者必須了解開拓工作機會的過程，促成個人與就業機會的媒合。

2. 工作訓練與支持：轉銜服務人員應能以各種不同方式執行工作訓練與支持服務，例如：支持性就業服務可能即涉及職業復健諮商員、復健管理員、職業評量人員、職能治療師、復健工程師等的角色。轉銜服

務亦常需提供雇主必要的協助，並選擇合理的就業輔具或進行職務再設計。

3. 生涯發展：轉銜必須基於發展的理念，所提供的服務必須與生涯及職業發展理論相契合，因此轉銜服務人員須能設計生涯課程，尤以增進身心障礙學生自我維護、自我認識及建構自我的抱負與目標方面為重。

由於轉銜任務之重要，因此所需之專業能力亦在一般大學畢業生之上，如 Wisconsin-Whitewater 大學要求至少學士後十五個學分，包括：修習合作領導推展改革、身心障礙學生職業評量、學校至職場方案、反思實務與行動研究、應用行動研究等課程；內布拉斯加大學轉銜專業人員（school transition specialist）課程則包括（括號內為所需學分數）：特殊兒童心理學（3）或特殊需求學生職業教育（3）、中學身心障礙學生教學（3）、中學身心障礙學生教育議題（3）、規劃與執行特殊職業需求方案（3）或特殊需求學生生涯教育（3）、特殊職業需求實習（3）或督導實習（3）、資源諮詢服務（3）；美國特殊兒童學會生涯發展分會更提出八項核心課程，包括：特殊教育哲學、歷史與法令基礎、身心障礙學生特性、身心障礙學生職業評量、轉銜與就業教學設計、學習環境輔具、夥伴合作、家庭與社區、專業與倫理等（Division on Career Development and Transition [DCDT], 2000）。

惟美國各州採取不同措施讓轉銜服務得以確實發揮功能，因此未特別設置轉銜轉業人員者，可能認為此乃特教教師的任務，僅有轉銜學分的要求；值得注意的是有三分之一州因更多身心障礙學生在職業教育領域學習，因此亦要求職業教育教師具備轉銜學分（Simonsen, Novak, & Mazzotti, 2018）。

四、轉銜團隊的運作

　　長久以來，專業間合作的議題乃為實務工作者關注的焦點，無論特殊教育、職業重建或其他助人工作，均非單一專業可順利達成助人任務，因此大多數學者都同意專業團隊的建立及跨機構間的協調合作是服務成功的關鍵。

　　轉銜團隊成員來自各個不同單位／機構，其運作方式與過程是否能發揮預期功能，端視單位間的合作機制。Frey、Lohmeier、Lee 與 Tollefson（2006）針對單位間的合作樣態，綜合相關研究文獻，提出從共存到合併七個有高低之別的層次（見表 7-3），「共存」僅是現況的反映，各單位／機構本即存在，但並無任何接觸，亦各行其是，不能稱之為團隊；「合併」則是將原先各單位合成一體，故亦不屬此處所稱之團隊概念。其餘五個層次，低層次的團隊猶如一盤散沙，雖因同一主題而聚集，卻對其組成團隊的任務鮮有實質助益，而高層次的團隊則在互信共識的基礎上，努力朝共同的目標邁進，有較高機會完成任務。從鬆散的聯繫，到彼此互有來往，進而分享資源、理念，再發展出互信共識，有層級之分，Frey 等人以此五個層次編製合作層級量表（Levels of Collaboration Scale），可供實務

表 7-3 ▪ 合作樣態七層次

共存 Coexistence	聯網 Networking	合作 Cooperation	協調 Coordination	聯盟 Coalition	協調合作 Collaboration	合併 Coadunation
• 幾無接觸 • 各行其是	• 覺知其他組織 • 角色界定寬鬆 • 鮮有溝通 • 各自獨立決策	• 彼此提供資訊 • 角色簡略界定 • 形式溝通 • 各自獨立決策	• 分享資訊資源 • 角色界定明確 • 經常溝通 • 若干決策共同決定	• 分享理念觀點 • 經常溝通 • 成員皆有決策權	• 成員同屬制度 • 互信溝通 • 共識決策	• 統一結構體系 • 文化融合
目標不一	目標接近	目標相容	目標相容	共同目標	共同目標	目標統一

工作者參考。而如何從低層次的合作發展到高層次的合作，其中涉及人與人之間的溝通模式，更觸及各單位既有的組織與制度，為達成共同任務，可能單位與單位之間在行政、人力、制度，乃至經費上，均有必須互相因應與調整的措施。

Noonan、McCall、Zheng 與 Erickson（2012）調查美國州級的機構間合作小組的成效，發現近年州級轉銜團隊已逐漸展現正向的能量，例如：（1）在小組內發展彼此間的互動關係；（2）鼓勵不同單位／組織參與小組；（3）積極投入時間會商轉銜方案；（4）共同主導決定轉銜策略與方式。Fleming 等人（2012）彙整相關文獻，亦發現轉銜團隊能彼此分享資源、相互學習、強化經費重新分配能力等。然而，這些成果並非憑空而來，Noonan 等人（2008）認為機構間合作有效的策略應考慮：（1）彈性規劃行程、地點與人員；（2）轉銜／轉介後追蹤；（3）行政支持轉銜服務；（4）運用多元經費資源；（5）上級提供技術協助（在職訓練、行動計畫）；（6）加強培養建立夥伴關係的能力；（7）機構與障礙者及家屬深度會談；（8）訓練障礙者與家屬；（9）工作夥伴共同參與聯合訓練；（10）與機構人員、轉銜小組委員定期集會；（11）向廣大群眾傳播資訊。

美國大學身心障礙中心協會（Association of University Centers on Disability, AUCD）亦依實務上的考量，提出跨專業機構間轉銜合作應考慮的重點：（1）採用書面機構間協議，以釐清各自提供轉銜服務的責任與經費分攤；（2）學校與成人服務單位共同設置專責職位以分配直接服務學生；（3）規劃機構間與跨機構專業人員訓練；（4）透過機構間規劃小組促進並監控轉銜能量；（5）發展更有效的策略讓學生與家長正式參與團隊討論；（6）評鑑團隊運作歷程達成正向轉銜成人生活成果（Antosh et al., 2013）。

總之，轉銜團隊專業人員各有專長，以團隊方式提供個別化服務可讓個案獲利最大；專業人員間宜秉持尊重與平等的原則，重視雙向溝通，相

互支持，以個案需求為中心，協調服務的分工，共同建立服務目標，並將服務使用者的家人視為資源之一，於服務歷程中適切連結家人的參與，甚至以之為團隊一分子，提供相關資訊，扮演協助決定與執行角色。

第三節　復健諮商專業人員

一、復健諮商專業

　　身心障礙者亦如一般人一樣，有其生涯路要走，然因生理或心理上的障礙，走的要比一般人更辛苦艱難，除了醫療的復健（包含物理治療、職能治療、語言治療等）外，許多身心障礙者更需要心理與職業的復健，協助他／她們的生涯發展更為順遂。

　　復健（rehabilitation）一詞有恢復、復原、重建之意，乃協助個人回復原有的健康、能力，因此最常與醫療體系相連，醫院很早即有復健科，以及物理治療、職能治療、語言治療等醫療專業，爾後因心理學界的倡議，乃有心理復健（如臨床心理、諮商心理等）之服務。至於適應訓練（habilitation）則主要針對出生時即能力有限的個人，其服務方式與復健類似，後者之服務對象主要係因受傷或生病而失去原有能力者。此等服務措施在《聯合國身心障礙者權利公約》（CRPD）第 26 條即明訂「適應訓練與復健」，要求締約國「應採取有效與適當措施，包括經由同儕支持，使身心障礙者能夠達到及保持最大程度之自立，充分發揮及維持體能、智能、社會及職業能力，充分融合及參與生活所有方面」，締約國「應組織、加強與擴展完整之適應訓練、復健服務及方案，尤其是於健康、就業、教育及社會服務等領域」。

　　在諮商心理領域中，提供障礙者服務有其歷史根源（Kanellakis, 2010），協助身心障礙者就業，即源自早期傷殘軍人的復健需求，如美國

1918 年之《退伍軍人復健法》（The Smith- Sears Veterans Rehabilitation Act, PL），爾後再擴及一般身心障礙者（1920 年《美國平民職業復健法》，Vocational Rehabilitation Act for Civilians, Smith-Fess Act, PL 66-236），並開始建立州與聯邦政府合作的復健服務，其主要目的即在協助障礙者的就業。當時的構想較為單純，期盼透過職業再訓練，重回社區、職場。這樣的職業重建系統乃基於「經濟效益」的思維，強調以最少經費協助最多身心障礙者就業，以向國會證明此職業重建方案的效益。二次大戰期間復健工作更為需要，因此 1943 年美國羅斯福總統簽署《傷殘軍人法》（Disabled Veteran's Act, PL 78-16），提供各項服務以促使障礙者得以加入有酬的生產工作行列。

不過早期復健服務工作尚未具獨立地位，復健諮商的專業地位至 1954 年《復健法》修正案後始真正受到重視。在此之前，僅有三所大學設置復健諮商碩士級課程（New York University、Ohio State University、Wayne State University），大部分係由公共衛生護理、社會工作、學校諮商等相關系所培育專業人員（Jenkins, Patterson, & Szymanski, 1992），甚至其頭銜（與角色）亦有若干不同稱呼，如復健諮商師（rehabilitation counselor）、適應諮商師（adjustment counselor）、支持性就業專家（supported employment specialist）、工作教練（job coach）等（Patterson, 1992）。至 1954 年之後《復健法》數次修正案中，在聯邦政府補助設置復健諮商課程以推動復健專業工作下，始有較為專業性的定位（Wright, 1982）。1960 年代後，復健的目的更拓展為「……（恢復）傷殘病患者至其可擁有的最完整身體、精神、社會、職業和經濟上的程度」（Leahy & Szymanski, 1995）。換言之，復健的目的除了身體生理功能的康復外，在心理、社會、職業等方面的健全發展，亦為復健專業工作的目標。

早期復健諮商注重職業復健，一次大戰後諮商專業開始將身心障礙者的需求反映在復健諮商（rehabilitation counseling）上，二次大戰後復健諮商專業成長快速，主要為協助有就業潛力的個案，提供專業的職能

評估、諮商輔導、職前訓練與工作調適訓練等。惟早期多採「經濟效益」取向，期以最少經費協助最多身心障礙者就業，以證明復健方案的效益，因此服務對象大部分是輕、中度身心障礙者，而復健諮商師的個案量即相當龐大。直到 1973 年《復健法》修正案（1973 Rehabilitation Act Amendments）通過，徹底改變美國對於職業重建的看法和態度，復健服務的哲學理念由強調經濟效益觀點，轉為強調「身心障礙者權益」（disability rights），將身心障礙者的社區生活與工作、獨立與自我肯定視為身心障礙者的公民權。在這個理念的影響下，身心障礙者是職業重建服務的消費者（consumer），自我決定／決策（self-determination）與賦權（empowerment）等觀念逐漸成為職業重建服務的核心價值，而該修正案也規定復健諮商師必須平等對待身心障礙者，透過雙方的緊密合作，共同了解身心障礙者所面對的各種問題與阻礙、能力與潛力（特別是在獨立生活與就業方面的需求），進而協助個案利用個人、政府與所處環境的相關資源，促進其全方位的社會參與。

　　復健諮商之專業基礎自始即有兩種不同論點，一則認為應屬諮商領域，因此應以心理學為基礎，例如：Wegener、Hagglund 與 Elliott（1998）認為復健心理學家應以心理學為根本，必須在美國諮商學會認可的課程中接受訓練培育。另一種觀點則認為復健乃一獨立的專業，其服務對象為身心障礙之特殊個案，因此應有不同於諮商師之訓練。由於觀點之不同，因此分別發展出兩個專業團體，前者即隸屬美國諮商學會（American Counseling Association, ACA）之美國復健諮商學會（American Rehabilitation Counseling Association, ARCA），後者則以 1958 年創設隸屬於全國復健學會（National Rehabilitation Association, NRA）之全國復健諮商學會（National Rehabilitation Counseling Association, NRCA）為代表。惟自 1970 年代起，二者之間開始有相互協調合作的機制，1993 年成立復健諮商聯盟（the Alliance for Rehabilitation Counseling），以強化復健諮商專業的定位（Leahy, 2002）。

2005 年，兩學會偕同其他相關團體共組復健諮商同盟（Rehabilitation Counseling Consortium, RCC）；爾後，諮商界兩個認證機構：諮商及相關教育課程認證委員會（Council for Accreditation of Counseling and Related Educational Programs, CACREP）與復健教育委員會（Council on Rehabilitation, Education, CORE）經十年協商，基於社會中障礙者愈趨盛行的認識，兩組織均同意若諮商專業有一致的認證標準，將使諮商師有更好的準備因應當事人的需求（Kaplan & Kraus, 2018），乃於 2017 年宣布二者歸併（Council for Accreditation of Counseling and Related Educational Programs [CACREP], 2017, para. 3），確認復健諮商為諮商專業中之一次專業（稱臨床復健諮商 Clinical Rehabilitation Counseling），將復健諮商置於諮商專業之內，在獲認證之機構／大學接受復健諮商教育畢業者，可參加證照考試成為合格復健諮商師（Shaw & Mascari, 2018; Tarvydas, Maki, & Hartley, 2018）。同時，CORE 與 CACREP 兩組織亦同意，共同探究如何將復健及障礙相關議題融入所有諮商訓練方案中，以增進各次專業諮商師服務身心障礙者的效益（Shaw & Mascari, 2018; Strauser, 2017）。

★二、復健諮商人員角色與教育訓練

復健諮商是一個有系統的諮商歷程，協助肢體、心理、發展、認知及情緒障礙者，在融合的情境中，達成其個人、生涯、獨立生活的目標（CRCC, 2016）。在提供職業重建服務的過程中，復健諮商師運用諮商技巧以協助身心障礙者能夠在融合的環境中，達成其個人生涯、職業、行為及社會上的成長或改變。由此可知，依其生涯發展達成職業目標是職業重建服務的重點，為了達成這些目標，環境與個人可能都需要改變，而促成改變的重要關鍵便是復健諮商師所使用的諮商技巧。

美國復健諮商師主要任務包括：（1）就業安置、職業評量與生涯諮商；（2）諮商、心理社會介入與個案管理；（3）就業的要求面、勞工賠

償和法庭服務（Leahy, Chan, Sung, & Kim, 2012）。我國於 2017 年推動身心障礙者職業重建個案管理服務計畫中，規定「職業重建服務過程中，職業重建個案管理員扮演諮商者、管理者、協調整合者及倡導者的角色功能，運用諮商技巧，與身心障礙者建立同盟關係，進而協助身心障礙者完成生涯與需求評估、職涯規劃及自我決定，並連結適當服務資源，與身心障礙者共同擬定使用資源優先順序，排解不同資源服務間衝突，協助身心障礙者依需求獲得個別化及專業化之適性」（勞動部，2017d），與美國復健諮商師的任務有頗多類似的期待。

具體而言，我國新制職業重建個案管理員，其角色包括：（1）諮商者（counselor）：運用諮商技巧促進身心障礙者生涯、職業、行為及社會參與等方面的成長或改變；（2）管理者（manager）：掌握各項職業重建服務進度與品質，管理各項可運用的服務資源，提供完整且連續性之職業重建服務；（3）協調整合者（coordinator）：有效連結身心障礙者與相關資源／專業助人者；（4）倡導者（advocator）：扮演倡導者的角色，代表身心障礙者凝聚相關人士對相關議題的重視，表達身心障礙者的需求，為其爭取服務或改善服務品質。

從前述復健諮商專業的變遷，可知數十年來復健諮商師的角色與任務之變化，新的職務功能與知識需求也隨著改變，因此職前教育方案亦經若干階段的調整。美國復健諮商學會為提升服務品質，於 1974 年成立 Commission on Rehabilitation Counselor Certification（CRCC），期待受過專業訓練的碩士級復健諮商師提供更專業的服務，如心理及職能評估、應用行為分析或功能評估、社交心理與工作適應方面相關的個人和團體諮商、技能訓練等。

目前全美經 CRCC 認證的復健諮商課程，碩士級約有九十八個、博士級三十個，單獨設系較少（如 Virginia Commonwealth University、University of Iowa、University of Arizona），頗多與特殊教育合設（如 Auburn University、Florida State University、Michigan State University、

University of Arizona、University of Kentucky、University of Wisconsin–Madison），或設於諮商心理系（如 Pennsylvania State University、San Francisco State University、University of Maryland、George Washington University），亦有與社會工作合設（如 University of North Texas），可見此一專業工作與其他相關專業有甚多相融重疊之處。

美國復健諮商師必須擁有復健諮商碩士或博士學位，並經兩千小時督導實習經驗，通過復健諮商認證考試。路易斯安納州規定應具職業復健諮商學位，修畢四十二學分，包括：職業復健導論（3）、職業行為醫學及心理社會觀（3）、障礙之心理與社會影響（3）、測驗與評量（3）、職業資料或就業安置（3）、個人分析（3）、人格理論（3）、諮商理論與技術（6）、諮商實習（3）、身心障礙者職業分析或評量（3）等。

目前多數學校提供四十八學分的碩士課程，以 George Washington University 為例，其課程內容包括：（1）身心障礙者職業評量或個別諮商評量；（2）諮商專業及倫理；（3）諮商晤談技巧；（4）生涯諮商；（5）諮商理論與技巧；（6）團體諮商；（7）諮商之社會與文化層面；（8）諮商實習；（9）進階諮商實習；（10）復健與個案管理；（11）障礙管理與心理社會復健；（12）工作安置與支持性就業；（13）障礙之醫學與心理社會層面；（14）質性研究導論或教育統計；（15）選修。

但 CRCC 要求 2018 年後碩士級課業必須增至六十學分，包括四十八學分必修：（1）全人發展心理學；（2）復健原理與個案管理；（3）障礙者職業評量；（4）職業資料與就業安置；（5）障礙之家庭、文化與心理層面；（6）障礙之醫療層面；（7）諮商理論與技巧；（8）行為研究解釋與評鑑；（9）復健團體歷程；（10）臨床實習；（11）督導諮商（1～18），另加十二學分選修。

台灣於 2003 年始設復健研究所，目前有三所師大皆有碩士級復健諮商所（組），畢業學分數總計三十二至四十學分，課程大約涵蓋六大領域，包括：（1）復健諮商研究法及統計課程；（2）復健諮商理論與

研究；（3）復健諮商心理學基礎及延伸課程；（4）復健諮商與輔導；
（5）復健諮商評量；（6）復健諮商實務與社會福利；另有三百六十個小
時的實習課程。然因人數較少，且甚多為特教教師進修者，因此目前我國
職業重建系統中擔任職管任務者，仍多以職前訓練三十六小時為主，此實
屬過渡階段權宜措施。為保障專業工作服務品質，提升我國職業重建的水
準，未來勢必需就此作長遠規劃。

★ 三、職業評量人員

　　職業評量與身心障礙者的轉銜、生涯發展有密切關聯，透過專業職業
評量人員的協助，更可明確掌握身心障礙者的職業方向。職評的服務對象
包括從學校、醫療或社福體系轉入職業重建體系的身心障礙者，其共通點
都是個案面臨生涯的轉捩點，需要職業重建的協助。因此從職評專業的角
度言，即應考慮在評量內容與過程中，以身心障礙者的生涯發展與轉銜為
主軸，藉以增進案主的自我了解、自我覺察與自我抉擇，並將評量的過程
延續至就業後的追蹤輔導中，以確證服務的效果（Hilyer, 1997; Rumrill &
Roessler, 1999）。

　　我國採用職業輔導評量一詞，首見於《身心障礙者保護法》第 28
條：「勞工主管機關在協助身心障礙者就業時，應先辦理職業輔導評量，
以提供適當之就業服務。」此一條文已明白指出，職業輔導評量的主要目
的在提升就業服務的功效，而在第 29 條中，再進一步將職業輔導評量列
為職業重建系統的一環；就後者而言，職業輔導評量的功能更擴及與身心
障礙者職業訓練相關的課題，用以了解身心障礙者可訓練或可就業的潛
能，作為協助其職業生涯規劃與發展職業重建服務計畫的重要依據。《身
心障礙者權益保障法》則將評量納入整個職業重建系統中，未特別強調
「應先辦理職業輔導評量」，僅第 34 條第 2 項特別規定「各級勞工主管
機關對於具有就業意願，而就業能力不足，無法進入競爭性就業市場，需

長期就業支持之身心障礙者，應依其職業輔導評量結果，提供庇護性就業服務」，然仍可顯示職業評量的重要性。

　　目前我國職重服務由職管員接案／開案，亦由職管員進行初步評估，有必要始轉介職評員進行深度評量，此舉符合本書第四章所述之評量三層次的原則，亦可充分發揮各個專業人員的角色功能。在美國這項工作可能由復健諮商師負責，亦可能由職評專業人員處理，而職評員亦有其專業訓練之要求，以維吉尼亞州職業評量人員執照申請資格為例（Ensley, 1995）：

1. 在以學校為主之合格職業評量人員督導下，實施職業評量一百五十小時以上；現職者可於就職三個月內提出申請。

2. 具備下列三者之一條件：

　（1）通過職業評量證照考試。

　（2）獲職業評量、職業教育、特殊教育或復健諮商碩士。

　（3）獲職業評量、職業教育、特殊教育或復健諮商學士，並修習下述領域三十學分（每一領域每學期至少六學分）：

　　①當事人服務：a. 特殊學生教育；b. 身心障礙醫學研討或醫療資訊；c. 職業復健或復健技術；d. 諮商理論或人類服務諮商；e. 統計／研究法；f. 個別諮商或諮商技術；g. 人類服務組織；h. 英文作文或報告撰寫。

　　②職業方面：a. 職業教育目標／實務；b. 職業資料；c. 工作實務；d. 個別方案規劃；e. 生涯／生命規劃。

　　③職業評量：a. 測驗與評量或心理測驗；b. 教育心理學；c. 工作樣本；d. 工作分析；e. 職業評量目標／實務；f. 轉銜服務。

　　④心理學：a. 學習心理學或學習理論；b. 人格心理學或發展心理學；c. 青少年心理學；d. 心理學概論。

　　目前國內除前述之復諮所外，尚無職評專業人員培訓單位，而依《身

心障礙者職業重建服務專業人員遴用及培訓準則》，以一百六十個小時的專業訓練即可獲頒證書執行職業評量工作，實非適切的辦法。為強化職評功效，治標策略可加強在職訓練，並以個案研討方式，增進職評員對個案的掌握，規劃並執行適切的評量方案，而治本之道則應思考以正規教育體系培養專業人員的可行性，如此始可能讓職業重建或職業評量更行發揮其專業價值。

第四節　家長參與及專業互動

★ 一、家長角色

在轉銜服務工作上，每一成員都扮演著重要的角色，但就身心障礙者而言，在其個人一生的生涯發展歷程中，家長事實上是身心障礙者終生的個案管理員，也是子女權益的保護者，同時也扮演家長組織成員與倡導者的角色，家長是整個轉銜團隊不可或缺的成員。

Benz 與 Halpern（1987）的研究指出，父母影響身心障礙者的期待與價值觀，也是其生活上主要的支持者，因此父母的參與是轉銜計畫過程中關鍵要素之一。從 Schalock、Wolzen、Ross、Elliott、Werbel 與 Peterson（1986）研究中重度障礙者離校後的工作和生活狀況發現，家庭高度參與整個訓練方案時，學生在工作上有較佳的表現。Pope（1997）對學障與行為異常學生的父母所做的調查研究，顯示父母參與和子女能否成功轉銜有顯著的相關。Graham、Grigal、Moon 與 Neubert（2003）亦發現，父母參與及家庭的支持，對障礙者在轉銜過程中自我決策能力的發展，具有關鍵性的影響。而 Morningstar、Turnbull 與 Turnbull（1995）則發現，學生常視家庭成員在其自我決定與未來遠景上扮演重要的角色，因此在規劃各項能力發展的方案時，需要家庭的投入。總之，家庭是調適身心障礙者順

利進入職業角色、成功適應成人社會和人際生活中的一個持續且重要的支持來源，家長的參與對身心障礙者成功轉銜具有決定性的影響，而轉銜不僅限於就學階段，整個生涯發展歷程（無論就學、就業、就醫或就養的課題）都與轉銜有關。

Mayberry 與 Heflinger（2012）的研究發現，服務品質與家長的參與有密切關係，若服務到位、服務聚焦，且能以統整的歷程提供支持與服務，則愈能促使家長全力投入整個服務歷程；在這個歷程中，家長扮演理性消費者的角色，以其所花費的時間與精力，尋求最有效的服務方案。換言之，家人的參與對身心障礙者的成功轉銜具有決定性的影響力（Austin, 2000; Test, Mazzotti, Mustian, Fowler, Kortering, & Kohler, 2009），在整個轉銜過程中，家人所扮演的角色具有關鍵性的意義，但亦需配合更多賦予權力的機會，增進家長了解並接觸各個單位／機構所提供的資訊之機會，並提供長期與一致的支持。

★ 二、家長參與

家長參與特殊教育源自於家長參與教育權的概念，我國《教育基本法》與《國民教育法》皆賦予家長參與教育、校務與班務等法定權利，而所賦予的權利範圍相當廣泛，包括校長遴選、教師聘任與校務會議，其中有集體行使的參與學校事務、校長與教師聘任決策權等，以及個別權力行使的教育選擇權，包括自由選校、在家教育與實驗性質教育等。薛化元、周夢如（1997）分析其內涵，包括：（1）協助權：如協助教師評估學生現況能力、協助教師在學校場所觀察與記錄學生行為等；（2）建議權：如學生的安置、學習內容的安排等；（3）參與決定權：如參與個別化教育計畫的擬訂、學校相關措施的安排等。至於家長參與的方式可分六大類，包括：學校協助家長在家中營造支持的環境、家長與學校針對學生的學習情況做良性的溝通、家長參與家長組織彼此提供支持與協助、學校提

供家長可在家中協助學生功課及學校相關活動、推舉家長成為學校相關會議的委員，以參與做決定、家長與學校合作，統整社區資源以協助學校發展，提高家庭與學生的學習成效。

家長是身心障礙者終生的個管員，有權利為其子女爭取各項服務，但亦有必盡的義務。美國各州在推動特殊教育實施方針與程序中，即載明家長參與的權利與義務，如對於教育行政當局有不當決定或措施時，家長有權利提出訴訟程序；在孩子的學校中扮演倡導者的角色，參與處理。

除參與個別化教育計畫、對不當安置提出訴訟、舉辦聽證會之外，家長在孩子接受特殊教育的過程中尚有（1）教育紀錄銷毀的許可權；（2）在一定申請時間內查閱教育紀錄的權利與提出質疑的權利；（3）家長提出的質疑應受到尊重，並且與原紀錄同時併檔，作為未來資料查詢的輔助說明；（4）有關計畫的修改、複查等會議，家長都應該出席參加，除非能證明已經盡力安排家長及教育當局人員共同出席，而家長仍未能親自出席或提出意見、以電話方式參加會議時，才能在家長不在場下進行教育計畫的設計、修改、安置的決定等；（5）在必要時可以舉行仲裁會議，而家長及孩子本人皆應出席且不得用仲裁會議之由來否定家長或孩子的權益；（6）所有的會議資料及必要的文件，都應譯成家長的母語文字。

對於鑑定、評量、計畫、安置或提供免費而適當的公共教育等若有變更時，必須先通知家長，家長如有異議則得依規定申請辦理聽證會。所有的通知必須載明事項、相關的評量程序、記錄報告、其他的可能性、變更的理由，家長亦有權在個別化教育計畫會議之前審核孩子的一切教育紀錄。

家長有權爭取各項服務，但亦有須盡的義務。Sitlington 與 Clark（2006）認為在轉銜服務的過程中，家長參與的角色與任務包括：（1）鼓勵子女在家裡自我決定與獨立；（2）鼓勵並協助設定目標；（3）教導日常生活與人際技巧；（4）鼓勵在家裡、鄰居或社區做事；（5）在家裡增強與工作及獨立相關的行為；（6）協助評量；（7）協助子女發展個人

的價值觀、自信心與自尊；（8）與法律及財務專家合作規劃子女財務、法律及居住相關事宜。具體而言，家長須提供相關資料：如子女行為的觀察、資料的蒐集、開創新的活動、以圖標示孩子的進展情形；在評估完成之後，協助決定合適的安置與教育措施；在擬定個別化教育計畫與課程時，確定孩子的需要及未來的目標；並以持續性的評量，協助決定孩子是否有進步。家長在評量時可以協助老師了解孩子由學校習得的行為是否轉移到家中，以及透過老師的教導，孩子的行為表現在家庭中是否有所進展等，家長應該保持與老師的連繫，隨時了解學習遷移的情形。

事實上，在轉銜期間，受到影響的不僅是身心障礙者個人，整個家庭都會涉入這樣的轉銜過程與結果，尤其在文化殊異的家庭環境中，家庭／家族中心的既有傳統牽連家中每一份子，任何異動均是家中一件大事（Achola & Greene, 2016; Kim & Turnbull, 2004）。不過在不同生涯階段，家長參與的角色會有所不同，Kim 與 Turnbull（2004）認為家庭與身心障礙子女乃是一種互依的關係，兒童早期以家庭為中心的規劃模式，至青少年／青年階段面臨轉銜時期，則宜考量家庭背景、家庭功能、家庭成員的組成與互動關係等，以家庭／個人互依的模式規劃轉銜方案，待其成長脫

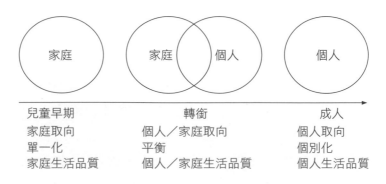

圖 7-3 ■ 轉銜規劃取向

資料來源：Kim & Turnbull (2004: 54)

離家庭進入成人世界後，再以個人中心為規劃主軸（見圖 7-3）。但無論如何，個人與家庭的生活品質均應多加考量。

★三、合作夥伴關係

父母對身心障礙子女的成功轉銜具有決定性的影響力，但若缺乏相關專業的配合與支持，其所能發揮的功能必然受限，尤其在與相關專業人員的互動關係上，若缺乏互信互賴的合作夥伴關係，更可能產生負面的效果。林幸台（2002）以高職特教班為主體的研究，即發現學校行政人員、教師與家長之間，對學校所推動的轉銜服務現況之認知或了解亦有相當差距，尤其在學校與家長之間，無論轉銜規劃工作的參與、轉銜目標的達成、職業教育課程的落實或職場實習的實施等方面，學校教師與家長間的反應差距頗大，而校內行政單位與教師之間亦有相當落差。此等差距可能源自彼此對該項措施的界定不同，或因學校或教師係以整體的角度觀察，而家長的反應則為對其子女個別狀況的感受，但亦可能是學校仍在嘗試錯誤中探索最適合的運作方式，而與家長既定的觀感有所不同。無論何種原因，雙方的觀察存在著差距是明顯的事實，如何發展更緊密的合作關係，實為轉銜服務成功的關鍵。

合作（collaboration）的字根 colabre，即有共同工作（co-labor）之意。Zins、Curtis、Graden 與 Ponti（1988）認為，合作的概念主要在創造一個增進主動參與、交換資源與專業知能的氣氛，以有助於創造性問題解決。Idol、West 與 Lloyd（1988）將合作（collaboration）界定為一種互動的過程，來自不同專業的人員透過諧和的互動溝通，導引出創意的解決方案，其結果有別於個別成員獨自的產品。這是一種集體互動的決策過程，需要能力與專業的結合（Mostert, 1998）。家長是身心障礙者轉銜過程的當然成員，因此轉銜團隊的成員如何在專業之外與家長互動、能否在互動中產生創意的解決方案，是夥伴關係的關鍵。

　　家長與相關專業人員（教師、各個生涯服務相關人員）間的互動受當時的情境與雙方的關係影響，良好的互動關係有助於家庭功能的強化，反之則可能削弱家庭功能，這種關係非僅單向地從專業傳遞至家庭而已，家長同樣對專業人員有其認知與信念。DeFur、Todd-Allen 與 Getzel（2001）深切體悟這種關係的雙向性，乃提出家庭強化循環模式的概念：從家長與相關專業人員接觸開始，雙方即對將發生的狀況帶著某種程度的覺察、權限，乃至信任感，專業人員對家庭文化背景／情境可能有高度的覺察與接納，亦可能無知甚至無法忍受文化的差異；同樣的，家庭對特殊教育或機構系統的認知亦由高至低，不同的認知所伴隨的權力位階即影響雙方的互動關係。專業人員的高度覺察與家長高度的認知可使雙方的權力達到最大的平衡，低文化覺察與低系統認知則可能使權力偏向教師或專業人員。

　　雙方的權力結構將明顯影響後續的互動關係，許多文獻即顯示家長與專業人員之間多半未能發展成功的合作夥伴關係（McWilliam, Maxwell, & Sloper, 1999; Sanders, 1999），家長會認為專業人員對孩子的了解不如他們，也不重視合作關係，這種情況在文化殊異家庭尤其明顯（Leiter & Krauss, 2004; Shapiro, Monzo, Rueda, Gomez, & Blacher, 2004），有些家長甚至覺得他們才是專家，外來的專業人員無法真正給予專業的協助（Rueda, Monzo, Shapiro, Gomez, & Blacher, 2005）。原因之一可能在於未能明確界定「夥伴」的意義，常見所謂之尊重、溝通、承諾等用語，但卻缺乏實質有效的行動，足以讓對方獲得此等感受（Dunst, 2000）。在教育工作者認為自己是專業，而家長必定是「被教育的」、「無知的」、「不明究理」的態度之下，只有很少數的家長能夠和老師建立良好的溝通管道與人際關係（Osher & Osher, 2002; Summers, Turnbull, Poston, Hoffman, & Nelson, 2005），其間的矛盾主要來自於雙方對孩子的需求有不同的意見（Lake & Billingsley, 2000）。

　　Nelson、Summers 與 Turnbull（2004）歸納家庭與專業人員間的關係

之所以緊張，可能涉及的三個問題：（1）可及性：專業協助是否便捷、能否及時獲得必要的協助，是家長最關心的課題；在雙方互動過程中，即涉及專業人員在何時、在何種情境下與家長接觸的問題，其界線從拘謹（例如：僅限於傳統工作時間內始能接觸）至開放（對家長的請求隨時提供反應）不等；（2）責任範圍：機構所擬定的專業人員任務與家長的期待是否有落差，家長對專業協助範圍的期待是否超越機構的限制等；（3）雙重關係：家庭與專業人員之間的關係僅止於公事公辦，或可形成朋友、夥伴關係。前二者與平時的互動情境中，參與者界定彼此界線的偏好有關，第三項則涉及雙方跨越嚴格的專業家長的關係界線到其他角色（如朋友）的情況。

家庭文化根深蒂固，身心障礙者家長經歷多年的挫折與艱難，對專業人員／機構自然形成某種期待與信念，這些期待與信念可能並非完整正確，卻是專業人員必須面對、同時也必須處理的課題。Tourse、Mooney、Kline 與 Davoren（2005）從臨床專業的角度提出特殊教育人員訓練的四項基本原則，對家庭—學校的合作應有助益。

1. 職前準備：特殊教育職前訓練中，必須包括檢閱其他服務模式，學習協同教學、諮詢、社區本位教育等課題，以及協調相關資源規劃直接服務與間接服務的管理技能。

2. 跨領域課程與實務經驗：特教教師必須學習合作的原則與基本技巧，在培育階段即需彼此對話、一起工作，藉以廣泛了解彼此的角色、任務與專業性質，同時在實務工作中，共同發展解決問題與有效溝通技能。

3. 準備改革機制：不同學校有不同文化體系，新手教師的期待可能不切實際，因此訓練方案中必須讓教師學習如何扮演改變的角色。

4. 跨領域對話：合作的重要性已不言可喻，特殊教育人員應主動積極透過各種交流機會，與普通教育、教育行政、學校心理、諮商、社工

等專業人員交換意見,甚至結合各個專業學會成立對話小組(special interest group),亦為有效的策略。

Matuszny、Banda 與 Coleman(2007)針對建立文化殊異家長與教師合作關係提出一套「漸進式計畫」,協助教師更了解來自不同文化家庭的需求,可供參考:(1)開始階段:學校在學年之初先舉辦一些非正式的活動,藉由愉悅的氣氛促進家長和教師之間彼此的認識;(2)建立基礎:親師互相認識後,開學後數週即可邀請家庭成員到班上,增加他們對班規和教學環境的認識,或詢問家長偏好的溝通方式、頻率,希望獲得的資訊類型、期望的會談時間等,並邀請家長提供教師對不同文化背景的家庭應關注的行為、信念等,以建立合作關係與信任感;(3)維持和支持:在此階段,教師應藉由溝通以維持與強化親師關係,此時重點在於了解文化殊異家庭中關於互動的規則或習慣(如誰才是真正決策者)、談論子女的需求或其正向的表現(如學習上的進步之處、困難之處與補救方法等);(4)檢討與反應:在學年結束前,教師與家長共同回顧與討論過去一年中彼此關係的進展,討論各項措施的可行性,以及未來可增加的作法。

四、家庭主導的服務系統

自從法令明確規定家長參與特殊教育的各項權利後,家長已明顯地從被動的接收訊息,轉為強化家庭中心的主動角色,專業人員已開始傾聽家長的聲音(Muscott, 2002),但 Osher 與 Osher(2002)認為過去二十餘年雖已極力倡導家庭的參與,但事實上仍僅止於聚焦於家庭(family-focused),並未真正符合家庭的需求,家庭成員仍係被動依循專業人員的指示照章行事。Fitzgerald 與 Watkins(2006)甚至發現有關家長參與的法令詞句,僅有 4% 至 8% 屬於一般閱讀的水準,20% 至 50% 是大學以上程

度的閱讀水準,因此雖然法令對家長的參與權已有明確的規範,但對大部分身心障礙者的家長而言,此等法令規定實難正確理解,期望其能有效的運作,僅能依靠專家/教師的協助。

Osher 與 Osher(2002)發現,家長參與的概念在實務操作上有兩種不同的服務系統典範:提供者主導(provider-driven)的策略認為只有受過嚴格訓練的專業人員才有專業知能,彼等透過行政系統的運作提供專業服務,行政體系會以各種績效考核方式,確保專業服務的品質。相對的,家庭主導(family-driven)的策略則認為家庭亦擁有專家知能,因此有資格參與方案的規劃,在家庭夥伴的基礎上,依接受服務的個別兒童、青年與家庭的經驗、優勢、期待、遠景及需求,規劃適合家庭與個別成員的服務方案。

兩種策略之差異見表 7-4:提供者主導的策略常因法規條文與官僚體系常規的限制,不免經常出現僵化窒礙的現象,而家庭主導的服務提供

表 7-4 ▪ 服務提供系統兩種典範

	提供者主導	家庭主導
解決來源	專業人員與機構	兒童、家庭與支持團隊
關係	視兒童與家庭為依賴者,期待依專家指示執行相關措施	以夥伴/協調者方式做決定、提供服務、考核績效
取向	孤立並將問題「固著」於兒童或家庭	生態取向,增進兒童與家庭社區功能
評估	缺陷取向、個別問題分析	優勢本位、整體考量
期望	低度至中度	高度
規劃	根據機構資源規劃	每一兒童與家庭個別化規劃
服務管道	限於機構服務項目、經費來源與職員時間安排	綜合性,依兒童與家庭需求提供
結果	依機構功能(住院天數長短、滿意度調查)與徵狀解除	依生活品質與兒童及家庭需求,持續觀察評估

資料來源:Osher & Osher (2002: 52)

系統明顯的更能發展夥伴關係，也更符合兒童及家庭的需求。不過 Osher 與 Osher（2002）認為這兩個典範實為連續譜的概念，現行各種方案可能落在這兩端之間，以此作為檢驗服務系統的指標，可反應服務的品質與效益。事實上，夥伴關係的建立不是一朝一夕的事，就如同不是短暫時間就能與人建立知己的友誼，但卻可能因一時的衝動破壞長久的關係。

如何從傳統的專業主導引向家庭主導的服務系統，是專業人員在提供身心障礙者專業服務前，必須先行解決的問題，其中的關鍵即在夥伴關係與溝通。Blue-Banning、Summers、Frankland、Nelson 與 Beegle（2004）從家長與相關專業人員的焦點團體與深度訪談中，歸納有效夥伴關係的六項主題：溝通、承諾、平等、技巧、信任、尊重，並提供多項指標作為參考。此外，良好的溝通亦應有具體的行為表現始能達成溝通功能，例如：抽象的「信任」概念，可由可靠、創造安全環境、謹慎等行為中反應出來。唯有細緻地思量關係建立的過程，以真誠的同理心進行互動，始有可能建立真正的夥伴關係，而雙方都能得到應有的回應。也唯有透過這樣真誠的溝通模式，始有可能協助家庭從被動、不信任、甚至攻擊式的反應，逐漸朝向主動、信任與積極的方向，採取具體有效的行動，達到真正強化家庭功能的效果。

Hagner、Kurtz、Cloutier、Arakelian、Brucker 與 May（2012）採控制組前後測設計，以自閉症學生與家長為對象，進行三階段家庭中心模式的實徵研究。實驗組家長先參與四週的團體訓練，學習個人中心計畫、網絡連結、成人服務資源等，訓練結束時並以紙筆測驗確認家長對轉銜的認知程度；第二階段則為親子共同參與個人中心轉銜計畫，專案人員協助各自組成轉銜團隊（二至十人），經三至五次聚會完成轉銜計畫；爾後再經四至六個月的追蹤輔導。控制組第一年僅有定期的電話聯繫問候，第二年再接受相同訓練。實驗結果發現多項顯著的效果：實驗組學生與家長對未來的期待均顯著提升，學生的自我決策能力及職業決定亦顯著高於控制組。

此項實驗說明家長可藉專業人員的協助，在個人中心的理念引導下，

學習正確的轉銜相關知能，培養積極參與的態度，將對子女的關心轉為正向的支持，對其轉銜有莫大助益。家長多會關心子女的未來，關切轉銜的結果及各項課題（Martinez, Conroy, & Cerreto, 2012; Rabren & Evans, 2016; Taub, 2006），有時甚至會造成自身的壓力（Davies & Beamish, 2009; Gillan & Coughlan, 2010; Hayes & Watson, 2013），乃至影響家庭生活品質（Boehm, Carter, & Taylor, 2015）。總之，家長亦需要支持，亦需要增進相關知能，因此學校規劃親職教育相關活動時，可舉辦親職壓力主題的專題講座或工作坊，藉以協助家長獲取減緩親職壓力的策略與知識。此外也應持續充實並落實社會支持服務的內涵，藉以協助家長改善教養難題，亦可利用網路資訊，提供家長多元參與機會，協助家長參與校內外團體，建立家長之間支持網絡。

事實上，這種合作關係不僅限於家庭與學校或專業人員，任何機制只要涉及不同單位／人員，就必然涉及彼此間的互動。雖然許多文獻指出合作夥伴關係的重要，合作的概念亦普遍存在，但這種關係似乎多僅止於口號，卻未見實質的行動與成效（Friend, 2000）。然而就身心障礙者生涯與轉銜服務而言，缺乏實質的夥伴合作，勢必事倍功半，身心障礙者的權益也必然受到影響。Pleet 與 Wandry（2003）歸納約翰霍普金斯大學 J. Epstein 教授多年研究家庭／學校／社區間互動關係的成果，發現教育人員努力與家長建立夥伴關係，其所產生的影響力量不亞於家庭背景變項（如種族、社經地位、婚姻狀況、父母職業等）的影響作用。換言之，與家長建立合作夥伴關係這項工作雖然艱辛，教育人員不應因既存的因素限制其所能做的努力。

身心障礙者生涯輔導與轉銜服務

8
CHAPTER

能力取向的生涯發展願景

 第一節 障礙與障礙者的發展

　　歷年來有關障礙的論述，無論醫療模式或社會模式，多係就障礙者的現狀提出解讀。醫療模式從病理的角度檢視身心障礙者的缺陷與限制，並因應其缺損狀況，預期透過矯治復健，使其得以符合社會標準，而與一般人一樣獲得適當的生活安排。醫療模式反映在特殊教育上，就是著眼於找出接受特殊教育學生本身的缺陷，進而由專業人員介入處理其個人的問題。傳統的特殊教育，即以線性、因果視框描繪障礙個體生涯發展輪廓。在教學上，則將通用設計的觀念納入教學設計中，期待教學者能考量各類學習者的條件，以適用於所有學習者可接受的方式、材料，必要時亦可調整課程或教學內容。我國目前施行的身心障礙者就業服務措施似亦循此模式，多以即時就業進入勞動力市場為宗旨，必要時可輔以職務再設計，以減少職場的限制與阻礙，既使職業訓練亦係從人力投資的角度，以提升就業能力為主，卻忽略了生涯經驗、活動以及自我認同對個人的意義（黃文慧，2010）。

　　這些理念與實務措施，多以現狀為出發點，主軸則在改善現狀或降低

造成限制的種種阻礙。然而個人乃持續不斷發展的個體，就全程的生命歷程（life span）而言，有自理能力的身體都只是一個暫時性的過渡狀態，每個人都有機會進入身心障礙的狀態，身心障礙不是一個固定的、「有或無」的二分概念，而是流動和連續的狀態，這是一個「成為的過程」（becoming）（Zola, 1993: 18）；因此障礙可以被認為是一種普同經驗，只是每個人發生的時間點不同。換言之，身心障礙是多數人遲早都可能會經歷的一個生命現象。雖然許多身心障礙的起因緣自長時期緩慢的慢性疾患，但無論現況如何，似不宜忽略其尚可能發展的機會，尤其是對仍在成長中的兒少、年青的身心障礙者，如何在其成長過程中增進其發展的可能性，協助其檢視、批判、省思既有的自我觀，從覺察中逐漸形成對自我主張與認同，乃至具體實現其生涯願景，亦即將問題還原於問題核心，從根本面對問題，此乃為積極正向的治本之道。

　　醫療模式將身心障礙視為是一種需要矯治更正的狀態，認為問題的根源是在個人，需要在隔離的場域中，依賴專家以特殊設施介入並給予協助和指導。相反的，社會模式雖未完全否定運用於身心障礙者的醫療介入及其成效，但認為醫療並無法完全處理或緩和來自於社會環境的限制，身心障礙的狀態是一種結構性的社會壓迫和文化價值的特殊性建構，社會結構對身心障礙者的排斥，才是使得身心障礙者被排除在主流社會之外的主因；身體功能損傷（impairment）並不一定會造成障礙（disability），社會的環境限制才是導致身心障礙者無法與一般人競爭、融入社會的元兇（王國羽、呂朝賢，2004；張恆豪，2007；張恆豪、蘇峰山，2009）。

　　這種主張源自 1970 年代英國身體損傷者反隔離聯盟（the Union of the Physically Impaired Against Segregation, UPIAS），至 1990 年代已廣泛受到重視，成功地扭轉世人思考障礙議題的視角，也帶給身心障礙者自我觀的轉變，有助於提升其自尊與信心，而在國家政策與實務上亦產生一定程度的影響，如各國紛紛訂定反歧視的法令、無障礙環境的規劃已為舉世皆認可的必要措施，而通用設計亦已普遍施行推動中。然而有識者亦發

現社會模式有淪為政治口號之虞，對社會模式的批判亦逐漸引起更多的回應，Thomas（2007）即認為身體本身的經驗，包含疼痛、困難、心理情緒等，都不一定與外部結構有關。而社會模式所開出的解方，包括獨立生活及無障礙設施等，並不適用所有的身心障礙者，尤其是損傷程度極為嚴重、並涉及心智功能損傷的身障者，更非社會模式的主張所能涵蓋。至於社會模式將社會改革的目標緊扣著獨立與工作的理念，這樣的目標無疑在複製當代資本主義對於公民的理想——唯有透過工作參與對社會做出貢獻者才是理想的公民。這樣的主張是否為身心障礙者所需，仍有待深入探究。

　　總之，社會模式若忽略身體經驗，或醫療模式忽略整體社會外部結構的本質與變化，這種過度簡化的個人歸因或社會歸因，單向思維的二元論述，都忽略了障礙者的異質性，均非對障礙的全面性詮釋。Shakespeare（2006）以關係取向（relational approach）來解釋身障者的處境，即認為爭辯障礙的社會因素或個人／身體因素，何者才是決定身障者處境的主要原因，實屬無意義的議題；因為障礙者的境遇是身障者所處的外在脈絡與身障者個人的內在因素共同互動的結果，外在脈絡因素即社會模式所強調的社會的態度與反應、環境對身障者友善或排斥的程度，以及其他涉及障礙的相關文化、社會與經濟結構議題，而內在因素則包括身體功能損傷的性質與嚴重程度、身障者本身對損傷的態度、個人的特質與能力及性格。在理解身障者的處境時，兩個面向的因素均不可偏廢。

　　Shakespeare（2006）更提出困局（predicament）的概念，以理解身障者所經歷的損傷經驗及其複雜意義。他認為對身心障礙者而言，損傷並非僅只帶來苦難的負向經驗，其對當事人所構成的生命困境是可以被超越的挑戰；無論困局所造成的局面多艱辛，它並非命定，且在對抗生命困境的付出中，所得到的某些領悟或體會，是其他生命經驗無法給予的，這正是損傷之於身障者的正面意義，某些身心障礙者的人生甚至因為有這些體悟的存在而顯得偉大（洪惠芬，2012）。本身也是障礙者的 Shakespeare，

更認為「障礙不是以脆弱易受傷來定義，因為生命本身就是脆弱易受傷，或許不必去補救障礙，只要務實地面對其能力」（Shakespeare, 2013: 110）。Terzi（2004）亦認為，差異既非以異於常態為標準的醫療模式所能涵括，亦非如社會模式從後現代觀點論述之可炫耀的狀態，障礙乃是具有客觀實體的特定變項（specific variable）。

障礙的標籤從早期歧視性的稱呼（如白癡）轉為較中性的名詞（障礙），此乃社會逐漸關注此一課題的具體表現，Norwich（2014）引Hastings 與 Remington 標籤循環論的說法，認為任何一個標籤均代表該時代對某一課題的思維，因此數十年前開始使用特殊教育需求（special education needs, SEN）一詞，避免有任何障礙的標誌，將重心放在個人的需求，以提供必要的資源。然多年後該詞所隱含的負作用逐漸浮現，可能擴大鑑定範圍，似亦未強調學校／社會制度的調整，因此爾後有融合的概念出現，各種差異均在含括範圍內，強調普通教育必須調整或重組以因應差異性。然而十數年來，融合的說法人言言殊（Armstrong, Armstrong, & Spandagou, 2010; Hornby, 2015），且又出現另一種聲音，認為這是一種烏托邦導向（utopian orientation）的概念，Norwich（2014）則認為，這是漸興的失望感燃起了不同的思維與概念用詞。

以往論述障礙的諸多模式，往往缺乏障礙「者」的論述，忽略了障礙者本身的語言與社會關係，所論述的形象是否真為障礙者所需、障礙者的自主論述如何可能，這些課題都值得深加思索，因此而有更多不同的探究取向，如社會文化取向、生命歷程理論、倫理議題等（Beaudry, 2016; Smart, 2009）。能力取向（capability approach）不以缺陷或限制的角度思考這個問題，而從人類的異質多樣性出發，期以更廣闊的視野看待個人的發展，主張將問題回歸於真實存在的個體經驗歷程與現象場上，關注個人的發展與自我在人生歷程中扮演的角色，而不需要再纏繞於非此即彼的論述中。

第二節 能力取向

⭐ 一、機會與自由

印度裔經濟學家 Amartya Sen 於 1998 年，以福利與貧窮問題的研究獲得諾貝爾經濟學獎，他認為一般經濟學者把快速經濟成長當成發展的主要目的，卻忽略「人」才是經濟發展的最終關懷，因此提出全面且自由的發展觀，一改過往以收入或資源占有量來衡量福祉的經濟學傳統。Sen（1999）認為，發展是擴展人們享有實質自由的一種過程，人們經由實質自由的擴展，可獲得更大的選擇權，而比較可能享有自認為有價值、有意義的生活。Sen 所強調的自由並非古典自由主義者所倡議的不受拘束的自由，而是可以據以實現願望的真實機會（real opportunity），其關鍵就在「能力」（capability）。

Sen（2005）指出，日常生活乃是由各種「功能」（functionings）所組成，這些功能包含基本的食、衣、住、行、充分營養、免於疾病，以及進階的社交、參與社區、擁有自尊等。功能代表一個人在作為（doing）和定位（being）上的成就，能力則反映了有機會可以達到的不同功能組合之集合體（capability set），供個人選擇，以實現個人自認為有價值、有意義、符合期望的生活。能力集合愈豐富、愈多元，選項愈多，就愈自由，生活品質也就愈佳。因此，能力集合的擴展，即為人們追求的目標，而所謂公平，即指在拓展能力集合的過程中，擁有同樣的機會，不會被歧視、強制或打壓。

能力取向的核心概念在於關注個體是否具有實踐或運用某種「功能」的「能力」（王俊斌，2010），功能是一個人能「成為什麼樣的人」以及「能做什麼事」，能力則是潛在的功能（potential functioning），功能與能力的差異等同於實際的成就與可能達成的成就之間的差異，或結果與機

會之間的差異。個人所有功能的總合反映其實際的成就,而能力的集合體即反映一個人能選擇有價值、有意義生活的全部自由。人們可以有能力去過想過的生活,做他們想做的事,成為他們想要成為的那個人(Robeyns, 2005)。在面對各種不同生活形式的時候,個體是不是真正有機會、擁有選擇的自由,是能力取向最基本的理念,自由的行動和有能力做選擇才足以導向幸福(Sen, 1999)。

換言之,能力是反映有機會可以達到不同功能組合的集合,可以供個人選擇,去實現這個人自認為有價值、有意義的生活;因此能力是一種自由,也就是足以去成就各種不同生活方式的選擇自由(王俊斌,2013)。能力指的是各種可以成就的功能組合,即成就各種功能組合的實質自由,一個人的實際成就可以視為一個功能向量(functioning vector),能力集合就是由這個所能選擇的各種功能向量所組成。一個人的功能組合反映了他的實際成就,而能力集合則代表成就的自由。

Sen(2004a)認為發展的主要目的在尋求自由,而自由也是發展的重要手段,因為更多的自由可以增強個人自助的能力,讓個人具有影響外界的能力,因此自由對於發展極為重要。換言之,能力可以代表個人的自由度,能力集合愈大,表示個人愈有辦法彰顯選擇的自由,也更有機會去爭取更多的自由。當人們能夠擁有各種不同選擇,並且有能力去選擇自己認為有價值的生活,才是真正的自由,也才足以展現主體的「能動性」(王俊斌,2012a),也就是個人的生活可以由自己選擇,這樣才能稱為真正的自由,故能力取向理論重視個人最後是否有能力獲得功能(成就)的結果,更甚於追求幸福生活的資源或工具。

效益主義(utilitarianism)認為,價值是來自於行為或動作產生於外部的結果,由行為產生的結果決定其正當性,若一個行為能令人產生幸福感、感受到愉悅與幸福的心理狀態,或偏好獲得滿足,這個行為就會更具道德價值。能力取向並不反對幸福(well-being),幸福是眾人所追求的目標,但 Sen(2003a)認為幸福感常受社會文化的影響,社會主流認定

的幸福，未必是真正的幸福，而是主流價值內化的結果。追求幸福，重點在於個人真正能做、且去做的自由範疇，而由其所實現的功能（成就）始能反映其效益（生活品質）。Nussbaum（2006）亦認為幸福快樂不是生命唯一重要的事，個人是否有自由，能主動地追求幸福，才是重要的課題。

★ 二、能力清單（capabilities list）

（一）Nussbaum 的能力清單

Nussbaum 與 Sen 共同投入能力取向的論述與實踐，以人類尊嚴、讓人類得以過有尊嚴價值的生活、能夠讓人們發揮其能力的概念為目標，她更以女性特有的關懷、細緻特質，深入探討符合人性的能力集合，並整理出十項核心人類能力，以之為確立人類尊嚴最基本的條件（Nussbaum, 2003, 2006）：

1. 生命（life）：能過完一般正常的生命長度，不會早夭，或過著惡劣卑微、根本不值得活下去的生活。

2. 身體健康（bodily health）：有良好的健康，包括繁衍後代的能力，有適當的營養與照護。

3. 身體完好（bodily integrity）：能自由的移動遷徙；免於受暴力攻擊，包括性侵犯和家庭暴力；有滿足性需求與選擇生育與否的機會。

4. 感知、想像與思考（senses、imagination、thought）：能以「真正的人」（truly human）的方法，使用自己的感官，去想像、思考和推理，這些方法源自適當的教育，包括（但絕非侷限於）讀寫、基本算術及科學訓練。在自己的選擇下，能運用想像和思考，與經驗連結，創造出宗教、文學、音樂等作品；能在表達自由的保障下，運用自己

的心智發表政治及藝術言論，並自由從事宗教活動；能享有愉快的經驗避免無益的痛苦。

5. 情感（emotions）：能對外於自身的事物與人們有感情；去愛那些愛護並關心我們的人，為他們的消逝而傷悲；總之，就是能去愛、感傷、經驗渴望、感恩，乃至於情有可原的氣憤。情感發展不應該因為恐懼與焦慮而受到摧殘（支持這個能力，意味著支持人們彼此間的聯結，因為它攸關其發展）。

6. 實踐理性（practical reason）：能形成善的概念，並能對自己的人生規劃進行批判反省（這也意謂著保障良知與宗教儀典的自由）。

7. 人際聯結（affiliation）：

（1）能與他人共處，能認同並關懷他人，能參與不同形式的社會互動；能設身處地為他人著想（保護這種能力，意謂著保護能構成並滋潤此等聯結的機制，亦保護結社與政治言論的自由）。

（2）有自尊及不受羞辱的社會基礎，人們彼此之間能以尊重的方式相互對待。這意味著必須規定在種族、性別、性傾向、族群、社會階級、宗教，以及國籍等方面不受歧視。

8. 其他物種（other species）：能關懷動物、植物以及自然界，並與之共存。

9. 遊戲（play）：能笑、娛樂及享受休閒活動。

10. 控制個人周遭環境（control over one's environment）：

（1）政治的（political）：能有效參與主宰個人生活的政治決策活動；擁有政治參與權利，保障言論和結社自由。

（2）物質的（material）：能擁有財產（包括不動產與動產），與他人一樣擁有財產權；在與他人平等的基礎上擁有追求就業的權利；有免於遭非法搜索與逮捕的自由。在工作方面，能像個人一樣的工作，行使實踐理性，與其他工作者建立彼此認同的、有意義的關係。

　　Nussbaum（2006）認為，這些核心能力代表著自由多元社會之政治原則的根源，也是應該被每個人所追求的目標，如果這個最低門檻無法獲得，社會就必須以協助其子民跨過此一基本門檻為努力目標，這是一種最低限度的社會正義訴求。但若在個人能力組合中，他選擇不去實現，這也是其個人自由的反映，就如 Sen 所舉之例：一個富人因堅信某一價值觀而選擇絕食，這是他的抉擇，與另一貧者受飢餓之苦對比，後者即因缺少足夠的能力組合，並無自由可言（Sen, 2004a）。

　　不過 Sen 不贊成能力清單的作法（Sen, 2009），因為他認為能力清單必須經由共同討論而得，不可預先訂立一份清單，但 Nussbaum（2006）則認為這份清單基本上是開放的，並非最終的定案，可因不同的時空背景、技術進步等因素，而予以增刪修正，但言論自由、結社自由、良知自由則是保障多元主義的核心項目，具有「不可取代的地位」（p. 80）。Nussbaum 以這樣最低門檻的要求，希望達到一個最低水準的正義社會。其能力取向，不是全面性的正義觀點，但在能滿足這些基本能力要件要求之下，「一旦所有公民都跨過了門檻之後，有關正義與分配的議題，這個取向也能與不同的觀點相容」（p .75）。

　　為釐清其對能力的界說，Nussbaum（2011）補充說明能力的三種類別：（1）基本能力（basic capabilities）：指的是天生下來即具備的能力，如說話、走路、對他人產生愛與感激的能力等；這些基本能力已內在於每個人身上，只要沒有發生重大意外或遭遇外在阻撓，都能自然而然地養成；（2）內在能力（internal capabilities）：與基本能力不同，內在能力需要等到個人發展到比較成熟的狀態才可能具有，如享受性方面滿足的能力，要等到個人經過青春期賀爾蒙變化之後才能真正具有；且這些內在能力需要外在環境的支持才可以發展完全，例如：在接受教育的學習過程中，一步一步展現內在實踐理性的能力；換言之，內在能力就是將人的基本能力妥善培養後發展健全的狀態；（3）結合能力（combined capabilities）：能夠讓內在能力得以實踐的外在條件，發展健全的內在能

力，必須與適當的外在條件結合，才能構成結合能力，前述的能力清單基本上就是一個結合能力的清單。

（二）重要的能力

Sen 不贊成固定的能力清單，他認為能力清單最好是由與該清單相關之人共同討論他們認為何謂重要的能力（valued capabilities）（Sen, 2004b）。英國學者 Walker（2006）也認為 Nussbaum 所列的能力清單，未必符合不同領域的對象，然而能力清單有其功用，可在特定情境下、獲得預訂成果之前，提供評估其進展的基準，甚至可發展成為有效鑑識不公平現象的機制，提供公眾參與及調整策略的空間，以免決策者或執行者透過權力運作，規劃偏向有利於某些族群的措施，或在不經意的情況下，忽略重要能力的發展，以致不利於少數族群（Alkire & Deneulin, 2009; Nussbaum, 2000）。

依此理念，Walker（2006）從她與南非四十位十五至十六歲的黑白混血女學生訪談結果，為南非教育提出了一份能力清單；而後又再以選修南非歷史與市鎮設計的大學生為對象，嘗試透過參與的過程，以實徵資料整理出他們認為在學習中具有價值的重要能力清單（Walker, 2008）。這些清單並非最後結果，但她希望透過這樣以能力為基礎的方法所提出的清單，經由有關幸福與生活品質厚實的文字描述，可評估學生的學習成果、挑戰學校在教與學上的安排，甚至可進一步修正南非高等教育的教育目標。

之後，Powell（2012）亦以能力取向的視框，透過南非二十位接受職業教育訓練大學生的訪談，藉由把人的需求放在首位、而非僅以經濟發展為鵠的傳統職業教育觀點，檢視受訪者的教育訓練經驗，由此帶出南非社會正義、人權及減緩貧窮的討論：人們可以自由選擇工作，而非受限的工作選擇；職業教育訓練看重的是個人的職業生活以及各種能力的培養，而非只是單純為了工作賺錢。

透過上述有關南非教育的研究結果，擴展了一般人對中學、大學教育及職業教育狹隘的定義和目標，呈現了教育對學生可能帶來的深遠價值和影響，而非僅是大學學歷或政府單位數字上表面的成果。這些能力清單也協助教育單位檢視教學的內容與方式，提醒除了表面的行政與教學績效之外，學生個人能力的發展也是教育最應該掌握的關鍵。

十餘年來，已有甚多以不同對象進行類似的研究（Boni, López-Fogués, Millán, & Belda-Miquel, 2017; Hannon, Faas, & O'Sullivan, 2017; Mutanga & Walker, 2015; Tikly & Barrett, 2011; Wilson-Strydom, 2016），已逐漸展現能力取向如何從不同角度看待人類的學習和發展，深度了解發展個人自由的可能性，甚而挑戰既有的教育或其他社會機制（Robeyns, 2017）。Walker（2010）更以高等教育為例，認為高等教育也應檢視各個專業領域的發展，是否能有效擴展每一個人具備追求想望生活的自由程度，高等教育的核心指標應不同於純粹人力資本或經濟發展導向的作法。依此理念，Walker 乃提出一份具理論基礎與實徵檢驗的發展專業人員能力指標（professional capabilities index, PCI），以增進社會助人服務者的能力與功能，進而實現一種公共善的價值（王俊斌，2016）。

★ 三、能動性與資源轉化

（一）能動性

能力取向並不否認機會與資源對人們福祉的重要貢獻，事實上，資源分配的不公平是能力不平等的重要原因之一。機會與資源是能力發展的基礎，缺乏機會與資源，個人能力不但得不到施展操練的空間，甚或因此被阻隔於主流社會之外，因此需要政治權利、經濟權利、社會機會、制度透明度以及安全保障等工具性自由的體制予以保障，才能確保能力能完善運作的機會與資源此一要件。

然若擁有資源卻不知如何讓這個機會真正被使用（functionings），仍然不能稱為公平正義，Sen（1999）重視個體的能動性（agency），所謂能動性是追尋有價值的目標、採取行動並獲致改變的能力，而能動者即指個人的行動及隨之帶來的改變，其行事結果是依照他自己的價值觀與目標作為判斷標準，而非外在標準；缺乏能動性，他僅是被動、受迫、遭抑制的人。換言之，Sen 強調個人實質自由的能動性，當個人面對不同狀況以及可供選擇的不同選項時，唯有具備選擇的能動性與理性能力，才能將資源轉化為功能，達到充分發展能力的層次；因此教育應專注於能引導出有價值、有意義生活的實質自由，而非僅關注於效用、資源或所得（Sen, 1985, 1999, 2005, 2009）。

能力取向理論強調教育的內在目的在於提升個人能動性以及能夠追求其想望的幸福，基於此一理念，Nussbaum 將能動性納入其能力清單概念中（Keleher, 2014），主張在某種保護的範圍內，賦予兒童參與及抉擇的權利，提供其練習思考與抉擇的機會，以發展其未來作為能動者的能力（Nussbaum, 2006; Nussbaum & Dixon, 2002）。這種觀點符合聯合國兒童權利公約的主張，而 Hopper（2007）更認為這種能力對身心障礙者尤為重要，因為彼等經驗的能動性與常人有相當落差，因此如何協助兒童、身心障礙者，或其他缺乏能動性者，將機會與資源轉化為功能，即成為教育的重要課題。教育的目的即在提升個人的能動性，能夠自由地追求幸福（王俊斌，2012a），而自我抉擇就是能動性中最關鍵的成分，也是發展過程的核心。

總之，能力取向認為資源是增進人類功能與能力的方法，但資源應以轉換成能力為旨趣，資源不只是擁有，徒有資源仍不足以有功效，尚需將資源轉換為能力、功能。個人之所以能擁有幸福，是因為「能力」產生作用，這反應出個人有選擇不同生活的「自由」。因此幸福不應該只從資源多寡論斷，而應該從「能力」來衡量。換言之，個人幸福的關鍵在於人是否具備成功追求他自己選擇目標的「能力」，因此我們應該建構一個良好

的政治體制，賦予每一個人有能力去得到他們所需要的富庶生活與幸福人生，以基本能力平等來擴充基本善平等的不足。

（二）轉化因子

　　資源的分配只是達成公平的一種手段，資源公平分配，不代表就是公平、正義的達成。個體獲得資源（resources）的質與量，也不能成為幸福生活的比較指標；每個人有不同的資源需求，轉換資源以取得生活功能的轉換能力也因人而異，故能力取向理論重視個體最後是否有能力獲得功能的結果（ends），勝過個體追求幸福生活的資源（Sen, 2009）。

　　資源與功能間有互動關係，Sen（1983, 1985）以腳踏車為例說明此等關係：腳踏車是一個物材（資源）可協助個人移動（輸送能力），這個能力帶來愉悅（效益），因此構成如下的關聯：

物材（腳踏車）→屬性（輸送）→功能（移動）→效益（愉悅）

　　換言之，僅有腳踏車，不能顯示這個人能做什麼，而在資源與功能之間，存在著轉化因子（conversion factors）影響這個流程。例如：某人因身心障礙的限制或缺乏接近路面的方法，他不能使用腳踏車（無法將資源轉化為功能），即使這個人因有腳踏車而覺得高興，但實際上仍無移動的能力，主要就是因為受到各樣轉化因子的限制，使其無法將能力轉化為實質的功能（成就）。轉化因子亦包含個人內在的限制，如低自尊者可能缺乏信心，貶低了期待與願望，終究不能真正運用腳踏車得到愉悅。能力的成果與運作（功能）之間有高度的連動性，已有的成就（功能）可形塑未來的能力組合，此迴路又與更廣的情境相連，而進一步形塑其能力組合以及資源／限制（Biggeri & Ferrannini, 2014）。

　　因為影響資源轉化的有各種不同原因，每個人所需的資源也有所不同，而身心障礙人士將同量的資源轉換為功能的數量遠較一般人少；換言

之，轉換的障礙遠大於資源的多寡，因此重點就不僅在給予資源，而是給予個人所需要且可轉化的資源。轉換過程涉及兩個因素：（1）內在轉換因素，如學習方法、個體價值與看法等；（2）外在轉換因素，如機構運作品質、服務與個體的連結、資源獨厚對象等。個體將資源轉化成能力的過程不是單純的個人或環境問題，而是一種社會過程。而個人能否轉化（conversion）資源，主要受到四個因素的影響（Sen, 2009）：

1. 個別差異：年齡、性別、健康狀況、智能不同，需要的資源也不同，如肢體障礙者需要更多的治療或其他費用。

2. 不同的生活環境：較惡劣的生活環境，轉換的能力較為困難，因此需要較多資源。個體在轉換資源時，也受到自然環境的影響。

3. 社會環境的變異：健保制度、犯罪率、政治制度，皆會影響個人轉化的能力及效益，如公共衛生或是公共設施及社區品質等，都與個人轉換物材的能力有關。

4. 社會關係網絡的差異：個人可以體面地出現在社交場合，需要的條件不同，可能是一件襯衫，或是一輛車子，或是其他的條件，如出席會議或是朋友之間的聚會，其基本服裝就因場合而不同。

這些因素彼此之間又具有交互作用而影響能力的發展，Nussbaum（2000）認為個人必須有機會接收不同的文化及價值觀點，而且有機會做出選擇，才能確保自由選擇是一種「選擇」。她以女性為例，在傳統社會成長的女性，接受單一價值觀的薰陶，雖然社會資源分配均等，也尊重女性的選擇，但在資訊不足的情況下，多數女性還是選擇傳統社會所規範的女性角色；雖然選擇傳統女性角色不必然不妥，但仍稱不上是自由選擇，因為傳統的價值觀已經內化，使她們在做決定時，無法跳脫出既有的思維，無法清楚地判斷情勢，為她們自己做最好的選擇（Nussbaum, 2000）。因此，教育的重要性就顯得相當明顯。教育可以提供女性多元的價值及不同選擇的可能性，同時也使她們學習理解不同選擇下的後果，並

培養對這些選擇評比的能力，如此，自由選擇才有可能，也才有意義。

再就兒童發展而言，兒童的能力鑲嵌於社區（族群）中，受父母之能力組合與既有成就的影響，在世代演化累聚下，常因缺乏機會或對主動參與的負面期待，造成其社會／經濟的依賴性，乃衍生出需要被保護的錯覺，進而減少其發展獨立自主能力的機會，爾後更成為排除其參與抉擇的理由，形成一個無可挽回的惡性循環（Lansdown, 2010）。因此，Biggeri 與 Karkara（2014）從生命週期的視野出發，強調教育者必須從兒童的年齡、成熟度及其想望，考量不同的目標與社會化方案，適時的介入，提供適度參與的自由與機會，以逐步強化其轉化能力，將資源轉化為功能，進而擴展未來發展所需的能力組合。

（三）能力與想望

轉化因子中的個人因素有甚多是社會化的結果，其低自尊、缺乏信心、低期待與願望，都可能與其身心條件、社經背景，乃至文化模式息息相關。Sen 能力取向的正義概念可說是倫理的個人主義，個體及其選擇並非孤立，而是取決於個人與環境、個人與他人之間的互動關係；易言之，個人選擇的能力和社會、政治、經濟制度等有密切的互動關係，也因此決定個人在社會團體中地位是否有利。這種地位有利與否的差異，影響個人是否有能力與機會來選擇、轉化社會資源以求自我實現。探討均等必須把這些可能有利或不利的社會規範或實踐列入考慮，才能達到實質的平等。

一個命運坎坷、遭遇極為不幸的人，如果他不知道有其他類型生活的可能，而在心理上已調適好接受那種不幸的生活處境，則很可能他對生活的滿意程度，與另一個生活舒適、身心健康、居有定所的人有同樣的水準。但這樣的評比並不合理，因為他們之所以有同等的快樂，是因為他們的期望已被調適得比較低（戴台馨，2011）。絕望的人更可能缺乏勇氣去期待任何改變，常以可及的小願望為足，訓練自己在小框框中找樂趣，這種「調適的偏好」（adaptive preference）正是某種社會化的結果

（Nussbaum, 2000; Teschl & Comim, 2005）。

　　Sen 指的能動者的自由是個人可以行動且產生改變，而其成就係依其本身的價值與目的來判斷，不管他人用外在規準來衡量是否會一樣（Sen, 1999）。能動就是追求自己認為有價值的目的、過自己想過的生活方式之能力，因此能動和幸福就有非常密切的關係，因其可以自由選擇；若缺乏能動性或能動性受限（constrained agency），則就等同於弱勢者或處境不利者，往後的處境離幸福將更遠。此等惡性循環的情況亦存在於身心障礙者，但身心障礙者並非完全同質，亦應如上述 Biggeri 與 Karkara（2014）所言，考量個別差異，適時提供所需的資源與協助，更重要的是排除影響其能力發展的各個因子，確保其主動參與的機會（包括被聆聽、表達以及選擇的權利），以培養其轉化資源的能力，這也是教育機會均等政策所必須特別關心的課題。Robertson 與 Egdell（2017）統整相關文獻，列明能力取向的五項基礎建構：

1. 物材（commodities）：包括物質（金錢）與非物質（技術）資源。
2. 功能（functionings）：個人所作所為，構成生活中職務、角色、社會認同、幸福。
3. 能力組合（capability set）：包括個人所有能做能為，個人所有的功能或機會，因此功能乃能力組合的次組合。
4. 轉化因子（conversion factors）：指影響物材轉化為功能的個人、環境及社會條件，包括：健康、教育、社會地位、人力市場條件、福利法規等。
5. 選擇（choice）：指內在的限制與個人的能動性，決定哪些物材以何種方式將之轉化為功能，例如：陷於困境者可能向下調整其偏好、期待與想望。

　　Robeyns（2017）將能力取向的概念繪如圖 8-1，可完整了解在社會脈絡下，資源、能力、功能，以及其之間轉化的關聯。

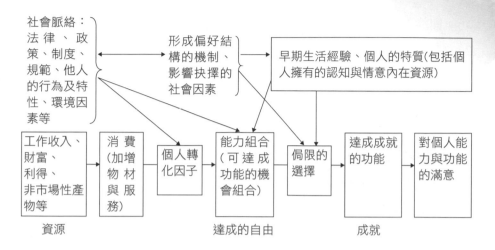

社會脈絡：
法律、政
策、制度、
規範、他人
的行為及特
性、環境因
素等

形成偏好結
構的機制、
影響抉擇的
社會因素

早期生活經驗、個人的特質(包括個
人擁有的認知與情意內在資源)

工作收入、
財富、
利得、
非市場性產
物等

消費
(加增
物材
與服
務)

個人轉
化因子

能力組合
(可達成
功能的機
會組合)

侷限的
選擇

達成成就
的功能

對個人能
力與功能
的滿意

資源　　　　　　　　　　　　　　　達成的自由　　　　　成就

圖 8-1 ▪ 能力取向核心概念

資料來源：Robeyns (2017: 83)

四、教育的方向

（一）教育的使命

　　教育的重要性不言可喻，然而在人力資本論中，教育的目的是為經濟服務，以就業導向安排教育內涵，而教育資源的公平分配更成為許多論者所推崇的課題。然而能力取向強調個人抉擇的能動性，尊重不同個體的多樣性，以及可能的價值和立場（Nussbaum, 2000），因此教育的目的乃在提升個人的能動性，能夠獨立行動，自由做選擇，以追求其選擇的幸福，在教育中提供多元的價值及不同的資訊，並培養其思考判斷的能力，使得其選擇成為真正的自由選擇。

　　Sen（2003b）即認為在諸多能力中，聽、說、讀、寫能力是社會所賦予的權利及人類發展的重要目標，這些能力是人類發展的必要條件，本身就具有內在價值，具有增進個人自主、自由與其他能力的工具價值。文盲或不會算術本身就構成一種不安全感，不能讀、寫、計算或溝通，是一種

功能與能力的剝奪，代表一個社會的不公平程度（Nussbaum, 2003; Terzi, 2007），但學校教育及訓練可使剝奪減輕，降低不安全感。任何一個社會，都應該保障公民有這樣的能力門檻水準，如果沒有到達這樣的水準，不論國家怎麼富有，都不能被稱為是一個正義的社會。任何一項能力要件被剝奪，則這個社會就是一個正義失敗的社會（Nussbaum, 2006），如果因其智能障礙或嚴重心理疾患而認為他們不需要教育，或僅提供某類型教育，即應予以嚴格檢視之（Sen, 2005）。

除了提供適切的教育機會外，教育工作者仍必須注意到教育與政治、文化之關聯；在既有的社會體制中，教育常僅是文化的再製者，學生，甚至教師都只是再製的產品，學校是傳承文化的載具，卻也可能是抑制能力發展的元兇。因此，批判教育學家 Giroux（1988）即主張在「文化政治學」下，教育者應理解學生的主體性是如何透過歷史生成的社會形式所控制：教育者不僅必須對於學校／教育此一特殊社會環境如何形塑學生經驗有所探究，也必須體會學校之外的權力是如何產生知識、進而透過各種教育形式傳授／控制學生。教師應是具自我反思與批判能力的主體，應先行跨越文化意義及價值的邊界，體認其所處之社會、政治，以及文化的邊界，增加其對自身政治性、價值與教學的辯證性理解，同時提供與學生生活經驗有所共鳴的課程內容，並將之意識化與問題化，幫助學生看到這些經驗背後的預設，及其複雜的政治和道德意涵（李思儀，2015）。換言之，教師除了傳統的傳道、授業、解惑的責任外，還應該賦予改造社會的責任。

總之，教育不僅是法定的權利，更是有效的機會，擴展學童的能力與能動性，將教育機會轉化而成就其所選擇的功能。教育工作者必須以學生的發展為核心概念，同時評估個體（優弱勢）與環境資源交互作用後的效益與負荷情況。雖然教育無法平等地讓每位學生皆能獲得自認為有價值的生活功能，但教育工作者有必要協助學生選擇和組建基本的能力，使這些能力組成有最大的可能性，促使個體有意義地參與現在和未來的社會

（Terzi, 2007）。換言之，教育應該讓學生有更積極的能動性，更能夠選擇他們希望的生活，或投入真正有意義的工作，而教育就是達成個人能力清單中之基本能力不可或缺的要件，教育可視為一種能動性的過程，透過教育可讓一個人更有可能擁有或實踐某些行為，若教育無助於個人能動性的提升或其他能力的發展，那麼給予就學機會不見得就算正義（王俊斌，2012a）。

（二）受教權與參與

任何一個社會都應提供其所有人民盡可能學習的機會，以擴展其能力，將教育機會轉化為個人自己選定的功能（Sen, 2003b），《聯合國身心障礙者權利公約》（CRPD）第 27 條即強調「締約國確認身心障礙者享有受教育之權利」。為實現此一權利，締約國應確保：（1）身心障礙者不因身心障礙而被排拒於普通教育系統之外，身心障礙兒童不因身心障礙而被排拒於免費與義務小學教育或中等教育之外；（2）身心障礙者可以於自己生活之社區內，在與其他人平等基礎上，獲得融合、優質及免費之小學教育及中等教育；（3）提供合理之對待以滿足個人需求；（4）身心障礙者於普通教育系統中獲得必要之協助，以利其獲得有效之教育；（5）符合充分融合之目標下，於最有利於學業與社會發展之環境中，提供有效之個別化協助措施。

該條第 5 項則進一步要求：「締約國應確保身心障礙者能夠不受歧視，在與其他人平等基礎上，獲得一般高等教育、職業訓練、成人教育及終身學習。為此目的，締約國應確保向身心障礙者提供合理之對待。」換言之，所有的教育機會均應開放，讓所有人民都有獲得教育的可能性與可及性，身心障礙者亦不例外（Harnacke, 2013）。

從社會正義的角度言，提供殊異學習者有品質的教育乃一基本的前提（Terzi, 2007），Terzi（2005）認為教育服務的提供須同時考量個體內在特質因素，用多元觀點解讀人類差異的特質，而非將之以正常與否

（normal/abnormal）區分；優弱勢的評估，必須考慮在個人、社會、情境條件交互作用下，自由／正義的分配型態，即個體是否有充足的自由與機會克服損傷所帶來的影響。以視障者為例，使用點字資源，能力取向關注的是閱讀點字的功能如何與環境因素互動，例如：有點字資源的生活環境及語音輸出裝備，以及如何與個人轉化因子（原本具有的優勢與態度）的因素互動，同時亦關注點字資源與個人追求的生活價值（如想從事文書處理工作）之間的交互作用。換言之，提供點字及相關的設施呼應了能力取向中的正義課題，有了這些資源，個人得以追尋達成個人的幸福，但更重要的是個人可以選擇的能力組合範圍，以及損傷與障礙在這一選擇組合中的角色，亦即相關能力的分配型態是否平等地獲得達成幸福生活的能力。

能力取向注意到殊異性，強調所有人轉換資源為功能的能力不同，因此所需的資源亦有所不同；這不是僅有障礙者才有的特性，殊異純粹只是用以簡單描述人之所以為人的現象。每個人都有不同的轉化因子，但在適當的協助下，即使重度障礙者亦可透過經實證確認地通用設計、系統教學、嵌入式教學（embedded instruction）等措施，獲得學習的可能（Broderick, 2018）。若因身罹疾患或缺損，而以醫療之名免除（或剝奪）其受教權，實即減少其可資轉化的資源，遑論可能的成就（功能）。Walker（2008）即認為擴大教育的參與，符合能力取向的宗旨，亦為社會正義的表徵。

然而受教不僅止於有機會置身於教育場所，更重要的是實質參與而獲得的學習機會。在個人發展過程中，參與的行為是其既有功能的最佳展示，亦可反映其擴展能力空間的過程（Frediani, 2010）。ICF 特別將參與列入其障礙概念中，包括日常學習和應用知識、一般任務與需求、溝通、移動、生活自理、家庭生活、人際交往與人際關係、主要生活領域以及社區、社會與公民生活等九個向度（d1-d9）。然從實務面言，ICF 對參與的定義並未涵括個人的主體性，忽略了參與的主觀經驗（Granlund, 2013; Imms, Adair, Keen, Ullenhag, Rosenbaum, & Granlund, 2016; van de Veldea,

Bracke, Van Hove, Josephsson, & Vanderstraeten, 2010），且未考慮其參與
是否出於個人選擇，或乃非志願性的行為（Hammel, Magasi, Heinemann,
Whiteneck, Bogner, & Rodriguez, 2008; Trani, Bakhshi, Bellanca, Biggeri &
Marchetta, 2011）。

　　總之，參與仍應將個人的意願、選擇與能動性納入考量，始能凸顯能
力取向觀點的實質意義，而擴大參與範圍，更可進一步了解個人既有的
功能與參與活動之間的互動關係，了解其「慣習」（habitus）如何涉入其
所做的選擇及活動參與中，其擁有的自由又與能力的擴展有如何的關聯
（Hannon et al., 2017）。

第三節　能力取向與生涯發展

★ 一、生涯與發展

　　「你想做什麼事？」是生涯輔導經常觸及的問題，而「你想做什麼樣
的人？」或「你想過什麼樣的生活？」更是深層的生涯課題。前者涉及職
業選擇（作為／存在），後二者則反映個人的自我認同與定位，而能力取
向關注「到底什麼才是人們真正地能夠去做以及真正能夠過的生活？」
（王俊斌，2007），從人類尊嚴、讓人類得以過著有價值尊嚴的生活，以
及能夠讓人類發揮其能力的角度，深度探究人類發展的意義、具體反映人
生旅程的意旨，與生涯的理念不謀而合，也正是當前生涯諮商專業追尋的
目標（Robertson, 2016）。

　　換言之，生涯諮商與能力取向有許多共同的理念，二者不僅著眼個人
現在能做什麼，也更關切未來可能而尚待實現的生活，期待能擴展個人對
這個可能的發展空間的控制力。考量未來可能的生活，除現在的生活處境
或既有成就（功能）外，同時涉及未來可能成為的生活樣態，亦即能力取

向所強調的個人自認為有價值、有意義、符合期望的生活。在這個生涯抉擇與發展過程中，個人的能動性就扮演重要角色。Bandura 的自我效能概念影響諸多生涯理論與實務，自我效能的高低強弱影響個人的生涯決定，而能力取向的能動性除個人的自我效能外，同時考量其能力、社會資本、社會期待，以及法律、政策、人權環境等因素；這些轉化因子都需要在個人生涯發展過程中納入考慮，而其根本的關鍵即在自由。

Sen（1999）認為，「發展可視為擴展人們享有實質自由的一種過程」（p. 1），一個人有能力之後，就有選擇的自由，可以追求與選擇自己想要的、有價值、有意義的幸福生活，因此關鍵在於當個人在面對各種不同生活形式時，是否真正有機會、真正擁有選擇的自由。Sen（2009）將自由區分為兩個重疊的層面，一是自由的機會層面（opportunity aspect），指的是個人真正自由地追求自己認定有價值的生活的機會，另一則是自由的程序層面（process aspect of freedom），指的是能動性與過程中牽涉的抉擇。程序自由的確保有賴不受奴役、免於遭受強制的機制，如行動、言論、集會、結社等自由，不受他人的干涉，但此仍屬於消極性的自由，積極的自由則是個人願意成為一個依自覺意識推動的主體，而不是一個受外界因素推動的客體，個人的生活及決定由自己作主「成為什麼樣的人」、「做什麼樣的事」。

Leßmann（2011）發現，社會政策傾向注重自由的「機會層面」，卻忽略自由的「過程層面」，也就是忽略了強化「選擇的能力」。在貧窮議題上，她認為「選擇的能力」（capability to choose）才是減緩貧窮的基本和關鍵，而非只是有機會而已。選擇的能力就是 Nussbaum（2000）所稱內在的能力（internal capability），需要靠周遭環境協助發展，例如：學會和別人一起玩、學會去愛、去投下神聖的一票等。這種習得的能力需要外力的協助和教導，才有機會培養出來。「教育」在改善貧窮狀態上，就扮演這種重要的角色，教育可以協助發展這種能力，個體有了這能力後就能做選擇，也就是擁有了「選擇的能力」。

「成為什麼樣的人」、「做什麼樣的事」就如同生涯發展論強調的生涯角色概念，而在不同發展階段有著不同的舞台，這些角色如何選擇（如果有選擇的空間）、如何扮演，就與抉擇有關，而且這個抉擇是在個人主導下所做的決定。生涯輔導／諮商可增進個人未來可做／能做的事，至於抉擇、踐行（其所選擇的生活）、達成（成就功能）的過程，則交由個人自主。重要的是個人擁有自由或可貴的機會（能力）引向他想去的方向、做他想做的事、成為他想成為的人；真正有了這些實質的機會，他們可以選擇他們最珍視的選項。

總而言之，能力與功能互為因果，隨著年齡的成長，在人生旅程不同時期，有不同的價值觀與期待，其功能、社會角色，乃至自我認同亦隨之演進。能力取向的理念指向生涯發展的願景，不僅切合個人實際生活的選擇，亦與生涯諮商專業所標示的獨立價值觀契合，更擴展一般人對公平正義課題的思考範疇，影響所及，不僅限於個人的生涯發展。

✦ 二、生涯清單

臚列能力清單可以避免政策偏誤或被忽略，基於此一理由，Robertson（2015: 83-85）以生涯發展的角度，列出生涯能力（career capabilities）六個向度，期待個人可由既有的生涯功能出發，有效地轉化生涯資源，將個人的選擇轉化為有價值的存在與定位：

1. 能動性（agency capabilities）：自我效能、積極主動、運用支持與倡議、自我倡議、賦權等。

2. 生涯管理（life-career management capabilities）：潛在的（未來）功能願景、想望與樂觀、目標定位、抉擇與生活規劃、轉銜技能。

3. 工作與學習（work and learning capabilities）：此一領域包含五項相關的能力。

（1）文化能力（cultural capability）：可在某一特定社會情境中運用的語言習慣、行為、態度以及共享的知識。

（2）能力標誌（symbols of capability）：重要團體或機構的資格、頭銜、會員身分。

（3）一般工作與學習能力（generic work and study capability）：適用於一般工作或學習情境的核心技能與態度，包括讀寫算、電腦技能、自我表達、守規矩、團隊合作技能。

（4）特定語文能力（vocationally specific capability）：某一特定職務角色的知識、技能、態度。

（5）學習能力（learning capability）：學習、彈性、適應力、學習技巧等後設能力。

4. 社會（social capabilities）：與家人、友朋、同事的關係，資訊、情感、財力或實質支持的接觸（包括此等關係的質與量）；個人社會連結網、社會連結技能；信任互惠下可及的關係及關係維持。

5. 經濟（economic capabilities）：可及之財務收入、資產與流動性，以及團體會員、費用、設施等可轉化為功能的資源。

6. 健康（health capabilities）：目前身心健康狀況及可能的挑戰，體格與生理能力。

　　這六個向度有重疊交互的關係，並非各自獨立，亦非個人個別性的特質清單。這六向度某些元素的組合類似就業力，但能力取向強調實質的自由，因此自我效能雖是能動性的必要條件，卻非其充足條件；例如：在拒絕女性受教的文化環境中，某一少女對其學習技能的高自我效能，但卻不一定適切；換言之，個人特質更深層的概念，應從其社會、政治、經濟脈絡中加以詮釋。

　　Robertson（2015）列出此一清單，另一用意在提出對生涯輔導成果的期許，強化個人相關的能力，協助其實踐個人所重視、所選擇的生活型態

與社會認同。因此，生涯輔導可透過多樣的策略、在適當時機引導個人成就有效的功能，但生涯介入措施的目的非僅為增進個人就業力。

★ 三、轉銜能力

　　Wilson-Strydom（2012）以高中至大學的轉銜為題，整理相關文獻並對應 Walker（2006）為南非教育提出的八項能力清單，將轉銜概念納入其中，加上文獻強調之語文能力，提出九項大學生轉銜能力的理論清單，爾後再以混合研究法蒐集實徵資料，選取 20 所高中 2,816 名學生進行問卷調查，再以巢式抽樣法抽取 33 名學生參加暑期大學準備活動，蒐集彼等對大學的了解、期待、計畫；另亦選取 128 名大一學生分十組進行焦點團體，次年再另選取 142 名大一學生，輔以視覺方法呈現其進入大學的經驗。

　　Wilson-Strydom（2016）經由這四筆由下至上的量化與質性資料，整理出來的清單，完全支持前述其所提出的理論清單，惟其中數項更具重要意義，Wilson-Strydom 將之歸納為七項大學轉銜的能力清單：

1. 實踐理性（practical reason）：能針對高中後的教育／生涯選項，資訊靈通，且獨立、批判、反思地做出有意義的決定。

2. 知識與想像（knowledge and imagination）：擁有知識基礎，能獲取大學主修學科知識，並習得學術探究方法；能運用批判思考與想像力，辨識及理解多元的視野。

3. 學習傾向（learning disposition）：對學習有好奇心與動機，有自信，具大學學習所需之技能，並主動探詢。

4. 社會關係與社會網絡（social relations and social networks）：能參與團體學習，與他人共同合作解決問題完成任務；能組成友誼的社會網絡，互相支持有歸屬。

5. 尊重、尊嚴與認可（respect, dignity and recognition）：自尊，尊重別人也受人尊重，不因性別、社會階層、宗教或種族而受到貶抑；尊重其他語言、宗教、儀式及人的多樣性；有同理心、愛心、公平、慷慨；對話或討論時，傾聽並考量他人的觀點，學習時能參與表達。

6. 情緒穩定（emotional health）：不會焦慮或擔心以致影響學習，對自己的學習能力有信心。

7. 語文能力與信心（language competence and confidence）：對學習時所用之語文，能了解、閱讀、寫作、表達。

　　Wilson-Strydom（2012）認為建構大學生成功轉銜的能力清單，可以使有關人士將焦點置於這個特殊的教育轉銜過程，並在建構符合社會公義的高等教育環境時，同時考慮可及性的重要。

　　英國從 1997 年開始推動「擴大參與」（widening participation）措施，提供低社經家庭子女接受高等教育的機會。Harrison、Davies、Harris與 Waller（2018）即以英國兩所大學九十八名接受獎學金的低社經學生為樣本，從半結構訪談中，發現政府所提供的獎學金（資源），促使他們得以維持社群關係／社會網絡、受尊重認定為真正的學生身分、工讀機會減少孤獨壓力焦慮，與 Wilson-Strydom 清單中 #4、#5、#6 相符合，另亦發現主動學習的能力為清單上所無（Harrison & Waller, 2017）。總之，這項資源成為轉化因子，使他們得以自由地將其所重視的能力反映在他們所選擇的功能上，構築了成功參與大學生活的生涯路。

四、能力取向與身心障礙者的生涯發展

　　能力取向不是一個理論，但其所主張的概念／架構已應用於許多跨學門的研究中，包括批判社會政策、福利與勞動市場研究，以及健康與障礙等，亦同樣在教育領域發聲發光。Sen 與 Nussbaum 都十分關注教育與能

力的關係，Sen 即認為教育的賦權增能（empowering）對每一個人都具有特定的內在價值，同時也具有人際與社會之間的重要意義。Nussbaum 亦關注婦女增權賦能、大學通識教育、公共教育對於民主社會的重要性，以及人文學研究等議題，因此人類發展與能力期刊（The Journal of Human Development and Capabilities）即曾於 2012 年第 13 卷第 3 期發行《教育與能力》專刊，即反映教育與能力研究興趣的日益增長（王俊斌，2013）。近年更有許多學者以能力取向觀論述身心障礙者的教育與生涯發展。

（一）身心障礙者的生涯課題

身心障礙者因生理或心理方面的限制，早年的教育常不能符應其特殊的需要，且生活接觸層面又較為狹窄，普遍缺乏角色學習機會，亦無法如常人般有充裕的生涯覺察與探索，加上關鍵時期學習經驗不足，學習決策能力的機會亦因此受限，加上學習過程中常遭遇的挫敗經驗，以致其能力明顯偏低，在生活中經常無法表現適當的角色行為，更可能形成習得無助的心理狀態。由此衍生的就業能力偏低、工作概念缺乏或人際適應困難，乃至低自我概念與低自信心等問題，使得身心障礙者的生涯發展較一般常人更為艱辛困難。

Nussbaum（2006）主張人要活得像人、有尊嚴，要過著一個豐富茂盛、興旺茁長的生活，她稱之為「豐盛的人生」（flourishing life），也因此，具有生命潛能的人類，享有實現其生命潛能的權利，也就是能發揮自身能力的權利。換言之，人類有生命的潛能，人類有活下去的權利，但不是半死不活、生不如死的活下去，人類活下去的生命是要活得像人、有尊嚴。依 Nussbaum 的論點，為了達成豐盛人生與人性尊嚴，身體完好自主是所有人必需的核心能力，應該都能得到實現與發揮作用的機會，所以社會應提供機會與資源，使所有人都能自由四處移動，身心障礙者亦有權利要求無障礙空間。

從生涯發展角度言，工作者的角色學習與扮演具有高度的社會價值，

是個人自我實現與取得社會認同的主要管道，工作實乃身心障礙者的重要生命事件與經驗，對身心障礙者的功能維持有關鍵性的影響。對許多身心障礙者而言，就業是一個重要的功能重建機會，不僅可提升個人的成就感與自我成就，工作帶來的酬勞可改善個人的經濟狀況，也提供個人與社會互動的機會，讓身心障礙者更容易接近社會資源並獲得支持，同時也提升其生活品質；無法就業通常伴隨著社會接觸與社會支持的減少，進而導致許多非障礙所引起的健康問題，若長期失業，更可能因社會孤立，而導致環境適應與社會技巧的惡化。

相對而言，就業也可能代表另一種可能使障礙惡化的危機。當工作缺乏彈性，無法依障礙者的需求加以調整，或因技術操作不當而引起職業傷害時，都可能導致另一種障礙；再若職場雇主與同儕未能意識到身心障礙者的特殊需求，而產生歧視或排擠情況時，這樣的歧視經歷，可能使身心障礙者更容易遭受心理健康的威脅，加劇了障礙經驗（Briand, Durand, St-Arnaud, & Corbière, 2007），導致障礙的惡化，甚而產生二度障礙的情況（吳秀照，2005）。

能力取向並不強調身心障礙者最後被分配多少物質資源，重要的是一開始就應該確保身心障礙者有平等機會參與勞動市場的競爭。身心障礙者投入勞動市場競爭的結果可能贏、也可能輸，但無論結果如何，重點是競爭的規則對身障者而言，必須是公平的。倘若其他人可以透過工作的機會，建立自尊並取得有助於提升生活品質的資源，身心障礙者應該也能享受同樣的權利與機會；若身障者被排除在工作體系之外，這不僅意味著他們被剝奪了工作權，他們享受有尊嚴生活的機會也被剝奪了（洪惠芬，2012）。

能力取向強調資源的轉化，限制也可能是資源，不可及亦可能轉化為可及，這個過程除了提供障礙者多元的機會外，參與更是重要關鍵。Barbuto、Biggeri 與 Griffo（2011）規劃生命方案（life project），從綜觀個人生命的各個層面開始，引發障礙者參與規劃其生命方案的動機，再

輔以同儕諮商及自助團體，擴展其能力與能動性。Watts 與 Ridley（2012,
2017）則以 Drake Music Project 為例，從能力取向的角度，論述多重障礙
者如何「認同音樂而非認同障礙」，文中引述一成員自己的話：

> Drake Music Project 是一個機會讓我成為音樂人而非障礙
> 人，因為我們不是在做音樂治療，……如果有人認為我們在做音
> 樂治療，那是障礙者做的，但在這裡，我們是音樂人，輪椅上的
> 音樂人。在這裡我們是音樂人，音樂讓我們跳脫障礙，同時也讓
> 我們脫離輪椅。如果你認為那是音樂治療，那就像把我們放回輪
> 椅中。（Watts & Ridley, 2012: 100）

這樣的機會反映了個人的自由引向一種生命型態，或可以從多樣生活
中選擇的自由，個人的幸福就可以從其自由選擇多樣可能的功能、不同的
存在與定位，以及不同的生活方式中確認之。

（二）能力取向的就業觀

工作是人與人之間交流的媒介，透過工作機會，人們可以互相受惠、
欣賞，甚至回饋、感恩，亦可經由工作獲得深層認識自我的體會。CRPR
第 27 條標示「締約國承認身心障礙者享有與其他人平等之工作權利；此
包括於一個開放、融合與無障礙之勞動市場及工作環境中，身心障礙者有
自由選擇與接受謀生工作機會之權利」，多年來，我國的就業政策不斷
推行各種就業措施，主要重點即在於協助身心障礙者進入勞動市場，然
而公部門所提供的就業安置服務，可能反而限制身心障礙者探索更多職種
的機會，譬如安置於庇護職場可能降低了身心障礙者進入一般性就業市場
的動機。因此許多學者將職業重建視為一種基於充權典範的社區融合機制
（Gordon, Brown, Bergman, & Shields, 2006），強調應以服務使用者為中
心，在服務過程中身心障礙者的聲音要被聽到，使工作的職場成為一個賦

能的環境（enabling environment），而不是一個障礙環境。

　　林立庭（2016）從復元的角度，以五名輕中度智能障礙者及其家人與職重服務人員為訪談對象，探究就業對智能障礙者的影響，發現「工作對智能障礙者之意義不只在工作良好表現、技能學習與獲得薪資，更重要的是勞動帶來的權能感，為智能障礙者創造更多的能力、空間與自主，包含自我效能、家庭關係、人際互動關係、生活品質、生活滿意度、社交活動等層面都有助益」（頁 137）；雖然工作亦為智能障礙者帶來工作壓力、工作挫折、人際互動壓力、負面情緒、生理傷害等影響，但卻為「其復元歷程中的磨練，讓智能障礙者貼近現實社會世界，從中學習堅毅與茁壯，展現能面對及克服挑戰的能力與樣貌」（頁 138）。

　　智能障礙者或其他身心障礙者的就業之路漫長顛簸，需要家庭、職場，以及職重工作人員的支持與協助，且在工資之外，更能擴大其能力組合，在工作中成就其自我選擇的功能，始可能穩定就業。這也是能力取向的重要論點，障礙者需要的資源是機會，無論就業成功與否，障礙者需要成長學習的空間，而不是將之阻絕於現實世界之外，以其無能、無力而僅予以補助、救濟因應之。能力取向認為服務使用者不僅被動地接受服務，更是服務的主導者，更重要的是不以就業與否作為評斷指標，而是以長遠的角度，考慮是否提供障礙者真正的自由，擴展其能力以選擇他想望的（Bonvin, 2012）；換言之，在提供充足的資源之餘，更應讓服務使用者接近適切的轉化因子，包括適切的職場資源、個人知能及正義的社會經濟環境，強化其能動性，使其得以將資源轉化為功能（Vero, Bonvin, Lambert, & Moachon, 2012）。van der Klink 等人（2016）將生態系統理念融入就業協助過程中，繪如圖 8-2，可充分反映能力取向的就業觀。

（三）工作與就業

　　Nussbaum 能力清單中，將工作納入「控制個人周遭環境」之一，指的是能像一般人的工作，行使實踐理性，與其他工作者建立彼此認同且有

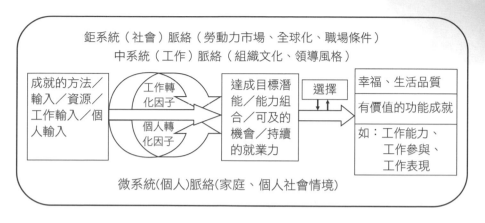

圖 8-2 ■ 能力取向持續就業力模式

資料來源：van der Klink 等人（2016: 75）

意義的關係。實質上，工作不僅具有薪資報酬維持個人生活所需的經濟性目的，也是發展人際網絡與社會關係、展現互相依賴、互助關懷的實踐場域，更是個人發揮潛能、追求自我實現的最佳機會，然而現行法令似未考慮工作對個人生活／生涯發展的實質意涵。以庇護工場為例，身保法規定「對於具有工作意願，但工作能力不足之身心障礙者，應提供庇護性就業服務」，而身心障礙者權益保障法將「工作」一詞改為「就業」，規定「對於具有就業意願，而就業能力不足，無法進入競爭性就業市場，需長期就業支持之身心障礙者，應依其職業輔導評量結果，提供庇護性就業服務」。就業是執行工作活動的途徑之一，然究竟二法將工作與就業視為同義，或狹義地框定工作的意義，值得探究。

　　庇護工場自始有勞政之庇護性就業、社政之生活與職業訓練教養，以及衛政之職能治療三類型態，然在平等就業機會政策的宣示下，身權法將庇護工場功能限縮於就業，完全歸屬勞政單位管轄，明顯將工作等同於就業。庇護工「場」實為庇護工「廠」，以經濟生產為主，而工作效率、工作產量及工作品質的提升，成為衡量績效的重要指標。此一轉變實乃以資本主義社會運作的思考方式，解決因資本主義所產生的障礙者就業問題

（周怡君，2012；Fiala, 2018），以致庇護工場常篩選生產力較佳的智能障礙者，而排除生產力較弱者，完全失去庇護工場對智能障礙者的社會性目的，造成許多心智障礙者失去「工作」的困境。

《聯合國身心障礙者權利公約》第 27 條排除庇護工場的設置，認為庇護工場是一個對障礙者造成區隔、剝削、未能達到充分參與社會的封閉環境。然詳查 CRPD 協商過程，對庇護工場實有諸多爭論（Ferraina, 2012: 28）。長久以來，庇護工場隔離、保護、甚至剝削的刻板印象形成論辯中的主軸，某些國家／組織極力反對庇護工場，另有些國家／組織則認為在一般職場（open labor market）之外，應有其他可能的就業型態（alternative forms of employment）。Ferraina（2012）審視整個論辯資料，認為 CRPD 提供了一個願景，但與現實面有頗大的落差：一則對所謂之開放的勞動力市場（open labor market）定義模糊（p. 32），再則公約並未明確說明第 26 條所稱之適應訓練與復健，是短期的過程或長期的服務？其目的又為何？（p. 33），凡此均將使 CRPD 無法確實落實。

社會一般對心智障礙者需要工作的理解，多解讀為就業需求，強調其工具性，卻忽略工作對心智障礙者的意義性。工作是生活模式之一，有意願工作，自然就可以工作，但能力較弱、就業意願不高者，也可以選擇工作。工作是生活的一部分、生活的調劑、增加生活的樂趣。心智障礙者選擇了他們想要的生活，所以應思考的是，如何豐富障礙者的工作生活、快樂的工作。如果心智障礙者在庇護工場就業，在社會涵容的思維下，工場的走向應不再只是選擇機構內的代工，而是主動參與社會、和社會脈動連結、與市場需求結合（如環保、綠化生活、健康等），並發展適合的產品（吳秀照，2013）。

因此如果將勞動力市場視為一個連續體，就業方案即可依障礙者不同的條件、能力與技能，而規劃不同的組合形式，包括工作環境條件、給付策略（薪資及社會安全給付）以及就業方案期待達到的成果等。這樣的工作環境必須有基本的工作條件保障，但也必須給予一定程度的彈性，才能

因應障礙者的個別狀況與需求給予適當的發展（吳秀照，2013；Ferraina,
2012）。育成社會福利基金會（2016）在協助推行社區日間作業設施時，
即思考在社會參與的前提下，身心障礙者可能參與的場域，乃以職業工作
能力及自立生活能力為軸，將目前勞政與社政提供的五類型服務措施，以
非線性流動型方式串連，繪如圖 8-3。流動代表只要確實執行轉銜服務，
即可相互移轉，能力有所提升，可往右上方移動，能力退化者則往下左方
轉移；但轉銜非直線進行，其間可能有許多轉折必須考慮，無法以線性方
式（譬如符合若干既定標準）即逕予轉銜。圖中圓圈之間有小部分重疊，
意指其非截然區隔，但亦有一小段未重疊，乃反映當前勞政與社政間尚無
法直接串連的事實。

　　事實上，在這樣寬廣的空間中，仍有許多可安排的服務措施。Fiala
（2018）以德國最近提出的《聯邦參與法》（Federal Participation Act），

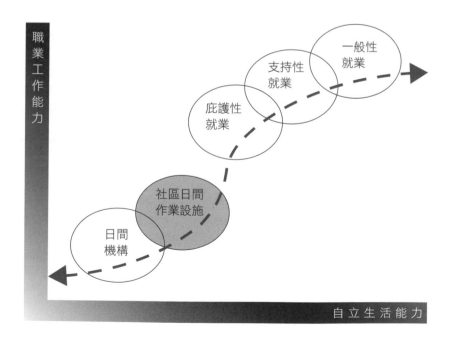

圖 8-3 ■ 社區作業設施服務定位

資料來源：育成社會福利基金會（2016，頁 7）

說明德國將如何逐步施行新措施（2017 至 2023 年）以回應 CRPD 對庇護工場的排除。該法案規定身心障礙者不得直接由特殊教育單位進入庇護工場，但亦聲明身心障礙者若未能成功轉銜至一般勞動市場，仍有權利回歸庇護工場，以解除其可能因進入一般勞動力市場而損失原領津貼的疑慮。至於具資格進入庇護工場者，若雇主願意提供其一般職場工作的機會，即可補貼雇主該障礙者薪資之 75%，以作為身心障礙者產能較低的補償，身心障礙者則可因此而獲得在一般職場工作、擁有職業生活的機會（The European Association of Service Providers for Persons with Disability, 2018）。此一稱之為工作預算（job budget）的措施，為德國創制社會勞動力市場（social labour market）的第一步，其旨意並不在強化生產力，而在透過各種財務、個人、組織的支持措施，提供身心障礙者最大的社會參與空間。

　　總之，工作是個人為追求某一目標所為的有系統活動，人終其一生都在選擇、準備、實踐個人的生活型態與生活方式，工作僅是其中的一部分，除工作外，尚有許許多多必須面對的選擇與決定的課題，這些選擇與決定統合構成個人的一生。因此無論庇護工場屬於何種功能（永久或過渡），但若未能從身心障礙者生涯發展的角度思考如何發揮其實質功能，終將成為人為制度下的樣板（Taylor, 2015）。為因應身心障礙者多樣的工作需求，宜多元而彈性地因應障礙者的條件與能力而有不同型式的服務模式，重要的是要提供身心障礙者更多機會與自由，在尊嚴的工作、安全的保障、能力的開發、社會的連結與合理的收入下，擴展其能力組合，始為對身心障礙者最大的保障與福祉。

第四節　生涯願景

　　生涯是一個由時間、空間交織構成的舞台，人在其中，可能有時盡情

舞動，有時輾轉蹉跎，種種樣態反映著一個人的生活面貌，接續鋪陳生命歷程中大小不一的事件，總合出個人的生涯圖像。這個動態的生命歷程中，通常會帶著多多少少的願景，引領著一個人活下去、闖出去。願景（vision）的字源意義是一幅看見的事物或景象，生涯願景則是一種內心的想望，可能是一幅圖畫，或一段文字，是一種實踐與行動的驅動力，有如人生的羅盤，去追求、達到某一個境界或狀態（黃素菲，2016，頁150）。身心障礙者是否也有自己選擇的生涯願景？

理論上，每個人都有願景，大小遠近不一而已；如果說沒有願景，可能是尚未意識到，或隱約覺察過卻不能確定，但無論如何不能否定它的存在。如果真的沒有願景，可能就如 Nussbaum（2006）批判 Rawls 的正義論時所說，那些大半輩子都在奮鬥、甚至一輩子都很努力，但在生產力上的成就不如他人，或是那些在生活上處於一種不對稱的依賴關係下的人，他們都被排除在正義原則所涵蓋的公民身分之外，雖然會受到法律的保護，但並非以公民的身分，而是受保護者的身分。他們的權益被持續剝奪，即使有任何想望也都成了奢望；被剝奪者為了生存，即易屈服於所受的剝奪，缺乏勇氣要求改變，且可能調整昔時的慾望和期待，以因應消極微末的人生。他們自決的願景消失了，被他人的願景替代了。身心障礙者可能就是典型的代表，尤其是重度／極重度者。

身心障礙者的脆弱與無力感，就如同嬰兒般，難稱是自由、平等、獨立的個體。但是嬰兒有無限發展的空間，身心障礙者卻可能被認為無法學習，或擔心其所作所為將引發更多問題／危險，因此照顧者、教師或家長成為恩主，負責為其選擇做決定，然而這些恩主又常過於聚焦在有效、快速處理障礙者的需求或問題，以致剝奪其參與選擇的機會，甚至因長期忽視而習慣於不再關懷其選擇、決定與表達的權利（陳采緹，2012）。

Corrigan 等人（2012）認為冒險與失敗是人類的動力（human agency），少了這些動力就是剝奪了他們的尊嚴，而試圖讓生活（生命）沒有風險，等於剝奪其潛在的機會，因此在協助過程中，亦應尊重個人承

受風險及失敗的權利（dignity of risk and right to fail）。人是脆弱而充滿需求的動物，社會的首要目標就是去關切人們的脆弱與需求，讓他們能夠過著具有尊嚴的生活。良好的照護不僅必須考量到受照顧者的生命、健康與身體的整全性，還必須牽涉感官的陶冶、想像力的鍛鍊，以及思想的發展。好的照護還必須能促進正面的情感聯繫，免除排山倒海的恐懼與焦慮的威脅（Nussbaum, 2006: 168）。

能力取向論強調個人抉擇的能動性，並且尊重不同個體的多樣性及其可能的價值與立場。能力取向是以「人類尊嚴」，以及「一個值得人性尊嚴的生活」為出發點，人之所以可以有尊嚴的生活，是因為他們可以實踐「真實屬於人類的功能」（truly human functioning）。能力取向主張從一個人出生開始，就有權向這個社會要求擁有一個符合人類尊嚴的人生。這樣的要求不是靠他對社會做出多大的貢獻，也不是他具有某些特殊的潛能，而是由於他生而為人的這個存在本質。每個人之所以能夠對社會做出這種要求的資格，是從他誕生在人類社群的那一刻開始（Nussbaum, 2006）。在這樣的理念下，Nussbaum（2002: 159）宣稱：「對於智能障礙者，我用同樣的能力清單，也是我為所謂之正常公民的主張，雖然智能障礙者不一定可以達到同樣的能力水準；這樣做之所以重要，因為他們是完整的人與公民。」這是能力取向的基本立場。

由於對身心障礙者所持的刻板印象，以致抹煞掉他們能力發展的可能，最好的策略應該著眼於同一份能力清單，盡可能讓所有的人都能達到基本門檻的程度。他們可能無法參與某些活動、無法負擔任何工作，但我們就應該去想有什麼方法可以讓他感受到自己也能夠對物質環境有所掌控。有些身心障礙者即使有他人的協助，也沒有能力生養教育自己的孩子，我們就該思考有什麼其他的方式，可以讓他們跟孩子建立連結來豐富他們的生命（Nussbaum, 2006: 194）。

總之，能力取向關注個人是否具有實踐或運用某種功能的潛在能力，所以該思考的問題不在於如何補償弱勢，而是如何真正擴大自由平等的適

合對象，或者積極提供不同個體具有行使自由平等權的支持性條件（王俊斌，2010，頁66），而不是將他們視為永遠需要依賴的人。一個社會若能更積極地提供人們各種「能力」得以開展的外在條件，也就是能滿足每一個人行使某種「功能」基本門檻的底限，這才是正義的社會（王俊斌，2012b，頁61）。

　　目前各級政府已提供特殊教育甚多資源，但給予資源不代表一定可以達成目標，因為個人轉化資源的能力不同，擁有資源不代表就自由。因此在提供資源之餘，更要注意資源的接受者是否有意願或有能力轉化資源。Walker（2008: 478）曾舉一例說明其中緣由：「分別來自中產階級與勞工階級的英國學生，雖然他們在歷史科考試中得到相同的中等成績，可想而知，這並不是就意謂他們得到這個成績的機會是相同的。」王俊斌（2010）以此例認為，這個結果根本不應簡化為學生個人努力的因素而已，其中可能的狀況自然還包括受限於家庭社經或文化資本因素，致使資質較好的勞工階級學生只能與中產階級學生一樣取得中等成績而已；或者是能力相同的學生，由於額外社會資源的挹注，以及學校教育所提供之必要協助，這才足以讓弱勢學生不致落後。

　　一個人之所以可以要求被平等的尊重、被以目的般的對待，並不是靠他對社會做出多大的貢獻，也不只是因為他具有某些特殊的特質，而是在於他作為一個人的存在，不需要藉由更有生產力來贏得他人的尊敬。我們有權要求社會支持我們源自於人類需求本身的尊嚴（Nussbaum, 2006: 160）。生產力有其必要，甚至也是好事，但它不是社會生活的主要目的。當一個人真正能夠選擇或將某個功能運作付諸實踐時，才是真正的自由、才是真正的發展，這樣的社會條件也才符合正義的思維。資源的再分配、壓迫與宰制結構的消除、對弱勢者的尊重與認肯，或裁併特殊教育學校推行融合教育，這些仍屬補償性的措施，應有更積極性的作為，正面看待身心障礙者的生涯發展，兼採能力取向的理念，考量人性的尊嚴，將身心障礙者亦視為自由、平等、獨立的個體，從積極面關注其能否如一般人

一樣獲得自由探索接觸的空間,學習作自己的主人,在活動安排時能有更多參與選擇的機會,學習如何與他人互動、如何共同做出決定。

能力理論是一種哲學思維,它提供一個鉅觀的思考架構,以新的思考視角論證教育及各個服務機制發展的可進步性。能力取向採取的判斷標準不是以人們的實際財富(收入或日常需求)來區分,也不是以效益(utility)(諸如幸福或欲望滿足)來分析,而是以個別社會成員能否真正自由地追求自己認為有價值的生活為考量。但個人幸福也不應該是個人唯一關心的事,因為幸福並非是不證自明的,幸福也不是個人唯一需要重視的事,重要的是個人的自由、個人的能動性,也就是自我自主的選擇(Sen, 2009: 272-290)。

自 1980 年代 Sen 與 Nussbaum 提出能力取向的論述後,雖然仍有許多學者對此論述有所許多批判或誤解(Galliott & Graham, 2014; Robeyns, 2017; Weidel, 2018),但已發揮重大影響力,迄今已普遍受到歐美各國的重視,許多學者以此理念檢視教育(包括融合教育)的政策與實務(王俊斌,2013: Broderick, 2018)。當前社會對身心障礙者的態度已漸趨正向,各項法令規章亦逐漸完備,然而就身心障礙者整體發展言,仍有不足以認定其權益未受剝奪、其發展未受忽視/誤導、其能力與實際成就功能未受侷限之處。在遂行 CRPD 的理念,更為達成「讓每個人選擇做自己真正想做的事,或者能夠去過自己想要的生活」的願景,身心障礙者的教育、生涯輔導與職業重建工作,尚有可再精進者,尚待有志者共同努力精進之。

參考文獻

中文部分

王俊斌（2007）。潛能取向理論與教育公平性問題。教育與社會研究，13，41-70。

王俊斌（2010）。論 M. Nussbaum「能力取向」的正義觀與教育發展。教育研究集刊，56（2），41-69。

王俊斌（2012a）。Amarya Sen 的能力取向與育中的社會正義，當代教育研究季刊，20（3），171-189。

王俊斌（2012b）。效用、基本善與能力發展：論「平等」的多元視野及其教育蘊義。教育研究集刊，58（2），37-69。

王俊斌（2013）。論當代「能力取向理論」發展及其對高等教育研究之影響。教育科學期刊，12（2），1-22。

王俊斌（2016）。教育制度中的社會正義理論分析：多元觀點與比較基礎建構。台灣教育社會學研究，16（2），29-63。

王國羽（1994）。殘障福利資源未來優先順序之研究。社區發展季刊，67，207-217。

王國羽、呂朝賢（2004）。世界衛生組織身心障礙人口定義概念之演進：兼論我國身心障礙人口定義系統問題與未來修正方向。社會政策與社會工作學刊，8（2），193-235。

王敏行（2007）。選擇職評方法的選擇與施測。載於身心障礙者職業輔導評量工作手冊（修訂版，頁78-86）。台北市：行政院勞工委員會職業訓練局。

王琴珍（2012）。做自己的專家：高職肢體障礙學生生涯探索之行動研究（未出版之碩士論文）。國立彰化師範大學，彰化市。

王澤玲（1989）。台北市國中實施生計輔導之建議。測驗與輔導，92，1805-1807。

尤淑君（2007）。高職特教班教師及就業服務人員在就業轉銜服務中專業角色之探討（未出版之碩士論文）。國立台灣師範大學，台北市。

加州競爭性綜合就業藍圖（2017）。取自 https://www.chhs.ca.gov/home/cie/

吳秀照（2005）。從理論到實踐：身心障礙就業服務之理念與服務輸送的探討。社區發展季刊，112，104-116。

吳秀照（2013）。從工作的意義再探障礙者另類工作場所的價值。歡喜兒，16，7-11。

吳明宜（2017）。支持性就業服務員使用小額職務再設計的現況分析。勞動部勞動力發展署高屏澎東分署委託辦理 106 年度高屏澎東區職務再設計專案單位主題探討期末報告。取自 https://www.taiwanjobs.gov.tw/upload/107/f4da7e5c-0b2b-49af-989c-24abe22057e6.pdf

吳武典（1990）。我國工商企業機構對於殘障者職業訓練及就業輔導之意見調查研究。特殊教育研究學刊，6，39-64。

吳武典、蔡崇建、黃淑芬、王華沛、廖永堃（1994）。台北市工商企業機構僱用殘障者意願調查研究。特殊教育研究學刊，10，75-101。

吳芝儀（2000）。生涯輔導與諮商：理論與實務。嘉義縣：濤石。

吳嘉惠、王欣宜、吳沛錞（2016）。我國大專校院資源教室人員工作壓力來源初探。特殊教育與輔助科技，15，1-6。

李思儀（2015）。學校教師：轉化的知識份子。台灣教育評論月刊，4（4），186-192。

李崇信（2002）。身心障礙者與庇護工場之我見。就業安全半年刊，1（1），64-69。

周怡君（2012）。從新自由主義觀點分析台灣庇護工場發展。東吳社會工作學報，23，81-120。

林立庭（2016）。就業對智能障礙者之影響內涵：一個復元觀點的角度（未出版之碩士論文）。國立政治大學，台北市。

林宏熾、黃湘儀（2007）。高中職身心障礙學生轉銜技能表現之分析研究。特殊教育研究學刊，32（2），17-46。

林幸台（1987）。生計輔導的理論與實施。台北市：五南。

林幸台（1998）。身心障礙學生接受第十年技藝教育方案之規劃與檢討。載於中華民國特殊教育學會年刊：中華民國特殊教育學會三十週年紀念專刊（頁117-130）。台北市：中華民國特殊教育學會。

林幸台（2002）。高職特教班智能障礙學生轉銜模式之研究。特殊教育研究學刊，22，189-215。

林昭文、朱貽莊（2002）。身心障礙者生涯轉銜服務整合之芻議。社區發展季

刊，97，49-59。

邱上真（1995）。如何發展適合中重度智障者的社區本位職業訓練課程。載於許天威（編），身心障礙者職業訓練與就業輔導之理論與實務（頁387-418）。台北市：行政院勞工委員會職業訓練局。

邱滿豔（2001）。身心障礙者取向的職務再設計：探討身心障礙者工作環境改善之經驗（未出版之博士論文）。國立台灣師範大學，台北市。

邱滿豔、韓福榮（2007）。從使用者與提供者觀點探討我國身心障礙者職務再設計措施之研究。復建與諮商期刊，1，47-64。

育成社會福利基金會（2016）。身心障礙者日間社區作業設施專業服務手冊。台北市：作者。

金樹人（2011）。生涯諮商與輔導（二版）。台北市：東華。

洪惠芬（2012）。「分配正義」還是「形式正義」？身心障礙作為福利身分與歧視的雙重意涵。台灣社會福利學刊，10（2），93-160。

姚奮志（2016）。身心障礙者個案管理及生涯轉銜服務現況分析檢討與發展。台灣社區工作與社區研究學刊，6（1），77-138。

紀佳芬（2003）。身心障礙者職務再設計與工作改善。台北市：五南。

徐享良、鳳華（1998）。高級職業學校輕度智能障礙特殊教育實驗班設科規劃之研究。彰化市：國立彰化師範大學特殊教育學系。

許天威、吳訓生（1999）。我國身心障礙者教育實施現況與發展方向之研究。特殊教育學報，13，179-219。

許天威、周台傑（1987）。生活中心生計教育。南投縣：台灣省教育廳。

陳丹桂（1997）。高職特教班教育規劃實施現況與成效之研究（未出版之碩士論文）。國立台灣師範大學，台北市。

陳貞夙（2014）。探討支持性就業支持策略的應用及其效益分析。就業安全半年刊，13，62-72。

陳采緹（2012）。從「要、不要」初探重度障礙學生自我決定教學成效。特殊教育季刊，126，35-41。

陳清平（n.d.）。歸向原鄉 活像自己。取自 https://reurl.cc/8pXX7

陳榮華（1983）。台灣地區國中益智班畢業生就業狀況研究。師大教育心理學報，16，125-140。

陳靜江（1995）。生態評量在支持性就業的應用。載於許天威（編），殘障者職業訓練與就業輔導之理論與實務（頁308-339）。台北市：行政院勞工委員會職業訓練局。

陳靜江（1997）。重視高職階段智障青年邁向成人生活的轉銜需求。特教園丁，13（2），19-22。

陳靜江、林幸台（2000）。發展智能障礙者職業輔導評量工具。台北市：行政院勞工委員會職業訓練局。

陳靜江、胡若瑩、李崇信（1996）。殘障者社區化就業輔導模式之發展與成效分析：第二階段成果報告。台北市：行政院勞工委員會職業訓練局。

陳靜江、鈕文英（2008）。高中職階段身心障礙者轉銜能力評量表之編製。特殊教育研究學刊，33（1），1-20。

陳麗如（2000）。高中職特殊教育學校（班）學生離校轉銜服務之研究（未出版之博士論文）。國立彰化師範大學，彰化市。

陳麗如、王文科、林宏熾（2001）。身心障礙者轉銜服務評估量表。台北市：心理。

張玉山（2013）。職務再設計的輔具應用對肢體障礙者工作狀況之影響：以手工業為例。特殊教育研究學刊，38（2），77-97。

張本聖（2002）。就業諮詢與就業安全體制之關係探討。就業安全半年刊，1（2），7-10。

張恆豪（2007）。特殊教育與障礙社會學一個理論的反省。教育與社會研究，13，71-93。

張恆豪、顏詩耕（2011）。從慈善邁向權利：台灣身心障礙福利的發展與挑戰。社區發展季刊，133，402-416。

張恆豪、蘇峰山（2009）。戰後國小教科書中的障礙者意象分析。台灣社會學刊，42，143-188。

張朝琴（2014）。友善職場：以職務再設計探究肢體障礙者工作權的實踐。身心障礙研究季刊，12（1），38-53。

鈕文英（2006）。國小普通班認知障礙學生課程與教學調整方案之發展與成效研究。特殊教育與復健學報，15，21-58。

鈕文英（2010）。美國智能和發展障礙協會 2010 年定義的內容和意涵。國小特殊教育，49，21-32。

黃文慧（2010）。身心障礙者與自我決策。特殊教育季刊，116，1-20。

黃素菲（2016）。後現代的幸福生涯觀：變與不變的生涯理論與生涯諮商之整合模型。教育實踐與研究，29（2），137-172。

曾昭旭（2008）。莊子養生義之釐定：從〈養生主〉首兩段之疏解切入。取自 http://mypaper.pchome.com.tw/wlyeh01/post/1307958487

勞動部（2017a）。各縣（市）辦理身心障礙者促進就業業務概況表。取自 https://reurl.cc/RXAXD

勞動部（2017b）。庇護工場辦理庇護性就業服務暨進用庇護性就業者應注意事項。取自 https://labor.chcg.gov.tw/files

勞動部（2017c）。定額進用身心障礙者概況。取自 https://www.mol.gov.tw/announcement/2099/31994/

勞動部（2017d）。推動身心障礙者職業重建個案管理服務計畫。

勞動部勞動力發展署（2016）。從身心障礙者庇護工場到一般職場轉銜輔導工作

手冊。取自 https://reurl.cc/ZbVe3

黃柏華（2014）。高職資源班學生參與個別化教育計畫之行動研究（未出版之博士論文）。國立台灣師範大學，台北市。

黃素菲（2006）。敘事與理解：用「說」故事來「話」生涯。教師天地，143，4-18。

楊朝祥（1984）。國中職業輔導理論與改進意見。測驗與輔導，63，1102-1106。

劉玉婷（2001）。高職特殊教育學校（班）智能障礙學生轉銜服務之現況調查及其相關因素之探討（未出版之博士論文）。國立高雄師範大學，高雄市。

薛化元、周夢如（1997）。父母教育參與的權利與限制：以國民教育階段為中心。國民教育，37（6），20-28。

賴淑華（2007）。身心障礙者職業輔導評量的基本內容。載於行政院勞工委員會職業訓練局，身心障礙者職業輔導評量工作手冊（修訂版，頁 8-12）。台北市：行政院勞工委員會職業訓練局。

蕭景容、金樹人（2009）。敘事取向生涯諮商中當事人之改變歷程。生活科學學報，13，1-28。

蕭景容、徐巧玲（2011）。生涯未確定當事人對敘事取向生涯諮商之經驗內涵分析。教育心理學報，42（3），445-466。

謝宗學（1997）。我國殘障政策發展之分析：國家、公民與政策網路（未出版之碩士論文）。國立政治大學，台北市。

鄭聖敏（2014）。從增能觀點談大專 - 校院身心障礙學生之輔導。特殊教育季刊，133，9-16。

戴台馨（2011）。以沈恩的「發展」觀點，探討身心障礙生潛能之發展。全人教育學報，8，159-180。

英文部分

Abery, B. (1994). A conceptual framework for enhancing self-determination. In M. F. Hayden & B. H. Abery (Eds.), *Challenges for a service system in transition* (pp. 345-380). Baltimore, MD: Brookes.

Achola, E. O., & Greene, G. (2016). Person-family centered transition planning: Improving post-school outcomes to culturally diverse youth and families. *Journal of Vocational Rehabilitation, 45*, 173-183.

Afflect, J. Q., Edgar, E., Lavine, P., & Kottering, L. (1990). Postschool status of students classified as mildly retarded, learning disabled and nonhandicapped: Does it get better at a time? *Education and Training in Mental Retardation, 25*, 315-324.

Agran, M., Wehmeyer, M. L., Cavin, M., & Palmer, S. (2010). Promoting active engagement in the general education classroom and access to the general education curriculum for students with cognitive disabilities. *Education and Training in*

Autism and Developmental Disabilities, 45, 163-174.

Albright, L., & Cobb, R. B. (1988a). *Formative evaluation of a training curriculum for vocational education and special services personnel*. Retrieved from ERIC database. (ED295045)

Albright, L., & Cobb, R. B. (1988b). *Assessment of students with handicaps in vocational education: A curriculum-based approach 1, 2. Trainer's manual*. Retrieved from ERIC database. (ED331996)

Algozzine, B., Browder, D., Karvonen, M., Test, D. W., & Wood, W. M. (2001). Effects of interventions to promote self-determination for individuals with disabilities. *Review of Educational Research, 71*, 219-277.

Alkire, S., & Deneulin, S. (2009). A normative framework for development. In S. Deneulin & L. Shahani (Eds.), *An introduction to the human development and capability approach : Freedom and agency* (pp. 22-48). London, UK: Earthscan.

Allaire, S. H., Li, W., & LaValley, M. P. (2003). Work barriers experienced and job accommodations used by persons with arthritis and other rheumatic diseases. *Rehabilitation Counseling Bulletin, 46*, 147-156.

Anderson, W. T. (1986). Prevocational and vocational assessment of handicapped students. In P. J. Lazarus & S. S. Strichart (Eds.), *Psychoeducational evaluation of children and adolescents with low-incidence handicaps* (pp. 285-304). Orlando, FL: Grune & Stratton.

Antosh, A. A., Blair, M., Edwards, K., Goode, T., Hewitt, A., Izzo, M., ... Wehmeyer, M. (2013). *A collaborative interagency, interdisciplinary approach to transition from adolescence to adulthood*. Silver Spring, MD: Association of University Centers on Disabilities.

Arman, J. F. (2002). A brief group counseling model to increase resiliency of students with mild disabilities. *Journal of Humanistic Counseling, Education & Development, 41*, 120-128.

Armstrong, A. C., Armstrong, D., & Spandagou, I. (2010). *Inclusive education: International policy and practice*. London, UK: Sage.

Aron, L., & Loprest, P. (2012). Disability and the education system. *The Future of Children, 22*(1), 97-122.

Aspel, N., Bettis, G., Test, D. W., & Wood, W. M. (1998). An evaluation of a comprehensive system of transition services. *Career Development for Exceptional Individuals, 21*, 203-222.

Austin, J. F. (2000). The role of parents as advocates for the transition rights of their disabled youth. *Disability Studies Quarterly, 20*, 423-430.

Babbitt, B. C., & White, C. M. (2002). R U ready? Helping students assess their readiness for postsecondary education. *Teaching Exceptional Children, 35*(2), 62-66.

Bacon, J. (2015). The impact of standards-based reform on special education and the creation of the 'dividual'. *Critical Studies in Education, 56*, 366-383.

Baer, R. M., Daviso, A. W., Flexer, R. W., Queen, R. M., & Meindl, R. S. (2011). Students with intellectual disabilities: Predictors of transition outcomes. *Career Development for Exceptional Children, 34*, 132-141.

Baker, S. B., & Popowicz, C. L. (1983). Meta-analysis as a strategy for evaluating effects of career education interventions. *Vocational Guidance Quarterly, 31*, 178-186.

Baker, S. B., & Taylor, J. G. (1998). Effects of career education interventions: A meta-analysis. *Career Development Quarterly, 46*, 376-385.

Bandura, A. (1977). *Social learning theory*. Englewood Cliffs, NJ: Prentice-Hall.

Bandura, A. (1986). The explanatory and predictive scope of self-efficacy theory. *Journal of Clinical and Social Psychology, 4*, 359-373.

Barbour, W. C. (1999). Supported employment: The coming of full circle. *Journal of Vocational Rehabilitation, 13*, 165-174.

Barbuto, R., Biggeri, M., & Griffo, G. (2011). Life project, peer counselling and self-help groups as tools to expand capabilities, agency and human rights. *European Journal of Disability Research, 5*, 192-205.

Barnard-Brak, L., Davis, T., Tate, A., & Sulak, T. (2009). Attitudes as a predictor of college students requesting accommodations. *Journal of Vocational Rehabilitation, 31*, 189-198.

Bassett, D. S., & Kochhar-Bryant, C. A. (2006). Strategies for aligning standards-based education and transition. *Focus on Exceptional Children, 39*, 1-19.

Bayh, B. (1979). Employment rights of the handicapped. *Journal of Rehabilitation Administration, 3*, 57-61.

Beaudry, J. (2016). Beyond (models of) disability? *Journal of Medicine and Philosophy, 41*, 210-228.

Beck, J., Broers, J., Hogue, E., Shipstead, J., & Knowlton, E. (1994). Strategies for functional community-based instruction and inclusion for children with mental retardation. *Teaching Exceptional Children, 26*(2), 44-48.

Bellamy, G. T., Rhodes, L. E., Bourbeau, P. E., & Mank, D. M. (1986). Mental retardation services in sheltered workshops and day activity programs: Consumer benefits and policy alternatives. In F. R. Rusch (Ed.), *Competitive employment issues and strategies* (pp. 257-271). Baltimore, MD: Paul H. Brookes.

Benz, M. R., & Halpern, A. S. (1987). Transition services for secondary students with mild disabilities: A statewide perspective. *Exceptional Children, 53*, 507-514.

Berkell, D. E., & Gaylord-Ross, R. (1989). The concept of transition: Historical and current developments. In D. E. Berkell & J. M. Brown (Eds.), *Transition from school to work for persons with disabilities*. New York, NY: Longman.

Betz, N. E., & Hackett, G. (1986). Applications of self-efficacy theory to understanding career choice behavior. *Journal of Social & Clinical Psychology, 4*, 279-289.

Beveridge, S., Craddock, S. H., Liesener, J., Stapleton, M., & Hershenson, D. (2002). IN-COME: A framework for conceptualizing the career development of persons with disabilities. *Rehabilitation Counseling Bulletin, 45*, 195-206.

Biggeri, M., & Ferrannini, A. (2014). Opportunity gap analysis: Procedures and methods for applying the capability approach in development initiatives. *Journal of Human Development and Capabilities, 15*, 60-78.

Biggeri, M., & Karkara, R. (2014). Transforming children's rights into real freedom: A dialogue between children's rights and the capability approach from a life cycle perspective. In D. Stoecklin & Bonvin, J.-M. (Eds.), *Children's rights and the capability approach: Challenges and prospects* (pp. 19-41). New York, NY: Springer.

Bisconer, S. W., Stodden, R. A., & Porter, M. (1993). A psychometric evaluation of curriculum based vocational assessment rating instruments used with students in main- stream vocational courses. *Career Development for Exceptional Individuals, 16*, 19-26.

Bishop, K. D., & Falvey, M. A. (1989). Employment skill. In M. A. Falvey (Ed.), *Community based curriculum: Instructional strategies for students with handicaps.* Baltimore, MD: Paul H. Brookes.

Bishop, M. (2005). Quality of life and psychosocial adaptation to chronic illness and acquired disability: Preliminary analysis of a conceptual and theoretical synthesis. *Rehabilitation Counseling Bulletin, 48*, 219-232.

Black, B. J. (1992). A kind word for sheltered work. *Psychosocial Rehabilitation Journal, 15*(4), 87-89.

Blalock, G. (1996). Community transition teams as the foundation for transition services for youth with learning. *Journal of Learning Disabilities, 29*, 148-159.

Blalock, G., Kochhar-Bryant, C., Test, D., Kohler, P., White, W., Lehmann, J., Bassett, D., & Patton, J. (2003). The need for comprehensive personnel preparation in transition and areer development: A position statement of the division on career development and transition. *Career Development for Exceptional Individuals, 26*, 207-226.

Blalock, G., & Patton, J. R. (1996). Transition and students with learning disabilities: Creating sound futures. *Journal of Learning Disabilities, 29*, 7-16.

Block, S. R. (1997). Closing the sheltered workshop: Toward competitive employment opportunities for persons with developmental disabilities. *Journal of Vocational Rehabilitation, 9*, 267-275.

Blue-Banning, M., Summers, J. A., Frankland, H. C., Nelson, L. L., & Beegle, G. (2004). Dimensions of family and professional partnerships: Constructive guidelines for collaboration. *Exceptional Children, 70*, 167-184.

Blustein, D. L. (1997). A context-rich perspective of career exploration across the life roles. *Career Development Quarterly, 45*, 260-274.

Blustein, D. L. (2017). Integrating theory, research, and practice: Lessons learned from the evolution of vocational psychology. In J. P. Sampson, E. Bullock-Yowell, V. C. Dozier, D. S. Osborn, & J. G. Lenz (Eds.), *Integrating theory, research, and practice in vocational psychology: Current status and future directions* (pp. 179-188). Tallahassee, FL: Florida State University.

Boehm, T. L., Carter, E. W., & Taylor, J. L. (2015). Family quality of life during the transition to adulthood for individuals with intellectual disability and/or autism spectrum disorders. *American Journal on Intellectual and Developmental Disabilities, 120*, 394-411.

Bond, G. R. (2004). Supported employment: Evidence for an evidence-based practice. *Psychiatric Rehabilitation Journal, 27*, 345-359.

Boni, A., López-Fogués, A., Millán, G., & Belda-Miquel, S. (2017). Analysing participatory video through the capability approach: A case study in Quart de Poblet (Valencia, Spain). *Action Research*, First Published 19 Jun 2017.

Bonvin, J.-M. (2012). Individual working lives and collective action: An introduction to capability for work and capability for voice. *European Review of Labour and Research, 18*, 9-18.

Borders, L. D., & Archadel, K. A. (1987). Self-beliefs and career counseling. *Journal of Career Development, 14*, 69-79.

Bouck, E. C. (2013). Secondary curriculum and transition. In P. Wehman (Ed.), *Life beyond the classroom: transition strategies for young people with disabilities* (5th ed. pp. 215-233). Baltimore, MD: Paul H. Brookes.

Bowman, S. L. (1993). Career intervention strategies for ethnic minorities. *Career Development Quarterly, 42*, 14-25.

Braddock, D., Rizzolo, M. C., & Hemp, R. (2004). Most employment services growth in developmental disabilities during 1988-2002 was in segregated settings. *Mental Retardation, 42*, 317-320.

Briand, C., Durand, M. J., St-Arnaud, L., & Corbière, M. (2007). Work and mental health: Learning from return-to-work rehabilitation programs designed for workers with musculoskeletal disorders. *The International Journal of Law and Psychiatry, 30*, 444-457.

Bright, J. E. H., & Pryor, R. G. L. (2005). The chaos theory of careers: A user's guide. *Career Development Quarterly, 53*, 291-305.

Broderick, A. (2018). Equality of what? The capability approach and the right to education for persons with disabilities. *Social Inclusion, 6*, 29-39.

Brodwin, M., Parker, R. M., & DeLaGarza, D. (2010). Disability and accommodation. In E. M. Szymanski, R. Parker, & M. Randall (Eds.), *Work and disability: Issues and strategies in career development and job placement* (3rd ed.) (pp. 281-323). Austin, TX: Pro-ed.

Brolin, D. E. (1993). *Life centered career education: A competency based approach.* Reston, VA: The Council for Exceptional Children.

Brolin, D. E. (1995). *Career education: A functional life skills approach* (3rd ed.). Upper Saddle River, NJ: Merrill/Prentice-Hall.

Brolin, D. E., & Loyd, R. J. (1989). Career education for students in special education.

Journal of Career Development, 15, 265-273.

Brolin, D. E., & Loyd, R. J. (2004). *Career development and transition services* (4th ed.). Upper Saddle River, NJ: Pearson/Merrill.

Bronfenbrenner, U. (1977). Toward an experimental ecology of human development. *American Psychologist, 32*, 513-531.

Bronfenbrenner, U. (1979). *The ecology of human development.* Cambridge, MA: Harvard University Press.

Brown, D. (1990). Trait and factor theory. In D. Brown & L. Brooks (Eds.), *Career choice and development: Applying contemporary theories to practice* (2nd ed.) (pp. 13-36). San Francisco, CA: Jossey-Bass.

Brown, R. I., Bayer, M. B., & MacFarlane, C. (1988). Quality of life amongst handicapped adults. In R. I. Brown (Ed.), *Quality of life for handicapped people* (pp. 111-140). London, UK: Croom Helm.

Browning, P., & Brechin, C. (1993). Assessment in transition: A functional definition and collaborative program for practice. *Vocational Evaluation & Work Adjustment Bulletin, 26*(3), 123-127.

Bruce, S. M., Luckner, J. L., & Ferrell, K. A. (2018). Assessment of students with sensory disabilities: Evidence-based practices. *Assessment for Effective Intervention, 43*, 79-89.

Brucker, D. L. (2015). Social capital, employment and labor force participation among persons with disabilities. *Journal of Vocational Rehabilitation, 43*, 17-31.

Burke, M. M. (2013). Improving parental involvement: Training special education advocates. *Journal of Disability Policy Studies, 23*, 225-234.

Butterfield, T. M., & Ramseur, J. H. (2004). Research and case study findings in the area of workplace accommodations including provisions for assistive technology: A literature review. *Technology & Disability, 16*, 201-210.

Butterworth, J., Gilmore, D., & Schalock, R. (1998). Rates of VR system closure into competitive employment. *Mental Retardation, 36*, 336-337.

Butterworth, J., Winsor, J., Smith, F. A., Migliore, A., Domin, D., Timmons, J. C., & Hall, A. C. (2015). *StateData: The national report on employment services and outcomes.* Boston, MA: University of Massachusetts Boston, Institute for Community Inclusion. Retrieved from https://www.statedata.info/sites/statedata.info/files/files/state_data_book_2015.pdf

Campbell, K., Bond, G. R., Drake, R. E., McHugo, G. J., & Xie, H. (2010). Client predictors of employment outcomes in high-fidelity supported employment: A regression analysis. *The Journal of Nervous and Mental Disease, 198*, 556-563.

Carter, E. W., Trainor, A. A., Cakiroglu, O., Swedeen, B., & Owens, L. A. (2010). Availability of and access to career development activities for transition-age youth with disabilities. *Career Development for Exceptional Individuals, 33*, 13-24.

Cashin, A. (2008). Narrative therapy: A psychotherapeutic approach in the treatment of adolescents with Asperger's disorder. *Journal of Child & Adolescent Psychiatric*

Nursing, 21(1), 48-56.

Cashman, J. (1994). Collaboration and reform: The role of interagency linkage in developing a coherent strategy for transition. *Journal of Association for Vocational Special Needs, 17*, 103-107.

Cawthon, S. W. (2008). Accommodations use for statewide standardized assessments: Prevalence and recommendations for students who are deaf or hard of hearing. *Journal of Deaf Studies and Deaf Education, 13*, 55-76.

Certo, N., Luecking, R., Murphy, S., Brown, L., Courey, S., & Belanger, D. (2009). Seamless transition and long term support for individuals with severe intellectual disabilities. *Research and Practice for Persons with Severe Disabilities, 33*, 85-95.

Certo, N. J., Mautz, D., Pumpian, I., Sax, C., Smalley, K., Wade, H., ... Batterman, N. (2003). A review and discussion of a model for seamless transition to adulthood. *Education and Training in Developmental Disabilities, 38*, 3-17.

Chadsey-Rusch, J., & Heal, L. W. (1995). Building consensus from transition experts on social integration outcomes and interventions. *Exceptional Children, 62*, 165-175.

Chase, S. (1987). *A study of the vocational assessment process as applied to vocational education: Final Report*. Retrieved from ERIC database. (ED302640)

Chan, F., Mcmahon, B. T., Shaw, L. R., & Lee, G. (2004). Psychometric validation of the Expectations About Rehabilitation Counseling Scale: A preliminary study. *Journal of Vocational Rehabilitation, 20*, 127-133.

Chen, D., Rowland, C., Stillman, R., & Mar, H. (2009). Authentic practices for assessing communication skills of young children with sensory impairments and multiple disabilities. *Early Childhood Services, 3*, 323-338.

Cheney, D., Osher, T., & Caesar, M. (2002). Providing ongoing skill development and support for educators and parents of students with emotional and behavioral disabilities. *Journal of Child & Family Studies, 11*, 79-89.

Chiocchio, F., & Frigon, J. (2006). Tenure, satisfaction, and work environment flexibility of people with mental retardation. *Journal of Vocational Behavior, 68*, 175-187.

Chirikos, T. N. (1999). Will the costs of accommodating workers with disabilities remain low? *Behavioral Sciences & the Law, 17*(1), 93-106.

Christensen, J., Hetherington, S., Daston, M., & Riehle, E. (2015). Longitudinal outcomes of Project SEARCH in upstate New York. *Journal of Vocational Rehabilitation, 42*, 247-255.

Cimera, R. E. (2006). The future of supported employment: Don't panic! *Journal of Vocational Rehabilitation, 24*, 145-149.

Cimera, R. E. (2010). Can community-based high school transition programs improve the cost-efficiency of supported employment? *Career Development for Exceptional Individuals, 33*, 4-12.

Cimera, R. E. (2012).The economics of supported employment: What new data tell us. *Journal of Vocational Rehabilitation, 37*, 109-117.

Clark, G. M., & Kolstoe, O. (1995). *Career development and transition education for adolescents with disabilities* (3rd ed.). Boston, MA: Allyn & Bacon.

Clark, G. M., & Patton, J. R. (1997). *Transition planning inventory: Administration and resource guide*. Austin, TX: Pro-ed.

Clark, G. M., & White, W. J. (1985). Issues in providing care and vocational education to secondary-level mildly handicapped students in rural settings. *Career Development for Exceptional Individuals, 8*, 42-49.

Claes, C., Van Hove, G., Vandevelde, S., van Loon, S. J., & Schalock, R. L. (2010). Person-centered planning: Analysis of research and effectiveness. *Intellectual and Developmental Disabilities, 48*, 432-453.

Cobb, B., & Alwell, M. (2009). Transition planning/coordinating interventions for youth with disabilities: A systematic review. *Career Development for Exceptional Individuals, 32*, 70-81.

Cobb, B., Lehmann, J., Newman-Gonchar, R., & Alwell, M. (2009). Self-determination for students with disabilities: A narrative metasynthesis. *Career Development for Exceptional Individuals, 32*, 108-114.

Cobb, B., Sample, P. L., & Alwell, M. (2006). Cognitive-behavioral interventions, dropout, and youth with disabilities: A systematic review. *Remedial and Special Education, 27*, 259-275.

Cobb, R. B., & Larkin, D. (1985). Assessment and placement of handicapped pupils into secondary vocational education programs. *Focus on Exceptional Children, 17*, 1-14.

Cochran, L. R. (1997). *Career counseling: A narrative approach*. Thousand Oaks, CA: Sage.

Collins, B. C., Hager, K. L., & Galloway, C. C. (2011). Addition of functional content during core content instruction with students with moderate disabilities. *Education and Training in Autism and Developmental Disabilities, 46*, 22-39

Commission on Rehabilitation Counselor Certification. [CRCC] (2016). *Rehabilitation counseling scope of practice*. Retrieved from https://www.crccertification.com/scope-of-practice

Cone, A. A. (1998). Self-advocacy in the United States. In P. Wehman & J. Kregel (Eds.), *More than a job: Securing satisfying careers for people with disabilities* (pp. 25-45). Baltimore, MD: Paul H. Brookes.

Connors, G., Carroll, K., DiClemente, C., Longabaugh, R., & Donovan, D. (1997). The therapeutic alliance and its relationship to alcoholism treatment participation and outcome. *Journal of Consulting and Clinical Psychology, 65*, 588-598.

Conte, L. D. (1983). Vocational development theories and the disabled person: Oversight or deliberate omission? *Rehabilitation Counseling Bulletin, 26*, 316-328.

Conyers, L. M., Enright, M. S., & Strauser, D. R. (1998). Applying self-efficacy theory to counseling college students with disabilities. *Journal of Applied Rehabilitation Counseling, 29*, 25-30.

Corrigan, M. J., Jones, C. A., & McWhirter, J. J. (2001). College students with disabilities: An access employment group. *Journal for Specialists in Group Work, 26*, 339-349.

Corrigan, P. W., Angell, B., Davidson, L., Marcus, S. C., Salzer, M. S., Kottsieper, P., ... Stanhope, V. (2012). From adherence to self-determination: Evolution of a treatment paradigm for people with serious mental illnesses. *Psychiatric Services, 63*, 169-173.

Cottone, R. R., & Emener, W. G. (1990). The psychomedical paradigm of vocational rehabilitation and its alternatives. *Rehabilitation Counseling Bulletin, 34*, 91-101.

Council for Accreditation of Counseling and Related Educational Programs. (2017). *Rehabilitation counseling standards adopted*. Retrieved from http://www.cacrep.org/news/rehabilitation-counseling-standards-adopted/

Cramer, S. H., Herr, E. L., & Niles, S. G. (2004). *Career guidance and counseling through the lifespan*. Boston, MA: Pearson.

Cridland, E. K., Caputi, P., Jones, S. C., & Magee, C. A. (2014). Understanding high-functioning autism during adolescence: A personal construct theory approach. *Journal of Intellectual & Developmental Disability, 39*, 108-118.

Crisp, R. (2002). A counselling framework for understanding individual experiences of socially constructed disability. *Disability Studies Quarterly, 22*, 20-32.

Crisp, R. (2011). Person-centred rehabilitation counselling: Revisiting the legacy of Carl Rogers. *The Australian Journal of Rehabilitation Counselling, 17*, 26-35.

Crisp, R. (2015). Can motivational interviewing be truly integrated with person-centred counselling? *The Australian Journal of Rehabilitation Counselling, 21*, 77-87.

Crites, J. O. (1981). *Career counseling models, methods, and materials*. New York, NY: McGraw-Hill.

Cronin, M. E., Patton, J. R., & Wood, S. J. (2007). *Life skills instruction: A practical guide for integrating real-life content into the curriculum at the elementary and secondary levels for students with special needs or who are placed at risk* (2nd ed). Austin, TX : Pro-ed.

Curnow, T. C. (1989). Vocational development of persons with disability. *Career Development Quarterly, 37*, 269-278.

Dalgin, R. S., & Gilbride, D. (2003). Perspectives of people with psychiatric disabilities on employment disclosure. *Psychiatric Rehabilitation Journal, 26*, 306-310.

Daston, M., Riehle, J. E., & Rutkowski, S. (2012). *High school transition that works!: Lessons learned from Project SEARCH*. Baltimore, MD: Paul H. Brookes.

Davies, M. D., & Beamish, W. (2009). Transitions from school for young adults with intellectual disability: Parental perspectives on "life as an adjustment." *Journal of Intellectual and Developmental Disability, 34*, 248-257.

Davis, S. E., Anderson, C., Linkowski, D. C., Berger, K., & Feinstein, C. F. (1985). Developmental tasks and transitions of adolescents with chronic illnesses and disabilities. *Rehabilitation Counseling Bulletin, 29*, 69-80.

Dawis, R. V. (1996). The theory of work adjustment and person-environment-correspondence counseling. In D. Brown & L. Brooks (Eds.), *Career choice and development* (3rd ed.) (pp. 75-120). San Francisco, CA: Jossey-Bass.

Dawis, R. V. (2005). The Minnesota theory of work adjustment. In S. D. Brown & R. W. Lent (Eds.), *Career development and counseling: Putting theory and research to work* (pp. 3-23). Hoboken, NJ: John Wiley & Sons.

Dawis, R. V., & Lofquist, L. H. (1984). *A psychological theory of work adjustment: An individual-differences model and its applications.* Minneapolis, MN: University of Minnesota Press.

DeFur, S. H., & Taymans, J. M. (1995). Competencies needed for transition specialists in vocational rehabilitation, vocational education, and special education. *Exceptional Children, 62,* 38-51.

DeFur, S. H., Todd-Allen, M., & Getzel, E. E. (2001). Parent participation in the transition planning process. *Career Development for Exceptional Individuals, 24,* 19-36.

DeStefano, L., Heck, D., Hasazi, S., & Furney, K. (1999). Enhancing the implementation of the transition requirements of IDEA: A report on the policy forum on transition. *Career Development for Exceptional Children, 22,* 85-100.

DeStefano, L., & Wermuth, T. R. (1992). IDEA (P.L.101-476): Defining a second generation of transition services. In E. R. Rusch, L. DeStefano, J. Chadsey-Rusch, A. Phelps, & E. Szymanski (Eds.), *Transition from school to adult life: Models, linkages, and policy* (pp. 537-549). Sycamore, IL: Sycamore.

Division on Career Development and Transition. (2000). *Transition specialist competencies: Fact sheet.* Retrieved from http://www.dcdt.org/pdf/trans_educators.pdf

Dobren, A. A. (1994). An ecologically oriented conceptual model of vocational rehabilitation of people with acquired. *Rehabilitation Counseling Bulletin, 37,* 215-228.

Donnell, C. M., Lustig, D. C., & Strauser, D. R. (2004). The working alliance: Rehabilitation outcomes for persons with severe mental illness. *Journal of Rehabilitation, 70*(2), 12-18.

Dunst, C. J. (2000). Revisiting "rethinking early intervention." *Topics in Early Childhood Special Education, 20,* 95-104.

Duschene, A. A. (1998). *Teaching functional skills through technology: Using assistive technology and multimedia tools to develop career awareness for students with cog- nitive disabilities.* Retrieved from ERIC database. (ED41311)

Dymond, S. K., & Orelove, F. P. (2001). What constitutes effective curricula for students with severe disabilities? *Exceptionality, 9,* 109-122.

Eckes, S. E., & Swando, J. (2009). Special education subgroups under NCLB: Issues to consider. *Teachers College Record, 111,* 2479-2504.

Egelston-Dodd, J., & DeCaro, J. (1982). National project on career education: Description and impact report. *Career Development of Exceptional Individuals, 5,* 87-98.

Ehrenreich-May, J., Storch, E. A., Queen, A. H., Rodriquez, J. H., Ghilain, C., Alessandri, M., ...Wood, J. J. (2014). An open trial of cognitive-behavioral therapy for anxiety disorders in adolescents with autism spectrum disorders. *Focus on Autism and Other Developmental Disabilities, 29*, 145-155.

Eisenman, L. T., & Hughes, C. (1997). School-to-work system development needs: Perspectives of local education agencies. *Career Development for Exceptional Individuals, 20*, 15-28.

ElHessen, S. (2002). *A new paradigm to career counseling: Self-efficacy and career choice among students with physical disabilities in postsecondary education.* Retrieved from ERIC database. (ED469994)

Elliott, T. R., Uswatte, G., Lewis, L., & Palmatier, A. (2000). Goal instability and adjustment to physical disability. *Journal of Counseling Psychology, 47*, 251-265.

Elrod, G. F., & Sorgedfrie, T. B. (1988). Toward an appropriate assessment model for adolescents who are mildly handicapped: Let's not forget transition! *Career Development for Exceptional Individuals, 11*, 92-98.

Enderle, J., & Severson, S. (2003). *Enderle-Severson Transition Rating Scale Form J-Revised.* Moorhead, MN: ESTR.

Enright, M, S., Conyers, L. M., & Szymanski, E. M. (1996). Career and career-related educational concerns of college students with disabilities. *Journal of Counseling & Development, 75*, 103-114.

Ensley, M. A. (1995). Vocational assessment/evaluation in the School-to-Work Opportunities Act: Virginia VEWAA's position and initiatives. In R. R. Fry (Ed.), *Seventh National Forum on issues in Vocational Assessment* (pp. 176-178A). Menomonie, WI: University of Wisconsin-Stout.

Escorpizo, R., Ekholm, J., Gmünder, H., Cieza, A., Kostanjsek, N., & Stucki, G. (2010). Developing a core set to describe functioning in vocational rehabilitation using the International Classification of Functioning, Disability, and Health (ICF). *Journal of Occupational Rehabilitation*, 20, 502-511.

Ettinger, J. (1995). Towards a better understanding of the career development of individuals with disabilities. In J. Ettinger & N. Wysong (Eds.), *Career development for individuals with disabilities. Vol. I. Providing effective services* (pp. 2-39). Madison, WI: Center on Education and Work.

Everson, J. M., & Guillory, J. D. (1998). Building statewide transition services through collaborative interagency teamwork. In F. R. Rusch & J. G. Chadsey (Eds.), *Beyond high school: Transition from school to work* (pp. 299-318). Belmont, CA: Wadsworth.

Everson, J. M., & McNulty, K. (1992). Interagency teams: Building local transition programs through parental and professional partnerships. In F. R. Rusch, L. DeStefano, J. Chadsey-Rusch, L. A. Phelps, & E. Szymanski (Eds.), *Transition from school to adult life* (pp. 341-251). Sycamore, IL: Sycamore.

Eynon, B., Gambino, L. M., & Torok, J. (2014). What difference can ePortfolio make? A field report from the Connect to Learning project. *International Journal of ePortfolio, 4*(1), 95-114.

Fabian, E., Dong, S., Simonsen, M., Luecking, D. M., & Deschamps, A. (2016). Service system collaboration in transition: An empirical exploration of its effects on rehabilitation outcomes for students with disabilities. *Journal of Rehabilitation, 82*(3), 3-10.

Fabian, E., Lent, R. W., & Willis, S. P. (1998). Predicting work transition outcomes for students with disabilities: Implications for counselors. *Journal of Counseling & Development, 76*, 311-316.

Falvey, M. A. (Ed.) (1989). *Community-based instruction: Instructional strategies for students with severe handicaps*. Baltimore, MD: Paul H. Brookes.

Ferraina, S. (2012). *Analysis of the legal Meaning of Article 27 of the UN CRPD: Key challenges for adapted work settings*. Retrieved from https://digitalcommons.ilr.cornell.edu/gladnetcollect/560

Fiala, E. (2018). A brave new world of work through the lens of disability. *Societies, 8*(2), 27.

Field, S., & Hoffman, A. (1994). Development of a model for self-determination. *Career Development for Exceptional Individuals, 17*, 159-169.

Field, S., & Hoffman, A. (2002). Preparing youth to exercise self-determination: Quality indicators of school environments that promote the acquisition of knowledge, skills, and beliefs related to self-determination. *Journal of Disability Policy Studies, 13*, 113-118.

Field, S., & Hoffman, A. (2005). *Steps to self-determination* (2nd ed). Austin, TX: Pro-ed.

Field, S., Hoffman, A., & Posch, M. (1997). Self-determination during adolescence. *Remedial & Special Education, 18*, 285-293.

Fitzgerald, J. L., & Watkins, M. W. (2006). Parents' rights in special education: The readability of procedural safeguards. *Exceptional Children, 72*, 497-510.

Fitzgerald, L. F., & Betz, N. E. (1994). Career development in cultural context: The role of gender, race, class, and sexual orientation. In M. L. Savikas & R. W. Lent (Eds.), *Convergence in career development theories: Implications for science and practice* (pp. 103-117). Palo Alto, CA: CPP Books.

Fleming, A. R., Del Valle, R., Kim, M., & Leahy, M. J. (2012). Best practice models of effective vocational rehabilitation service delivery in the public rehabilitation program: A review and synthesis of the empirical literature. *Rehabilitation Counseling Bulletin, 56*, 146-159.

Flexer, R. W., Baer, R. M., Luft, P. J., & Simmons, T. J. (2013). *Transition planning for secondary students with disabilities* (4th ed.). New York, NY: Pearson

Floyd, M. (1997). Vocational rehabilitation services in the United Kindom. In M. Floyd (Ed.), *Vocational rehabilitation services and Europe* (pp. 37-42). London, UK: The Rehabilitation Resource Center.

Flowers, C., Test, D. W., Povenmire-Kirk, T. C., Diegelmann, K. M., Bunch-Crump, K. R., Kemp-Inman, A., & Goodnight, C. I. (2017). A demonstration model of interagency collaboration for students with disabilities: A multilevel approach. *The Journal of Special Education, 51*, 211-221.

Ford, L., Dineen, J., & Hall, J. (1984). Is there life after placement? *Education and Training of the Mentally Retarded, 19*, 291-296.

Forrester-Jones, R., Carpenter, J., Coolen-Schrijner, P., Cambridge, P., Tate, A., ... Beecham, J. (2006). The social networks of people living in the community 12 years after resettlement from long-stay hospitals. *Journal of Applied Research in Intellectual Disabilities, 19*, 285-295.

Fouad, N. A. (1993). Cross-cultural vocational assessment. *Career Development Quarterly, 42*, 4-13.

Fox, R. W., & Wandry, D. (1998). School to adult life transitions for students with disabilities: Forging a new alliance. *Professional School Counseling, 1*(4), 48-52.

Frediani, A. A. (2010). Sen's capability approach as a framework to the practice of development. *Development in Practice, 20*, 173-187.

Frey, B. B., Lohmeier, J. H., Lee, S. W., & Tollefson, N. (2006). Measuring collaboration among grant partners. *American Journal of Evaluation, 27*, 383-392.

Friend, M. (2000). Myths and misunderstandings about professional collaboration. *Remedial & Special Education, 21*, 130-132.

Friend, M., & Cook, L. (2003). *Interactions: Collaboration skills for school professionals* (4th ed.). Boston, MA: Allyn & Bacon.

Fuchs, L. S., Fuchs, D., Hamlett, C. L., & Allinder, R. M. (1989). The reliability and validity of skills analysis within curriculum-based measurement. *Diagnostique, 14*, 203-221.

Furney, K. S., Hasazi, S. B., & DeStefano, L. (1997). Transition policies, practices, and promises: Lessons from three states. *Exceptional Children, 63*, 343-355.

Gajar, A., Goodman, L., & McAfee, J. (1993). *Secondary school and beyond: Transition of individuals with disabilities*. New York, NY: Merrill/Maillan.

Galliott, N., & Graham, L. J. (2014). A question of agency: applying Sen's theory of human capability to the concept of secondary school student career 'choice'. *International Journal of Research & Method in Education, 37*, 270-284.

Gartland, D., & Strosnider, R. (2004). State and district-wide assessment and students with learning disabilities: A guide for states and school districts. *Learning Disability Quarterly, 27*, 67-76.

Gates, L. B. (2000). Workplace accommodation as a social process. *Journal of Occupational Rehabilitation, 10*, 85-98.

Gelatt, H. B. (1989). Positive uncertainty: A new decision-making framework for counseling. *Journal of Counseling Psychology, 36*, 252-60.

Gerber, P. J., Ginsberg, R., & Reiff, H. B. (1992). Identifying alterable patterns in employment success for highly successful adults with learning disabilities. *Journal of Learning Disabilities, 25*, 475-487.

Gergen, K. J. (1999). *An invitation to social construction*. Thousand Oaks, CA: Sage.

Germeijs, V., & DeBoeck, P. (2003). Career indecision: Three factors from decision theory. *Journal of Vocational Behavior, 62*, 11-25.

Getzel, E. E., & Briel, L. W. (2013). Pursuing postsecondary education opportunities for students with disabilities. In P. Wehman (Ed.), *Life beyond the classroom: Transition strategies for young people with disabilities* (5th ed.) (pp. 363-376). Baltimore, MD: Paul H. Brookes.

Gillan, D., & Coughlan, B. (2010). Transition from special education into postschool services for young adults with intellectual disability: Irish parents' experience. *Journal of Policy and Practice in Intellectual Disabilities, 7*, 196-203.

Gilson, S. F., Tusler, A., & Gill, C. J. (1997). Ethnographic research in disability identity: Self-determination and community. *Journal of Vocational Rehabilitation, 9*, 7-17.

Giroux, H. A. (1988). *Teachers as intellectuals: Toward a critical pedagogy of learning.* New York, NY: Bergin & Garvey.

Gold, P. B., Oire, S. N., Fabian, E. S., & Wewiorski, N. J. (2012). Negotiating reasonable workplace accommodations: Perspectives of employers, employees with disabilities, and rehabilitation service providers. *Journal of Vocational Rehabilitation, 37*, 25-37.

Goldberg, R. T. (1989). A comparative study of vocational development of able bodied and disabled persons. *International Journal of Rehabilitation Research, 12*(1), 3-15.

Gordon, W. A., Brown, M., Bergman, A. I., & Shields, R. W. (2006). Community integration research: An empowerment paradigm. In K. J. Hagglund & A. W. Heinemann (Eds.), *Applied disability and rehabilitation research* (pp. 55-24). New York, NY: Springer.

Graham, S., Grigal, M., Moon, M. S., & Neubert, D. A. (2003). Self-determination for students with disabilities: Views of parents and teachers. *Exceptional Children, 70*, 97-112.

Granger, B. (2000). The role of psychiatric rehabilitation practitioners in assisting people in understanding how to best assert their ADA rights and arrange job accommodations. *Psychiatric Rehabilitation Journal, 23*, 215-224.

Granlund, M. (2013). Participation: Challenges in conceptualization, measurement and intervention. *Child: Care, Health, and Development, 39*, 470-473.

Grasso, E., Jitendra, A. K., Browder, D. M., & Harp, T. (2004). Effects of ecological and standardized vocational assessments on Office of Vocational Rehabilitation counselors' perceptions regarding individuals with developmental disabilities. *Journal of Developmental and Physical Disabilities, 16*, 17-31.

Grubb, W. N. (1995). Coherence for all students: High schools with career clusters and majors. In W. N. Grubb (Ed.), *Education through occupations in American high schools* (Vol. 1) (pp. 97-113). New York, NY: Teachers College Press.

Guichard, J., & Lenz, J. (2005). Career theory from an international perspective. *The*

Career Development Quarterly, 54, 17-28.

Gysbers, N. C. (2006). Using qualitative career assessments in career counselling with adults. *International Journal of Educational and Vocational Guidance, 6*, 95-108.

Haber, M. G., Mazzotti, V. L., Mustian, A. L., Rowe, D. A., Bartholomew, A. L., Test, D. W., & Fowler, C. H. (2016). What works, when, for whom, and with whom: A meta-analytic review of predictors of postsecondary success for students with disabilities. *Review of Educational Research, 86*, 123-162.

Hagner, D., & Vander Sande, J. (1998). School sponsored work experience and vocational instruction. In F. R. Rusch & J. G. Chadsey (Eds.), *Beyond high school: Transition from school to work* (pp. 340-366). Belmont, CA: Wadsworth.

Hagner, D., Dague, B., & Phillips, K. J. (2014). Implementation of an employment consultation model of job support following online training. *Journal of Rehabilitation, 80*(4), 19-27.

Hagner, D., Kurtz, A., Cloutier, H., Arakelian, C., Brucker, D. L., & May, J. (2012). Outcomes of a family-centered transition process for students with autism spectrum disorders. *Focus on Autism & Other Developmental Disabilities, 27*, 42-50.

Hagner, D., May, J., Kurtz, A., & Cloutier, H. (2014) Person-centered planning for transition-aged youth with autism spectrum disorders. *Journal of Rehabilitation, 80*(1), 4-10.

Hagner, D., & Salomone, P. R. (1989). Issues in career decision making for workers with developmental disabilities. *Career Development Quarterly, 38*, 148-159.

Halpern, A. S. (1985). Transition: A look at the foundations. *Exceptional Children, 51*, 479-486.

Halpern, A. S. (1992). Transition: Old wine in new bottle. *Exceptional Children, 58*, 202-211.

Halpern, A. S. (1994). Quality of life for students with disabilities in transition from school to adulthood. *Social Indicators Research, 33*, 193-236.

Halpern, A. S. (1996). *Transition Skills Inventory*. Eugene, OR: Secondary Transition Program, College of Education, University of Oregon.

Halpern, A., Herr, C. M., Wolf, N. K., Doren, B., Johnson, M. D., & Lawson, J. D. (1997). *Next S.T.E.P. Student transition and educational planning*. Austin, TX: Pro-ed.

Hallahan, D. P., & Kauffman, J. M. (1994). *Exceptional children: Introduction to special education* (6th ed.). Boston, MA: Allyn & Bacon.

Hamilton, M. A., & Hamilton, S. F. (1997). *Learning well at work: Choices for quality*. Ithaca, NY: Cornell University

Hammel, J., Magasi, S., Heinemann, A., Whiteneck, G., Bogner, J., & Rodriguez, E. (2008). What does participation mean? An insider perspective from people with disabilities. *Disability Rehabilitation, 30*, 1445-1460.

Hanley-Maxwell, C. (1986). Curriculum development. In F. R. Rusch (Ed.), *Competitive employment: Issues and strategies* (pp. 187-197). Baltimore, MD: Paul H. Brookes.

Hanley-Maxwell, C., Owens-Johnson, L., & Fabian, E. (2003). Supported employment. In E. M. Szymanski & R. M. Parker (Eds.), *Work and disability* (2nd ed.) (pp. 373-406). Austin, TX: Pro-ed.

Hanley-Maxwell, C., Pogoloff, S. M., & Whitney-Thomas, J. (1998). Families: The heart of transition. In F. R. Rusch & J. G. Chadsey (Eds.), *Beyond high school: Transition from school to work* (pp. 234-264). Belmont, CA: Wadsworth.

Hanley-Maxwell, C., & Szymanski, E. M. (1992). School to work transition and supported employment. In P. M. Parker & E. M. Szymanski (Eds.), *Rehabilitation counseling: Basic and beyond* (pp. 153-163). Austin, TX: Pro-ed.

Hannon, C., Faas, D., & O'Sullivan, K. (2017). Widening the educational capabilities of socio-economically disadvantaged students through a model of social and cultural capital development. *British Educational Research Journal, 43*, 1225-1245.

Hare, D. J., Searson, R., & Knowles, R. (2010). Real listening: Using personal construct assessment with people with intellectual disabilities: Two case studies. *British Journal of Learning Disabilities, 39*, 190-197.

Harnacke, C. (2013). Disability and capability: Exploring the usefulness of Martha Nussbaum's capabilities approach for the UN Disability Rights Convention. *The Journal of Law, Medicine & Ethics 41*, 768-780.

Harris, M., Gladman, B., Hennessy, N., Lloyd, C., Mowry, B., & Waghorn, G. (2010). Reliability of a Scale of Work-Related Self-Efficacy for people with psychiatric disabilities. *International Journal of Rehabilitation Research, 33*, 183-186.

Harrison, N., Davies, S., Harris, R., & Waller, R. (2018). Access, participation and capabilities: Theorising the contribution of university bursaries to students' wellbeing, flourishing and success. *Cambridge Journal of Education*. Published Online: 08 Jan 2018.

Harrison, N., & Waller, R. (2017). Success and impact in widening participation policy: What works and how do we know? *Higher Education Policy, 30*, 141-160.

Hartnett, H. P., Stuart, H., Thurman, H., Loy, B., & Batiste, L. C. (2011). Employers' perceptions of the benefits of workplace accommodations: Reasons to hire, retain, and promote people with disabilities. *Journal of Vocational Rehabilitation, 34*, 7-23.

Harvey, M. W. (2001). Vocational-technical education: A logical approach to dropout prevention for secondary special education. *Preventing School Failure, 45*, 108-113.

Hasazi, S. B., Furney, K. S., & DeStefano, L. (1999). Implementing the IDEA transition mandates. *Exceptional Children, 65*, 555-566.

Hayes, S. A., & Watson, S. L. (2013). The impact of parenting stress: A meta-analysis of studies comparing the experience of parenting stress in parents of children with and without autism spectrum disorder. *Journal of Autism and Development Disorder, 43*, 629-642.

Hazelkorn, M., Bucholz, J. L., Goodman, I., Duffy, M. L., & Brady, M. P. (2011).

Response to intervention: General or special education? Who is responsible? *Educational Forum, 75*(1), 17-25.

Hendricks, D. J., & Hirsh, A. (1991). The job accommodations network: A vital resource for the 90's. *Rehabilitation Education, 5*, 261-264.

Henry, A. D., Petkauskos, K., Stanislawzyk, J., & Vogt, J. (2014). Employer-recommended strategies to increase opportunities for people with disabilities. *Journal of Vocational Rehabilitation, 41*, 237-248.

Herbert, J. T., Hong, B. S. S., Byun, S., Welsh, W., Kurz, C. A., & Atkinson, H. A. (2014). Persistence and graduation of college students seeking disability support services. *Journal of Rehabilitation, 80*(1), 22-32.

Hergenrather, K. C., Rhodes, S. D., Turner, A. P., & Barlow, J. (2008). Persons with disabilities and employment: Application of the Self-efficacy of Job-seeking Skills Scale. *Journal of Rehabilitation, 74*(3), 34-44.

Hernandez, B., McDonald, K., Lepera, N., Shahna, M., Wang, T. A., & Levy, J. M. (2009). Moving beyond misperceptions: The provision of workplace accommodations. *Journal of Social Work in Disability & Rehabilitation, 8*, 189-204.

Heron, T. E., & Harris, K. C. (2001). *The Educational consultant: Helping professionals, parents, and students in inclusive classrooms* (4th ed.). Austin, TX: Pro-ed.

Herr, E. L. (1987). Education as preparation for work: Contributions of career education and vocational education. *Journal of Career Development, 13*, 16-30.

Herr, E. L. (1997). Super's life-span, life-space approach and its outlook for refinement. *Career Development Quarterly, 45*, 238-246.

Hershenson, D. B. (1981). Work adjustment, disability, and the three r's of vocational rehabilitation: A conceptual model. *Rehabilitation Counseling Bulletin, 25*, 91-97.

Hershenson, D. B. (1984). Vocational counseling with learning disabled adults. *Journal of Rehabilitation, 50*, 40-44.

Hershenson, D. B. (1996a). A systems reformulation of a developmental model of work adjustment. *Rehabilitation Counseling Bulletin, 40*, 2-10.

Hershenson, D. B. (1996b). Work adjustment: A neglected area in career counseling. *Journal of Counseling & Development, 74*, 442-446.

Hershenson, D. B. (1998).Systemic, ecological model for rehabilitation counseling. *Rehabilitation Counseling Bulletin, 42*, 40-51.

Hershenson, D. B. (2005). INCOME: A culturally inclusive and disability-sensitive framework for organizing career development concepts and interventions. *Career Development Quarterly, 54*, 150-161.

Hershenson, D. B., & Szymanski, E. M. (1992). Career development of people with disabilities. In R. M. Parker & E. M. Szymanski (Eds.), *Rehabilitation counseling: Basics and beyond* (2nd ed.) (pp. 273-303). Austin, TX: Pro-ed.

Hetherington, S., Durant-Jones, L., Johnson, K., Nolan, K., Smith, E., & Taylor-Brown, S. (2010). The lived experiences of adolescents with disabilities and their parents in transition planning. *Focus on Autism and Other Developmental Disabilities, 25*,

163-172.

Hill, M., Hill, J. W., Wehman, P., Revell, G., Dickerson, A., & Noble, J. H. (1987). Supported employment: An interagency funding model for persons with severe disabilities. *Journal of Rehabilitation, 53*(2), 13-21.

Hilyer, K. (1997). Redesigning vocational evaluation for career development. In R. R. Fry (Ed.), *The issues papers: Eighth national forum on issues in vocational assessment* (pp. 111-116). Menomonie, WI: The Rehabilitation Resource, Stout Vocational Rehabilitation Institute.

Hirschi, A. (2010). The role of chance events in the school-to-work transition: The influence of demographic, personality and career development variables. *Journal of Vocational Behavior, 77*, 39-49.

Hitchings, W. E., Luzzo, D. A., Retish, P., Horvath, M., & Ristow, R. S. (1998). Identifying the career development needs of college students with disabilities. *Journal of College Student Development, 39*, 23-32.

Hoffman, A., & Field, S. (1995). Promoting self-determination through effective curriculum development. *Intervention in School and Clinic, 30*, 134-141.

Hoffman, A., Field, S., & Sawilowsdy, S. (2004). *Self-Determination Assessment Battery*. Trinity, FL: Early Education Group. Retrieved from http://www.ealyeducation.com.

Holland, J. L. (1997). *Making vocational choice: A theory of vocational personalities and work environments* (3rd ed.). Lutz, FL: Psychological Assessment Resources.

Hoppe, S. E. (2004). Improving transition behavior in students with disabilities using a multimedia personal development program: Check and connect. *TechTrends: Linking Research & Practice to Improve Learning, 48*(6), 43-46.

Hopper, K. (2007). Rethinking social recovery in schizophrenia: What a capabilities approach might offer. *Social Science & Medicine, 65*, 868-879.

Hornby, G. (2015). Inclusive special education: Development of a new theory for the education of children with special educational needs and disabilities. *British Journal of Special Education, 42*, 234-256.

Howlin, P., Alcock, J., & Burkin, C. (2005). An 8 year follow-up of a specialist supported employment service for high-ability adults with autism or Asperger syndrome. *Autism: The International Journal of Research & Practice, 9*, 533-549.

Hoyt, K. B. (1982). Federal and state participation in career education: Past, present, and future. *Journal of Career Education, 9*(1), 5-15.

Hoyt, K. B. (1987). Perceptions of career education supporters concerning the current nature and status of the career education movement. *Journal of Career Development, 13*, 5-15.

Hoyt, K. B. (1989). The career education movement: Updating perceptions of career education supporters. *Journal of Career Development, 15*, 281-290.

Humphrey, N., & Mullins, P. M. (2002). Personal constructs and attribution for academic success and failure in dyslexia. *British Journal of Special Education, 29*,

196-203.

Hunt, P., McDonnell, J., & Crockett, M. A. (2012). Reconciling an ecological curricular framework focusing on quality of life outcomes with the development and instruction of standards-based academic goals. *Research & Practice for Persons with Severe Disabilities, 37*, 139-152.

Hursh, N., & Kerns, A. F. (1988). *Vocational evaluation in special education.* Boston, MA: College-Hill.

Idol, L., West, J. F., & Lloyd, S. R. (1988). Organizing and implementing specialized reading programs: A collaborative approach involving classroom, remedial, and special education teachers. *Remedial & Special Education, 9*(2), 54-61.

Imms, C., Adair, B., Keen, D., Ullenhag, A., Rosenbaum, P., & Granlund, M. (2016). 'Participation': A systematic review of language, definitions, and constructs used in intervention research with children with disabilities. *Developmental Medicine and Child Neurology, 58*(1), 29-38.

Individuals with Disabilities Education Improvement Act, Council for Exceptional Children (2004).

Jacobs, L. (1995). *The School-to-Work Opportunities Act of 1994: A guide to the law and how to use it.* Washington, DC: Center for Law and Education.

Jenaro, C., Mank, D., Bottomley, J., Doose, S., & Tuckerman, P. (2002). Supported employment in the international context: An analysis of processes and outcomes. *Journal of Vocational Rehabilitation, 17*, 5-21.

Jenkins, W., Patterson, J. B., & Szymanski, E. M. (1992). Philosophical, historic, and legislative aspects of the rehabilitation counseling profession. In R. M. Parker & E. M. Szymanski (Eds.), *Rehabilitation counseling: Basics and beyond* (2nd ed.) (pp. 1-41). Austin, TX: Pro-ed.

Jiranek, D., & Kirby, N. (1990). The job satisfaction and/or psychological well-being of young adults with an intellectual disability and nondisabled young adults in either sheltered employment, competitive employment or unemployment. *Australia and New Zealand Journal of Developmental Disabilities, 16*, 133-48.

Job Accommodation Network. (2017). Discover the facts about job accommodation. Retrieved from https://askjan.org/about-us/index.cfm

Jones, W. P. (1995). Holland vocational personality codes and people with visual disabilities: A need for caution. *Re:View, 27*(2), 53-63.

Johnson, D. R. (2004). Supported employment trends: Implications for transition-age youth. *Research & Practice for Persons with Severe Disabilities, 29*, 243-247.

Johnson, D. R., & Halloran. (1997). The federal legislative context and goals of the state systems change initiatives on transition for youth with disabilities. *Career Development for Exceptional Individuals, 20*, 109-120.

Johnson, D. R., & Guy, B. (1997). Implications of the lessons learned from a state systems change initiative on transition for youth with disabilities. *Career Development for Exceptional Individuals, 20*, 191-199.

Johnson, D. R., & Sharpe, M. N. (2000). Results of a national survey on the implementation transition service requirements of IDEA of 1990. *Journal of Special Education Leadership, 13*(2), 15-26.

Kaehne, A., & Beyer, S. (2014). Person-centred reviews as a mechanism for planning the post-school transition of young people with intellectual disability. *Journal of Intellectual Disability Research, 58*, 603-613.

Kanellakis, P. (2010). Counselling psychology and disability. *Europe's Journal of Psychology, 2*, 123-149.

Kaplan, D. M., & Kraus, K. (2018). Building blocks to portability: Culmination of the 20/20 initiative. *Journal of Counseling & Development, 96*, 223-228.

Karan, O. C., DonAroma, P., Bruder, M. B., & Roberts, L. A. (2010). Transitional assessment model for students with severe and/or multiple disabilities: Competency-based community assessment. *Intellectual & Developmental Disabilities, 48*, 387-392.

Keleher, P. L. (2014). Sen and Nussbaum: Agency and capability expansion. *Éthique et économique/Ethics and Economics, 11*, 55-70.

Kelly, G. A. (1955). *The psychology of personal constructs*. New York, NY: W. W. Norton.

Kelly, G. A. (1970). A brief introduction to personal construct theory. In D. Bannister, (Ed.), *Perspectives in personal construct theory* (pp. 1-29). London, UK: Academic Press

Kendall, E., & Buys, N. (1998). An integrated model of psychosocial adjustment following acquired disability. *Journal of Rehabilitation, 64*(3), 16-20.

Kern, L., & Vorndran, C. M. (2000). Functional assessment and intervention for transition difficulties. *Journal of the Association for Persons with Severe Handicaps, 25*, 212-216.

Kim, K. H., & Morningstar, M. E. (2005). Transition planning involving culturally and linguistically diverse families. *Career Development for Exceptional Individuals, 28*, 92-103.

Kim, K. H., & Turnbull, A. (2004). Transition to adulthood for students with severe intellectual disabilities: Shifting toward person-family interdependent planning. *Research & Practice for Persons with Severe Disabilities, 29*, 53-57.

Kim, P. (2006). Perspectives on a visual map-based electronic portfolio system. In A. Jafari & C. Kaufman (Eds.), *Handbook of research on ePortfolios* (pp. 44-53). Hershey, PA: IDEA Group.

Kirksville Area Tech Center. (2004). *Vocational Evaluation Center*. Retrieved from http://www.kirksville.k12.mo.us/Tech_Center/Student_Services/voc_evaluation.htm

Klein, M. A., Wheaton, J. E., & Wilson, K. B. (1997). The career assessment of persons with disabilities: A review. *Journal of Career Assessment, 5*, 203-211.

Kleinhammer-Tramill, P. J., Geiger, W. L., & Morningstar, M. (2003). Policy contexts for transition personnel preparation: An analysis of transition-related credentials, standards, and course requirements in state certification and licensure policies. *Career Development for Exceptional Individuals, 26,* 185-206.

Kober, R. (Ed.) (2011). *Enhancing the quality of life of people with intellectual disabilities: From theory to practice.* New York, NY: Springer.

Kochhar-Bryant, C. A., & Greene, G. (2009). *Pathways to successful transition for youth with disabilities* (2nd ed.). Upper Saddle River, NJ: Pearon/Merrill.

Kohler, P. D. (1993). Best practices in transition: Substantiated or implied? *Career Development for Exceptional Individuals, 16,* 107-121.

Kohler, P. D. (1996). *Taxonomy for transition programming: Linking research and practice.* Illinois University, Champaign. Transition Research Institute. Retrieved from ERIC database. (ED399722)

Kohler, P. D., Gothberg, J. E., Fowler, C., & Coyle, J. (2016). *Taxonomy for transition programming 2.0: A model for planning, organizing, and evaluating transition education, services, and programs.* MI: Western Michigan University. Retrieved from http://www.transitionta.org

Kokaska, C. J., & Brolin, D. E. (1985). *Career education for handicapped individuals* (2nd ed.). Upper Saddle River, NJ: Merrill/Prentice-Hall.

Kolstoe, O. P. (1961). An examination of some characteristics which discriminate between employed and not-employed mentally retarded males. *American Journal of Mental Deficiency, 66,* 472-482.

Komaki, J. L. (1998). When performance improvement is the goal: A new set of criteria for criteria. *Journal of Applied Behavior Analysis, 31,* 263-80.

Konrad, M., Fowler, C. H., Walker, A. R., Test, D. W., & Wood, W. M. (2007). Effects of self-determination interventions on the academic skills of students with learning disabilities. *Learning Disability Quarterly, 30,* 89-113.

Kortering, L., & Braziel, P. M. (2008). The use of vocational assessments: What do students have to say? *Journal of At-Risk Issues, 14*(2), 27-35.

Kosciulek, J. F. (2004). Empowering people with disabilities through vocational rehabilitation counseling. *American Rehabilitation, 28*(1), 40-47.

Kregel, J., Wehman, P., Revell, G., Hill, J., & Cimera, R. (2000). Supported employment benefit-cost analysis: Preliminary findings. *Journal of Vocational Rehabilitation, 14,* 153-161.

Kruger, E. J., Holtzman, D. M., & Dagavarian, D. A. (2013). Comprehensive education portfolio with a career focus. *Journal of Continuing Higher Education, 61,* 46-53.

Krumboltz, J. D. (1979). A social learning theory of career decision making. In A. M. Mitchell, G. B. Jones, & J. D. Krumboltz (Eds.), *Social learning and career decision making* (pp. 19-49). Cranston, RI: Carroll Press.

Krumboltz, J. D. (1983). *Private rules in career decision making.* Columbus, OH: Ohio State University, Advanced Study Center, National Center for Research in Vocational Education. Retrieved from ERIC database. (ED229608)

Krumboltz, J. D. (1991). *Manual for the Career Beliefs Inventory*. Palo Alto, CA: Consulting Psychologists Press.

Krumboltz, J. D. (1992). The wisdom of indecision. *Journal of Vocational Behavior, 41*, 239-244.

Krumboltz, J. D. (2009). The happenstance learning theory. *Journal of Career Assessment, 17*, 135-154.

Krumboltz, J. D., Foley, P. F., & Cotter, E. W. (2013). Applying the Happenstance Learning Theory to involuntary career transitions. *Career Development Quarterly, 61*, 15-26.

Krumboltz, J. D., & Nichols, C. W. (1990). Integrating the social learning theory of career decision making. In W. B. Walsh & S. H. Osipow (Eds.), *Career counselling: Contemporary topics in vocational psychology* (pp. 159-192). Hillsdale, NJ: Lawrence Erlbaum Associates.

Kueneman, R., & Freeze, R. (1997). Individual transition planning: Parents' and teachers' perceptions of the PATH planning process and subsequent plan implementation. *Developmental Disabilities Bulletin, 25*, 1-26.

Kukla, M., McGuire, A. B., & Salyers, M. P. (2016). Barriers and facilitators related to work success for veterans in supported employment: A nationwide provider survey. *Psychiatric Services, 67*, 412-417.

Lake, J. F., & Billingsley, B. S. (2000). An analysis of factors that contribute to parent-school conflict in special education. *Remedial and Special Education, 21*, 240-251.

Lambie, G.W., & Milsom, A. (2010). A narrative approach to supporting students diagnosed with learning disabilities. *Journal of Counseling & Development, 88*, 196-203.

Lang, H. G. (2002). Higher education for deaf students: Research priorities in the new millennium. *Journal of Deaf Studies & Deaf Education, 7*, 267-280.

Lang, H. G., & Steely, D. (2003). Web-based science instruction for deaf students: What research says to the teacher. *Instructional Science, 31*, 277-98.

Landmark, L. J., & Zhang, D. (2012). Compliance and practices in transition planning: A review of individualized education program documents. *Remedial and Special Education, 34*, 112-125.

Lansdown, G. (2010). The realisation of children's participation rights. In B. Percy-Smith & N. Thomas (Eds.), *A handbook of children and young people's participation: Perspectives from theory and practice* (pp. 11-23). New York, NY: Routledge.

Laurent, V. (1998). Sheltered employment for persons with disabilities. *International Labour Review, 137*, 347-365.

Lawrence, D. H. (2004). The effects of reality therapy group counseling on the self-determination of persons with developmental disabilities. *International Journal of Reality Therapy, 23*, 9-15.

Leahy, M. J. (2002). Professionalism in rehabilitation counseling: A retrospective review. *Journal of Rehabilitation Administration, 26*, 99-109.

Leahy, M. J., Chan, F., Sung, C., & Kim, M. (2012). Empirically derived test specifications for the Certified Rehabilitation Counselor Examination. *Rehabilitation Counseling Bulletin, 56*, 199-214.

Leahy, M. J., & Szymanski, E. M. (1995). Rehabilitation counseling: Evolution and current status. *Journal of Counseling and Development, 74*, 163-166.

Leßmann, O. (2011). Freedom of choice and poverty alleviation. *Review of Social Economy, 69*, 439-463.

Lee, S., Wehmeyer, M. L., & Shogren, K. A. (2015). Effect of instruction with the Self-Determined Learning Model of Instruction on students with disabilities: A meta-analysis. *Education and Training in Autism and Developmental Disabilities, 50*, 237-247.

Lehmann, J. P. (1997). *Partners in transition: Empowering teachers to provide transition services*. Retrieved from ERIC database. (ED406101)

Lehmann, J. P., Bassett, D., Sands, D., Spencer, K., & Gliner, J. (1999). Research translated into practices for increasing student involvement in transition-related activities. *Career Development for Exceptional Individuals, 22*, 3-19.

Leiter, V., & Krauss, M. W. (2004). Claims, barriers, and satisfaction. *Journal of Disability Policy Studies, 15*, 135-146.

Lent, R. W., Brown, S. D., & Hackett, G. (1994). Toward a unifying social cognitive theory of career academic interest, choice, and performance. *Journal of Vocational Behavior, 45*, 79-122.

Lent, R. W., Brown, S. D., & Hackett, G. (1996). Career development from a social cognitive perspective. In D. Brown, L. Brooks, & Associates (Eds.), *Career choice and development* (3rd ed.) (pp. 423-275). San Francisco, CA: Jossey-Bass.

Lent, R. W., & Hackett, G. (1987). Career self-efficacy: Empirical status and future directions. *Journal of Vocational Behavior, 30*, 347-382.

Levinson, E. M. (1994). Current vocational assessment models for students with disabilities. *Journal of Counseling & Development, 73*, 94-101.

Lippold, T., & Burns, J. (2009). Social support and intellectual disabilities: A comparison between social networks of adults with intellectual disability and those with physical disability. *Journal of Intellectual Disability Research, 53*, 463-473.

Livneh, H., & Antonak, R. F. (2005). Psychosocial adaptation to chronic illness and disability: A primer for counselors. *Journal of Counseling & Development, 83*, 12-20.

Livneh, H., & Sherwood, A. (1991). Application of personality theories and counseling strategies to clients with physical disabilities. *Journal of Counseling & Development, 69*, 525-538.

Lofquist, L. H., & Dawis, R. V. (1969). *Adjustment to work: A psychological view of man's problems in a work-oriented society*. East Norwalk, CT: Appleton-Century-Crofts.

Loyd, R. J., & Angus, R. (2014). The revised Life Centered Career Education Curriculum Program for Students with Autism Spectrum Disorders and Developmental Disabilities. *DADD Online Journal, 1*, 154-165.

Loyd, R. J., & Brolin, D. E. (1997). *Life-centered career education: Modified curriculum for individuals with moderate disabilities*. Reston, VA: The Council for Exceptional Children.

Luecking, D. M., & Luecking, R. G. (2015). Translating research into a seamless transition model. *Career Development and Transition for Exceptional Individuals, 38*(1), 4-13.

Luecking, R. G., & Certo, N. J. (2003). Integrating service systems at the point of transition for youth with significant support needs: A model that works - Transition Service Integration Model. *American Rehabilitation, 27*(1), 2-9.

Lustig, D., & Strauser, D. R. (2003). An empirical typology of career thoughts of individuals with disabilities. *Rehabilitation Counseling Bulletin, 46*, 98-107

Lustig, D. C., Zanskas, S., & Strauser, D. (2012). The relationship between psychological distress and career thoughts. *Journal of Rehabilitation, 78*(4), 3-10.

Luzzo, D. A., Hitchings, W. E., Retish, P., & Shoemaker, A. (1999). Evaluating differences in college students' career decision making on the basis of disability status. *Career Development Quarterly, 48*, 142-156.

Lyddon, W. J. (1990). First- and second-order change: Implications for rationalist and constructivist cognitive therapies. *Journal of Counseling & Development, 69*, 122-127.

MacIsaac, M. (2003). Keeping current in the age of information: A challenge to vocational evaluation. *VEWAA, 11th Annual Forum*. Retrieved from http://citeseerx.ist.psu.edu/viewdoc/download?doi=10.1.1.195.5364&rep=rep1&type=pdf

Madaus, J. W., Kowitt, J. S., & Lalor, A. R. (2012). The Higher Education Opportunity Act: Impact on students with disabilities. *Rehabilitation Research, Policy & Education, 26*(1), 33-42.

Maddux, C. D., & Cummings, R. E. (1986). Alternate form reliability of the Self-Directed Search-Form E. *Career Development Quarterly, 35*, 136-140.

Mamun, A., Timmons, L., & Stapleton, D. (2016). *Prospects for an impact evaluation of Project SEARCH: An evaluability assessment*. VR and Youth Rehabilitation Research and Training Center Report, Issue No. 01. Rockville, MD: TransCen. Retrieved from http://rrtcadd.org/wp-content/uploads/2017/08/IssueBrief02_Study6-1.pdf

Marland, S. P. Jr. (1971). *Career education-More than a name*. Washington, DC: Office of the Commissioner of Education, Department of Health, Education, and Welfare. Retrieved from ERIC database. (ED050295)

Martin, D. J., Garske, J. P., & Davis, M. K. (2000). Relationship of the therapeutic alliance with outcome and other variables: A meta-analytic review. *Journal of

Consulting and Clinical Psychology, 68, 438-450.

Martin, J. E., & Marshall, L. (1995). ChoiceMaker: A comprehensive self-determination transition program. *Intervention in School and Clinic, 30*, 147-156.

Martin, J. E., Marshall, L. H., & DePry, R. L. (2008). Participatory decision-making: Innovative practices that increase student self-determination. In R.W. Flexer, T. J. Simmons, P. Luft, & R. M. Baer (Eds.), *Transition planning for secondary students with disabilities* (3rd ed.). Columbus, OH: Merrill/Prentice Hall.

Martin, J. E., Van Dycke, J., D'Ottavio, M., & Nickerson, K. (2007). The student-directed summary of performance: Increasing student and family involvement in the transition planning process. *Career Development for Exceptional Children, 30*, 13-26.

Martin, L., Grandia, P., Ouellette-Kuntz, H., & Cobigo, V. (2016). From framework to practice: Person-directed planning in the real world. *Journal of Applied Research in Intellectual Disabilities, 29*, 552-565.

Martinez, D. C., Conroy, J. W., & Cerreto, M. C. (2012). Parent involvement in the transition process of children with intellectual disabilities: The influence of inclusion on parent expectations and desires for postsecondary education. *Journal of Policy and Practice in Intellectual Disabilities, 9*, 279-288.

Martorell, A., Gutierrez-Recacha, P., Pereda, A., & Ayuso-Mateos, J. L. (2008). Identification of personal factors that determine work outcome for adults with intellectual disability. *Journal of Intellectual Disability Research, 52*, 1091-1101.

Mattie, H. D. (2000). The suitability of Holland's Self-Directed Search for non-readers with learning disabilities or mild mental retardation. *Career Development for Exceptional Individuals, 23*, 57-72.

Matuszny, R. M., Banda, D. R., & Coleman, T. J. (2007). A progressive plan for building collaborative relationships with parents from diverse backgrounds. *Teaching Exceptional Children, 39*(4), 24-31.

Mayberry, L. S., & Heflinger, C. A. (2012). The role of quality service systems in involving families in mental health treatment for children with severe emotional disturbances. *Journal of Emotional & Behavior Disorder, 20*, 260-274.

Mazzotti, V. L., Kelley, K. R., & Coco, C. (2015). Effects of self-directed Summary of Performance on postsecondary students' participation in person centered planning. *The Journal of Special Education, 48*, 243-255.

Mazzotti, V. L., Test, D. W., & Wood, C. L. (2012). Effects of multimedia goal-setting instruction on students' knowledge of the Self-Determined Learning Model of Instruction and disruptive Behavior. *Journal of Positive Behavior Interventions, 15*, 90-102.

McAuliffe, G. J. (1993). Constructive development and career transition: Implications for counseling. *Journal of Counseling & Development, 72*, 23-28.

McCarney, S. B. (2000). *The Transition Behavior Scale* (2nd ed.). Columbia, MO: Hawthorne Educational Services.

McDivitt, P. J. (1994). Using portfolios for career assessment. In J. T. Kapes, M. M. Mastie, & E. A. Whitfield (Eds.), *A counselor's guide to career assessment instruments* (3rd ed.) (pp. 361-371). Alexandria, VA: National Career Development Association.

McDonnel, J., Mathot-Buckner, C., & Ferguson, B. (1996). *Transition program for students with moderate and severe disabilities.* Pacific Grove, CA: Brooks/Cole.

McDowell, C., & Fossey, E. (2015). Workplace accommodations for people with mental illness: A scoping review. *Journal of Occupational Rehabilitation, 25*, 197-206.

McGaughey, M. J., Kiernan, W. E., McNally, L. C., Gilmore, D. S., & Keith, O. R. (1995). Beyond the workshop: National trends in integrated and segregation day and employment services. *Journal of the Association with Severe Handicaps, 20*, 270-285.

McHugh, S. A., Storey, K., & Certo, N. J. (2002). Training job coaches to use natural support strategies. *Journal of Vocational Rehabilitation, 17*, 155-163.

McIlveen, P., & Midgley, W. (2015). A philosophical consideration of qualitative career assessment. In M. McMahon & M. Watson (Eds.), *Career assessment: Qualitative approaches* (pp. 13-20). Rotterdam, The Netherlands: Sense Publishers.

McInnes, M. M., Ozturk, O. D., McDermott, S., & Mann, J. (2010). Does supported employment work? *Journal of Policy Analysis and Management, 29*, 506-525.

McMahon, M. (2008). Qualitative career assessment: A higher profile in the 21st century? In J. Athanasou & R. van Esbroeck (Eds.), *International handbook of career guidance* (pp. 587-601). The Netherlands: Springer.

McWilliam, R., Maxwell, K., & Sloper, K. (1999). Beyond involvement: Are elementary schools ready to be family-centered? *School Psychology Review, 28*, 378-394.

Mechling, L. C., Gast, D., & Langone, J. (2002). Computer-based video instruction to teach persons with moderate intellectual disabilities to read grocery aisle signs and locate items. *Journal of Special Education, 35*, 224-240.

Meenaghan, T. M., & Mascari, M. (1971). Consumer choice, consumer control in service delivery. *Social Work, 16*, 50-61.

Melchiori, L. G., & Church, A. T. (1997). Vocational needs and satisfaction of supported employees: The applicability of the theory of work adjustment. *Journal of Vocational Behavior, 50*, 401-417.

Meyen, E. L. (1995). Legislative and programmatic foundations of special education. In E. L. Meyen & T. M. Skrtic (Eds.), *Special education and student disability* (pp. 33-95). Denver, CO: Love Publishing.

Migliorea, A., Grossia, T., Manka, D., & Rogan, P. (2008). Why do adults with intellectual disabilities work in sheltered workshops? *Journal of Vocational Rehabilitation, 28*, 29-40.

Milson, A., & Hartley, M. A. (2005). Assisting students with learning disabilities transitioning to college: What school counselors should know? *Professional School Counseling, 8*, 436-441.

Mitchell, A. M., Jones, G. B., & Krumboltz, J. D. (Eds.) (1979). *Social learning and career decision making.* Cranston, RI: Carroll Press.

Mitchell, L., Brodwin, M. G., & Bonoit, R. B. (1990). Strengthening the workers' compensation system by increasing client efficacy. *Journal of Applied Rehabilitation Counseling, 21*, 22-26.

Mitchell, L. K., & Krumboltz, J. D. (1996). Krumboltz's learning theory of career choice and counseling. In D. Brown & L. Brooks (Eds.), *Career choice and development* (3rd ed.) (pp. 233-280). San Francisco, CA: Jossey-Bass.

Mithaug, D. E., Campeau, P. L., & Wolman, J. M. (2003). Assessing self-determination prospects among students with and without disabilities. In D. E. Mithaug, D. K. Mithaug, M. Agran, J. E. Martin, & M. L. Wehmeyer (Eds.), *Self determined learning theory: Construction, verification, and evaluation* (pp. 61-76). Mahwah, NJ: Lawrence Erlbaum Associates.

Mithaug, D. E., Horiuchi, C. N., & Fanning, P. N. (1985). A report on the Colorado state-wide follow-up survey of special education students. *Exceptional Children, 51*, 397-404.

Mithaug, D. E., Wehmeyer, M. L., Agran, M., Martin, J, E., & Palmer, S. (1998). The self-determined learning model of instruction: Engaging students to solve their learning problems. In M. L. Wehmeyer & D. J. Sands (Eds.), *Making it happen: Student involvement in educational planning, decision-making and instruction* (pp. 299-328). Baltimore, MD: Paul H. Brookes.

Mondak, P. (2000). The Americans with Disabilities Act and information technology access. *Focus on Autism and Other Developmental Disabilities, 15*, 43-51.

Moore, M. E., Konrad, A. M., Yang, Y., Ng, E. S. W., & Doherty, A. J. (2011). The vocational well-being of workers with childhood onset of disability: Life satisfaction and perceived workplace discrimination. *Journal of Vocational Behavior, 79*, 681-698.

Morningstar, M. E. (1997). Critical issues in career development and employment preparing for adolescents with disabilities. *Remedial and Special Education, 18*, 307-320.

Morningstar, E., & Liss, J. M. (2008). A preliminary investigation of how states are responding to the transition assessment requirements under IDEIA 2004. *Career Development for Exceptional Individuals, 31*, 48-55.

Morningstar, M. E., Turnbull, A. P., & Turnbull, H. R. III (1995). What do students with disabilities tell us about the importance of family involvement in the transition from school to adult life? *Exceptional Children, 62*, 249-260.

Mostert, M. P. (1998). *Interprofessional collaboration in schools.* Needham Heights, MA: Allyn & Bacon.

Mull, C. A., & Sitlington, P. L. (2003). The role of technology in the transition to post-secondary education of students with learning disabilities. *Journal of Special Education, 37*, 26-32.

Murawski, W., & Hughes, C. E. (2009). Response to intervention, collaboration, and co-teaching: A logical combination for successful systemic change. *Preventing School Failure, 53*, 267-277.

Murphy, M., Burns, J., & Kilbey, E. (2017). Using personal construct methodology to explore relationships with adolescents with Autism Spectrum Disorder. *Research in Developmental Disabilities, 70*, 22-32.

Murphy, S. T., & Rogan, P. M. (1994). *Developing natural supports in the workplace: A practitioner's guide.* St. Augustine, FL: Training Resource Network.

Muscott, H. S. (2002). Exceptional partnerships: Listening to the voices of families. *Preventing School Failure, 46*, 66-69.

Mutanga, O., & Walker, M. (2015). Towards a disability-inclusive higher education policy through the capabilities approach. *Journal of Human Development and Capabilities, 16*, 501-517.

National Center for Secondary Education & Transition. (2004). *Current challenges facing the future of secondary education and transition services for youth with disabilties in the United States.* Minneapolis-St.Paul, MN: University of Minnesota. Retrieved from http://www.ncset.org/publications/discussionpaper/NCSET_Discussion_Paper.pdf

National Council on Disability. (1993). *Study on the financing of assistive technology devices and services for individuals with disabilities.* Wahsington, DC. Retrieved from ERIC database. (ED355696)

National Council on Disability. (2000). *Transition and post-school outcomes for youth with disabilities: Closing the gaps to post-secondary education and employment.* Washington, DC. Retrieved from ERIC database. (ED450519)

National Project on Career Education. (1978). *Career development for the hearing impaired: Proceedings of two national working conferences.* National Technical Institute for the Deaf and Model Secondary School for the Deaf at Gallaudet University. Retrieved from ERIC database. (ED178708)

National Secondary Transition Technical Assistance Center. (2012). *NSTTAC indicator 13.* Retrieved from https://www.transitionta.org/sites/default/files/transitionplanning/NSTTAC_ChecklistFormA.pdf

Neimeyer, R. A. (1985). *The development of personal construct psychology.* Lincoln, NE: University of Nebraska Press.

Nelson, B. (2005). Creating positive outcomes for deafblind youth and young adults: A Personal Futures Planning Transition model. *RE: View, 36*, 173-180.

Nelson, C., Janssen, M., Oster, T., & Jayaraman, G. (2010). Reliability of the van Dijk assessment for children with deafblindness. *AER Journal, 3*(3), 71-80.

Nelson, L. G. L., Summers, J. A., & Turnbull, A. P. (2004). Boundaries in family-professional relationships: Implications for special education. *Remedial and Special Education, 25*, 153-165.

Neubert, D. A. (1997). Time to grow: The history and future of preparing youth for adult roles in society. *Teaching Exceptional Children, 29*(5), 5-17.

Neubert, D. A., Moon, S. M., & Grigal, M. (2002). Post-secondary education and transition services for students ages 18-21 with significant disabilities. *Focus on Exceptional Children, 34*(8), 1-11.

Nevala, N., Pehkonen, I., Koskela, I., Ruusuvuori, J., & Anttila, H. (2015). Workplace accommodation among persons with disabilities: A systematic review of its effectiveness and barriers or facilitators. *Journal of Occupational Rehabilitation, 25*, 432-448.

Newman, L., Wagner, M., Cameto, R., Knokey, A.-M. (2009). *The post-high school outcomes of youth with disabilities up to 4 years after high school.* A Report from the National Longitudinal Transition Study-2 (NLTS2) (NCSER 2009-3017). Menlo Park, CA: SRI International.

Niles, S. G. (2001). Using Super's Career Development Assessment and Counselling (C-DAC) Model to link theory to practice. *International Journal for Educational and Vocational Guidance, 1*, 131-139.

Nisbet, J., Covert, S., & Schuh, M. (1992). Family involvement in the transition from school to adult life. In F. R. Rusch, L. Destefano, J. Chadsey-Rusch, L. A. Phelps, & E. M. Szymanski (Eds.), *Transition from school to adult life: Models, linkages, and policy* (pp. 402-424). Sycamore, IL: Sycamore.

Nisbet, J., & Hagner, D. (1988). Natural supports in the workplace: A reexamination of supported employment. *Journal of the Association for Persons with Severe Handicaps, 13*, 260-267.

Noonan, P. M., Erickson, A. G., & Morningstar, M. E. (2012). Effects of community transition teams on interagency collaboration for school and adult agency staff. *Career Development and Transition for Exceptional Individuals, 35*, 1-9.

Noonan, P. M., McCall, Z. A., Zheng, C., & Erickson, A. S. G. (2012). An Analysis of collaboration in a state-level interagency transition team. *Career Development and Transition for Exceptional Individuals, 35*, 143-154.

Noonan, P. M., Morningstar, M., & Erickson, A. G. (2008). Improving interagency collaboration: Effective strategies used by high-performing local districts and communities. *Career Development for Exceptional Individuals, 31*, 132-143.

Norwich, B. (2014). How does the capability approach address current issues in special educational needs, disability and inclusive education field? *Journal of Research in Special Educational Needs, 14*, 16-21.

Novak, J. (2015). Raising expectations for U.S. youth with disabilities: Federal disability policy advances integrated employment. *Center for Educational Policy Studies Journal, 5*(1), 91-110.

Novak, J., Rogan, P., Mank, D., & DiLeo, D. (2003). Supported employment and systems change: Findings from a national survey of state vocational rehabilitation agencies. *Journal of Vocational Rehabilitation, 19*, 157-166.

Nussbaum, M. (2000). *Women and human development.* Cambridge, UK: Cambridge

University Press.

Nussbaum, M. (2002). Capabilities and disabilities: Justice for mentally disabled citizens. *Philosophical Topics, 30*, 133-165.

Nussbaum, M. (2003). Capabilities as fundamental entitlements: Sen and social Justice. *Feminist Economics, 9*(2-3), 33-59.

Nussbaum, M. (2006). *Frontiers of justice: Disability, nationality, species membership*. Cambridge, MA: The Belknap Press of Harvard University.

Nussbaum, M. (2011). *Creating capabilities*. Cambridge, MA: Harvard University Press.

Nussbaum, M., & Dixon, R. (2002). Children's rights and a capabilities approach: The question of special priority. *Cornell Law Review, 97*, 549-594.

O'Brien, J. (2014). Person-centered planning and the quest for systems change. In M. Agran, F. Brown, C. Hughes, C. Quirk, & D. Ryndak (Eds.), *Equity & full participation for individuals with severe disabilities: A vision for the future* (pp. 57-74). Baltimore, MD: Paul Brookes.

Ochs, L. A., & Roessler, R. T. (2001). Students with disabilities: How ready are they for the 21st century? *Rehabilitation Counseling Bulletin, 44*, 170-176.

Ochs, L. A., & Roessler, R. T. (2004). Predictors of career exploration intentions: A social cognitive career theory perspective. *Rehabilitation Counseling Bulletin, 47*, 224-233.

Ohtake, Y., & Chadsey, J. G. (2003). Facilitation strategies used by job coaches in supported employment settings: A preliminary investigation. *Research & Practice for Persons with Severe Disabilities, 28*, 214-227.

Olney, M, F., & Kennedy, J. (2001). National estimates of vocational service utilization and job placement rates for adults with mental retardation. *Mental Retardation, 39*, 32-39.

Oliver, M. (1996). Defining impairment and disability: Issues at stake. In G. Barnes & G. Mercer (Eds.), *Exploring the divide: Illness and disability* (pp. 29-54). Leeds, UK: Disability Press.

Osborne, A. G. Jr. (1996). *Legal issues in special education*. Boston, MA: Allyn & Bacon.

Osher, T. W., & Osher, D. M. (2002). The paradigm shift to true collaboration with families. *Journal of Child & Family Studies, 11*, 47-60.

Osipow, S. H. (1976). Vocational development problems of the handicapped. In H. Rusalem & D. Malikin (Eds.), *Contemporary vocational rehabilitation* (pp. 51-60). New York, NY: New York University Press.

Osipow, S. H. (1999). Assessing career indecision. *Journal of Vocational Behavior, 55*, 147-154.

Panagos, R. J., & DuBois, D. L. (2000). Career self-efficacy development and students with learning disabilities. *Learning Disabilities Research & Practice, 14*, 25-34.

Parker, R. M., Szymanski, E. M., & Hanley-Maxwell, C. (1989). Ecological assessment in supported employment. *Journal of Applied Rehabilitation Counseling, 20*(3), 26-33.

Parson, S., & Mitchell, P. (2002). The potential of virtual reality in social skills training for people with autistic spectrum disorders. *Journal of Intellectual Disability Research, 46*, 430-443.

Parsons, F. (1909/1989). *Choosing a vocation.* Boston, MA: Houghton Mifflin.

Patterson, J. B. (1992). Graduate-level preparation of rehabilitation counselors. *Journal of Vocational Rehabilitation, 2*(4), 28-34.

Peck, B., & Kirkbride, L. T. (2001). Why businesses don't employ people with disabilities. *Journal of Vocational Rehabilitation, 16*, 71-75.

Pert, C., Jahoda, A., Kroese, B. S., Trower, P., Dagnan, D., & Selkirk, M. (2013). Cognitive behavioural therapy from the perspective of clients with mild intellectual disabilities: A qualitative investigation of process issues. *Journal of Intellectual Disability Research, 53*, 359-369.

Peterson, G. W., Sampson, J. P., & Reardon, R. C. (1991). *Career development services: A cognitive approach.* Pacific Grove, CA: Wadsworth.

Peterson, M. (1985a). School-based vocational assessment: A comprehensive developmental approach. In C. Smith & R. Fry (Eds.), *National forum on issues in vocational assessment.* Menomonie, WI: Materials Development Center.

Peterson, M. (1985b). Models of vocational assessment of handicapped students. *Career Development for Exceptional Individuals, 8*, 110-118.

Peterson, W. A., & Perr, A. (1996). Home and worksite accommodation. In J. C. Galvin & M. J. Scherer (Eds.), *Evaluating, selecting, and using appropriate assistive technology* (pp. 215-236). Frederick, MD: Aspen.

Pfenninger, P., & Stodden, R. (1999). *Curriculum-Based Vocational Assessment (CBVA) in Florida.* Retrieved from ERIC database. (ED434217)

Phillips, S. D. (1997). Toward an expanded definition of adaptive decision making. *Career Development Quarterly, 45*, 275-287.

Pickens, J. L., & Dymond, S. K. (2014). Special education directors' views of community-based vocational instruction. *Research and Practice for Persons with Severe Disabilities, 39*, 290-304.

Pierangelo, R., & Giuliani, G. A. (2002). *Assessment in special education: A practical approach.* Boston, MA: Allyn & Bacon.

Pierson, A., Annis, J., James, K., Lubinsky, C., & Perterson, E. (2007). Intensive evaluation: The fusion of vocational evaluation and assistive technology. *National VECAP Journal, 4*(1), 30-38.

Pleet, A. M., & Wandry, D. (2003). Introduction to the role of parents in secondary transition. In D. Wandry & A. Pleet (Eds.), *A practitioner's guide to involving families in secondary transition* (pp. 1-14). Arlington, VA: Council for Exceptional Children. Retrieved from ERIC database. (ED479816)

Plotner, A. J., Trach, J. S., Oertle, K. M., & Fleming, A. R. (2014). Differences in service delivery between transition VR counselors and general VR counselors. *Rehabilitation Counseling Bulletin, 57*, 109-115.

Polsgrove, L., & McNeil, M. (1989). The consultation process: Research and practice. *Remedial & Special Education, 10*, 6-13, 20.

Pope, T. C. (1997). *Parent involvement in transition planning activities for secondary students with disabilities.* Unpublished doctoral dissertation, University of Illinois, Champaign, IL.

Porter, M. E., & Stodden, R. A. (1986). A curriculum-based vocational assessment procedure: Addressing the school-work transition needs of secondary school. *Career Development for Exceptional Individuals, 9*, 121-127.

Povenmire-Kirk, T., Diegelmann, K., Crump, K., Schnorr, C., Test, D., Flowers, C., & Aspel, N. (2015). Implementing CIRCLES: A new model for interagency collaboration in transition planning. *Journal of Vocational Rehabilitation, 42*, 51-65.

Powell, L. (2012). Reimagining the purpose of VET: Expanding the capability to aspire in South African further education and training student. *International Journal of Educational Development, 32*, 643-653.

Powell, T. H., Pancsofar, E. L., Steere, D. E., Butter, W. J., Itzkowitz, J. S., & Rainforth, B. (1991). *Supported employment: Providing integrated employment opportunities for persons with disabilities.* New York, NY: Longman.

Power, P. W. (2000). *A guide to vocational assessment* (3rd ed.). Austin, TX: Pro-Ed.

Power, P. W. (2013). *A guide to vocational assessment* (5th ed.). Austin, TX: Pro-Ed.

Powers, L. E., Ellison, R., Matuszewski, J., Wilson, R., Phillips, A., & Rein, C. (2001). A multi-component intervention to promote adolescent self-determination. *Journal of Rehabilitation, 67*(4), 13-19.

Powers, L. E., Geenen, S., Powers, J., Pommier-Satya, S., Turner, A., Dalton, L. D., ...Swank, P. (2012). My life: Effects of a longitudinal, randomized study of self-determination enhancement on the transition of youth in foster care and special education. *Children and Youth Service Review, 34*, 2179-2187.

Present's Committee on Employment of People with Disabilities. (2000). *Getting down to business: A blueprint for creating and supporting entrepreneurial opportunities for individuals with disabilities.* Washington, DC. Retrieved from ERIC database. (ED450525)

Procter, H. G. (2001). Personal construct psychology and autism. *Journal of Constructivist Psychology, 14*, 107-126.

Pryor, R. G. L., & Bright, J. E. H. (2011). *The chaos theory of careers: A new perspective on working in the twenty-first century.* New York, NY: Routledge.

Quinones, W. A. (1999). *Curriculum based functional vocational assessment guide.* Retrieved from ERIC database. (ED435816)

Rabren, K., & Evans, A. M. (2016). A consensual qualitative analysis of parental concerns and strategies for transition. *Journal of Vocational Rehabilitation, 44*, 307-321.

Raynor, O., Hayward, K., & Rice, K. (2017). CECY: California's collaborative approach to increasing employment of youth and young adults with intellectual disabilities. *Journal of Vocational Rehabilitation, 47,* 307-316.

Reardon, R. C., Lenz, J. G., Sampson, J. P., & Peterson, G. W. (2000). *Career development and planning: A comprehensive approach.* Belmont, CA: Wadsworth.

Reardon, R. C., Lumsden, J., & Meyer, K. (2005). Developing an e-portfolio program: Providing a comprehensive tool for student development, reflection, and integration. *NASPA Journal, 42,* 368-380.

Reekie, F. A. (1995). Strategic action plans with clients who have learning disabilities. *Journal of Employment Counseling, 32,* 164-180.

Rhoades, C. M. (1986). Self-advocacy. In J. Wortis (Ed.), *Mental retardation and developmental disabilities* (Vol. XIV) (pp. 69-90). New York, NY: Elsevier Science.

Richardson, M. S. (1993). Work in people's lives: A location for counseling psychologists. *Journal of Counseling Psychology, 40,* 425-433.

Riemer-Reiss, M. L., & Wacker, R. R. (2000). Factors associated with assistive technology discontinuance among individuals with disabilities. *Journal of Rehabilitation, 66,* 44-50.

Ring, G. L., Waugaman, C., & Brackett, B. (2017). The value of career ePortfolios on job applicant performance: Using data to determine effectiveness. *International Journal of ePortfolio, 7,* 225-236.

Rivas, M., & Hill, N. R. (2018). Counselor trainees' experiences counseling disability: A phenomenological study. *Counselor Education & Supervision, 57,* 116-131.

Robertson, P. J. (2015). Towards a capability approach to careers: Applying Amartya Sen's thinking to career guidance and development. *International Journal for Educational and Vocational Guidance, 15*(1), 75-88.

Robertson, P. J. (2016). Developing career capabilities for young people in transition to adulthood. In C. Kagan, S. Lewis, & K. Niven (Eds.), *Making a difference with psychology* (pp. 234-240). London, UK: Richard BenjaminTrust.

Robertson, P. J., & Egdell, V. (2017). A capability approach to career development: An introduction and implications for practice. *Australian Journal of Career Development.* Retrieved from https://www.napier.ac.uk/~/media/worktribe/output-821138/a-capability-approach-to-career-development-an-introduction-and-im

Robeyns, I. (2005). The capability approach: A theoretical survey. *Journal of Human Development, 6*(1), 93-114.

Robeyns, I. (2017). *Wellbeing, freedom and social justice: The capability approach re-examined.* Cambridge, UK: Open Book Publishers.

Roeden J. M., Bannink, F. P., Maaskant, M. A., & Curfs, L. M. G. (2009). Solution-focused brief therapy with persons with intellectual disabilities. *Journal of Policy and Practice in Intellectual Disabilities, 6,* 253-259.

Roeden J. M., Maaskant, M. A., & Curfs, L. M. G. (2014). Processes and effects of solution-focused brief therapy in people with intellectual disabilities: A controlled study. *Journal of Intellectual Disability Research, 58*, 307-320.

Roessler, R. T. (1987). Work, disability, and the future: Promoting employment for people with disabilities. *Journal of Counseling and Development, 66*, 188-190.

Roessler, R. T. (1988). Implementing career education: Barriers and potential solutions. *Career Development Quarterly, 37*, 22-30.

Roessler, R. T., Reed, C. A., & Rumrill, P. D. Jr. (1995). *The Work Experience Survey (WES) manual*. Hot Springs, AR: Arkansas Research and Training Center in Vocational Rehabilitation. Retrieved from ERIC database. (ED403691)

Rogan, P., Hagner, D., & Murphy, S. (1993). Natural supports: Reconceptualizing job coach roles. *Journal of the Association for Persons with Severe Handicaps, 18*, 275-281.

Rohe, D., & Krause, J. S. (1999). Vocational interests of middle-aged men with traumatic spinal cord injury. *Rehabilitation Psychology, 44*, 160-175.

Rojewski, J. W. (1994). Applying theories of career behavior to special populations: Implications for secondary vocational transition programming. *Issues in Special Education & Rehabilitation, 9*(1), 7-26.

Rojewski, J. W. (1997). Cultural diversity and its impact on career counseling. In J. Lonsdale (Ed.), *The Hatherleigh guide to vocational and career counseling* (pp. 177-208). New York, NY: Hatherleigh Press.

Rojewski, J. W. (2002). Career assessment for adolescents with mild disabilities: Critical concern for transition planning. *Career Development for Exceptional Individuals, 25*, 73-95.

Rosen, M., & Bussone, A. (1993). Sheltered employment and the second generation workshop. *Journal of Rehabilitation, 59*(1), 30-34.

Rossiter, R., Hunnisett, E., & Pulsford, M. (1998). Anger management training and people with moderate to severe learning disabilities. *British Journal of Learning Disabilities, 26*, 67-74.

Rotter, K. (2014). IEP use by general and special education teachers. *SAGE Open, 4*(2), 1-8.

Rounds, J. B., & Tracy, T. J. (1990). From trait-and-factor to person-environment fit counseling: Theory and process. In W. B. Walsh & S. H. Osipow (Eds.), *Career counseling* (pp. 1-44). Hillsdale, NJ: Lawrence Erlbaum Associates.

Rowe, D. A., McNaught, J., Yoho, L. M., Davis, M., & Mazzotti, M. L. (2018). Helping students make informed decisions about transition via web-based resources. *Career Development and Transition for Exceptional Individuals, 41*, 252-259.

Rubin, S. E., & Roessler, R. T. (2001). *Foundations of the vocational rehabilitation process* (5th ed.). Austin, TX: Pro-ed.

Rueda, R., Monzo, L., Shapiro, J., Gomez, J., & Blacher, J. (2005). Cultural models of transition: Latina mothers of young adults with developmental disabilities. *Exceptional Children, 71*, 401-414.

Rumrill, P. D. Jr., & Roessler, R. T. (1999). New directions in vocational rehabilitation:

A "career development" perspective on "closure". *Journal of Rehabilitation, 65*, 26-30.

Rusch, F. R., & Braddock, D. (2004). Adult day programs versus supported employment (1988-2002): Spending and service practices of mental retardation and developmental disabilities state agencies. *Research & Practice for Persons with Severe Disabilities, 29*, 237-242.

Rusch, F. R., & Millar, D. M. (1998). Emerging transition best practices. In F. R. Rusch & J. G. Chadsey (Eds.), *Beyond high school: Transition from school to work* (pp. 36-59). Belmont, CA: Wadswoth.

Rusch, F. R., & Chadsey, J. G. (1998). *Beyond high school: Transition from school to work*. Belmont, CA: Wadsworth.

Rusch, F. R., & Hughes, C. (1989). Overview of supported employment. *Journal of Applied Behavior Analysis, 22*, 351-363.

Rusch, F. R., Hughes, C., Agran, M., Martin, J. E., & Johnson, J. R. (2009). Toward self-directed learning, post-high school placement, and coordinated support: Constructing new transition bridges to adult life. *Career Development and Transition for Exceptional Individuals, 32,* 53-59.

Rusch, F. R., Kohler, P. D., & Hughes, C. (1992). Analysis of OSERS-sponsored secondary special education and transition services research. *Career Development for Exceptional Individuals, 15*, 121-143.

Safarik, L. (1989). *A qualitative follow-up study of a training program in curriculum-based vocational assessment*. Retrieved from ERIC database. (ED309273)

Salzberg, C. L., Lignugaris/Kraft, B., & McCuller, G. L. (1988). Reasons for job loss: A review of employment termination studies of mentally retarded workers. *Research in Development Disabilities, 9*, 153-169.

Sampson, J. P. Jr. (2009). Modern and post-modern career theories: The unnecessary divorce. *The Career Development Quarterly, 58*, 91-96.

Sampson, J. P. Jr., Norris, D. S., Wilde, C. K., Slatten, M. L., & Reardon, R. C. (1998). *Computer assisted career guidance: Disabilities issues bibliography*. Florida State Univ., Tallahassee. Center for the Study of Technology in Counseling and Career Development. Retrieved from https://career.fsu.edu/sites/g/files/imported/storage/original/application/2e2082fb7e472cbd52053d0534d157d9.pdf

Sampson, J. P., Reardon, R. C., Kolodinsky, R. W., & Herbert, S. M. (1998). The availability and use of information and assessment resources in one-stop centers. *Journal of Career Development, 25*, 15-29.

Sanders, M. (1999). Improving school, family and community partnerships in urban middle schools. *Middle School Journal, 31*, 35-41.

Santilli, S., Nota, L., Ginevra, M. C., & Soresi, S. (2014). Career adaptability, hope and life satisfaction in workers with intellectual disability. *Journal of Vocational Behavior, 85*, 67-74.

Sarkees-Wircenski, M., & Wircenski, J. (1994). Transition planning: Developing a career profolio for students with disabilities. *Career Development for Exceptional Children, 17*, 203-214.

Savickas, M. L. (1993). Career counseling in the postmodern era. *Journal of Cognitive Psychotherapy, 7*, 205-215.

Savickas, M. L. (1996). A framework for linking career theory and practice. In M. L. Savickas & W. B. Walsh (Eds.), *Handbook of career counseling theory and practice* (pp. 191-208). Palo Alto, CA: Davies-Black.

Savickas, M. L. (1997). Career adaptability: An integrative construct for life-span, life-space theory. *Career Development Quarterly, 45*, 247-259.

Savickas, M. L. (2001). A developmental perspective on vocational behaviour: Career patterns, salience, and themes. *International Journal for Educational and Vocational Guidance, 1*, 49-57.

Savickas, M. L. (2005). The theory and practice of career construction. In S. D. Brown & R. W. Lent (Eds.), *Career development and counseling: Putting research and theory to work* (pp. 42-70). Hoboken, NJ: John Wiley & Sons.

Sax, C. L., & Thoma, C. A. (2002). *Transition assessment: Wise practices for quality lives*. Baltimore, MD: Paul H. Brookes.

Schalock, R. L. (2004). The concept of quality of life: What we know and do not know. *Journal of Intellectual Disability Research, 48*, 203-216.

Schalock, R. L., McGaughey, M. J., & Kiernan, W. E. (1989). Placement into nonsheltered employment: Findings from national employment surveys. *American Journal of Mental Retardation, 94*, 80-87.

Schalock, R. L., Wolzen, B., Ross, I., Elliott, B., Werbel, G., & Peterson, K. (1986). Post- secondary community placement of handicapped students: A five-year follow-up. *Learning Disability Quarterly, 9*, 295-303.

Schmidt, F. L., & Hunter, J. E. (1998). The validity and utility of selection methods in personnel psychology: Practical and theoretical implications of 85 years of research findings. *Psychological Bulletin, 124*, 262-274.

Schneider, M. (1999). Achieving greater independence through assistive technology, job accommodation and supported employment. *Journal of Vocational Rehabilitation, 12*, 159-164.

Schroeder, F. K. (2014). *Highlights of the Workforce Innovation and Opportunity Act of 2014*. Retrieved from https://reurl.cc/YXLXL

Schuster, J. W. (1990). Sheltered workshops: Financial and philosophical liabilities. *Mental Retardation, 28*, 233-239.

Scotch, R. K. (1984). *From good will to civil rights: Transforming federal disability policy*. Philadelphia, PA: Temple University Press.

Segal, R. (n.d.). *The National Association for Retarded Citizens*. Retrieved from https://www.thearc.org/who-we-are/history/segal-account

Sen, A. (1983). Poor, relatively speaking. *Oxford Economic Papers, 35*, 153-169.

Sen, A. (1985). *Commodities and capabilities*. Oxford, UK: Oxford University Press.

Sen, A. (1999). *Development as freedom*. New York, NY: Alfred A. Knopf.

Sen, A. (2003a). Development as capability expansion. In S. Fukuda-Parr & A. K. Shiva Kumar (Eds.), *Readings in human development* (pp. 3-16). New York, NY: Oxford University Press.

Sen, A. (2003b). Reflections on literacy. In United Nations Educational, Scientific and Cultural Organization (Ed.), *Literacy as freedom* (pp. 20-30). Paris, France: UNESCO.

Sen, A. (2004a). *Disability and justice*. Keynote speech, Second International Disability Conference. Washington, DC: World Bank.

Sen, A. (2004b). Capabilities, lists and public reasons: Continuing the conversation. *Feminist Economics, 10*(3), 77-80.

Sen, A. (2005). Human rights and capabilities. *Journal of Human Development, 6*, 151-166.

Sen, A. (2009). *The idea of justice*. London, UK: Penguin Books.

Severy, L. E. (2008). Analysis of an online career narrative intervention: "What's my story?". *The Career Development Quarterly, 56*, 268-273.

Shakespeare, T. (2006). *Disability rights and wrongs*. New York, NY: Routledge.

Shakespeare, T. (2013). Nasty, brutish, and short? On the predicament of disability and embodiment. In J. E. Bickenbach, F. Felder, & B. Schmitz (Eds.), *Disability and the good human life* (pp. 93-112). New York, NY: Cambridge University Press.

Shandra, C. L., & Hogan, D. P. (2008). School-to-work program participation and the post-high school employment of young adults with disabilities. *Journal of Vocational Rehabilitation, 29*, 117-130.

Shapiro, J., Monzo, L., Rueda, R., Gomez, J., & Blacher, J. (2004). Alienated advocacy: The perspective of Latina mothers of young adults with developmental disabilities on service systems. *Mental Retardation, 42*, 37-54.

Shaw, L. R., & Mascari, J. B. (2018). History and evolution of counseling and rehabilitation counseling. In V. Tarvydas & M. T. Hartley (Eds.), *The professional practice of rehabilitation counseling* (2nd ed.) (pp. 51-71). New York, NY: Springer.

Shaw, W. S., & Feuerstein, M. (2004). Generating workplace accommodations: Lessons learned from the Integrated Case Management Study. *Journal of Occupational Rehabilitation, 14*, 207-216.

Shearin, A., Roessler, R., & Schriner, K. (1999). Evaluating the transition component in IEPs of secondary students with disabilities. *Rural Special Education Quarterly, 18*(2), 22-35.

Shogren, K. A. (2013a). A social-ecological analysis of the self-determination literature. *Intellectual and Developmental Disabilities, 51*, 496-511.

Shogren, K. A. (2013b). Considering context: An integrative concept for promoting outcomes in the intellectual disability field. *Intellectual and Developmental Disabilities, 51*, 132-137.

Shogren, K. A., Palmer, S. B., Wehmeyer, M. L., Williams-Diehm, K., & Little, T.

(2012). Effect of Intervention with the Self-Determined Learning Model of Instruction on access and goal attainment. *Remedial & Special Education, 33*, 320-330.

Simmons, T. J., & Flexer, R. W. (1992). Community based job training for persons with mental retardation: An acquisition and performance replication. *Education and Training in Mental Retardation, 27*, 261-272.

Simonsen, M., Novak, J. A., & Mazzotti, V. L. (2018). Status of credentialing structures related to secondary transition: A state-level policy analysis. *Intervention Services Faculty Publications*, 23. Retrieved from https://scholarworks.bgsu.edu/is_pub/23

Sitlington, P. L. (1994). Vocational evaluation and assessment in special education. *Vocational Evaluation & Work Adjustment Bulletin, 27*, 136-140.

Sitlington, P. L. (1996). Transition assessment: Where have we been and where should we be going? *Career Development for Exceptional Individuals, 19*, 159-168.

Sitlington, P. L., & Clark, G. M. (2006). *Transition education and services for students with disabilities* (4th ed.). Boston, MA: Pearson.

Sitlington, P. L., Clark, G. M., & Kolstoe, O. P. (2000). *Transition education and services for adolescents with disabilities* (3rd ed.). Boston, MA: Allyn & Bacon.

Sitlington, P. L., Neubert, D. A., Begun W., Lombard, R. C., & LeConte, P. J. (1996). *Assess for success*. Reston, VA: Council for Exceptional Children.

Sitlington, P. L., Neubert, D. A., & Leconte, P. J. (1997). Transition assessment: The position of the Division on Career Development and Transition. *Career Development for Exceptional Individuals, 20*, 69-79.

Smart, J. F. (2009). The power of models of disability. *Journal of Rehabilitation, 25*(2), 3-11.

Smart, J. F., & Smart, D. W. (2006). Models of disability: Implications for the counseling profession. *Journal of Counseling & Development, 84*, 29-40.

Smith, C. L., & Rojewski, J. W. (1993). School-to-work transition. *Youth & Society, 25*, 222-250.

Smith, F., Lombard, R., Neubert, D., Leconte, P., Rothenbacher, C., & Sitlington, P. (1996). The position statement of the interdisciplinary council on vocational evaluation and assessment. *Career Development and Transition for Exceptional Individuals, 19*, 73-76.

Smith, I. C. (2005). Solution-focused brief therapy with people with learning disabilities: A case study. *British Journal of Learning Disabilities, 33*(3), 102-105.

Smyth, T. S. (2008). Who is No Child Left Behind leaving behind? *The Clearinghouse: A Journal of Educational Strategies, Issues and Ideas, 81*(3), 133-137.

Steere, D. E., & Cavaiuolo, D. (2002). Connecting outcomes, goals, and objectives in transition planning. *Teaching Exceptional Children, 34*(6), 54-59.

Steere, D. E., Gregory, S. P., Heiny, R. W., & Butterworth, J. Jr. (1995). Lifestyle planning: Considerations for use with people with disabilities. *Rehabilitation Counseling Bulletin, 38*, 207-223.

Steere, D. E., Wood, R., Panscofar, E. L., & Butterworth, J. (1990). Outcome-based school-to-work transition planning for students with severe disabilities. *Career Development for Exceptional Children, 13*, 57-69.

Stern, D., Stone III, J. R., Hopkins, C., & McMillion, M. (1990). Quality of students' work experience and orientation toward work. *Youth & Society, 22*, 263-282.

Stodden, R. A. (2001). Postsecondary education supports for students with disabilities: A review and response. *The Journal for Vocational Special Needs Education, 23*(2), 4-9.

Stodden, R. A., & Ianacone, R. N. (1981). Career/vocational assessment of the special needs individuals: A conceptual model. *Exceptional Children, 48*, 600-610.

Stodden, R. A., Ianacone, R. N., Boone, R. M., & Bisconer, S. W. (1987). *Curriculum-based vocational assessment: A guide for addressing youth with special needs.* Honolulu, HI: Center Publications.

Storey, K. (2002). Strategies for increasing interactions in supported employment settings: An updated review. *Journal of Vocational Rehabilitation, 17*, 231-237.

Strauser, D. R. (2017). Expanding opportunities and new directions in rehabilitation counseling: Beyond CACREP. *Rehabilitation Research, Policy, and Education, 31*(1) 2-7.

Strauser, D. R., & Berven, N. L. (2006). Construction and field testing of the Job Seeking Self-Efficacy Scale. *Rehabilitation Counseling Bulletin, 49*, 207-218.

Strauser, D. R., Ketz, K., & Keim, J. (2002). The relationship between self-efficacy, locus of control and work personality. *Journal of Rehabilitation, 68*(1), 20-26.

Strauser, D. R., Waldrop, D. G., & Jenkins, W. J. (1998). Application of self-efficacy theory to the transition from school to work. *Journal of Vocational Rehabilitation, 11*, 125-132.

Strauser, D. R., Waldrop, D. G., & Ketz, K. (1999). Reconceptualizing the work personality. *Rehabilitation Counseling Bulletin, 42*, 290-301.

Summers, J. A., Turnbull, A., Poston, D., Hoffman, L., & Nelson, L. L. (2005). Measuring the quality of family-professional partnerships in special education services. *Exceptional Children, 72*, 65-80.

Super, D. E. (1957). *The psychology of careers.* New York, NY: Harper & Row.

Super, D. E. (1990). A life-span, life-space approach to career development. In D. Brown & L. Brooks (Eds.), *Career choice and development: Applying contemporary theories to practice* (2nd ed.) (pp. 167-261). San Francisco, CA: Jossey-Bass.

Super, D. E., & Nevill, D. D. (1984). Work role salience as a determinant of career maturity in high school students. *Journal of Vocational Behavior, 25*, 30-44.

Super, D. E., Savickas, M. L., & Super, C. M. (1996). The life-span, life-space approach to careers. In D. Brown & L. Brooks (Eds.), *Career choice and development* (3rd ed.) (pp. 121-178). San Francisco, CA: Jossey-Bass.

Swisher, J. D., & Clark, G. M. (1991). Curriculum-based vocational assessment of students with special needs at the middle school/junior high school levels: The Practical Arts Evaluation System (PAES). *The Journal for Vocational Special*

Needs Education, 13, 9-14.

Szymanski, E. M., Hanley-Maxwell, C., & Asselin, S. (1992). The vocational rehabilitation, special education, vocational education interface. In F. R. Rusch, L. DeStefano, J. Chadsey-Rusch, L. A. Phelps, & E. M. Szymanski (Eds.), *Transition from school to adult life: Models, linkages, and policy* (pp. 153-171). Sycamore, IL: Sycamore.

Szymanski, E. M., & Hershenson, D. (1998). Career development of people with disabilities: An ecological model. In R. M. Parker, E. M. Szymanski, & J. B. Patterson (Eds.), *Rehabilitation counseling: Basics and beyond* (3rd ed.) (pp. 327-378). Austin, TX: Pro-ed.

Szymanski, E. M., Hershenson, D. B., Ettinger. J., & Enright, M. S. (1996). Career development interventions for people with disabilities. In E. M. Szymanski & R. M. Parker (Eds.), *Work and disability: Issues and strategies in career development and job placement* (pp. 255-276). Austin, TX: Pro-ed.

Tarvydas, V. M., Maki, D. R., & Hartley, M. T. (2018). Rehabilitation counseling: A specialty practice of the counseling profession. In V. Tarvydas & M. T. Hartley (Eds.), *The professional practice of rehabilitation counseling* (2nd ed.) (pp. 1-13). New York, NY: Springer.

Taub, D. J. (2006). Understanding the concerns of parents of students with disabilities: Challenges and roles for school counselors. *Professional School Counseling*, 10(1), 52-57.

Taylor, B. (2015). *Employment First* (not only)*. Columbia University Academic Commons. Retrieved from https://doi.org/10.7916/D81Z43Q5

Taylor, J., Lindsay, W., & Willner, P. (2008). CBT for people with intellectual disabilities: Emerging evidence, cognitive ability and IQ effects. *Behavioural and Cognitive Psychotherapy, 36*, 723-733.

Tenenbaum, R. Z., Byrne, C. J., & Dahling, J. J. (2014). Interactive effects of physical disability severity and age of disability onset on RIASEC self-efficacies. *Journal of Career Assessment, 22*, 274-289.

Terzi, L. (2004).The social model of disability: A philosophical critique. *Journal of Applied Philosophy, 21*, 141-157.

Terzi, L. (2005). Beyond the dilemma of difference: The capability approach to disability and special educational needs. *Journal of Philosophy of Education, 39*, 443-459.

Terzi, L. (2007). Capability and educational equality: The just distribution of resources to students with disabilities and special educational needs. *Journal of Philosophy of Education, 41*, 757-773.

Teschl, M., & Comim, F. (2005). Adaptive preferences and capabilities: Some preliminary conceptual explorations. *Review of Social Economy, 63*, 229-247.

Test, D. W., & Cease-Cook, J. (2012). Evidence-based secondary transition practices for rehabilitation counselors. *Journal of Rehabilitation, 78*(2), 30-38.

Test, D. W., Mason, C., Hughes, C., Konrad, M., Neale, M., & Wood, W. M. (2004).

Student involvement in individualized education program meetings. *Exceptional Children, 70*, 391-412.

Test, D. W., Mazzotti, V. L., Mustian, A. L., Fowler, C. H., Kortering, L., & Kohler, P. (2009). Evidence-based secondary transition predictors for improving postschool outcomes for students with disabilities. *Career Development for Exceptional Individuals, 32*, 160-181.

Test, D. W., & Wood, W. M. (1996). Natural supports in the workplace: The jury is still out. *Journal of the Association for Persons with Severe Handicaps, 21*, 155-173.

The Council for Exceptional Children. (2012). *Life centered education*. Arlington: VA. Retrieved from https://www.cec.sped.org/Home/Publications/LCE-Transition-Curriculum

The European Association of Service Providers for Persons with Disability. (2018). *The system and services of sheltered workshops in Germany*. Retrieved from https://reurl.cc/2mX84

Thoma, C. A., Baker, S. R., & Saddler, S. J. (2002). Self-determination in teacher education: A model to facilitate transition planning for students with disabilities. *Remedial and Special Education, 23*, 82-89.

Thomas, C. (2007). *Sociologies of disability and illness: Contested ideas in disability studies and medical sociology*. Basingstoke, UK: Palgrave Macmillan.

Thomas, K. T., & Parker, R. M. (1992). Applications of theory to rehabilitation counseling practice. In S. E. Robertson & R. I. Brown (Eds.), *Rehabilitation counseling: Approaches in the field of disability* (pp. 34-78). London, UK: Chapman & Hall.

Thomas, S., Butler, R., Hare, D., & Green, D. (2011). Using personal construct theory to explore self-image with adolescents with learning disabilities. *British Journal of Learning Disabilities, 39*, 225-232.

Thomson, M. E., & Hartley, G. M. (1980). Self-concept in children with dyslexia. *Academic Therapy, 26*, 19-36.

Thurlow, M. L., Lazarus, S. S., Thompson, S. J., & Morse, A. B. (2005). State policies on assessment participation and accommodations for students with disabilities. *The Journal of Special Education, 38*, 232-240.

Tikly, L., & Barrett, A.M. (2011). Social justice, capabilities and the quality of education in low income countries. *International Journal of Educational Development, 31*(1), 3-14.

Timmons, J., Schuster, J., & Moloney, M. (2001). *Stories of success: Using networking and mentoring relationships in career planning for students with disabilities and their families*. Retrieved from ERIC database. (ED453616)

Torrey, W. C., Mead, S., & Ross, G. (1998). Addressing the social needs of mental health consumers when day treatment programs convert to supported employment: Can consumer-run services play a role? *Psychiatric Rehabilitation Journal, 22*, 73-75.

Tourse, R. W. C., Mooney, J. F., Kline, P., & Davoren, J. (2005). A collaborative model of clinical preparation: A move toward interprofessional field experience. *Journal of Social Work Education, 41*, 457-477.

Trach, J. S. (2012). Degree of collaboration for successful transition outcomes. *Journal of Rehabilitation, 78*(2), 39-48.

Trach, J. S., & Shelden, D. L. (1999). Natural supports as a foundation for supports-based employment development and facilitation. *American Rehabilitation, 25*(3), 2-7.

Trainor, A., Lindstrom, L., Simon-Burroughs, M., Martin, J., & Sorrells, A. (2008). From marginalized to maximized opportunities for diverse youth with disabilities: Position paper of the Division on Career Development and Transition. *Career Development of Exceptional Individuals, 31*, 56-64.

Trani, J.-F., Bakhshi, P., Bellanca, N., Biggeri, M., & Marchetta, F. (2011). Disabilities through the capability approach lens: Implications for public policies. *European Journal of Disability Research, 5*, 143-157.

Turner, S., Unkefer, L. C., Cichy, B. E., Peper, C., & Juang, J. (2011). Career interests and self-estimated abilities of young adults with disabilities. *Journal of Career Assessment, 19*, 183-196.

Underwood, J., & Mead, J. F. (1995). *Legal aspects of special education and pupil services*. Boston, MA: Allyn & Bacon.

Unger, D. (2002). Employers' attitudes toward persons with disabilities in the workforce: Myths or realities? *Focus on Autism & Other Developmental Disabilities, 17*(1), 2-10.

U.S. Department of Labor. (2001). *Personal assistance services in the workplace*. Wahsington, DC. Retrieved from https://www.dol.gov/odep/topics/PersonalAssistanceServices.htm

van der Klink, J. J. L., Bültmann, U., Burdorf, A., Schaufeli, W. B., Zijlstra, F. R. H., Abma, F. I., Brouwer, S., & van der Wilt, G. J. (2016). Sustainable employability - definition, conceptualization, and implications: A perspective based on the capability approach. *Scandinavian Journal of Work and Environmental Health, 42*(1), 71-79.

van de Veldea, D., Bracke, P., Van Hove, G., Josephsson, S., & Vanderstraeten, G. (2010). Perceived participation, experiences from persons with spinal cord injury in their transition period from hospital to home. *International Journal Rehabilitation Research, 33*, 346-55.

Vero, J., Bonvin, J.-M., Lambert, M., & Moachon, E. (2012). Decoding the European dynamic employment security indicator through the lens of the capability approach: A comparison of the United Kingdom and Sweden. *European Review of Labour and Research, 18*(1), 55-67.

Waghorn, G., Chant, D., & King, R. (2005). Work-related self-efficacy among community residents with psychiatric disabilities. *Psychiatric Rehabilitation Journal, 29*, 105-113.

Walker, A. R., Uphold, N. M., Richter, S., & Test, D. W. (2010). Review of the literature on community-based instruction across grade levels. *Education and Training in Autism and Developmental Disabilities, 45*, 242-267

Walker, H. M., Calkins, C., Wehmeyer, M. L., Walker, L., Bacon, A., Palmer, S. B., ... Johnson, D. R. (2011). A social-ecological approach to promote self-determination. *Exceptionality, 19*(1), 6-18.

Walker, M. (2006). *Higher education pedagogies. A capabilities approach*. Maidenhead, UK: SRHE/Open University Press.

Walker, M. (2008). A human capabilities framework for evaluating student learning. *Teaching in Higher Education, 13*, 477-487.

Walker, M. (2010). Critical capability pedagogies and university education. *Educational Philosophy and Theory, 42*, 898-917.

Walther-Thomas, C. S., Korinek, L., McLaughlin, V. L., & Williams, B. T. (2000). *Collaboration for inclusive education: Developing successful programs*. Boston, MA: Allyn & Bacon.

Ward, M. J. (1988). The many facets of self-determination: NICHCY Transition Summary. *National Center for Children and Youth with Disabilities, 5*, 2-3.

Ward, M. J., & Kohler, P. D. (1996). Teaching self-determination: Content and process. In L. E. Powers, G. H. S. Singer, & J. Sowers (Eds.), *Promoting self-competence in children and youth with disabilities: On the road to autonomy* (pp. 275-322). Baltimore, MD: Paul H. Brookes.

Watts, M., & Ridley, B. (2012). Identities of dis/ability and music. *British Educational Research Journal, 38*, 353-372.

Watts, M., & Ridley, B. (2017). Never mind the Bollocks here's the Drake Music Project: A capability perspective of dis/ability and musical identities. *Taboo: The Journal of Culture and Education, 10*(2), 99-107.

Wegener, S. T., Hagglund, K. J., & Elliott, T. R. (1998). On psychological identity and training: Boulder is better for rehabilitation psychology. *Rehabilitation Psychology, 43*, 17-29.

Wehman, P. (1996). *Life beyond the classroom: Transition strategies for young people with disabilities* (2nd ed.). Baltimore, MD: Paul H. Brookes.

Wehman, P. (2001). *Life beyond the classroom: Transition strategies for young people with disabilities* (3rd ed.). Baltimore, MD: Paul H. Brookes.

Wehman, P. (2013). Transition: New horizons and challenges. In P. Wehman (Ed.), *Life beyond the classroom: Transition strategies for young people with disabilities* (5th ed.) (pp. 3-39). Baltimore, MD: Paul H. Brookes.

Wehman, P., Hess, C., & Kregel, J. (1996). Applications for youths with severe disabilities. In P. Wehman (Ed.), *Life beyond the classroom: Transition strategies for young people with disabilities* (pp. 249-276). Baltimore, MD: Paul H. Brookes.

Wehman, P., & Kregel, J. (1995). At the crossroads: Supported employment ten years later. *Journal of the Association for Persons with Severe Handicaps, 20*, 286-299.

Wehman, P., & Kregel, J. (2004). *Functional curriculum for elementary, middle, and secondary age students with special needs* (2nd ed.). Austin, TX: Pro-ed.

Wehman, P., Kregel, J., & Barcus, J. M. (1985). From school to work: A vocational transition model for handicapped students. *Exceptional Children, 52,* 25-37.

Wehman, P., Revell, W. G., & Brooke, V. (2003). Competitive employment. *Journal of Disability Policy Studies, 14,* 163-173.

Wehman, P., Revell, G., & Kregel, J. (1998). Supported employment: A decade of rapid growth and impact. *American Rehabilitation, 24*(1), 31-43.

Wehman, P., Schall, C. M., McDonough, J., Kregel, J., Brooke, V., Molinelli, A., ... Thiss, W. (2014). Competitive employment for youth with autism spectrum disorders: Early results from a randomixed clinical trial. *Journal of Autism and Developmental Disorders, 44,* 487-500.

Wehman, P., & Thoma, C. A. (2006). Teaching for transition. In P. Wehman (Ed.), *Life beyond the classroom: Transition strategies for young people with disabilities* (4th ed.) (pp. 201-236). Baltimore, MD: Paul H. Brookes.

Wehmeyer, M. L. (1996). Self-determination as an educational outcome: Why is it important to children, youth, and adults with disabilities? In D. J. Sands & M. L. Wehmeyer (Eds.), *Self-determination across the life span: Independence and choice for people with disabilities.* Baltimore, MD: Paul H. Brookes.

Wehmeyer, M. L. (1998). Self-determination and individuals with significant disabilities: Examining and misinterpretation. *Journal of the Association for Persons with Severe Handicaps, 23*(1), 5-16.

Wehmeyer, M. L. (2001). Assessment in self-determination: Guiding instruction and transition planning. *Assessment for Effective Intervention, 26*(4), 41-49.

Wehmeyer, M. L., Agran, M., & Hughes, K. (2000). A national survey of teacher's promotion of self-determination and student-directed learning. *Journal of Special Education, 34*(2), 58-68.

Wehmeyer, M. L., Lattimore, J., Jorgensen, J. D., Palmer, S. B., Thompson, E., & Schumaker, K. M. (2003). The self-determined career development model: A pilot study. *Journal of Vocational Rehabilitation, 19,* 79-87.

Wehmeyer, M. L., Nota, L., Soresi, S., Shogren, K. A., Morningstar, M. E., Ferrari, L., Sgaramella, T. M., & DiMaggio, I. (2018). A crisis in career development: Life designing and implications for transition. *Career Development and Transition for Exceptional Individuals.* Published on line Jan 23, 2018.

Wehmeyer, M. L., Palmer, S. B., Shogren, K. A., Williams-Diehm, K., & Soukup, J. (2013). Establishing a causal relationship between interventions to promote self-determination and enhanced student self-determination. *The Journal of Special Education, 46,* 195-210.

Wehmeyer, M. L., & Schwartz, M. (1998). The self-determination focus of transition goals for students with mental retardation. *Career Development for Exceptional Individuals, 21,* 75-86.

Wehmeyer, M. L., Shogren, K. A., Palmer, S. B., Williams-Diehm, K. L., Little, T. D., &

Boulton, A. (2013). The impact of the self-determined learning model of instruction on student selfdetermination. *Exceptional Children, 78*, 135-153.

Weidel, T. (2018). Moving towards a capability for meaningful labor. *Journal of Human Development and Capabilities, 19*(1), 70-88.

Whitaker, U. (1984). *Experiential learning as a teaching strategy for the career education of hearing-impaired college students*. Retrieved from ERIC database. (ED248657)

Whitehead, C. (1987). Supported employment: Challenge and opportunity for sheltered workshops. *Journal of Rehabilitation, 53*(3), 23-28.

Will, M. (1984). *OSERS programming for the transition of youth with disabilities: Bridges from school to work life*. Washington, DC: Office of Special Education & Rehabilitative Services. Retrieved from ERIC database. (ED256132)

Willis, L., & Wilkie, L. (2009). Digital career portfolios: Expanding institutional opportunities. *Journal of Employment Counseling, 46*(2), 73-81.

Wilson-Strydom, M. (2012). *A framework for facilitating the transition from school to university in South Africa: A capabilities approach*. Dissertation of University of the Free State, Bloemfontein, South Africa. Retrieved from http://scholar. ufs.ac.za:8080/xmlui/bitstream/handle/11660/1935/Wilson-StrydomM.pdf?sequence=1&isAllowed=y

Wilson-Strydom, M. (2016). A Capabilities list for equitable transitions to university: A top-down and bottom-up approach. *Journal of Human Development and Capabilities, 17*, 145-160.

Winer, J. L., White, H. E., & Smith, R. (1987). Using the Self-Directed Search with blind adults. *Journal of Visual Impairment & Blindness, 81*, 26-28.

Wolfensberger, W. (2002). Social role valorization and, or versus, "empowerment". *Mental Retardation, 40*, 252-258.

Wood, C., & Scully, Z. (2016). Postmodern career assessment: Advantages and considerations. In L. A. Busacca & M. C. Rehfuss (Eds.), *Postmodern career counseling: A handbook of culture, context, and cases* (pp. 77-89). Alexandria, VA: American Counseling Association.

Woodd, M. (2000). The psychology of career theory: A new perspective? *Career Development International, 5*, 273-278.

Wright, G. N. (1982). Contemporary rehabilitation counselor education. *Rehabilitation Counseling Bulletin, 25*, 254-256.

Yanchak, K. V., Lease, S. H., & Strauser, D. R. (2005). Relation of disability type and career thoughts to vocational identity. *Rehabilitation Counseling Bulletin, 48*, 130-138.

Yell, M. L., Drasgow, E., Bradley, R., & Justesen, T. (2004). Contemporary legal issues in special education. In A. McCray Sorrells, H. Rieth, & P. T. Sindelar (Eds.), *Critical issues in special education* (pp. 16-36). Boston, MA: Pearson.

Young, K. A. (2001). Working toward recovery in New Hampshire: A study of modernized vocational rehabilitation from the viewpoint of the consumer. *Psychiatric Rehabilitation Journal, 24*, 355-367.

Zins, J. E., Curtis, M. J., Graden, J. L., & Ponti, C. R. (1988). *Helping students succeed in the regular classroom: A guide for developing intervention assistance programs.* San Francisco, CA: Jossey-Bass.

Zola, I. K. (1993). Disability statistics, what we count and what it tells us: A personal and political analysis. *Disability Policy Studies, 4*(3), 9-39.

索引

國家圖書館出版品預行編目（CIP）資料

身心障礙者生涯輔導與轉銜服務 / 林幸台著.
-- 二版 . -- 新北市：心理，2019.03
　　面；　公分 . --（障礙教育系列；63154）
　　ISBN 978-986-191-858-7（平裝）

1. 身心障礙教育　2. 生涯規劃　3. 職業輔導

529.6　　　　　　　　　　　　　　108002324

障礙教育系列 63154

身心障礙者生涯輔導與轉銜服務（第二版）

作　　　者：林幸台
責任編輯：郭佳玲
總　編　輯：林敬堯
發　行　人：洪有義
出　版　者：心理出版社股份有限公司
地　　　址：231 新北市新店區光明街 288 號 7 樓
電　　　話：(02) 29150566
傳　　　真：(02) 29152928
郵撥帳號：19293172 心理出版社股份有限公司
網　　　址：http://www.psy.com.tw
電子信箱：psychoco@ms15.hinet.net
駐美代表：Lisa Wu（lisawu99@optonline.net）
排　版　者：龍虎電腦排版股份有限公司
印　刷　者：龍虎電腦排版股份有限公司
初版一刷：2007 年 3 月
二版一刷：2019 年 3 月
I S B N：978-986-191-858-7
定　　　價：新台幣 480 元